新出图证（鄂）字 10 号
图书在版编目（CIP）数据

邢福义论著选 / 邢福义著；匡鹏飞编. — 武汉 ：华中师范大学出版社，2023.8
（华大经典文库）
ISBN 978-7-5622-9961-5

Ⅰ. ①邢… Ⅱ. ①邢… ②匡… Ⅲ. ①现代汉语—语言学—文集 Ⅳ. ①H109.4-53

中国版本图书馆 CIP 数据核字（2022）第 226673 号

编 辑 室：综合编辑室
电　　话：027-67867370
责任编辑：罗　挺
责任校对：骆　宏
封面设计：甘　英　胡　灿
出版发行：华中师范大学出版社有限责任公司
社　　址：湖北省武汉市洪山区珞喻路 152 号
销售电话：027-67861549
邮　　编：430079
网　　址：http://press.ccnu.edu.cn
印　　刷：湖北新华印务有限公司
督　　印：刘　敏
开　　本：710mm×1000mm　1/16
印　　张：32
字　　数：420 千字
版　　次：2023 年 8 月第 1 版
印　　次：2023 年 8 月第 1 次印刷
定　　价：128.00 元

邢福义／著　匡鹏飞／编

华中师范大学120周年校庆丛书

华大经典文库

HUADA JINGDIAN WENKU

CHUBANSHE

目 录
CONTENTS

目　录

CONTENTS

小句中枢说

○ 前言

汉语语法系统由汉语各类各级语法实体的内外规则所构建。在汉语各类各级语法实体中，小句居于中枢地位。从这个意义上说，汉语语法系统是小句中枢语法系统。本文分三个部分展开：1. 本文小句之所指。主要解释小句这一基本概念。2. 小句地位之考察。提出鉴别一个语法实体是否处于中枢地位的三个条件，并分别讨论。3. 从小句三律看小句。小句三律是：成活律—包容律—联结律。文章列出小句三律的公式，共六条。了解小句三律，有利于更进一步认识处于中枢地位的小句。文章末尾有个结语。

一 本文小句之所指

本文借用了“小句”这个现成的术语，但有特定的内涵和外延，跟通常所说的有所不同。本文的“小句”主要指单句，也包括结构上相当于或大体相当于单句的分句。本文把充当句子成分的主谓短语排除在小句之外。理由是：第一，主谓短语既然已经充当句子成分，它就失去了“句”的性质和功能，就不再是“句”。第二，能够成句的构件语法单位可以是短语，也可以是词；可以是主谓短语，也可以是其他短语。因此，不好只把充当成分的主谓短语当成小句，否则，容易导致一个结论：只有主谓短语跟“句”有联系，其他短语跟“句”没有联系。

汉语语法系统中有各类各级语法实体。包括：1. 语素；2. 词；3. 短语；4. 小句；5. 复句；6. 句群；7. 句子语气。语法实体分两大类：一大类是语法单位，表现为或长或短的音节。语法单位包括前六种语法实体，其中语素、词和短语是构件语法单位，小句、复句和句群是表述语法单位。另一大类是句子语气。句子语气不表现为音节，它跟特定句调相联系，使小句得以成立，是致句实体。跟作为语法单位的其他实体相比较，句子语气是不可切分的实体，没有书面语形式的实体。

汉语语法规则，表现在各类各级语法实体的“构成”和“组合”两个方面。一方面是语法实体的“构成”规则。这是指这种那种语法实体本身的构成规则，对于某种语法实体来说是内部规则。另一方面是语法实体的“组合”规则。这是指语法实体与语法实体之间的组合规则，对于某种语法实体来说是外部规则。构成规则和组合规则，往往可能是相同事实的两个不同着眼点。比方，假如 Z 语法实体由 ab 实体所构成，那么，如果以 Z 为着眼点，考察 Z 如何由 ab 所构成，这便是 Z 的构成规则问题；假如 a 和 b 组合成 Z，考察的着眼点是 a 如何同 b 组合成 Z，或者是 b 如何同 a 组合成 Z，这便是 ab 之间的组合规则问题。

小句是最小的具有表述性和独立性的语法单位。它是七种语法实体中的一种实体，是六种语法单位中的一种语法单位。

这种语法单位具有表述性。一个小句能够表明说话的一个意旨。“意旨”，不一定都表现为判断，但都跟判断存在着某种联系。比如：“你很认真。”“你好认真!”“你认真点!”“你认真吗?”基本构件都是“你”和“认真”，但说话意旨有所不同。第一句表明一个陈述，是直接表示一个判断；第二句表明一个感慨，是以一个直接判断为基础表示对事实的慨叹；第三句提出一个要求，不是对事实的判断，但潜在地或间接地跟“你不够认真”“你是应该认真的”之类判断相联系；第四句提出一个疑问，更不是对事实的判断，但潜在地或间接地跟“你可能是不认真的”之类判断相联系。即使是由一个叹词构成的疑问句或感叹句，实际上也跟深潜的判断存在联系。比如：“哦?”“哼!”在特定语境中它们可能分别跟“想不到会有这种事”“你这是痴心妄想”之类的判断存在联系。

这种语法单位是最小的但具有独立性的表述语法单位。在具有表述性的语法单位中，跟复句和句群相对而言，小句是最小的。复句也好，句群也好，起码包含两个小句。例如：“他站在这异乡的街上，他的心却回到家乡去了。”（柳青《梁生宝买稻种》）“他为什么不进旅馆去呢？难道所有的旅馆都客满了吗?”（柳青《梁生宝买稻种》）前一例是复句，包含两个小句，它们都是分句；后一例是句群，包含两个小句，它们都是单句。但是，另一方面，一个小句不被包含在另一个小句之中，充当分句的小句与小句之间也不存在包含与被包含的关系。凡是被包含在小句之中充当一个成分的语法单位，不是小句，因为它已失掉了“句”的身份。

这种语法单位带有特定的句子语气，包括陈述、感叹、祈使、疑问等语气。即使是充当分句的小句，它们在复句里面也各有自己的语气。例如：“你是田家的媳妇，我就不是田家的媳妇吗?”（孙健忠《城角》）“好冷，我受不了。”（孙健忠《城角》）“城上风紧，快下城吧!”（姚雪垠《李自成》）这里有三个复句。前一个是“陈述语气＋疑问语气”，中间一个是“感叹语气＋陈述语气”，后一个是“陈述语气＋祈使语气”。

顺带指出：小句是“句”，复句也是“句”。但是，“句子”这个概念在实际语言运用中有广义和狭义两种用法，有时统指所有的句，这是广义用法；有时只指小句，这是狭义用法。

二　小句地位之考察

在由各类各级语法实体所构成的汉语语法系统中，小句居于中枢地位。《现代汉语词典》解释道：中枢，在一个事物系统中起总的主导作用的部分[①]。小句，正是在构成汉语语法系统的各类各级语法实体中起主导作用的语法实体。

考察一种语法实体在整个语法系统中是否居于中枢地位，起码必须考虑三个方面的条件。通过对这三个方面的条件的考察，小句的中枢地位可以得到认定。

【条件一】某种语法实体，在各种语法实体中，所具备的各种语法因素是否最为齐全？

小句最符合这一条件。一方面，就构成基础而言，小句既包含词和短语，又带有句子语气。另一方面，就构成结果而言，小句既包含各种各样的变异结构，又包含各种各样的语用因素，而且，它所反映的各个方面的语法规律实际上就是汉语语法的基本规律。

再看其他语法实体：首先，句子语气不包含词和短语，词和短语不包含句子语气。仅从这一点就可以知道，它们在包含语法因素的种类上无法跟小句相比拟。其次，复句和句群的构成基础是小句。它们只是包含“句”，却不能像小句那样直接包含除了某些句间关系词语之外的各种各样的语法因素。因此，比较地说，还是小句所包含的语法因素最为齐备。

【条件二】某种语法实体，是否处于“联络中心”的位置，跟其他语法实体都有直接联系？

只有小句具备这一条件。在说话方式上，小句同语气相联系；在内部构件上，小句同词和短语相联系；在外部组合上，小句同复句和句群相联系。

再看其他语法实体：首先，就复句和句群而言，它们同句子语气的联系建立在小句同语气发生联系的基础之上。小句同句子语气的联系才是基本联系。其次，就词和短语而言，它们同句子语气没有联系。词或短语一带上句子语气便成为小句，而在小句里词或短语只有构件单位的资格。再次，就词和短语同复句和句群的联系而言，它们之间顶多只有间接的联系。词也好，短语也好，它们首先要带上句子语气形成小句，然后才有可能产生复句或句群。

【条件三】某种语法实体，对于其他语法实体是否都有“控他性”，为其他语法实体所从属或依托?

只有小句，能够控制和约束其他所有语法实体，成为其他所有语法实体所从属所依托的语法实体。即：

复句和句群

↓

小句 ←语气

↑

词和短语

小句控他性简析：

（一）句子语气，粘附于小句

准确点说，句子语气粘附于小句直接构件，从而形成小句。比如“他当了科长”是小句直接构件，陈述语气或疑问语气若粘附于这个构件，就会形成陈述句或疑问句：“他当了科长。”“他当了科长?”如果“他”和“当了科长”都被当做小句直接构件，分别粘附上疑问语气，就会形成两个疑问句：“他?”“当了科长?”没有小句，语气无所依托。句子语气作为一类语法实体，在跟词和短语相对而言的时候才能显示其独立性；对于小句来说，它只是小句的有机组成部分。

（二）复句和句群，依赖于小句

复句由小句和小句联结而成。复句的成立，依赖于小句的成立。比如：“*数百个工程师在这股强大动力的推动下，一个新型的汽车制造厂终于胜利投产了。”这个复句，第一小句“数百个工程师在这股强大动力的推动下”怎么样？还没说完。应该添加“日夜奋战”之类词语。这个例子中出现的毛病，通常被形象地说成“中途易辙”“另起炉灶”。

显然，只有组成复句的各个小句都构造好了，整个复句才没有问题。

句群由两个或两个以上的句子构成。“群”中的“句”，可能是以单句身份出现的小句，也可能是由小句以分句身份联结而成的复句，即可能有“单句＋单句”“单句＋复句”“复句＋复句”等形式。但是，无论如何，句群总是以小句做为最基本的构成单位。没有小句，当然没有复句，也不会有句群。

（三）词，受控于小句

词可以属于词汇系统，独立存在于句子之外。词典中的词，可以只解释其意义而不管句子。但是，作为语法单位的词，属于语法系统。由于汉语的词缺乏形态变化，语法系统中的词只有在小句的控制约束之下才能明确显示其语法特性和语法职能，才能发挥特定的语法作用。这个问题，可以从很多方面来论证。这里只提两点。

第一，词性的句规约。“入句显类”和“入句变类”，都是词性句规约的重要表现。例如：

（1）这是一个标志，标志着人类正在走向互相了解，走向互相尊重。（边震遐《化剑为犁》）

（2）甭林黛玉了，你班主任说你全面发展……（王益山等《走出黄昏》）

例（1），“标志”有两个词性。前头的“标志”出现在宾语部分里，受“一个”修饰，这一语法环境把它规约为名词；后头的“标志”出现在谓语部分里，带“着”，又带宾语，这一语法环境把它规约为动词。这是“入句显类”。例（2），“林黛玉”本来是名词，“甭 X 了”的格式强制它临时变成了动词。这是“入句变类”[②]。

第二，功能的句规约。撇开显类变类的问题不说，凡词入句，其语法功能总要受到句法位置、句法环境的规约。学者们承认，汉语里词的组合能力是词的语法功能的最重要的一个方面；学者们又承认，汉语里动词既可以充当谓语或谓语中心，也可以充当主语、宾语或主语中心、宾语中心。如果把这两点联系起来考察，就可以明显看到存在“句规约”的问题。比方说：谓语位置对动词的规约是自由宽松的，主语宾语位置对动词的规约则是严紧的，使动词受到很大束缚的。例如“演奏”，虽然用作谓语用作宾语都仍然是动词：“张先生演奏”（作谓语，可以带上宾语：张先生演奏古曲），“张先生指挥演奏”（作宾语，也可以带上宾语：张先生指挥演奏古曲）；但是，用在谓语位置上时可以出现“正在演奏、没有演奏、演奏不演奏”等形式，用到“指挥”后头作宾语之后却不能再出现这些形式。可见，句规约的不同，决定了词在使用上的自由与不自由。

（四）短语，从属于小句

在结构上，短语的结构类型全部为小句的结构类型所包容。分析小句，可以得到短语结构的所有类型；分析短语，却得不到小句结构的所有类型。参看下一节里“包容律”的有关论说。

在使用上，短语的具体组合为造句的具体需要所决定。绝大多数的短语，都是自由短语。它们具有组合的临时性和可变性。就是说，这样那样的短语，它们究竟由哪个结构成分跟哪个结构成分组合而成，完全取决于小句表述意旨的临时需要，相当灵活。比方，单独说“跑钱”“跑票”，听起来也许一下子不大明白，但如果出现在这样的小句之中：“我这几天要～。（哪有心思跟你们聊天！）”意思就明确了：“跑钱”，为弄到钱而奔跑；“跑票”，为弄到票（车票/机票/戏票）而奔跑。语言运用中常见这样的例子：

（3）想当官就得“跑官”。（王益山等《走出黄昏》）

“跑官”，为弄到官职而奔跑。

在语义上，短语的语义内涵为小句的结构格局所显示。比如“跑电”，只有一种结构关系（动宾），但有两种语义内涵。“小心，这根线跑电！”主语是“这根线”，跑电是走电/漏电。“我这几天要跑电！供电局的关系能不理顺?”主语是“我”，跑电是为弄到电而奔跑。又如“学习文件”，有两种结构关系，因而有两种语义内涵。“我们下午学习文件。”这里被安置在谓语部分，是动宾结构，表示行为：学习→文件。“我们下午领学习文件。”这里被安置作为“领、买”一类动词的宾语，是定心结构，表示事物：学习（的）文件。可见，短语进入小句，其语义内涵的显示受到小句结构格局的规约。

三　从小句三律看小句

小句有三律：成活律—包容律—联结律。就小句的形成和生效而言，小句存在成活律；就小句同短语和词的关系而言，小句存在包容律；就小句同复句句群的关系而言，小句存在联结律。考察小句三律，有助于进一步了解小句的中枢地位。

3.1　小句成活律

居于汉语语法系统中枢地位的小句，在构成和使用中存在能否成活的问题。小句成活律，揭示小句成型和生效的必要条件。基本规律有二。

成活律一：句子语气＋可成句构件语法单位＝小句成型。

成活律二：句子语气＋可成句构件语法单位＋意旨的有效表述＝小句生效。

（一）关于成活律一

小句的成型，有两个方面的必要条件，二者不可或缺。

A. 句子语气。有了句子语气，小句才能成立；有了不同的句子语气，小句才能形成各种各样的语气类型。比方：|又看到一个亮点|没有句子语气，这只是可成句的构件语法单位，还不成为小句。假若甲告诉乙一个事实：“又看到一个亮点。”这时这个语法单位带上了陈述语气（有相应的语调），才形成了属于陈述句的一个小句。假若几个人注视着远方，甲忽然惊叫：“又看到一个亮点！”这时这个语法单位带上了感叹

语气（有相应的语调），才形成了偏向感叹句的一个小句。假若乙问甲："又看到一个亮点?" 这时这个语法单位带上了疑问语气（有相应的语调），才形成属于疑问句的一个小句。

B. 可成句的构件语法单位。指的是：具有能够反映一个"意旨"的潜力的词或短语。一个词，如果具有这种潜力，只要有表述的需要，就可以同特定的句子语气相结合，形成小句，即"单词句"。同样，一个短语，如果具有这种潜力，在有表述需要的时候，可以同特定的句子语气相结合，形成小句。由短语构成的小句包含各种各样的结构关系。有的构件语法单位不具有成句的潜力，比如"加以""和""吗"这样的词，由于它们很难单独跟某一"意旨"联系起来，因此很难同特定语气相结合而形成小句。

（二）关于成活律二

小句的生效，还需要第三个必要条件：意旨的有效表述。成型的句子，不一定是能够成活的句子。有的句子，已经成型，但如果存在这样那样的毛病，便会失效，成为病句。

意旨的有效表述，是指通过所用的小句有效地把说话的意旨或意图表述出来。这需要顾及两个方面的因素。一个方面是小句的内部因素。主要包括：应该具备的成分不可缺少；成分之间配搭得当；语法手段使用正确。常见的病句，或者成分残缺，或者配搭不当，或者不能正确使用语法手段，都是未能调整好内部因素。另一个方面是小句的外部因素。主要指的是语境，包括对话语境和上下文语境。在许多情况下，语境可以弥补小句内部因素的不足。有的小句，孤立看成分不齐备，但有了语境的补足便可以成活。比方，孤立地看"我不是"，缺个判断宾语，意思不清；如果出现在特定语境之中，情况便不同：

［对话］甲：你是他的同伙？乙：我不是。（＝我不是他的同伙。）

甲：你是他的亲戚？乙：我不是。（＝我不是他的亲戚。）

［上下文］我父亲是公司董事长，可我不是！（＝我不是公司董

事长！）

我哥哥只想当个副手，但我不是！（＝我不是只想当个副手！）

这里的“我不是”，都能有效表述意旨。

表述是否有效，跟希望取得的效果有关。把话说得清楚而准确，这固然是有效的；为了让对方摸不着头脑，有意把话说得模糊含混，这也是有效的。

3.2 小句包容律

从结构关系的联系看，不管是短语还是复合式合成词，其结构关系都为小句所包容。小句包容律，揭示小句对“短语—合成词”的包容关系。包容律表明“小句—短语—合成词”为什么结构关系基本一致，同时也表明“短语—合成词”的结构关系可以认为是小句结构关系的投影。基本规律有二。

包容律一：小句－句子特有因素＝短语。

包容律二：小句－句子特有因素－短语常备因素＝合成词。

（一）关于包容律一

小句，除了包容短语所具备的种种结构，还带有“句子特有因素”。主要包括以下五种。

A. 句子语气。

从小句得出短语，首先要减去句子语气。这里有两个前提：第一，假设小句的直接构件是短语。如果小句的直接构件是词，减去小句语气之后得出的自然不会是短语。第二，假设构件语法单位和句子语气是可以分离的。就实际情况而言，一个构件语法单位（不管是短语还是词）只要单独从口头上念出来，就会带上某种语气。一般是陈述语气。所谓减去句子语气，是从理论上说的。当我们把某语法单位作为一个短语来分析的时候，我们已经撇开了这个短语念出来时所带的语气。

还需要指出：第一，减去句子语气，包括减去显示和强调某种语气的语气助词。汉语语法著作，在讲短语的时候，都把带语气助词的结构排斥在外。比方“有人吗”和“有人吧”，都会处理为动宾短语，撇开“吗”“吧”，而不会说是“吗”字短语和“吧”字短语。第二，从理论上减去句子语气，包括从理论上减去跟结构中某些特定形式词存在必然联系的句子语气。比如：

一辆小轿车。（不出现跟某种语气相联系的特定形式词）

一辆好漂亮的小轿车！（“好”是跟感叹语气相联系的特定形式词）

一辆什么样的小轿车？（“什么样”是跟疑问语气相联系的特定形式词）

当把“一辆好漂亮的小轿车”“一辆什么样的小轿车”作为定心短语来分析的时候，我们不考虑“好”“什么样”所表示的感叹语气和疑问语气。

B. 复句关系词语。

从小句得出短语，第二个要减去的因素是典型的复句关系词语。这是因为，小句和小句联结成为复句，甚至在小句的两个成分之间，有时使用了这类不属于短语的语法形式。例如：

（4）李珲虽说是高干子女，干起活来却没有那种自视清高的娇气劲儿。（郑万隆《红灯黄灯绿灯》）

（5）只有杨新，才对代销店与施工队的关系感兴趣。（贺寒星《高空跳板》）

前一例是复句，由两个小句构成，两个小句分别带有“虽说”和“却”。在减去句子语气的同时减去这两个关系词语，才得到短语“李珲是高干子女”和“干起活来没有那种自视清高的娇气劲儿”。后一例是单句，只有一个小句。首先减去句子语气，同时减去其中的“只有……（才）……”，才得到短语“杨新对代销店与施工队的关系感兴趣”。

C. 语用成分。

从小句得出短语，第三个要减去的因素是小句中的语用成分。小句语用成分有两类：一类是独立成分，包括呼语、感叹语和各种各样的插说成分。例如：你这种人，老兄，实在没出息！｜你这种人，哼哼，实在没出息！｜你这种人，依我看，实在没出息！｜你这种人，总而言之，实在没出息！减去句子语气，并且减去“老兄”“哼哼”“依我看”“总而言之”，得出“你这种人实在没出息”，这才是短语。另一类是外位成分。例如：这碗酒，你把它喝下去！｜我实在拿他没办法，这个死不要脸的人！“这碗酒”是前外位成分，“这个死不要脸的人”是后外位成分。减去外位成分的办法有二：一是直接删除，二是让外位成分把句中的“它”“他”之类替换出来。在减去句子语气之后再减去外位成分，得出“你把它喝下去”“你把这碗酒喝下去”“我实在拿他没办法”“我实在拿这个死不要脸的人没办法”，这才是短语。

带语用成分的结构，一般都被排除在短语之外。这当然只是一个对语法事实如何处理和如何摆布的问题，有很大程度的人为性。不过，这么处理和摆布，可以将麻烦问题放到句子结构的分析中去解决，避免短语问题的复杂化，这不能不说是一个可取的招数。这也恰恰反映了小句问题可以包容短语问题的事实。

D. 成分逆置现象。

从小句中得出短语，第四个要减去的因素是句子中成分逆置的现象。比方主语和谓语、状语和心语，通常按前主后谓、前状后心的次序顺置。由于语用的需要，把主语放到谓语后边，把状语放到心语后边，这是逆置。例如：

（6）多么好，生活！（柯岩《奇异的书简》）

（7）祝福吧，为那些平凡的妻子和母亲。（艾之明《火种》）

逆置现象，短语里不存在。上面的小句，减去句子语气，并且减去逆置现象，得出“生活多么好”和“为那些平凡的妻子和母亲祝福”，这才成为主谓短语和状心短语。

E. 成分共用法所造成的特殊状况。

从小句中得出短语，第五个要减去的因素是成分共用法所造成的特殊状况。

成分共用法，是指甲成分和乙成分共用于丙成分的一种句法。这种句法大量进入现代汉语书面语，并且得到发展，跟“五四”以后翻译外语作品有关。从语用上说，这是一种可以增强语言表达的经济凝炼的有用句法；从结构上看，这一句法造成了许多特殊状况，有的突破了短语的通常建立的模式。比如：

（8）不论中国是否愿意和是否能够成为“超级大国”，将军的善意却是无可非议的。（边震遐《化剑为犁》）

这个例子的前一小句（分句）里，包含有：

是否愿意和是否能够成为“超级大国”

（是＋否→愿意）＋（是＋否→能够）→成为“超级大国”

这里遇到了问题：“是否愿意”或“是否能够”的结构关系是什么？“是否愿意和是否能够成为‘超级大国’”的结构关系又是什么？如果当成短语，它们的结构关系实在难于断定。这种超越了通常罗列的短语覆盖面的特殊状况，宜于放在小句句式分析中作深入的发掘。这正是因为，小句分析可以涵盖短语分析，短语分析却不能代替小句分析。

（二）关于包容律二

小句减去句子特有因素，再减去短语常备因素，便可以得到合成词。

需要明确：第一，在跟小句的关系上，短语有直接成句短语，也有间接成句短语。减去句子特有因素之后直接得到的短语，这是直接成句短语；包含在直接成句短语之中的短语，是间接成句短语。讨论短语结构关系和合成词结构关系的联系时，短语既指直接成句短语，也指间接成句短语。第二，合成词有两种，一种是复合式合成词，一种是附加式合成词。包容律中的合成词，主要指复合式合成词。附加式合成词，由词根和前缀或后缀构成，有的跟小句结构关系没有牵连，比如“老三”“第三”“胖子”“花儿”之类。但是，有的附加式合成词，如“非卖品”“突击手”，其前缀、后缀还有较强的词汇意义，仍然可以看到跟小句结构关系有牵连的痕迹。第三，短语常备因素，是跟合成词相对而言的。有两类：一类是结构因素。即：短语构件的组合比较灵活，构件之间往往可以插入“的”“了”等语法成分。如“看花鼓戏”是短语，既可以说成“看电影、看球赛、看画展”，也可以说成“听花鼓戏、演花鼓戏、唱花鼓戏”，还可以说成“看了一场花鼓戏”“看过南风剧组新创作的花鼓戏”。另一类是音节因素。即：短语音节较多，有的音节很多。除了少量名词（如“解放军、冲锋枪”），凡是上了三个音节的，一般都会是短语。

从汉语发展史上看，复合式合成词跟短语有直接的传承关系。上古汉语里，主要是单音节词。单音节词和单音节词组合成为短语，经过语言实践中的反复结合使用，就出现词化倾向，进一步就形成复合词。许嘉璐主编的《古代汉语》指出：“复合词大都经过临时组合的阶段。最初只是两个单音词临时组合成词组，由于经常连用而逐渐凝固成为一个整体……不要以今律古，误解了原意。”比如“消息”“响应”“睡觉”是复合词，在下面的例子中却是词组短语：

（9）天地盈盈，与时消息。（《周易·丰卦》）

（10）天下云集而响应……（贾谊《过秦论》）

（11）云鬓半偏新睡觉，衣冠不整下堂来。（白居易《长恨歌》）

“消”是减，“息”是增长；“响应”是“像回声一样应和”，“响”指回声；“睡觉”是睡眠醒来，“觉”是醒的意思。[③]

现代汉语里，合成词随着社会的发展而不断涌现。就复合式合成词而言，都是由短语减去短语常备因素而形成的。以 1949 年以来出现的新词来举例：体检←体格检查｜体改←体制改革｜环保←环境保护（主谓）；表态←表明态度｜扶贫←扶助贫困户｜纠偏←纠正偏差和错误

(动宾)；会标←会议标帜｜邮编←邮政编码｜硬卧←硬席卧铺（定心）；简介←简单介绍｜彻查←彻底清查｜顶替←顶名代替（状心）；逼和←逼得讲和｜拓宽←拓展宽大｜引进←吸引进来（心补）；调研←调查研究｜短缺←短少缺乏｜供求←供给和需求（联合）；拆迁←拆除搬迁｜筹拍←筹划拍摄｜围观←围拢来观看（连动）；送审←送交上级审查｜劝退←劝说不够标准和条件的人退党（兼语变式←兼语）。

假如用A代表短语第一类常备因素构件组合灵活，用B代表短语第二类常备因素音节较多，那么，可以列成三个基本公式：

短语－AB＝合成词

短语－A＝定型短语

短语－B＝近似短语词

对于短语，如果同时减去构件组合灵活因素和多音节因素，从而出现构件组合相对稳定的双音节单位，这便成为合成词。比如：毛泽东的著作（短语）→毛泽东著作（短语）→毛著（合成词）。如果只减去构件组合灵活因素，保留多音节因素，从而出现构件组合相对定型的单位，这便成为定型短语，包括专名、成语、惯用语等。比如：由国际大学生联合会举办的世界性运动会（一般短语）→世界大学生运动会（定型短语，专名）。如果只减去短语的音节较多的因素，从而出现构件组合相对灵活的双音节单位，这便成为近似短语词的现象。比如"吃饭｜走路｜讲话｜唱歌"，它们的构件单位有时各自保持独立性，得承认它们是短语，但它们也可以出现在这样的语言环境之中："吃饭（走路/讲话/唱歌）时不要东张西望！"这里的"吃饭/走路/讲话/唱歌"重在表明"吃、走、讲、唱"的动作，有词的倾向。

如果说，短语反映小句的基本结构关系，那么，合成词，特别是复合式合成词，便是反映小句—短语的基本结构关系。由于短语和复合式合成词具有传承关系，二者之间自然存在纠结现象，不可能一刀两断。某些语法单位，有时似乎既可以认为是短语，又可以认为是合成词。这时只存在怎么操作怎么处置的问题，而不存在这样科学那样不科学的问题。我们以为，在两可情况下，两个音节的可以处理为合成词（或者当成短语词），三个或三个以上音节的可以处理为短语（有的是定型短语）。

3.3　小句联结律

从小句跟更大的语法单位的联系看，小句的联结是复句和句群的构成基础。小句联结律揭示小句的联结同“复句—句群”的产生二者之间的因果联系，并且反映出汉语“流水句”的基本面貌。基本规律有二：

联结律一：小句联结＋小句分句化＝复句。

联结律二：小句直接间接联结＋句子集群化＝句群。

（一）关于联结律一

小句和小句相互联结，可以产生复句。单独说：“小李跟他有亲戚关系。”这是一个小句形成一个单句。单独说：“小李不应该单独找他。”这也是一个小句形成的单句。如果两个小句按不同关系联结起来，就出现关系不同的复句：“既然小李跟他有亲戚关系，小李就不应该单独找他。”“尽管小李跟他有亲戚关系，但小李不应该单独找他。”

“小句分句化”，这是促使复句得以形成的动态条件。指的是：语义关联、结构简省、关系配标三因素，使分句带有不同于单句的特点。

A. 语义关联。

同一个复句中的分句，共同形成一个关系集合。比方，“既然A，就B”，这是一个推论因果关系的集合；“尽管A，但B”，这是一个容忍性让步转折关系的集合。由于受到语义关联的制约，有的语言片断尽管形式上完全相同，充当单句和充当分句的意义却可能有所不同。例如：

他没考好。（单句）

名牌大学怎么会录取他？（单句）

他没考好，名牌大学怎么会录取他？（复句）

作为单句，“他没考好”是否定他已经考好，“名牌大学怎么会录取他”是否定名牌大学会录取他。进入复句，“他没考好”“名牌大学怎么会录取他”分别成为分句，由于它们发生语义关联，共同形成一个反证性因果推论的集合，它们表示了相反的意思：他已经考好了，名牌大学已经录取他了。

B. 结构简省。

由于分句与分句有语义关联，它们可以互相依赖而有所简省。后分句的简省可以依赖于前分句，前分句的简省可以依赖于后分句。比如：

你们不想邀请［　　］，［　　］为什么不直截了当告诉他？

前分句简省了“他”，后分句简省了“你们”。这类结构有所简省的分句，已对所在结构产生依赖性，不能无条件地独立表述意旨。

C. 关系配标。

由于一个复句形成一个关系集合，有时为了清楚表明特定关系，在形式上就配给表明相应关系的标志。这就是“关系配标”。比如，同是“他为人正派”和“大家信任他”，二者若组成复句，可以根据表述需要配上不同的关系标：因为他为人正派，所以大家信任他。｜既然他为人正派，大家就会信任他。｜如果他为人正派，大家就会信任他。｜只要他为人正派，大家就会信任他。｜只有他为人正派，大家才会信任他。关系标从形式上扣合了小句与小句，使小句显现出明确的分句身份，表明它成了一个复句关系集合中的一个组成部分。比方，单说“因为他为人正派”，便意味着有个与之配合的“所以 X”；反之，单说“所以大家信任他”，便意味着有个与之配合的“因为 X”。

复句里的分句，起码具有语义关联的特点。如果同时具有语义关联和结构简省的特点，或者同时具有语义关联和关系配标的特点，分句身份就更为明显。如果语义关联、结构简省、关系配标三种因素同时具有，分句的身份就特别明显了。

（二）关于联结律二

小句联结，这仍然是形成句群的实体基础。不过，对于句群来说，小句联结有两种情况：一种是小句直接联结，一种是小句间接联结。小句直接联结，是小句和小句直接集结成为句群。换句话说，句群所包含的句子都是由小句充当的单句。小句间接联结，是小句和小句先联结成为复句，然后再联结成为句群。在这种情况下，集结成群的句子可能都是复句，也可能是单句和复句都有。总而言之，句群是比复句更大的语法单位，但句群不一定都由复句集结而成。说到底，构成句群的最基本的单位还是小句。

如果说小句联结是句群产生的实体基础，那么句子集群化便是促使句群得以形成的动态条件。所谓句子集群化，指的是：句子集结成群，共同接受群体关系的制约。一方面，集结成群的句子，相互间存在语义关联。同一个句群中的句子，共同表达一层意思，实际上也共同形成了一个关系集合。不过，作为大于复句的单位，句群所表明的关系集合跟复句有同也有异。主要相异之处有三：第一，句群所包含的关系毕竟是句间关系，而不是句内关系，因此稍为松散。第二，句群所包含的各个句子之中，往往存在一个中心句。第三，有的关系集合，比如“问答”关系的集合，一般不会在复句中出现。另一方面，句子的集结成群，形式上往往借助于特定的关联手段。句群的关联手段可以归纳为三种：第一，一般关系词语。指常用来标示复句关系的词语。比如复句中常见“因为……所以……”“虽然……但是……”，句群中可以单用其中一个：“A。B。所以，C。D。”“A。B。但是，C。D。”第二，句间承传词语。指构成句子与句子之间的关联性插说成分的词语。例如：“A。B。C。由此看来，D。”“A。B。C。更有甚者，D。”句间承传词语主要是实词性关联手段。还包括“同样｜另外｜还有｜再说｜幸而｜不料｜质言之｜比方说｜特别是｜其结果｜除此之外｜与此同时｜退一步说｜恰恰相反｜反过来说｜换句话说｜举例来说｜综上所述｜归根结蒂｜总而言之

| 一言以蔽之”等。其三，脉络显示词语。指在句子之间互相呼应形成脉络的对某类意义有特别显示作用的词语。主要也是实词性的。例如：“〈气候〉A。〈春天〉B。C。〈夏天〉D。E。”“〈讲台〉A。〈左侧〉B。C。〈右侧〉D。E。”句间脉络显示，包括人物脉络显示、时间脉络显示、方所脉络显示、数量脉络显示、顺序脉络显示、行为脉络显示、性状脉络显示等。

四 结语

（一）汉语语法是汉语各类各级语法实体的构成规则和组合规则的总和。汉语各类各级语法实体共七种：六种是表现为音节的语法单位，包括构件语法单位“语素—词—短语”和表述语法单位“小句—复句—句群”；另一种是不表现为音节的跟特定语调相联系的句子语气。在由这七种语法实体所构成的汉语语法系统中，处于中枢地位的是小句。

（二）小句是最小的具有表述性和独立性的语法单位。小句主要指单句，也包括跟单句相当或基本相当的分句。本文通过三个方面的考察，肯定了小句在汉语语法系统中的中枢地位。即：第一，在各种语法实体中，小句这种语法实体所具备的语法因素最为齐全；第二，在各种语法实体中，只有小句跟其他语法实体都有直接联系，处于“联络中心”的位置；第三，在各种语法实体中，只有小句能够控制和约束其他所有语法实体，成为其他所有语法实体所从属所依托的核心实体。句子语气，粘附于小句；复句和句群，依赖于小句；语法系统中的词，受控于小句；短语，从属于小句。

（三）小句有三律：成活律—包容律—联结律。小句三律是各种语法实体以小句为核心形成的。了解小句三律，可以加深对汉语语法系统中小句的中枢地位的认识。小句三律的基本公式：

成活律 1：句子语气＋可成句构件语法单位＝小句成型。

2：句子语气＋可成句构件语法单位＋意旨的有效表述＝小句生效。

包容律 1：小句－句子特有因素＝短语。

2：小句－句子特有因素－短语常备因素＝合成词。

联结律 1：小句联结＋小句分句化＝复句。

2：小句直接间接联结＋句子集群化＝句群。

（四）小句包容词和短语，对于短语和复合式合成词来说，它们的结构关系实际上（包括语言历史演变）都是小句结构关系的直接投影或间接投影。以小句为基础，可以联结成复句，可以联结成句群，可以进一步联结成更大的句群。汉语小句的联结，有如河里流水，波连波，浪跟浪，似断似连，断连之间有相当大的随意性。这反映汉语这种没有严格意义的形态变化的语言在篇章句法上的流水式特色。正因为汉语篇章句法具有流水式特色，有的文章可以只在开头出现一个主语，后头一个接一个地跟着说出承前简省的小句。也正因为汉语篇章句法具有流水式特色，甲的话语中的句群，可以在用词全然相同的情况下，被乙加以改组。比如："张一非我子也，家财尽与我婿，外人不得争占。""张一非，我子也，家财尽与。我婿外人，不得争占。"（皆见《初刻二刻拍案惊奇》初刻卷三十三，岳麓书社 1983 年 9 月版）这是个文言例子，但类似现象在现代汉语里是存在的。

注释

①中国社会科学院语言研究所词典编辑室编：《现代汉语词典》，商务印书馆 1994 年版，第 1497 页。

②邢福义：《词类问题的思考》，《语言研究》1989 年第 1 期，第 5 页。

③许嘉璐主编：《古代汉语》上，高等教育出版社 1992 年版，第 75 页。

主要参考文献

[1]《中国语文》杂志社. 汉语析句方法讨论集［M］. 上海：上海教育出版

社，1984.

[2] 吕叔湘. 汉语语法分析问题 [M]. 北京：商务印书馆，1979.

[3] 吕叔湘. 现代汉语八百词 [M]. 北京：商务印书馆，1980.

[4] 朱德熙. 语法丛稿 [M]. 上海：上海教育出版社，1990.

[5] 张涤华，胡裕树，张斌，等. 汉语语法修辞词典 [M]. 合肥：安徽教育出版社，1988.

[6] 王维贤. 语法学词典 [M]. 杭州：浙江教育出版社，1992.

[7] 许嘉璐. 古代汉语 [M]. 北京：高等教育出版社，1992.

[8] 李行健，曹聪孙，云景魁. 新词新语词典 [M]. 北京：语文出版社，1993.

[9] 李达仁，李振杰，刘士勤. 汉语新词语词典 [M]. 北京：商务印书馆，1993.

[10] 邢福义. 词类问题的思考 [J]. 语言研究，1989（1）：1-11.

[11] 邢福义. 复句与关系词语 [M]. 哈尔滨：黑龙江人民出版社，1985.

[12] 田小琳. 句群和句群教学论文集 [M]. 天津：新蕾出版社，1986.

（原载《中国语文》1995 年第 6 期）

【邢按】

商务印书馆于 2016 年出版的拙著《汉语语法学》修订本，“导言”中增加了一小节。特录于下，以供参考：

“本位”和“中枢”

“本位”和“中枢”，意思相关，但不等同。本位，重在指某种理论观点的出发点；中枢，重在指事物相互联系的中心环节。独立地看，汉语语法的各种实体都很重要，只要符合研究者阐述己见的需求，任何一种都可以选择作为“本位”。但是，相互联系起来看，作为“中心环节”的“中枢”，只能是其中的一种。以小句为中枢，管控其他各种语法实体的组配，显示这样那样的规律，这是汉语语法的特色之所在。因此，本书采用“中枢”说，而不采用“本位”

说。下面，对几种“本位”说略作解释。

（一）关于“词本位”

从1898年的《马氏文通》起，中国学者讲汉语语法，基本上都是以词为本位。20世纪50年代出现的《暂拟汉语语法教学系统》，影响极为广泛，实际上影响至今。根据这个《系统》编成的汉语语法课本，跟《马氏文通》一样，也是从词类讲起的。可参看《语法和语法教学》《汉语知识》等书。这表明，从总体看，“词本位”实为主流传统。

词是组句的基础，没有词，哪来句？以词作为出发点来研究汉语语法，无可非议。但是，“词”不能起到“中枢”的作用，因此不能有“词中枢”的提法。汉语的词，本身缺乏语法形态，其语法性质，要在入句以后才能显示。如“永远”，所有标注词类的词典都认定为副词。其实，这是以偏概全。“永远（地）失去了”，“永远”是副词；“永远（的）丰碑”中的“永远”，却是非谓形容词；“从古代到现代直到永远”中的“永远”，却具有时间名词的性质。另外，顺带一提：基于词本位的汉语语法著作，都把名词、动词、副词、连词等类别概括为两个上位概念：实词和虚词。对这两个概念的解释，是词义的虚实，见仁见智，没有语法标准。小句中枢语法系统不同：先从句法问题讲起，然后才讲词类问题，而名词、动词、副词、连词等类别被概括为两个上位概念：成分词和非成分词。这样的上位概念，才能反映汉语语法的特色。（本书后边第一章第一节“小句的中枢地位”中，将进一步解说“词受控于小句”。）

（二）关于“句本位”和“词组本位”

先说“句本位”。

1924年，黎锦熙教授《新著国语文法》问世，提出了“句本位”。黎先生很敏感，认识到了句子在汉语语法中的地位和作用。

然而，问题有二。首先是，“句”应该包括小句和复句，但黎先生的著作中，讲词类时只指小句。特别重要的是，黎先生的“句本位”并没有着力于揭示汉语语法的特色，却套用英语的词类认定标准，来判别汉语的词类。比如“辛苦”，按黎先生“依句辨品”的办法，修饰名词时应判为形容词（“辛苦的工人”），修饰动词时应判为副词（“辛苦地建造”）。然而，在汉语里，“辛苦”不管用在哪里，都可以说成“很（/非常/特别）辛苦”，副词是不能受“很、非常、特别”之类的修饰的。正因为解释不通汉语事实，“句本位”说只流行了一段时间。

再说“词组本位”。

20世纪80年代初期，朱德熙教授提出“词组本位”。词组本位，即短语本位。朱先生的见解，在他的专著《语法讲义》之中，有较为明显的反映。词组比词大，包含各种各样的语法现象。以词组作为出发点探究汉语语法问题，是可以的，应该的，无可非议的。然而，不能提“词组中枢”（或“短语中枢”）。有时，词组的语法性质，跟词的情况相类似，要在入句以后才能显示。如“出口手机”，在“我们向国外出口手机”里，是动宾结构；在“我们买到了一些出口手机”里，是偏正结构。又如“咬死了猎人的狗”，在“老虎咬死了猎人的狗”里，是动宾结构，在“这是一只咬死了猎人的狗”里，是偏正结构。“词组本位”说流行的时间不长，影响不太大。（本书后边第一章第一节“小句的中枢地位”中，将进一步解说“短语从属于小句”。）

（三）关于“字本位”和“语气本位”

首先要提及“字本位”。

“字本位”是徐通锵教授在20世纪90年代提出来的。他的《语言论——语义型语言的结构原理和研究方法》中有所阐释。有学者写文表示支持。不过，徐教授在去世之前来不及撰写出一部

“字本位”的汉语语法专著，因而没能让人了解字本位语法系统到底是什么样子。其实，以字为出发点研究汉语语法，这也是有用的。比方说，外国留学生学习汉语，有的教师从帮助学生认识汉字开始，就取得了较好的效果。然而，不能提“字中枢”。汉语语法学中，不管是哪一方面的概念，都无法脱离小句去理解“字”的语法作用。

其次要提到，能不能提“语气本位”?

任何成活的小句，都不会没有语气（以及语调）。语气实际上参与了语法系统的建构，是语法实体之一种。但是，由于语气的研究不能只依靠耳朵及其他相关的感觉，必须借助于高科技的手段，因此至今没有人提出这样的研究命题。假设（这里说的是“假设”）有人提出“语气本位”，主张从语气出发对汉语语法进行探索，自然也应该大力支持。但是，可以提“语气本位”，却不能提“语气中枢”，因为语气成不了中枢。

总之，从研究的出发点说，“字本位”“词本位”“词组本位”“句本位”“小句本位”等等提法都可以作出贡献；但是，从语法实体的相互关系看，只有“小句中枢”才符合汉语的面貌。打个比方。办好一所大学，有三个重要视点：学生，教师，师生互动。出发点不同，学生本位也好，教师本位也好，师生关系本位也好，都可以选择为研究基点。但是，如果讲中枢，只能说“师生的互动”才是中枢，“学生中枢”和“教师中枢”都有失于偏颇。

2015 年 5 月 30 日

说“句管控”

○ 前言

小句的组词与表意，语句的联结与相依，规律的形成与生效，方言的语法差异，都依存于特定的句法机制，都或大或小、或多或少、或直接或间接地取决于特定的句法机制。可以说，句法机制管控着整个语法面貌的大局。所谓“句管控”，指的便是句法机制对各种语法因素的管控作用。如果说，“小句中枢”是就小句在汉语各类各级语法实体中占据中枢地位而言，那么，“句管控”便是指小句如何在中枢地位上对汉语语法规则的方方面面发挥其管束控制的作用。

本文从五个视角考察有关事实：(1) 词的语法性质；(2) 词语的表意传情；(3) 语句的联结相依；(4) 规律的一般与特殊；(5) 方言与普通话。第五部分所用方言语料，主要引自李荣先生主编《现代汉语方言大词典》的 41 种分卷本。“长沙 17 页”，代表《长沙方言词典·引论》第 17 页。其他类推。

视角一：词的语法性质

词的语法性质，只有在接受了“句管控”之后，才得以落实。

半个多世纪以来，针对黎锦熙先生“词无定类”的论点，学者们都用“词有定类”去批驳。事实上，如果给出恰如其分的界定，那么，对于汉语来说，“词无定类”和“词有定类”都没错。所谓“词有定类”，是说词的类别在特定范围内是有定的。它往往不是定于一类，而是定于某几类。所谓“词无定类”，是说词的类别在入句之前往往是无定的，或甲或乙的。它不是在所有类别中无定，而是在某两个或几个类别中无定。比方“要”，有四种可能：1. 动词（我要衣服）；2. 助动词（我要买衣服）；3. 副词（这客厅比我家的要宽阔一些）；4. 连词（我要真的有钱，就不会买这种衣服了）。一方面，得承认它“有定类”，因为它不可能是有定的四类词以外的别类词；另一方面又得承认它“无定类”，因为当它进入某一小句之前在四类中是游移不定的。总之，说它有定类也好，说它无定类也好，最后都得看“入句”的结果。这正是句法机制在起管控作用。看这两个例子：

（1）别管你爱人调不调来，房子你都要要……（阿宁《无根令》，《小说月报》1999年第9期18页）

（2）你要还想要我这个弟弟，就不能杀他！……我的心都要裂了！（二月河《康熙大帝·乱起萧墙》375页）

前一例，“要要”是“（主语＋）助动词＋动词”。后一例，第一个“要”是连词，等于“要是”；第二个“要”是动词，带上了名词宾语；第三个“要”表示“将要/快要”的意思，尽管用在动词前边，但不能像助动词那样可以说成“要不要”，是副词。句法配置，决定了上面两个例子中几个“要”的词性有所不同。离开句，“要”到底是个什么词无法确认。

对于汉语的词类来说，句法格局是一种具有规定性的“框架形态”，是词性判别的“检验场”。人们常说“头”是名词的后缀，是名词的词类标志，然而，同是“滑头”，“这家伙是个滑头”和“这家伙真滑头”里的“滑头”分别是名词和形容词。得出这个结论，根据的是这个词接受了不同的句管控，根本没考虑它带有“头”。以下两点，尤其值得注意。

第一，词的超常配置。例如：

(3) 副了多年，想当正职。(李佩甫《羊的门》57页)

(4) 在特区工作的这几个月里，劳易民通过门诊和手术发现本地人通常都有一双略略有些凹下的美目，眼皮一般都很双，且双得很美，但鼻子就有些不妙了，以塌鼻子居多，……(王海玲《带一笼活鸡来特区》,《小说月报》2000年第2期85页)

前一例，脱离具体句子，人们一般都只会想到“副局长、副处长、副科长”之类跟正职相对的“副”，是个非谓形容词。然而，出现在“X了+时间补语”的格式里，却被配置为动词。后一例，脱离具体句子，人们一般都只会想到“一双、两双”之类或“双层、双份”之类，它们分别是量词和数词。然而，在“很X，(而且)X得+度量补语”的格式里，却被配置为形容词。由此可见，划分词类，标明词性，固然可以一个词一个词地标注，但如果同时能给出格式框架，比如动词框架“X+宾语”“X了+时间补语”和形容词框架“很X，(而且)X得+度量补语”等，不仅可以以简驭繁，而且可以提高判断的准确性。

第二，争议的排解。

争议一：“很绅士”之类说法是不是名词受副词修饰的新发展？从“句管控”的观点看，名词入句之后可以被配置在形容词格局之中，处理成为形容词，也可以被配置在动词格局之中，处理成为动词。比方，可以说“很绅士”，也可以说“绅士了一回”。这不能用来证明名词可以受副词修饰，可以带补语。名词通常不能受副词修饰，任何时候都是一般规律。看这个例子：

(5) 老乔笑道：“……你们这领导都太政治，乱想。”李厂长笑：“我要不政治了，还不得让你们把我政治了？……”(谈歌《猴事》,《小说家》1998年第4期87页)

上例“太X”的格局，规定了“政治”被处理为形容词，“要不X了”和“把O+X了”的格局，规定了“政治”被处理为动词。

“西藏”是中国的一个省。作为名词，它可以充当主语和宾语，含义固定。然而，一旦说成“很西藏”，便受到严格的规约，不仅被限定在定语、谓语、补语或状语的位置上活动，其具体含义还会随着语域的不同而变异。比较：

（6）我又见到了昨夜招待我的那位西藏小伙。……他长就一张很西藏的忠厚的脸。（余纯顺《走出阿里》，《小说月报》1996年第12期19页）

（7）她一开始就不同我说藏语。十分惊诧，女人的直觉为什么总是如此敏锐，尽管此时我已经很“西藏”。（余纯顺《走出阿里》，《小说月报》1996年第12期35页）

同是“很西藏”，前一例里指的是西藏人自然流露的西藏特色，后一例里指的是外地人模仿西藏人的样子。其区别，受到具体句域的管控。

争议二：“必然”是否可以判定为形容词？有人从根本上否定这个词是形容词的可能性，而以下例子所提供的句法格局却支持了可以是形容词的说法：

（8）对于死亡，我一向能持相当平静的心境予以接受。这好歹是无论什么人在尘世上的既公平又必然的归宿。（余纯顺《走出阿里》，《小说月报》1996年第12期23页）

（9）他们的结合既偶然又必然。（王石《雁过无痕》，《小说月报》1997年第6期5页）

（10）社会结构的调整是必然而且无情的。（池莉《致无尽岁月》，《池莉精品文集》368页）

从上例可知：第一，“必然”跟形容词“公平、偶然、无情”等形成并列结构或递进结构，它应该也是形容词。第二，作为非谓形容词，“必然”很容易向一般形容词转化，而且很自然，看不出有词性转化、词性活用之类问题。“高级、低级、直接、间接”等也是这样。把非谓形容词定为跟名词、动词、形容词等并立的一类，拉大它跟一般形容词的距离，不如把它看作形容词的一个较为特别的小类，以便更加合理地揭示语言事实之间的关系。

视角二：词语的表意传情

词语的表意传情，只有在接受了“句管控”之后，才得以显现。

比方“被”字的使用。“被”字入句，有时后边出现名词语，接着再出现动词语；有时直接用在动词语前边，但可以添加名词语；有时直接用在动词语前边，而且不能添加名词语。所有这些，全都有其句法机制上的归约性。

从情绪传递的角度看，丁声树等（1961）指出：“就传统的用法说，‘被’字句主要是说明主语有所遭受，遭受自然不是自愿的，因此只能表示有损害或不愉快、不愿意一类的行为。……最近几十年来，多少是因为受了外国语的影响，传统的用法渐渐打破了。”（99 页）这个论断是正确的。但是，目前却引发成了一个绝对化的结论：“被”字句已经跟愉快、不愉快没有关系，对拂意与称心来说已经一视同仁。这样的结论，掩盖了更深层的事实，不利于人们深入认识“被”字句。

事实是，拂意、称心和中性三种情况都存在，但表示拂意的居多数。随意抽看中篇小说《桃花灿烂》，发现“被”字句共 31 例，其中表示拂意的 21 例，表示称心的 3 例，情绪中性的 7 例。各举 3 例（称心的全举）：

（一）拂意

（11）那人也被另外的人挤得如卡着一般。

（12）咄咄逼人、锐气十足的沈可为被公司除了名。

（13）连水香这样的蠢物都看不起我，我还被谁看得起呢？

（二）称心

（14）家里被爱整洁的母亲和爱整洁的他收拾得十分雅致。

（15）……几乎每一个现场助理员都无一例外地走上了被提拔的道路。

（16）好像我的生命回到了自己的老家，被包围在无限的温软无限的亲情之中。

（三）情绪中性

（17）那颜色的印象仿佛被镶嵌在脑际间，永远也难以消散。

（18）他突然地被他的哲学他的见地以及他说话的腔调所打动。

（19）再后来，我考上了大学，她被招到县招待所当了服务员，……

通过实际用例的分析，可以看到两个倾向：

第一，表示称心的，一方面其谓语动词多用“提、升、选、拔”之类，另一方面谓语部分所表示的意思跟主语有必然的利弊关系。正是这种“利弊关系”，帮助人们判断称心和拂意。比如“他被降职为科长了”是拂意，“他被提升为处长了”是称心。

第二，如果谓语动词不是“提、升、选、拔”之类，如果谓语部分所表示的意思跟主语没有必然的利弊关系，那么，不用“被”时情况两可，用了“被”便是拂意的。例如：

粮食卖掉了。

家具搬走了。

重要文件全烧毁了。

我们在一起校长知道了。

上例不用“被”，所说的事可能是拂意的，也可能是称心的。换句话说，可能是坏事，也可能是好事。但是，一旦加“被”：

粮食被卖掉了。

家具被搬走了。

重要文件全被烧毁了。

我们在一起被校长知道了。

这样，便一定是拂意的。句子的后头全都隐含着："糟糕!"再看下面的例子：

（20）她的婚姻早在她的心里被画上了句号。(百合《哭泣的色彩》)

（21）不大的小五舱被划动着慢慢离了岸。(冯志《敌后武工队》)

（22）除了贾正以外，魏强、赵庆田他们十一个人都被冲挤在东面的人群里。(冯志《敌后武工队》)

上例全都可以不用"被"。不用"被"，不一定拂意；用了"被"，则肯定是拂意的。

归总起来看，要把"被"字句拂意含义的倾向性讲清楚，如果离开具体的句法规约，是根本做不到的。

视角三：语句的联结相依

语句间的关系，只有在接受了篇章的"句管控"之后，才得以确定。

仅以顺序推衍和逆序裁定来说。从前小句到后小句，其含义一般是顺序推衍的。就是说，顺着前小句的词面含义，后小句接下来推衍出相关的意思。或者是因果性推衍，或者是列举性推衍，或者是转折性推衍。例如：

他留下来了，大家都很高兴。(因果性推衍)

他留下来了，因为临时有事。(因果性推衍)

他留下来了，小松也没走成。(列举性推衍)

他留下来了，又照常上班了。(列举性推衍)

他留下来了，但小松没有留。(转折性推衍)

他留下来了，否则会有麻烦。(转折性推衍)

上例后小句不管如何变化，前小句的含义都是词面含义。

有的时候，从前小句到后小句，其语义是逆序裁定的。就是说，后小句反转来裁定前小句的含义，使前小句改变其词面含义，或者使前小句改变其词面含义的多可状态。例如：

他留下来了，她哪敢这么闹？（假设性逆裁）

他没留下来，她哪敢这么闹？（假设性逆裁）

由于后小句的逆裁，前一例的前小句“他留下来了”不再是词面含义，而是其反面：他实际上没留下来。等于说：正是因为他没留下来，所以她才敢这么闹。（因为，他让她害怕！）后一例的前小句“他没留下来”也不再是词面含义，而是其反面：他实际上留下来了。等于说：正是因为他留下来了，所以她才敢这么闹。（因为，他为她壮了胆！）在这种情况下，人们对语句含义的理解需要在脑子里迅速调整，通过逆序裁定来把握。

逆序裁定主要有两种情况：

第一，通过后小句的干预，使前小句改变其词面含义。一般是无标志假设句。即前小句表示一种假设，但不出现假设标志。光看前小句，以为就是其词面含义；等看到后小句，才纠正原来的理解。看实际用例：

（23）合资的事情要谈崩了，你我罪孽深重啊！（黄晓廷《陷落》，《中篇小说选刊》1999 年第 1 期 25 页）

（24）这些人不是出于真心，断不肯轻易做这类文章。只是怎么没见顾炎武的呢？（二月河《康熙大帝·玉宇呈祥》448 页）

（25）这仗打不赢，我和老马说了，二十五支鸟铳全向我俩开火，把我们打成马蜂窝抬尸见您。（二月河《康熙大帝·玉宇呈祥》178 页）

这三例都可以加上“如果”。前一例，等于说“合资的事情不能谈崩，不然……”；中间一例，等于说“这些人是出于真心，不然……”；后一例，等于说“这仗一定要打赢，不然……”。

第二，通过后小句的干预，使前小句改变其词面含义的多可状态。一般是前小句（或词语）含义多可，或此或彼，等看到后小句（或词语），才获得明确的理解。情况多样，略举几例：

（26）等人的，给小旅馆拉客的，倒卖高价卧铺票的，开出租车的还有蹬三轮的，一张嘴，又一张嘴在动。（李大位《吉他行》，《十月》1999年第5期47页）

上例词语性质多可。“一张嘴”有两解：一为“副词＋动词＋名词”，一为“数量词＋名词”。等看到后边的“又一张嘴在动”，才根据“在动”反转去认定是数量名。

（27）完了没有？完了没有都答应一声。（二月河《康熙大帝·玉宇呈祥》455页）

上例词语功用多可。“完了没有”有两用：一为一般的问话，相当于某些方言里的“完了冒”，“没有”有所弱化，整个问话较接近“完了吗”；一为强调选择关系的问话，等于“完了还是没有完”。等看到后边的“完了没有都答应一声”，才根据“都”字反转去认定是选择关系。

（28）你初入宫，我曾劝主子放你出去，如今你既然有了……这话只当罢论。（二月河《康熙大帝·玉宇呈祥》455页）

上例是事件时间多可。“你初入宫”有两指：一为“你刚刚入宫不久”，所指时间是说话前不久；一为“你在刚刚入宫的时候”，所指时间是跟现在相对的过去。等看到后边的“如今你既然有了……这话只当罢论”，才根据“如今”反转去认定是指过去的那个时候。

（29）今老道对老六的前程既不肯点明，父亲也不便多问，愈发觉得六儿子的神秘不可测。（叶广芩《梦也何曾到谢桥》，《十月》1999年第5期7页）

上例是关系词作用多可。“既”可以组构并列复句，说成“既……又/也……”，又可以作为“既然”的单音形式，组构推断复句，说成“既（然）……那么……”。等看到后边的“父亲也不便多问”，才根据句意反转去认定是推断关系。

十分明显，顺序推衍与逆序裁定，特别是逆序裁定，涉及语言片段与语言片段的句间联结与相依，已经是语篇问题，它们理所当然地受到明确的“句管控”，更不待言。

视角四：规律的一般与特殊

一般规律和特殊现象并存，各自存在的条件只有在“句管控”中才得以区别。

从这一角度看，“句管控”包容了从一般到特殊的全部规律。越是特殊的现象及其规律，管控越严，要求越具体。比如“肩膀宽”，这是“名词+形容词”的结构，代为“NA”。一般情况下，是“主语+谓语”；有的时候，也可以是“状语+中心语”，即N是A的状语。比较：

［主谓式］	［状心式］
大伯（不）傻。	________
大伯肩膀宽。	洞口肩膀宽。

观察可知：NA主谓式和NA状心式有不同的句管控。

管控NA主谓式的句法语义格局，主要有两个：（1）“N（不）A”。NA中的A可以否定。（2）“X的N真A”之类。N为X所领属，A是N本身的状态，A的前头可以出现“真、好”之类副词状语。如：大伯肩膀宽。→大伯的肩膀真宽。

管控NA状心式的句法语义格局，主要可以概括为：“有N这么A”。表示用N估摸A的状态，“有”可以换成“像”，“这么”可以换成“那么”。如：洞口肩膀宽。→洞口有肩膀这么宽。｜洞口像肩膀那么宽。

进一步观察，又可以知道：

第一，小句中NA状心式主要充当定语。略举几例：

（30）他再次回到屋子，这才发现，桌上一张巴掌大的纸放得平平整整，是给他瞧哩。（星竹《中西部》，《小说月报·中长篇小说精萃》2000年版78页）

（31）他在那里认真地挑选了半斤……筷子长的鲫鱼。（池莉《惊世之作》，同上9页）

（32）……二十几根碗口粗的桩木像草节棍儿做的漂在水上是时沉时浮。（二月河《雍正皇帝·恨水东逝》3页）

上例的"巴掌大""筷子长""碗口粗"，等于说有巴掌这么大，有筷子那么长，有碗口那么粗。

如果NA说成"N来A"，即N带上有估摸意义的助词"来"，便更加凸现N的状语地位。例如：

（33）……水桶来粗长的东西，还在蠕蠕而动。（二月河《雍正皇帝·恨水东逝》616页）

"水桶来粗长的东西"，也就是"有水桶那么粗长的东西"。

语言运用中，也常见"有N这么A"的说法：

（34）你记得我们小时候小菜场用的那种打菜筐吗？铁丝编的，有圆桌那么大。（陈丹燕《亡者遗事》，《收获》2000年第4期117页）

上例出现"有圆桌那么大"，也可以简为"圆桌大"。

第二，NA状心式中，N和A都有比较明确的选择范围。N是有相对确定体积或度量的事物。A表示可以衡量的状态，只选用强态形容词，而不选用反义的弱态形容词。比如："大→小，宽→窄，长→短，高→矮，粗→细"，同N组合时只选用"大、宽、长、高、粗"，而不选用"小、窄、短、矮、细"。即使是针对明显的弱态事物，也要选用强态形容词。比如，形容"微末小吏"，也要说"芥菜籽儿大"，而不说"芥菜籽儿小"：

（35）雍正的耳目也真厉害，……就是有些芥菜籽儿大的微末小吏的政务，也都了如指掌。（二月河《雍正皇帝·恨水东逝》309页）

第三，NA状心式中，N和A的组合是自由的。同一个A，其状语可以是不同的N；反之，同一个N，其中心语可以是不同的A。例如：

A：厚	N：电线杆
手掌厚	电线杆长
瓦片厚	电线杆高
帆布厚	电线杆粗

N与A的选择都取决于造句中二者相互间的需要。一方面，由于不同的N各自表示相对确定的体积或度量，造句时就可以有所选择，以适应A的实际需求；另一方面，由于A的状态可以衡量，造句时就可以根据状态的不同度量而选用相应的名词来描摹。看作家二月河笔下的几个例子：

（36）黄豆大的雨点打得院中青砖噼剥作响。（《雍正皇帝·九王夺嫡》59页）

（37）芥菜籽大的官，萤火虫儿的前程。（同上407页）

（38）说着将一张尺幅大的宣纸递过来。（同上502页）

（39）东考区监场书吏拿着豆腐干大一个小本子进来……（《雕弓天狼》139页）

（40）忽见前面棋盘街驿馆前一溜六盏栲栳大的西瓜灯吊在檐前……（同上140页）

（41）要单买这巴掌大的纸，一个雍正哥儿也不值……（同上154页）

同是“大”，分别选择了不同的名词“黄豆”“芥菜籽”“尺幅”“豆腐干”“栲栳（即笆斗）”“巴掌”来充当了状语。

第四，NA状心式中，“NA”是从状态及其度量的角度评价事物。如何评价，带不带情绪，更需要在具体的句法组合中才能准确把握。

从事实与评价的联系来说，有时如实评估，有时偏于夸强，有时偏于说弱。比如：“大腿粗的柱子”，由于受到“柱子”的规约，可知是如实评估；“大腿粗的胳膊”，由于受到“胳膊”的规约，可知是偏于夸强；“胳膊粗的大腿”，由于受到“大腿”的规约，可知是偏于说弱。

从客观事物与评说者主观心态的联系来说，有时不加褒贬，有时偏于褒扬，有时偏于贬抑。比如：“拳头大的苹果，三元钱一斤。”这是如实说明情况，在感情色彩上是中性的。如果这么说：“小伙子个个牯牛壮。”这样，不仅夸张，而且显露了褒扬的情绪。如果这么说：“当了个芝麻大的干部。”这样，不仅说弱，而且显露了贬抑的情绪。粗俗谩骂类名词，用作 A 的状语，都是说弱和贬抑。如：屁大的事，毬大的官。

第五，这类“NA”有两个相关形式。相互间的差别和联系，也反映在具体的句法语义格局当中。

1. “LA”状心式。L 代表表物量的数量结构。比较：裤带长（NA）→两尺长（LA）。L 前后可以加“近”或“多”（近两尺长，两尺多长），N 的前后不能。但是，N 也好，L 好，都表示 A 的度量，二者对 A 的选用范围也基本相同。入句以后，二者有互相转化的可能性。例如：

（42）这是一间厩房，有两个马槽宽，……（二月河《雍正皇帝·恨水东逝》457 页）

（43）他把一柄近两指宽的水果刀磨尖磨快，……（王安忆《富萍》，《收获》2000 年第 4 期 10 页）

前一例是 NA，若说成“两槽宽”，便是 LA；后一例是 LA，若说成“两个手指宽”，便是 NA。

2. 合成词“NA”。如：笔直，雪白，火红，冰凉。这类“NA”也是状心式，但是，一方面，它们用于比喻，而不重在估摸度量；另一方面，它们的 NA 组合固定，两个音节，可以重叠成“笔直笔直、雪白雪白、火红火红、冰凉冰凉”，有的方言里还可以叠成“笔笔直、雪雪白、冰冰凉”。从总体上看，这类 NA 不是句法结构上的状心式。

这类纯比喻 NA，偶尔也有多音节的，只是很罕见：

（44）林海雪原，白茫茫，一望无际。气温总够零下三十来度，哪

儿都冰坨子凉。（星竹《中西部》，《小说月报·中长篇小说精萃》2000年版75页）

上例里，“冰坨子凉”尽管跟“冰凉”意思相同，但它已经成了短语，“冰坨子”和“凉”的状心关系是句法组合。这里的“冰坨子凉”对具体句子有明显的依赖性，如果单独说出来，有可能被理解为主谓关系。

视角五：方言与普通话

方言同以北京话为突出代表的普通话，它们的语法差异只有通过“句管控”的分析，才能弄清楚。

把有关现象归纳成以下三个方面来观察，特别能说明问题。现象的列举中，“京”代表北京话或通常所说的普通话。

（一）相同的词面，不同的配置，于是产生语法差异。举例：

a. 同是“你”“十块钱”“借”：

［京］借你十块钱。⇔［方］借十块钱你。（长沙17页）

b. 同是“你”“茶”“喝”：

［京］你喝茶。⇔［方］你茶喝。（西宁14页）

c. 同是“门”“叫”“开”“得”：

［京］叫得开门。⇔［方］叫得门开。（南昌16页）

d. 同是“行李”“两件”“拿”“少”：

［京］少拿两件行李。⇔［方］拿少两件行李。（柳州15页）

e. 同是“你”“他”“走”“先”“后”：

［京］你先走，他后走。⇔［方］你走先，他走后。（柳州15页）

f. 同是“天”“水”“冷”“热”“很”“了”：

［京］天很冷了。｜水很热了。⇔［方］天冷很了。｜水热很了。（徐州18页）

g. 同是“他”“上班”“不”“按时”：

［京］他不按时上班。⇔［方］他按时不上班。（西宁 15 页）

h. 同是“衣服”“找”“到”“不”：

［京］找不到衣服。⇔［方］找不衣服到。（长沙 17 页）

i. 同是“钱”“人”“给”“不”“根本”：

［京］钱根本不给（给）人。⇔［方］钱根本给人不给。（乌鲁木齐 11 页）

（二）相同的一个形式，占据不同的位置，于是产生语法差异。举例：

a. “连”字：

［方］连不做一点事。（长沙 17 页）

即：连一点事也不做。“连＋动词语”的句法格局，使得“连”更像是表示强调的语气副词，而不像是介词。

b. “有”字：

［方］《青春之歌》我有读过。（福州 28 页）

佢有来电话。（梅县 21 页）

伊有来。（厦门 20 页）

伊有在做作业。（厦门 20 页）

即：我曾经读过《青春之歌》。｜他曾经来过电话。｜他已经来了。｜他确实已经在做作业。“有＋动词语”，特别是“有＋在＋动词语”的句法语义格局，决定了这里的“有”更像是表示时间状态的实现义副词或类副词，而不像动词。

c. “把”字：

［方］我弗听话，他就把我打则要死。

他弗听话，就把我打则要死。（丹阳 22 页）

前一例是主动句，意思是“我不听话，他就要把我打死”；后一例是被动句，意思是“他不听话，就要被我打死”。“把”兼有普通话

“把”“被”两个介词的功能，这取决于二者占据了跟不同句法语义格局相联系的位置。

［方］把小路去。

把北京为止。（柳州15页）

前一例是说“从小路去”，后一例是说“到北京为止”。其基本句法格局，决定了“把”是介词；其上下文具体的语义格局，又决定了“把”相当于普通话的“从”和“到”。

［方］酒把吃完了。｜马路把重新修过了。

她把爱看书了。｜他家哥把去美国了。（贵阳16页）

即：酒已经吃完了。｜马路已经重新修过了。｜她已经爱看书了。｜他家哥已经去美国了。“把+动词语”的句法语义格局，决定了“把”更像是副词。其中，“酒把吃完了”“马路把重新修过了”是受事主语句，谓语对主语有处置性；“她把爱看书了”“他家哥把去美国了”是施事主语句，谓语对主语没有处置性。

（三）使用特殊的手段，形成特殊的格局，于是产生语法差异。举例：

a. VV下：

［方言］觑觑下｜行行下

修理理下｜招呼呼下（建瓯16页）

“觑觑下”即“看一看”，“行行下”即“走一走”，“修理理下”即“修理修理”，“招呼呼下”即“招呼招呼”，都在动词重叠式VV后边加上“下”。双音动词重叠加“下”时，只重叠第二个音节。

b. V到到（/到在）X：

［方言］等到到天光。

歇到在店里。（萍乡13页）

“到”用在动词后边，它的后头还可以出现介词“到”或“在”。紧接动词的“到”，是弱化动词。也可以只用一个“到”：

等到天光。

歇到店里。(萍乡13页)

就萍乡方言而言，这个“到”也许是弱化动词和介词的融合。

c. X流了的：

[方言] 他快活流了的。

屋里吼流了的。

他脸上汗流了的。(武汉14页)

通常是谓词后边加“流[niou213]了的”，形成“A流了的/V流了的”，强调程度极高，情况极盛。有时也说“N流了的”，但整个儿充当谓语，整个儿谓词化。

d. 多X点：

[方言] 桂林比柳州多好点。

今天多冷点。

两个娃崽都蛮好，大的多听讲点。(柳州16页)

等于说：桂林比柳州更好一点。|今天比昨天更冷一点。|大的比小的更听话一点。X有时是形容词，有时是动词语。作为比较主体的甲事物，必须出现；作为比较客体的乙事物，可以在语表上显现，也可以在小句中隐含。

e. (不/没) A起：

[方言] 一天热起一天。

你的孩子还多起我的吗?

他不高起我。

学手艺没难学起木匠的。(牟平20页)

等于说：一天比一天热。|你的孩子还比我的多吗?|他不比我高。|学手艺没有比木匠再难学的。前两例是肯定式；后两例加上“不/没”构成否定式，使得方言的色彩和情味更浓。

f. X打X；X把X：

［方言］

年打年噢，他还不想还钱。

那个喝噢两打两瓶酒还不得醉。

今年六月要考六打六科。（涂光禄《贵阳方言的重叠式》）

“打”是衬字，嵌在量词重叠形式或数词重叠形式中间，强调量大。

个把个人安排得下。

打字纸张把张值不倒几个钱。

赢盘把盘扳不倒老本。（同上）

“把”也是衬字，嵌在量词重叠形式中间，强调量少。

g. V^5V；A^5A：

［方言］你问佢喜^5 喜欢？

这件衫缩^5 缩水？

那只女子生得标^5 标致？（于都 17 页）

等于说：你问他喜欢不喜欢？｜这件上衣缩水不缩水？｜那个女孩长得漂亮不漂亮？

这种方言说法，采用动词语叠用或形容词叠用的方式，加上声调手段，表达正反选择问的内容。前 V/A 读入声［ʔ^5］5 短调，后 V/A 读动词、形容词的单字调。如：走^5 走［tseuʔ$^{45\ 55}$ tseu^{45}］？（＝走不走？）｜食^5 食饭［ʂeʔ$^{41\ 55}$ʂe^{41} fā^{41}］？（＝吃饭不吃饭？）｜好^5 好［hɔʔ$^{45\ 55}$ hɔ^{55}］？（＝好不好？）

可见，把视线投向“整体汉语”，在比较中观察方言事实，可以进一步看到，“句管控”决定了北京话和方言、方言和方言的语法差异，因而也决定了现代汉语语法的整体面貌。

结束语

词语进入小句，小句进入语篇，无不被按特定的规约进行配置，形成特定的格局，显示特定的关系，产生特定的规则。汉语语法规则，无论属于哪一方面、哪个层次，都总要直接或间接地在“句管控”的局势之下来完成。正因如此，词的语法性质，只有在接受了“句管控”之后，才得以落实；词语的表意传情，只有在接受了“句管控”之后，才得以显现；语句之间的关系，只有在接受了篇章的“句管控”之后，才得以确定；一般规律和特殊现象各自存在的条件，只有在“句管控”中才得以区别；方言的语法差异，只有通过“句管控”的分析，才能够弄清楚。研究汉语语法，不可忽视汉语语法规则的形成和使用以小句为中轴来进行运转这一事实。

必须着重强调两点：

第一，百家争鸣才能促进学术的繁荣，一花独放绝对打扮不成一个春天。20 世纪的最后 10 年里，汉语语法研究中响起了多种声音，这是一种发展，一种进步。值得特别注意的是，学者们尽管各有不同的着眼点，表明了各自不同的学术主张，但都注意到了句法语义问题的重要性。邵敬敏（1998）指出：“对句法语义的多角度研究必将成为二十一世纪的一个极为重要的课题。”笔者赞同这一判断。事物的发展往往呈现循环往复、螺旋上升的态势，学术研究也不例外。李临定（1992）、黄昌宁（1994）都提到“句本位”的合理性，二位先生所说的“句本位”绝对不是当年黎锦熙先生的“句本位”的简单复制。许嘉璐（1999）纵察流变，提到了“句本位”和“小句中枢”说，不管人们在具体判断上是否接受，许先生的基本思路无疑是富于启迪的。

第二，21 世纪的汉语语法研究，不可忽视“整体汉语”中的方言现象。有的问题，在分析北京话或普通话感到困惑的时候，考察一下方言事实，可能豁然开朗；有的问题，在根据北京话或普通话作出结论之后，考察一下方言事实，甚至可能发现反例，从而促使更改思路或修正结论。

主要参考文献

[1] 丁声树，吕叔湘，李荣. 现代汉语语法讲话 [M]. 北京：商务印书馆，1961.

[2] 李临定. “依句辨品，离句无品”及其他 [M] //语法研究和探索：五. 北京：语文出版社，1992.

[3] 李荣. 现代汉语方言大词典 [M]. 南京：江苏教育出版社，1993—1998.

[4] 黄昌宁. 语言串理论——“信息处理用语言理论讲话”第二讲 [J]. 语言文字应用，1994 (3)：99-104.

[5] 邵敬敏. 八十到九十年代的现代汉语语法研究 [J]. 世界汉语教学，1998 (4)：22-27.

[6] 许嘉璐. 语言文字学及其应用研究 [M]. 广州：广东教育出版社，1999.

[7] 张振兴. 方言研究与对外汉语教学 [J]. 语言教学与研究，1999 (4)：42-49.

[8] 李芳杰. 句型主体论 [J]. 语言教学与研究，1999 (4)：15-31.

[9] 涂光禄. 贵阳方言的重叠式 [J]. 方言，2000 (4)：359-363.

[10] 李宇明. 语法研究的方法、理论和治学风格 [J]. 华中师范大学学报，2000 (5)：46-48.

[11] 邢福义. 小句中枢说 [J]. 中国语文，1995 (6)：420-428.

[12] 邢福义. 汉语语法学 [M]. 长春：东北师范大学出版社，1997.

[13] 邢福义. 小句中枢说的方言实证 [J]. 方言，2000 (4)：289-298.

[14] 邢福义. 小句中枢说的方言续证 [J]. 语言研究，2001 (1)：13-22.

（原载《方言》2001 年第 2 期，略有改动）

语法研究中“两个三角”的验证

〇 前言

研究汉语语法事实，既需要进行静态分析，更需要进行动态分析。“两个三角”的验证，是动态分析的最基本的作法。本文以现代汉语共同语即普通话为基点，对有关问题进行讨论。全文分三个部分展开：（1）“小三角”及其事实验证；（2）“大三角”及其事实验证；（3）“两个三角”相结合的事实验证。

一 “小三角”及其事实验证

（一）小三角

“小三角”是两个三角中的第一个三角。任何语法事实都存在语表形式、语里意义和语用价值三个角度，“小三角”指的就是三者所构成的“表—里—值”三角。

1.“表”角

“表”是“语表形式—语表”的简称，指显露在外的可见形式。比方，如果以“V+N”的结构为研究对象，那么，在“表—里—值”三角里，VN 是语表；V 和 N 之间，可能是动宾关系，也可能是偏正关系，都属于语里。

任何语法单位，小到语素或词，大到复句或句群，都有其语表形式，都跟特定的语里意义和语用价值相联系。

2. “里”角

“里”是“语里意义—语里”的简称，指隐含在内的不可见的关系或内容。语法单位不同，语里意义的偏重点也有所不同。

如果语法单位是复句和句群，语里意义主要表现为逻辑—语法关系。比如“与其 p，不如 q”，具有择优性和推断性，这是一种为特定复句句式所规约的“逻辑—语法”关系。

如果语法单位是单句和由单句离析出来的结构，语里意义主要表现为结构关系、施受关系和意向关系。所谓“结构关系”，指主谓、动宾、偏正等关系；所谓“施受关系”，指动作和相关人物之间的施事、受事、用事、于事等关系；所谓“意向关系”，指句法结构反映在表意指向类型上的语义关系。结构关系、施受关系容易理解，“意向关系”须要略加解释。比如：“有什么 NP 吗?”这类问句在表意指向上具有二重性：一方面问是非（“有……吗?”），另一方面又有特指（“什么?”），跟单纯的是非问句和单纯的特指问句都有所不同。对于这类问句，主语、谓语、施事、受事等的分析不起作用，必须抓住表意指向上的二重性，联系其语表和语值来加以考察。

如果语法单位是词，语里意义主要表现为涵盖意义和特征意义。所谓“涵盖意义”，主要指意义虚灵的词所涵盖的语义内容。比方“刚刚”，有两个涵盖意义：（1）表示事件发生的始发点，不一定以“现在”为参照点。（2）表示事件发生在说话前不久，一定以“现在”为参照点。所谓“特征意义”，也叫语义特征，指意义实在的词所包含的可以成为区别性特征的意义。比如：“学生”“科长”“春天”“暑假”这几个名词，各有各的词汇意义，但都具有“推移性”语义特征。正因如此，它们在语法上具有某种同一性：都能够带上“了”，构成“NP 了”句式。

3. “值”角

“值”是“语用价值—语值”的简称，重视在比较中考究研究对象的语用效应，回答它到底有何价值的问题。举例说：

A. 研究“双”。一般以为“双”是量词（一双｜两双），实际上有时是数词（双重压力｜双层岗哨｜双份礼品｜双倍工资）。那么，“数词‘双’＋量词”同“数词‘两’＋量词”和“数词‘二’＋量词”相比较，语用价值有什么不同？

B. 研究“要不是 A，就 B”复句句式。这一复句句式往往跟“因为 A，所以 B”相通。（要不是周医生在场，我就没命了。→因为周医生在场，所以我才有命。）那么，“要不是 A，就 B”的语用价值是什么？

“小三角”理论认为，一个语法单位能够在语言系统中存在，在语言交际中承传，必定有其语用价值上的根据，否则便会被淘汰。语法研究，有必要回答有关语用价值的问题，以便深化对语法事实的认识。

（二）“小三角”的事实验证

包括“表里印证”和“语值验察”两个方面。

1. 表里印证

所谓“表里印证”，是指在表里之间寻找规律性联系，以揭示有关事实的特定规律。这是汉语语法研究的最基本的工作。汉语没有什么形态，一个语表形式的内里，往往隐匿着微妙的语里意义或关系。研究中，如果不进行表里印证的工作，无法真正解决汉语语法的问题。基本作法是：由表察里，由里究表，表里相互印证。

以“双音节及物动词＋双音节名词”来说。

“双音及物 V＋双音 N”，这是语表形式。它包含两种语里关系：一为动宾，二为定心。例如：指导＋学生/教师→指导学生（动宾），指导教师（定心）。“教师”和“学生”都表示人，而且相互处在特定的人际关系之中，按说语法性能应该是完全相同的。然而，跟及物动词“指导”组合的结果，却形成了具有不同关系的语法结构。为什么？

把语表和语里联系起来进行考察，可以知道，同类事实大体包括四小类：

A. 领导＋群众/干部→领导群众（动宾），领导干部（定心）｜按摩＋病人/医生→按摩病人（动宾），按摩医生（定心）

B. 纺织＋布匹/姑娘→纺织布匹（动宾），纺织姑娘（定心）｜印刷＋报纸/工人→印刷报纸（动宾），印刷工人（定心）

C. 喂养＋鹦鹉/方法→喂养鹦鹉（动宾），喂养方法（定心）｜批发＋彩电/公司→批发彩电（动宾），批发公司（定心）

D. 救济＋灾民/物资→救济灾民（动宾），救济物资（定心）｜表彰＋功臣/大会→表彰功臣（动宾），表彰大会（定心）

A小类的两个名词都表人。“指导＋学生/教师”也属于这一小类。凡是形成定心结构的，其中的名词在语义上都具有行为施行性，它前边的动词不是一般地表示人物的行为，而是表示人物的职责或作用；在语表上，名词若移到动词前头，都会转化成为施事主语。如：教师指导学生。｜干部领导群众。｜医生按摩病人。

B小类的两个名词，一个表人，一个表物。但B小类和A小类基本相同：凡是形成定心结构的，其中的名词在语义上都具有行为施行性，在语表上都可以转化成为施事主语。如：演员歌唱祖国。｜姑娘纺织布匹。｜工人印刷报纸。

C小类两个名词都表物。凡是形成定心结构的，其中的名词在语义上具有管界性，即划定行为活动的范围，它前边的动词不是一般地表示人物的行为，而是从一个方面表示管界事物的内容或作用；在语表上，动词前后可以补出表示行为对象的名词。如：喂养方法→喂养鹦鹉的方法，鹦鹉喂养方法。｜批发公司→批发彩电的公司，彩电批发公司。

D小类的两个名词，一个表人，一个表物，表人的是宾语，表物的是定语。D小类和C小类基本相同：凡是形成定心结构的，其中的名词在语义上都具有管界性，在语表上都可以补出行为的受事。如：救济物资→救济灾民的物资，灾民救济物资。｜表彰大会→表彰功臣的大会，功臣表彰大会。

综观所有现象，可以看到：不管是哪一小类，凡是形成动宾关系的，名词一定表示行为“及物”之对象，具有受事性。凡是形成定心关系的，必须符合两个条件：首先一个是最起码的条件，这就是，名词和前边的动词能够配搭；其次一个是语里关系上的条件，这就是，名词所表示的人或事物具有施事性或管界性，作定语的动词只表示职责、作用、内容等意义。这样，经过了表里验证，可以知道：现代汉语里，“及物动词＋名词”尽管通常会形成动宾结构，但有的时候，在特定规律制约下，也可以形成定心结构。

2. 语值验察

所谓“语值验察”，是指在“表里印证”之后进一步研究“值”角，弄清特定的语用价值。即：语里同义，语表异形，究其语值。比方，知道了“指导教师”“救济物资”之类现象的存在，还应进一步知道这类结构的作用。

再以转折词“却”进入“既然……那么……”句式的现象来说。

“既然……那么……”表示推论因果的关系，所据理由和推得结果之间通常是顺承的，因此一般不能用转折词。比如：既然小路阴凉，那么，应该走小路。（＋）｜既然小路阴凉，那么，却应该走小路。（－）但是，有的时候，“既然……（那么）……”和“却”可以同现。例如：既然小路阴凉，那么，为什么却不走小路？

这类“既然……却……”的复句，成立的条件是什么？规律性的东西何在？这就需要首先在表里之间进行反复的验证。验证过程：

第一，由表察里：语里关系如何？考察可知，凡是“既然……却……”复句，实际上包含三个语义段，假若用abc来代表，那么，关系是：a—b顺承，a—c逆转。即：既然小路阴凉，为什么却不走小路？＝既然小路阴凉，（a）就应该走小路，（b）但实际上却决定了不走小路。（c）显然，在说“既然……却……”时，在语里关系上包含有并且突出了根据和结果之间的逆转性。

第二，由里究表：为了突出a—c之间的逆转性，语表形式有何要求？考察可知，这样的说法不行：“既然小路阴凉，但实际上却决定了不走小路。”这说明，c段不能保持陈述句的形式。换句话说，a—c两段不能都用陈述语气直接组合，后段必须用“为什么”的词语改造成为诘问的句式。

第三，再由表察里：是不是所有的“既然……为什么……”复句都跟“却”有必然的联系？考察可知，“为什么……”有两个意思：第一，反问。指可能发生的情况，相当于b段。用肯定形式问，意在否定形式，但否定形式之所指尚未成为事实；用否定形式问，意在肯定形式，但肯定形式之所指尚未成为事实。第二，诘问。指已成事实的情况，相当于c段。用肯定形式问，肯定形式之所指已成事实，是对事实的质疑；用否定形式问，否定形式之所指已成事实，也是对事实的质疑。例如：“既然这条路近，为什么不走这条路？”这是歧义句：甲义＝走这条路最合适。（我主张走这条路。走不走，未然。）｜乙义＝不走这条路不合适。（我反对不走这条路。不走，已然。）凡是用于反问的“既然……为什么……”，由于相当于a—b段，前后分句之间没有转折性，因而不用“却”。例如：“［甲］你看，我应该送点什么给她？”“［乙］她不是喜欢打扮吗？既然她喜欢打扮，你为什么不送她几件时装呢？”乙的话等于说：“既然她喜欢打扮，你最好送几件时装给她。”因此，“你为什么不送她几件时装呢”里面不用“却”。

第四，再由里究表：“却”的位置如何？“既然”和“为什么”的使用情况如何？考察可知：第一，“却”有两个位置，可以在“为什么”的前后出现。如：既然一点也不好吃，为什么却不断地吃？（金庸《卧龙记》）｜十二岁的马夫，甚至不明白，妈妈既然有过一个开着桂花的美丽的家，却为什么要搬到这破烂拥挤的小杂院来居住。（范小天《桂花掩映的女人》）前一例是“为什么却”，后一例是“却为什么”。第二，“既然”可以说成“既”，“为什么”可以说成“为何”“何以”“怎么”等。用“既”和“为何”“何以”，文言色彩较重，只见于模仿近代白话语体的小说里。例如：既然师父没事，何以却有烦恼？（金庸《卧龙记》）｜你既知我这脑神丹的灵效，却何以大胆吞服？（金庸《笑傲江湖》）｜你自己既不愿意死，却怎么去杀人呢？（金庸《天龙八部》）前一例是“既然……何以却……”，中间一例是“既（然）……却何以……”，后一例是“既（然）……却怎么……”。

经过这样反复地进行表里验证，可以知道：“却”字进入“既然”句的条件，主要表现在两个方面：一方面，语里关系上包含逆转性；另一方面，语表形式上采用以“为什么”为代表的诘问句式。在这个基础上，还有必要知道这类句式的语用价值。

通过进一步的考察，又可以知道：

第一，“为什么”之类，为这类句式造成了对已然事实的无疑而诘问，并为“却”字的插入准备了必要的结构条件；再加“却”，可以特别突出事实之间的逆反性，从而特别强调结果怪异，不合常理。比较：

既然吃饭都成问题，还买衣服!?

既然吃饭都成问题，为什么还买衣服？

既然吃饭都成问题，却为什么还买衣服？

前一例，后项直接提出“还买衣服”的事实。不管是用惊叹语气还是疑问语气，若插入“却”，都给人站得不大稳的感觉。如：既然吃饭都成问题，却还买衣服！（?）｜既然吃饭都成问题，却还买衣服？（?）中间一例，针对“还买衣服”的事实，用“为什么”加以诘问，已经明显带有不以为然的语气。而且，有了“为什么”之类，“却”字就容易插入了。后一例，再加“却”，造成前后项之间的转折语势，更能表明后项所指行为的不合理。

凡是“既然……为什么……”的复句，如果后项是对事实的诘问，那么，在需要借转折语势强调突出逆反关系的时候，都可以加“却”。比如：但是，我既然做了错事，为什么（却）还要错上加错，去欺骗组织，欺骗人们呢？（石国仕《战俘》）｜你既然来这里寻我唱歌，我已唱了四首，你为什么（却）连一首也不回？（孙健忠《醉乡》）

第二，“为什么却”“却为什么”之类强调结果怪异、不合常理，是为了强烈地表示出某种主观情绪：或者有所责怪，或者感到惊奇。例如：既然人家没惹你，你为什么却总是惹人家？（有所责怪）｜既然不是海南人，你为什么却会讲海南话？（感到惊奇）值得注意的是：责怪有心理偏向的不同。例如：既然打人不对，为什么却老是打人？（偏向鄙弃）｜既然还在咳嗽，为什么却又来加班？（偏向爱护）责怪还有口气轻重的不同。例如：既然没有道理，却为什么还耍无赖？（口气较重）｜既然写不出来，却为什么还要硬写？（口气较轻）到底是责怪还是惊奇，责怪的心理偏向如何，责怪的口气怎么样，这取决于不同内容和不同语境。

第三，“为什么却”“却为什么”之类强调结果怪异、不合常理，有时还有“反证疑据”的作用，即导致对推论根据的怀疑和否定。这样，在论辩中就容易形成二难推理，使对方处于“二难”困境。比如：“既然读过大学，为什么却认不得几个字？”要么确实读过大学。作为一个读过大学的人，认不得几个字岂不是莫大讽刺？要么读过大学并非事实。那么，岂不是欺世盗名说假话？

从严格的意义上说，语值的验察也许主要不是语法问题。但是，有必要指出：（1）紧扣语法现象考察其语值，所涉及的语值问题肯定跟语法问题有关。（2）到底什么才是严格意义上的语法问题，对于汉语语法来说，很难做严格的界定。如果紧扣严格意义的语法，恐怕连语义关系的研究也成问题了。研究问题，不应处处从定义出发，不然，就容易自己束缚了自己的手脚，不利于打开思路，不利于解决实际问题。

二 “大三角”及其事实验证

（一）大三角

“大三角”是两个三角中的第二个三角，即“普—方—古”三角。研究现代汉语共同语语法，为了深化对语法事实的认识，有时可以“普”为基角，撑开“方”角和“古”角，形成语法事实验证的一个“大三角”。

1. “普”角

“普”是“普通话”的简称，指现代汉语共同语的语法事实。

一个语法现象，只要在现代通行，能够为全中国东西南北中的人们所理解和接受，它便是普通话的语法现象。对于现代汉语语法研究来说，普通话语法是最基本的研究对象，因此，“大三角”中的“普”角是“基角”。

2. “方”角

“方”是方言的简称，指现代汉语里的方言事实。

方言语法现象相当丰富复杂，并不像通常所说的那么单纯。方言语法研究，有必要在更细的线索上进行，在比较隐蔽的层次上作更深的发掘。在“大三角”的事实验证中，“方”角起着举足轻重的作用。

3. “古”角

“古”是古代近代汉语的简称，指汉语里跟现代相对的古代、近代的语法事实。

作为历史概念，可以认为：“现代汉语”的最后形成和确立，是在五四运动时期（1917—1921）。重要标志有二：其一，1920 年 2 月，国民政府教育部颁行了新式标点符号。这是文化教育事业史上的一件大事情。因为，标点符号是书面语言的组成部分，而新式标点符号是为适应现代汉语书面语言的需要而制定的。这件事表明，现代汉语已经占据了统治地位。其二，1920 年 1 月，国民政府教育部训令全国各国民学校先将一二年级国文改为语体文；1921 年 3 月，又训令全国各省：凡师范学校及高等师范，相应酌减国文钟点，加授国语。现代汉语书面语的教学，从此在中小学取得了合法的地位。这是一个转折点，是划时代的变化，对现代汉语的最后形成和发展起了十分重要的作用。

在“大三角”的事实验证中，“古”角同样起着举足轻重的作用。进行“大三角”的事实验证时，“古”角所用的语料固然可以是文言文，也可以是《红楼梦》《儿女英雄传》等白话文作品中可以说明问题的现象。当然，从严格意义上说，“文言”和“白话”是有很大的不同的。

（二）“大三角”的事实验证

包括“以方证普”和“以古证今”两个方面。

1. *以方证普*

这是“普—方”验证。即立足于普通话，横看方言，考察所研究的对象在方言里有什么样的表现，以方言印证普通话。

首先，以“（S）VV 补”格式来说。

VV 代表动词重叠形式，“补”代表后边的形容词补语。现代文学作品中，这类说法偶尔出现，但能否成立，未有定论。如：我去跟他们说说清楚！（孙春平《古辘吱嘎》，《中篇小说选刊》1996 年第 6 期 144 页）｜该叫到主子跟前问问明白。（二月河《乾隆皇帝·夕照空山》337 页）其实，这类说法可以得到方言事实的支持。比方，崇明方言中，动词重叠式可带结果补语。其中的动词，可以是单音节的也可以是双音节的。如：衣裳着着好（衣服穿整齐）｜地浪扫扫干净（地上扫干净）｜眼睛看看清爽

（眼睛看清楚）｜事体交代交代清爽（事情交代清楚）｜小囡教料教料好（小孩教育好）。（见《崇明方言词典》）又比方，南京方言中，动词重叠式也可以带结果补语。如：摆摆正｜放放直｜煮煮烂｜切切碎｜扫扫干净｜听听清楚｜商量商量好。（见《南京方言词典》）再比方，上海方言中，动词重叠式也可以带结果补语。如：做做好｜侬快点拿房间收捉收捉清爽。不仅如此，作补语的词还可以是动词。如：跑跑脱｜拿拿进去。（见《上海方言词典》）可知，除了“跑跑脱、拿拿进去”之类估计不会为共同语所吸收，“（S）VV补”格式的使用，是有多种方言的强力支撑的。

其次，再以“给”字句式来说。

比较：（这东西）不给你，（这东西）不给人。（普通话）＝（这东西）给你不给，（这东西）给人不给。（乌鲁木齐方言）乌鲁木齐方言里，出现两个“给”。前一个“给”是介词，跟表示逻辑宾语的词语一起组成介词短语，做状语；后一个“给”是动词，跟“不”构成否定形式。例如：他肯定给你不给，我明天给你要去。｜腰里头底钱根本给人不给。｜那个人财迷底啥一样底，多一分钱给他妈都不给。（见《乌鲁木齐方言词典》）朱德熙《包含动词“给”的复杂形式》曾经指出：“……‘我给他一本书’可以看成是‘我给给他一本书’的紧缩形式。”该文未举出实际用例。笔者《关于“给给”》补举了这个例子：“此时，窗外由远及近地响起沙沙的踏雪声，同时传来了轻松的放肆的歌声：姐儿早上去看郎，／三尺白绫包冰糖。／给给小郎郎不用，／转过身儿好凄惶哟——呀啊！”（张贤亮《绿化树》，《十月》1984年第2期28页）上举乌鲁木齐方言的说法，更能证明朱德熙先生当年的判断是对的。北京话的“不给你”，即“不给给你”；“给你”前移，便成为乌鲁木齐方言的“给你不给”。

2. 以古证今

这是“普—古”验证。即立足于今，上看古代近代汉语，考察所研究的对象在古代近代汉语里有什么样的表现，以古印证今。

以“像X似的”结构来说。

这一结构有三个组成部分：一是“像”，二是“似的”，三是X。分开来看，“像X”是动宾结构，“X似的”是比况结构，这没有什么问题。合起来看，问题就来了：是把“像X似的”分析为动宾结构（“像→X似的”），还是把“像X似的”分析为比况结构（“像X←似的”）？考察表明，把“像X似的”分析为比况结构更合理。

“像”和“似”“如”是同义词。“像X似的”有时说成“似X似的”，它们同义、同构。例如：眼看纷纷扰扰，又似从林影中，闪出一两个人似的。（白羽《十二金钱镖》）｜棺中丽人头也不回，竟似没有听到他的话似的……（古龙《护花铃》）显然，说“似”是动词，“X似的”整个儿充当“似”的宾语，很难成立；相反，说“似X”先构成动宾结构，然后用“似的”再强调一下，一起构成比况结构，则比较顺当。

这一结论，可以从古代近代汉语的语法事实中找到有力的支持。看这几个同类结构：

第一，“似X也似”（=像X似的）。例如：你这花子，两耳朵似竹签儿也似，愁听不见。（《金瓶梅词话》，转引自江蓝生文）｜若不用心体验，便似一场闲话也似，这般说过去了便无益。（元·许衡《直说大学要略》，《鲁斋遗书》卷三，同上）前一例，“似”只能以“竹签儿”为宾语，不可能以“竹签儿也似”为宾语；后一例，“似”只能以“一场闲话”为宾语，不可能以“一场闲话也似”为宾语。

第二，“如X也似”（=像X似的）。例如：滕生……即出门雇马，如飞也似去了。（《初刻拍案惊奇》卷六）｜便如掩着那耳朵了去偷那铃的也似。（元·许衡《直说大学要略》，《鲁斋遗书》卷三）以前一例来说，念起来是“如飞ˇ也似”，而不是“如ˇ飞也似”。从意义关系上看，不能认为“飞也似”整个儿都是“如”的宾语。“如”只管到“飞”，“也似”是对“如飞”的再强调。后一例情况相同。

第三，“如X相似”（=像X似的）。例如：他各各气宇如王相似。（《祖堂集》，转引自太田辰夫《中国语历史文法》）｜一庭月色，照满书窗，梅花一枝枝如画在上面相似。（《儒林外史》第十一回）以前一例来说，念起来是“如王ˇ相似”，而不是“如ˇ王相似”。特别是，在意义关系上，不可能是“王相似”整个儿充当“如”的宾语。认为“如王”是动宾，“相似”是对“如王”的再强调，这就很好理解。后一例情况相同。

三　“两个三角”相结合的事实验证

大三角验证和小三角验证可以结合进行。以对“您们”一词的验证为例。

（一）从事实和理论看“您们”

《中国语文》1982年第2期，发表吕叔湘以吴蒙笔名所写的短文《“您们”、“妳”、“二”和“两”》。主要指出：第一，“您们”在私人信件中相当常见，已经有二三十年的历史；第二，文学作品中有时出现“您们”。《中国语文》1982年第4期，又发表吕叔湘以方若笔名所写的短文《关于“您们”》。主要指出：第一，老舍、王蒙、从维熙等人的作品中，也有“您们”。第二，有的北京市中学教师说，中学生里有人在口头上说“您们”。第三，有些老北京人说，“您们”在口语中确实出现过，主要见于三句话：“您们吃了饭吗?”“您们请回吧!”“给您们添麻烦了。”后一篇文章对前一篇文章的论说有所更改和补充。可知，吕氏越来越倾向于肯定“您们”。

一个语法现象能否成立，首先要看事实上是否有根据。事实是：第一，在口语里，“您们”这个形式老北京人证实确有使用，北京市中学教师又证实现在的中学生也说。吕叔湘先生尽管只列出三个例子，但这么三个例子也已至少能够表明“您们”有时上了口。第二，在书面上，著名作家的笔下一再出现。吕先生文章举了六个文学作品中的例子。实际上，使用“您们”的作家相当多，绝对不是少数人的偶发行为。第三，在电视广播的语言媒介上，已经运用开来。最有力的证据是：中央电视台1995年9月10日晚上黄金时间播出《综艺大观》节目112期，这是庆祝教师节的专场。节目里一再出现一个大蛋糕，蛋糕上用长方形框格框出五个红色大字：“老师您们好”。《综艺大观》是全中国（也许还有世界上许多华人地区）人民都特别爱看的节目。影响之大，不言而喻。

一个语法现象能否成立，还要看理论上能否解释。一方面，“您们”的组造，是遵循语言形式的类化法则的。语法现象的系统性有很强的类化作用。当一个特定系统趋向于匀整，只剩下小块空缺，这小块空缺便可能接受类化的强烈影响而得到填补。现代汉语里，人称代词的“三身”系统十分匀整，“您们”的使用既是表达复数尊称的意义的需要，语言形式上也是系统性的类化结果，具有填补空缺的作用。另一方面，“您们”的使用，是遵循语用需要的价值法则的。凡是能够在语言系统中生存和定根的形式，都是由于它具有特定的难以取代的语用价值。在实际语言运用中，“您们”是难以取代的。比方，给三个长辈或需要表示尊重的先生写一封信，光说“您”，似乎概括不了三个人；若说“您三位”，似乎不大像现代人在说话；若说“你们”，又显得不够尊敬。于是，只好用“您们”。这就是说，“您们”的使用，为现代汉语语用系统的需要所决定，可以给语言增添积极的因素。

上面的论述，实际上已经涉及了“您们”的“表—里—值”，说明了现代汉语代词系统有可能也有必要接纳“您们”。在这个基础上，还可以展开“普—方—古”的大三角论证。

（二）从“方”角看“您们”

武汉方言中有个表示尊称的“你家”，念快了，就是［nia^{42}］。书面上，朱建颂《武汉方言研究》写作“你家”，说地道武汉话的著名表演艺术家何祚欢在他的作品里写作“您驾”。“您驾”可以加“们”表示复数。例如：师父师娘您驾们作证，不怪我对不起春泰哥……（何祚欢《失踪的儿子》140页）｜得好处的还不是您驾们当东家的！（同上133页）｜我就不敢妄自尊大给您驾们敬酒了。（同上106页）不仅如此，第三人称的尊称还可以说成“他驾”，而且有“他驾们”的复数形式。如：（云香）一杯冷茶首先递向春泰：“走干了吧？先喝两口。你陪他驾们坐，我去杀鸡……”（同上54页）

由此可知，普通话中“您们”这一形式不是孤立存在的现象，它可以得到方言中同类现象的支持。据有关文献，湖北宜昌方言和湖北蒲圻方言中也有跟武汉话同类的现象，只是读音稍有不同。书面上，何祚欢把武汉话的“你家们”写成“您驾们”，其中的“您”字明显受到普通话“您”的文字形式的影响，同时也反映了一种潜意识，这就是：把“您家们”和“您们”看成武汉话和普通话可以对译的两个同义形式。

（三）从“古”角看“您们”

向熹《简明汉语史》讲“近代汉语代词的发展”时讨论了“您”。其中有三点意思值得注意：其一，“您”最早见于宋元话本和金元诸宫调里。语音上，“您”是“你们”的合音。宋元时期“您”跟敬称没有必然联系，对“反贼”说话也称“您”。如：黄巢反贼，您若会事之时，束手归降。（《五代史平话·唐史上》）其二，“您”可以用于第二人称复数，相当于“你们”，也可以用于第二人称单数，相当于“你”。如：您文武百官计议，怎生退了番兵？（马致远《汉宫秋》三折）｜母亲，您孩儿来家了也。（无名氏《桃花女》楔子）其三，早期“您”还可以加“每”成为“您每”，“您每”即“您们”，但不一定表示复数。如：朱五看了这诗道：“秀才，您每下第不归故乡？”（《五代史平话·梁史上》）｜您每休把原商量的意思坏了。（《元朝秘史》卷三）

过去有的语言学家否定“您们”，主要论据为“您”是“你们”的合音。“您”是否就是“你们”的合音，有不同说法；即使是，也不能说明“您们”不能成立。语言的运用，决定于多方面的因素，并不是“1＋1＝2”的简单的算术关系。仅从向熹先生所列举的例子，就可以看到，近代汉语的这样那样的语言事实，实际上已经从语表形式、语里意义和语用价值三个角度，为现代汉语里“您们”的成立准备了有利的条件。

首先，从语表形式看，“您”即使是“你们”的合音，包含有“们”，但这并不影响“您”的后边再出现表示复数的语法形式“们”。近代汉语里就已经出现了“您每”，而且有的“您每”是表复数的。这一点，还可以用造字的现象做个类比。比如“采”，本是上“爪”下“木”，“爪”即“手”，但为了更加明确地表示这一用手的行为，又特意加“扌”，成为“採”。尽管这是文字问题，“您们”是语言问题，但在形式上加“扌”和加“们”，其格局是相同的，心理基础也是相同的。

其次，从语里意义看，“您”即使本来是“你们”的复合，本身可以表示复数，但这并不影响“您”的后边再加上一个“们”，借以明显地强调出复数的意义。近代汉语里的事实已经表明，“您”有可单可复的用法。既然可单可复，就允许加“们”来明确地表示复数。比如“学生”可单可复，可以说成“学生们”。又比如“咱”，这个代词本身既可指单数，也可指复数，但并不因为它可指复数而影响后边可以出现“们”，说成“咱们”。这就是说，“咱”可以用于复数，而“咱们”则明确地表示复数。“您们”的语义构造，和“咱们”的语义构造是相同的。

第三，从语用价值看，在近代汉语里，“您”在表示复数的时候，后边往往出现同位成分“二位”“诸位”等，说成“您二位”“您诸位”“您文武百官”之类。然而，在使用现代汉语的普通场合，这种文绉绉的说法已经消失。这样，就造成“您”的后边留有空位。由于说现代汉语的普通人，已经意识不到“合音”这回事，因此便很自然地以为：既然“您”表示尊敬，那么对方如果不只一个人，就有必要加上一个“们”。这完全是现代人们在交际生活中的语用需要。

可见，“古”角的验证，对肯定现代汉语里已成事实的“您们”也是有利的。“您”由不一定表示尊称到表示尊称，“您们”由不一定表示复数到表示复数，实现了专门化和定型化，这是一种进步。

四　结束语

小三角是就某现象本身来研究其“表—里—值”之间的联系，三个角度的研究同时指向同一个研究对象。表里验证是先行性工作，语值验察起补充作用，是延展性工作。作为验证思路和验证办法，对于现代汉语共同语的语法事实来说，“小三角”是内证。

大三角是在更大视野里观察乙丙事物跟甲事物的联系，所用语料不仅有现代汉语共同语的，而且还有方言的和古代近代汉语的。对于现代汉语共同语的语法事实来说，“大三角”是外证。准确点讲，大三角的“方”“古”二角对于“普”角起着外证的作用。

两个“三角”，不是“死三角”。研究问题应该从实际需要出发，并非一概需要同时进行“表—里—值”和“普—方—古”的验证。再说，“三角”概念所代表的是多角验证的立体研究思路，并不限定就是那么三个“角”。比如“普—方—古”，并不意味着排斥联系非汉语来研究汉语。

本文在笔者《汉语语法学》第四章“研究论”的基础上压缩改写而成，文中关于事实验证的材料，多处涉及笔者本人的单篇文章。最主要的有：《“却”字和“既然”句》（《汉语学习》1996 年第 6 期），《从“似 X 似的”看“像 X 似的”》（《语言研究》1993 年第 1 期），《说“您们”》（《方言》1996 年第 2 期）。

主要参考文献

［1］吴蒙．“您们”、“妳”、“二”和“两”［J］．中国语文，1982（2）：152．

［2］方若．关于“您们”［J］．中国语文，1982（4）：320．

［3］朱德熙．包含动词“给”的复杂形式［J］．中国语文，1983（3）：161-166．

［4］张寿康．五四运动与现代汉语的最后形成［J］．中国语文，1979（4）：243-246．

［5］向熹．简明汉语史［M］．北京：高等教育出版社，1993．

［6］朱建颂．武汉方言研究［M］．武汉：武汉出版社，1992．

［7］刘兴策．宜昌方言研究［M］．武汉：华中师范大学出版社，1994．

［8］陈有恒．蒲圻方言［M］．武汉：华中师范大学出版社，1989．

［9］周磊．乌鲁木齐方言词典［M］．南京：江苏教育出版社，1995．

［10］张惠英．崇明方言词典［M］．南京：江苏教育出版社，1993．

［11］刘丹青．南京方言词典［M］．南京：江苏教育出版社，1995．

［12］许宝华，陶寰．上海方言词典［M］．南京：江苏教育出版社，1997．

［13］吴趼人．二十年目睹之怪现状［M］．北京：人民文学出版社，1978．

［14］何祚欢．失踪的儿子［M］．武汉：武汉出版社，1994．

［15］邢福义．现代汉语语法研究的两个“三角”［J］．云梦学刊，1990（1）：78-84．

［16］邢福义．现代汉语语法问题的两个“三角”的研究［J］．语言教学与研究，1991（3）：21-37．

［17］邢福义．从基本流向综观现代汉语语法研究四十年［J］．中国语文，1993（6）：439-444．

［18］邢福义．现代汉语语法研究的“小三角”和“三平面”［J］．华中师范大学学报，1994（2）：97-103．

［19］邢福义．汉语语法学［M］．长春：东北师范大学出版社，1997．

（原载《华中师范大学学报》2000年第5期）

现代汉语语法研究的三个“充分”

○ 前言

本文讨论现代汉语语法研究的三个“充分”：1. 观察充分，2. 描写充分，3. 解释充分。

笔者曾经好几次谈过现代汉语语法研究的两个“三角”。1998 年 10 月在美国夏威夷大学东亚语言文学系作学术讲演的时候，1990 年元月在参加湖北省语言学会第六届年会的时候，1991 年 3 月在参加北京清华园语法研究座谈会的时候，都就两个“三角”的问题作了发言。两个“三角”，包括 A 三角和 B 三角。A 三角是“表里值”三角，是由“语表形式”“语里意义”“语用价值”三者组成的小三角；B 三角是“普方古”三角，是由“普通话（现代汉语共同语）”“方言”“古代近代汉语”三者组成的大三角。两个“三角”的内容和跟两个“三角”有关的一些问题，笔者已写成两篇文章：一篇是《现代汉语语法研究的两个“三角”》（《云梦学刊》1990 年第 1 期），另一篇是《现代汉语语法问题的两个“三角”的研究》（《语言教学与研究》1991 年第 3 期）。现在，换一个角度，谈谈三个“充分”。

两个“三角”是研究深入的思路和方法，而三个“充分”则是研究深入的要求和目标。两个“三角”和三个“充分”互补互证，互为条件。二者之间的关系大体可以用下图来表示。

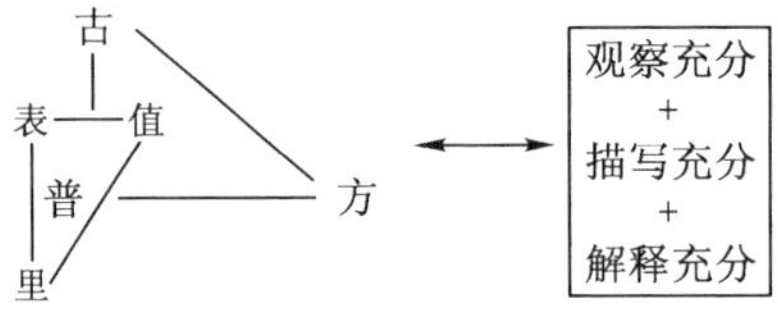

需要说明的是：第一，两个“三角”也好，三个“充分”也好，所讲的都是一般性的原则性的问题。不同学者有不同学者的情况，不同题目有不同题目的要求，在具体的研究工作中，当然不可能千人一面，千篇一律。第二，本文谈三个“充分”，这只是反映笔者的追求。就笔者个人的研究实践说，距离三个“充分”的要求实际上是十分遥远的。

一　观察充分

研究一种现象，首先要充分观察这种现象。只有充分观察，才能有充分的了解。

怎样才是充分观察？该观察到的方方面面全都观察到了，所作的观察就算是充分的了。为了做到这一点，观察的思路应尽可能地开放。具体点说，就是：由此及彼，随迹逼进，四面八方地辨察，海阔天空地追踪。

试以“与其 p，不如 q”句式为例。[①]

所谓“与其 p，不如 q”句式，指的是这一类型的复句：“与其再等几小时，不如走路去。”这一复句句式，一般都把它跟“宁可 p，也 q”归为一类，并且一起归入选择复句。对于这一句式，乍一看似乎没有什么可说的了，然而，细细观察起来，就可以提出一系列的问题。

【问】这一句式是不是仅仅具有选择性？

从语里关系看，这一句式反映的是一个选言直言推理：

与其再等几个小时，不如走路去。

=要么再等几个小时，要么走路去。

再等几个小时不好，

因此，还是走路去为好。

从语表形式看，这一句式前项里的“与其”可以替换为“要是”，这一句式的后项“不如……”可以替换为“为什么不……呢”：

与其再等几个小时，不如走路去。

→要是再等几个小时，不如走路去。

→与其再等几个小时，为什么不走路去呢？

“要是、如果、假若”之类是引出推断之词，“为什么不……呢”的反问是做出结论之句。实际语言运用中，“要是 p，不如 q”和“与其 p，为什么不 q 呢”的说法都常见。如：

（1）如果一个人这样生活在世界上，还不如把自己泡在福尔马林药水里保险呢！（李国文《花园街 5 号》）

（2）与其让我活着去做一具僵尸，为什么不让我躺在这里，用我仅有的短暂生命做一点贡献呢？（顾笑言《洪峰通过峡谷》）

可见，“与其 p，不如 q”这一句式在关系上既有选择性，又有推断性。

【再问】姑且不管推断性，这一句式的选择性有什么特殊之处？

跟“或者 p，或者 q”“要么 p，要么 q”等句式所表示的选择关系相比较，“与其 p，不如 q”句式明显具有择优性。在这一句式中，前项 p 已被确定为落选项，后项 q 已被确定为优选项。当说“与其再等几个小时，不如走路去”的时候，“再等几个小时”是落选项，“走路去”是优选项；当说“与其走路去，不如再等几个小时”的时候，“走路去”是落选项，“再等几个小时”是优选项。对于落选项和优选项，都可以分别添加贬义评论语和褒义评论语。如：“与其再等几个小时活受罪，不如走路去痛快些。”“与其走路去把人累死，不如再等几个小时人要舒服些。”语言运用中，往往可以见到添加评论语的例子：

（3）与其不愉快地拖着，不如快刀斩乱麻，一刀两断干脆。（贬语：“不愉快”；褒语：“干脆”）（铁竹伟《红军烂漫曲》）

诚然，把择优性和推断性结合起来看，这一句式是一种择优推断句式。

【再问】作为择优推断句式，择优的标准是什么？

经观察可知，决定优选项和落选项的标准一般是主观认识。A B 两事，甲可以以 A 为优以 B 为劣，说成“与其 B，不如 A”，乙则可以以 B 为优以 A 为劣，说成“与其 A，不如 B”。正因如此，在一般情况下，如果把前项所说的事情和后项所说的事情互相对调，可以反映说话人的不同认识，而所说的话都是站得住的。比如：

A　甲：与其种白杨，不如种柳树。

　　乙：与其种柳树，不如种白杨。

B　甲：与其去上海，不如去广州。

　　乙：与其去广州，不如去上海。

C　甲：与其出国留学，不如留校当助教。

　　乙：与其留校当助教，不如出国留学。

【再问】那么，有没有前后项所说的事情不能对调的情况？或者说，有没有前后项所说的事情对调之后说出来的话站不住的情况？

经观察可知，不能对调的情况是存在的。比如：“与其将来闹离婚，不如现在别结婚！”不能说成“与其现在别结婚，不如将来闹离婚！”这可以从逻辑关系上找到原因：有“将来”就有“现在”，“现在”存在“别结婚”的选择；没有“现在”就没有“将来”，现在没结婚，就不存在将来闹离婚这种可供选择的情况。又如：

（4）与其爱不成，真不如当初不爱！（蒋子龙《蛇神》）

从“今日”看，“当初”存在“不爱”的选择，可以把“当初不爱”作为一个优选项；如果倒过来说成“与其当初不爱，真不如今日爱不成”，这就站不住，因为假若当初不爱，就不存在今日的爱不成的变化，就不能把“（今日）爱不成”作为一个优选项。

【再问】在这一句式里，后项的“不如”前边可以出现“还、倒、真”，说成：“与其 p，还不如 q。”“与其 p，倒不如 q。”“与其 p，真不如 q。”它们有什么不同？

与其再等几个小时，还不如走路去！

与其再等几个小时，倒不如走路去！

与其再等几个小时，真不如走路去！

“还不如”强调 q 尽管只是低标准的，但还是比 p 要好；“倒不如”强调 q 对 p 的逆反否定；“真不如”使所作的推断带有慨叹语气。“真”和“还/倒”可以同现。下面是实际用例：

（5）与其让老人看到今天这个安大顺，还不如就让他等原来那个儿子，年复一年地等下去。（胡发云《晕血》）

（6）与其杀上饮血峰，倒不如在铁眉楼稳守阵地，……（《卧龙记》）

（7）与其和支搭伙，真不如和大侯了，大侯直来直去，没有那些花花肠子。（何申《乡镇干部》）

（8）哎，〔与其来这里当“钦差大臣”，〕我还真不如不来的好！（张聂尔《将军的世界》）

【再问】“与其”和“不如”的后边都可以出现“说”。用“说”的说法和不用“说”的说法有什么不同？

与其再等几个小时，不如走路去！（+）

→与其说再等几个小时，不如说走路去！（?）

与其说是为了罗莎，不如说是为了陈桃！（+）

→与其是为了罗莎，不如是为了陈桃！（?）

这两种说法实际上有许多不同之处。用“说”的说法表示对说法的择优和推断，强调“说乙”比“说甲”更为准确或更能说明问题。在用“说”的说法里往往出现“是”字，有的“是”字非用不可。有时未用

“是”字，但可以添上。在用“说”的说法的后项，如果加评论语，往往是“更为确切”之类。此外，在用“说”的说法里，前后项所说的事情一般对调之后站得住，有时对调之后站不住。对调之后站不住的现象，跟不用“说”的说法比较起来，有值得注意的好些情况。比如：

这里与其说是亲王府邸，不如说是几间破房子！（＋）

→这里与其说是几间破房子，不如说是亲王府邸！（－）

甲和乙之间有变易关系。甲是原来的事物，乙是变易后人们所看到的事物。乙不能跟甲对调。

对他来说，这与其说是升级，不如说是倒霉的开始。（＋）

→对他来说，这与其说是倒霉的开始，不如说是升级。（－）

甲和乙之间是表象和后果的关系。甲只表示事物的表面现象，乙则表示事情的后果。甲不能跟乙对调。

看穿着，与其说她是日本姑娘，不如说她更像中国女工！（＋）

→看穿着，与其说她（更）像中国女工，不如说她是日本姑娘！（－）

甲和乙之间是写实和比似的关系。是日本姑娘，写实；更像中国女工，比似。乙不能跟甲对调。

问题还可以提出不少。甲问题可以引出乙问题，乙问题可以引出丙问题，大问题可以带出小问题，小问题又可以带出更小的问题。

充分观察，在很大程度上决定于充分设问，借以全方位地多层次地建立观察事物的视点。视点越多，对事物的了解就越深。

二　描写充分

观察，是寻求对事物的了解；而描写，则是对事物作规律性的反映。只有充分描写，才能有充分的反映。

怎样才是充分描写？在题目划定的范围之内，通过描写把应该反映出来的规律性的东西全都反映出来，这就可以算是充分描写。怎样才能做到充分描写？观察到的，不一定都要描写出来；而描写出来的，一定要是观察得特别充分的。如果说，观察的思路要尽可能地开放，那么，描写的范围则应尽可能地封闭。在众多的问题中只限定描写其中一个问题，在一个问题的众多角度中只限定描写其中一个角度，都是描写范围的封闭。其目的，是把论题封闭在（或者说划定在）一个小范围内，以便进行穷尽性的描写。

封闭的范围小到什么程度，可以因人而异，因题而异。一般地说，要考虑能力、时间、篇幅、深度等因素。初学做研究工作的人，往往不善于封闭论题，致使题目过大，内容浮泛，文章没做到点子上。在这方面，笔者有过多次教训。

1956 年 12 月，笔者 21 岁，写了《试谈动词做状语》一文，七千字，寄给了《中国语文》。文中用较多的语言事实描写了四种“动词作状语的方式”：①动词＋着＋动词，②动词＋地＋动词，③动词＋趋向动词＋动词，④动词＋动词。半年后《中国语文》寄还稿子，并附了编辑部的意见。意见说，所谈动词做状语的方式大多有争论，只有动词带“地”做状语的现象可以深入做文章，希望写成一文再寄编辑部看看。1958 年 10 月，笔者写成了《谈动词带“地”做状语》一文，三千多字。文章主要描写做状语的动词和做中心词的动词之间的意义关系：①状语表明中心词动作的方式，②状语表明中心词动作的情况，③状语表明中心词动作的状态，④状语表明中心词动作所附带的感情和语气。文章也从结构的角度简单地提到了四种情况：①动词直接通过“地”修饰中心词，②动词重叠成 AABB 形式之后再通过“地”修饰中心词，③动词受别类词修饰后再通过“地”修饰中心词，④两个单音动词带上趋向动词、关联副词或语气助词之后再通过“地”修饰中心词。此文在寄给《中国语文》几个月之后被退回。退稿意见说：文章着重从意义的角度讨论问题，没有意思。

1991年，为了出《语言研究》创刊十周年专辑，《语言研究》编辑部约稿，我写成了《现代汉语的特殊格式“V地V”》（《语言研究》1991年第1期），一万五千字，总算对30多年来“耿耿于怀”的一件心事有了个交代。前两稿之所以失败，最根本的原因是主攻目标不明，不善于攻其一点，不善于在攻其一点时从现象到本质地充分描写其规律性的东西。这一稿，进一步封闭范围，限定所讨论的“V地V”格式是“及物动词＋地＋动词或动词结构”的格式，即及物动词带“地”做状语的格式，然后从不同角度设问求答，进行描写。

首先，假如把做状语的及物动词叫做“状位V”，那么，关于状位V起码得回答三个问题：

【一问】状位V有没有限制？

回答：有限制。限于两类：一类是有度差意识性心理动词。这类动词所表示的意念有程度高低的差别，因此可以接受程度副词的修饰。包括“羡慕、崇敬、钦佩、信任、同情、感激、挑剔、蔑视”等。另一类是无度差意向性行为动词。这类动词所表示的意念不存在程度高低的差别，不能受程度副词的修饰。包括“试探、乞求、挽留、纠正、嘲弄、挑逗、抢白”等。如：

（9）柳曼萍那双充满讥笑、不怀好意的眼睛，时刻都在挑剔地注视着她，使她欲躲不得。（黑子《阴影》）

（10）张魁忙把他重新按到椅子上，挽留地说：“老哥！你不能这样就走，……”（从维熙《春之潮汐》）

“挑剔”是有度差意识性心理动词，能受“十分”之类程度副词的修饰；“挽留”是无度差意向性行为动词，不能受“十分”之类程度副词的修饰。

【二问】“地”字跟状位V的状语身份有何联系？

回答：作为状语的标志，“地”对状位V的状语身份具有强制性和规定性。首先，甲动词和乙动词本来不能直接组合，“地”字可以强制地使它们组合成“V地V”，使甲动词成为状语。如：敬佩笑着（一）→敬佩地笑着（+）。其次，甲动词和乙动词可以直接组合，但像是连动结构，加“地”形成“V地V”之后就可以明确规定甲动词为状语。如：赞许说→赞许地说。

【三问】状位V同宾语的关系如何？

回答：状位V由于带了“地”，它的后边一般不能出现形式上的宾语。但是，它的意念上的宾语总是出现在上下文之中。比如：

想起腊子，他赞许地连连点头。

他赞许地看着这个不服输的孩子。

同是“赞许”，前一例里它的意念宾语是上文的“腊子”，后一例里它的意念宾语是下文的“这个不服输的孩子”。

在某种情况下，状位V后边虽然有“地”，但也还可以带上形式上的宾语。如：

卖弄地说

→卖弄自己地说

卖弄才华地说

其次，假如把做述语的动词或动词结构叫做述位V，那么，关于述位V起码得回答三个问题：

【一问】述位V的结构和性质到底是怎么样的？

回答：述位V可以是一个动词，也可以是一个动词结构。就动词说，可以是及物动词，也可以是不及物动词。如：

服从地听着　（听着：动词，及物）

服从地站着　（站着：动词，不及物）

反抗地抓起木棍　（抓起木棍：动词结构，其中“抓”及物）

反抗地哭个不停　（哭个不停：动词结构，其中“哭”不及物）

【二问】述位V在语义上有什么特点？

回答：述位V表示人们比较具体的外露性行动。常见的是跟人体某个部位如嘴、眼、手、脚等相联系的一些行为动作。如：

挑逗地唱着淫荡小曲　（唱：嘴）

鄙视地回望他们一眼　（回望：眼）

应付地按了一下电铃　（按：手）

试探地踢了一下木门　（踢：脚）

【三问】述位V和状位V在语义上有何联系？

回答：述位V和状位V的关系是外露具体动作和潜在意识活动的配合关系。述位V表示发自人体某一部分的具体动作，而状位V则表示伴随这一具体动作而产生的有关神情、神色、情态等的潜在性意识活动。同一个述位V，可以有不同的状位V，即伴随某一具体动作而产生的潜意识活动可以不同。如：乞求地/嘲弄地/讨好地→看着他。

反过来说，不同的述位V，可以有相同的状位V，即伴随不同的具体动作而产生的潜意识活动可以是相同的。如：迁就地→连连点头/笑了起来/跑了过来。

再次，假如考察“V地V”的同义结构，那么，又可以提出新的问题：

【一问】“V地V”有多少同义结构？

回答：“V地V”主要有两个同义结构：一个是“用V的NV”。如：挑逗地说＝用挑逗的口气说。另一个是“VOV”。如：挑逗地说＝挑逗他说。

【二问】“V地V”和“用V的NV”之间的关系怎么样？

回答：一般地说，“V地V”和“用V的NV”可以互相转化。如：赞许地望着牧羊婆⇔用赞许的目光望着牧羊婆。在“用V的NV”格式中，N位置上出现的是“目光、眼神、眼色、口吻、口气、声调、语调、语气、神气”等名词，它们都表示能够表露某种潜意识活动的事物。同“用V的NV”相比较，“V地V”是一种简化的说法，它使跟状位V相联系的“目光、口吻”等词语全都隐去，成了可以意会的内容。由于是意会的东西，理解起来就有一定的灵活性，如果由“V 地 V”转化为“用 V 的 NV”，既可以出现甲名词，也可以出现乙名词。比如“恳求地说”，可以是“语气”，也可以是“声调”，还可以是“口吻”或“方式”。

有时，“眼睛、眼光”之类出现于主语的位置。在这种情况下，“V 地 V”不能或不大能转化为“用 V 的 NV”。例如：

（11）有双明亮的眼睛责备地盯着他们。（鲁书潮《往事》）

（12）……瞳眸里的光挑逗地往他心里钻着。（杜治洪《水手与女人》）

【三问】“V 地 V”和“VOV”之间的关系怎么样？

回答：在特定条件下，“V 地 V”可以转化为“VOV”。主要条件有二：①状位 V 一般都是无度差意向性行为动词。如：抢白地说→抢白他说｜责备地说→责备我说｜试探地说→试探我的心思说。如果状位 V 是纯粹的有度差意识性心理动词，那么“V 地 V”不大能自然地说成“VOV”。如：信赖地说→信赖他说（?）｜鄙视地说→鄙视他说（?）。②述位 V 要求用动词“说”。看这个例子：

（13）“……你把它弄出去吧。”母亲哀求地说。（高旭帆《古老的谋杀》）

“哀求地说”可以自然地转化为“哀求他说”。然而，如果述位 V 不用动词“说”，即使是“问、问道”之类，也不大能由“V 地 V”转化为“VOV”。如“打趣地说”可以说成“打趣他说”，“打趣地问”却不能说成“打趣他问”。

同“VOV”相比较，“V 地 V”是隐 O 式，状位 V 主要被强调成为一种方式或情态，所指对象含而不露，理解上有一定的灵活性，“VOV”则是显 O 式，动作及其对象明确清楚。

《现代汉语的特殊格式“V 地 V”》一文，把论题封闭在及物动词带“地”作状语的范围之内，对各个方面的各种事实都试图作规律性的反映。较之前两稿，显然进了一大步。当然，这篇文章不能跟前辈和时贤的佳作相比拟，在笔者自己的文章里也不能算满意之作，但它反映了自己的进步，这一点是有意义的。

能否充分描写，重要因素之一是能否划定合适的描写范围。会做文章的前辈学者总是告诉我们：编教材是“大题小作”，而写论文，则要善于“小题大作”。

三　解释充分

描写偏重于从微观上对语法事实作客观的反映，解释偏重于从宏观上对语法事实作理论的阐明。只有充分解释，才能有充分的认识。

解释大体可以分为归总性解释和先导性解释。不管是哪种解释，其目的都是揭示语法事实的本质属性和本质面貌。解释的充分，不是表现为“多”，不是表现为“细”，而是表现为“深”，表现为具有“一语破的”的概括力。

在充分观察和充分描写的基础之上作出理论上的解释，这是归总性解释。这种解释，注重理论的步步提升。举例来说：

a. 那几年即使天天挨饿，我没叫过一声苦。

（→那几年虽然天天挨饿，我没叫过一声苦。）

b. 甲：我看今天是不行了。

乙：要是明天有可能呢？

甲：既然明天有可能，我们就再等一天吧！

（→要是明天有可能，我们就再等一天吧！）

c. 他不但能够把你捧上去，而且能够把你拉下来。

（→他能够把你捧上去，但又能够把你拉下来。）

d. 要赚就要赚大的，但是，不能随便露底。

（→要赚就要赚大的，因此，不能随便露底。）

由以上语法事实的同类现象和近类现象，经过充分观察，可以得到如下的认识：

a. 在虚拟句式中，p 主观上虚拟为真，客观上不一定非真；

b. 在据实句式中，p 主观上实言为真，客观上不一定确真；

c. 在顺列句式中，p q 间主观上表述为顺，客观上未必全顺；

d. 在逆转句式中，p q 间主观上表述为逆，客观上未必全逆。

这是四条定律性的东西。进一步作理论上的提升，我们就可以断定：复句语义关系具有二重性，既反映客观实际，又反映主观视点。在对复句格式的选用中，起主导作用的是主观视点。复句格式一旦形成，就会对复句语义关系进行反制约。[2] 如果说，前面所说的四条定律性的东西还是属于描写的范畴，那么，这里所作的断定便属于解释的范畴了。以往，一般都以为，有什么样的复句语义关系就会采用什么样的复句格式，似乎复句格式只是为客观实际的逻辑联系所决定。这种认识过于笼统，过于含混，忽视了主观视点的主导作用，忽视了格式对关系的反制约作用。

跟归总性解释走向不同的是先导性解释。先作出一种理论解释，然后通过充分的观察和充分的描写加以证明，这就是先导性解释。这种解释，重在设立理论框架或模式，并据此进行推导和阐述。

先导性解释的重要前提是假设。当然，一个假设的提出，总要根据已经掌握的一部分事实。比方，我们可以提出这么个假设：汉语里，决定句法格局的是名词，而不是动词。根据是：就汉语的一个个具体的句子而言，动词往往是组织的核心，往往是“结构核”，这没问题；问题是，汉语的动词没有形态，汉语句法格局的形成，主要不是取决于动词本身，而是取决于动词前后的名词的不同配置。同一个动词，后边出现不同的名词（a），或者后边出现同一名词而前边出现不同的名词（b），或者前后出现的名词位置互易（c），或者后边连用的两个名词有所变化（d），都往往在句法上造成不同的格局。如：

a. 打排球　　　　　　（“排球”是“打”的常规宾语）

打美国队　　　（＝跟美国队打排球）
打奥运会　　　（＝在奥运会上打排球）
打时间差　　　（＝用时间差的战术打排球）

b. 桥上走人　　　（＝桥上供人走）
明天走人　　　（＝明天人走路）
瓷杯泡茶　　　（＝用瓷杯泡茶　＝在瓷杯里泡茶）
井水泡茶　　　（＝用井水泡茶　≠在井水里泡茶）

c. 太阳晒着稻草堆　（施事性主动宾句）
稻草堆晒着太阳　（受事性主动宾句）
鲜花开遍了原野　（施事性主动宾句）
原野开遍了鲜花　（存现性主动宾句）

d. 赞扬小李的老师　（有歧义。动宾：赞扬—小李的老师
偏正：赞扬小李的—老师）
赞扬小李的刚出生的孩子　（无歧义。动宾：赞扬—小李的刚出生的孩子）
围剿土匪的部队　（有歧义。动宾：围剿—土匪的部队
偏正：围剿土匪的—部队）
围剿土匪的计划　（无歧义。偏正：围剿土匪的—计划）

目前，一般都以为动词最重要，不大注意研究名词，包括不大注意研究名词的各种次类和名词的语义特征。假如我们提出一个“名词定格论”来解释汉语名词决定句法格局的事实，主张既要着力研究动词更要着力研究名词，然后进一步加以求证，这样的解释便是先导性解释了。

归总性解释和先导性解释各有优缺点。归总性解释偏重于“立地”，它以充分观察事实和充分描写事实为先行条件，显得实在、牢靠，不过，有可能存在理论高度不够的欠缺；先导性解释偏重于“顶天”，它先建立理论框架、理论模式或理论基点，居高临下，理论色

彩很浓，理论意义很强，不过，有可能存在顾此失彼甚至挂一漏万的毛病。

要弥补两种解释可能存在的不足之处，都必须在“充分”上下功夫。从事实出发研究问题时，应尽可能地对事实作足够的理论解释；从假设出发研究问题时，应注意充分观察和充分描写语言事实。只有这样，才能“顶天＋立地”。

理论解释的加强，有赖于两个方面：一、引进国外理论。国外理论的引进和吸收，对促进现代汉语语法研究的深入开展无疑具有极大的意义。但是，不能生搬硬套。不能以为：国外理论＋汉语事实＝解释充分。二、创建自己的理论。根据自己语言的特点，不排除接受国外理论的启示，总结出一套自己的理论，一套能够充实和发展普通语法学的理论，一套在学术交往中能够跟国外理论对等交流的理论，这才是我们应该追求和必须追求的。当然，这不是轻而易举的事。

四　结束语

根据三个“充分”的要求，沿着两个“三角”的思路研究问题，定能推进现代汉语语法研究的不断深入。

任何论著都不可能穷尽真理。观察也好，描写也好，解释也好，绝对的“充分”是不可能的。本文谈三个“充分”，目的在于强调：在尽可能的条件下，要观察得更充分一点，描写得更充分一点，解释得更充分一点。

任何个人都有这样那样的局限性。笔者学力有限，本文的阐述只是一孔之见，相当肤浅，但是，不管怎样，三个“充分”的要求本身，肯定是正确的。

注释

①邢福义、卢卓群：《“与其 p，不如 q”择优推断句式》，《语法问题发掘集》，湖北教育出版社 1992 年版。

②邢福义：《汉语复句格式对复句语义关系的反制约》，《中国语文》1991 年第 1 期第 1 页。

（原载《湖北大学学报》1991 年第 6 期）

汉语句法形式的趋简性和人文性

○ 前言

汉语语法重于意而简于形，在语言运用中，人们在句法形式的选用上往往趋向简化，使句式显现出趋简性的特点。这种句法形式的趋简性，跟结构和涵义的兼容性密切相关，同时又反映了语句运用的人文性。下面分别从句法形式的趋简性和趋简形式的人文性两个角度讨论有关问题。

一 句法形式的趋简性

（一）形式趋简的主要途径

表示同样一种语义蕴含，往往既可以采用可能有的全量形式，也可以采用经过减缩处理的简化形式。比如“用筷子吃饭”是全量形式，“吃筷子”是简化形式。在语言的实际应用中，尽管全量形式和简化形式可以并存同用，但为了说话的方便，人们往往更乐于选择简化形式。

简化形式的形成，有多种多样的途径。换句话说，有多种多样的减缩办法。比较明显的，有以下几种。

第一，谓词隐匿。——把体词和体词之间的谓词隐去，剩下“体词+体词”的结构槽。比较：喂！一手交钱，一手交货！（鲁迅《药》）｜一手钱一手货！（电视连续剧《金融潮》）前一例谓词“交”显现，后一例谓词“交”隐匿。又如：县长大中华，局长红塔山，科长红山茶，乡长牡丹花。一天两三包，自有人给他。（楚良《故乡是非》，《小说月报》1996年第8期77页）｜一任穷知县十万白花银是封建时代，现在，一个县长多少钱？（楚良《故乡是非》，《小说月报》1996年第8期82页）前一例等于说：县长抽大中华，局长抽红塔山，科长抽红山茶，乡长抽牡丹花。一天抽两三包，自有人给他。后一例等于说：封建时代一任穷知县得（收入）十万白花银，现在，一个县长得（收入）多少钱？

第二，结构移变。——把比较复杂的结构槽加以简化，使之移变成为比较简单的结构槽。比如：往年棉花卖议价……（楚良《故乡是非》，《小说月报》1996年第8期79页）｜她猛一抬头，发现窗外已经漆黑一片，而窗里却明亮如昼。（王安忆《我爱比尔》，《小说月报》1996年第5期30页）前一例的“卖议价”，是由复杂形式“用议价的方式卖出去”移变而成的简化形式。后一例的“窗里”，是由复杂形式“以窗为界线的屋子里”移变而成的简化形式。这里的“窗里”，不能说成“窗中”，不同于“窗里嵌着一弯月牙”中的“窗里”。

第三，成分扣合。——把相同的成分扣合在一起，使之为另外两个或几个成分所共用。比如：贺兄，我找得你好苦哇。（古龙《金刀亭》1207页）｜你害得我不够吗？（陈浩泉《选美前后》，《花城》1985年第2期215页）前一例，“找得你好苦”由“找你，找得好苦”扣合而成。其中“找”同宾语性成分“你”和补语性成分“好苦”相对待，为二者所共用。“你好苦”并非整个儿充当补语。后一例，“害得我不够（吗）”由“害我，害得不够（吗）”扣合而成。其中，“害”同宾语性成分“我”和补语性成分“不够”相对待，为二者所共有。“我不够”并非整个儿充当补语。一部电视连续剧中，一位男士对一位女士说：“小姐，我也忍得你很久了!”这是同样的结构。

第四，分句删减。——把复句中的某个分句删减掉，形成较为特殊的特定复句句式。通常是删减三个分句中的第二个分句。例如：

因为他找到了后台，他才免受处分，否则他过不了这一关。

→ 因为他找到了后台，否则他过不了这一关。

既然他人品不好，就不应该重用他，你为什么却让他升官呢?

→ 既然他人品不好，你为什么却让他升官呢?

前一例，删减了中间一个分句“他才免受处分”，于是出现了“因为”和“否则”同现的特定复句句式；后一例，删减了中间一个分句“你不应该重用他”，于是出现了“既然”和“却”同现的特定复句句式。

句法结构的选用，从全量形式到简化形式的过程，是趋简的过程。其结果，便形成了汉语在句法形式选用上的趋简性的特点。

(二) 语义兼容与形式趋简

如果换一个角度，从结构的语义含量上观察语法事实，又可以看到：多种意义可以为同样一个语法结构所兼容。所谓“同样一个语法结构”，有概括程度不同的种种情况。概括性越高的，兼容能力越强。以简单的短语结构为例来说。

第一，结构槽为 X Y。——X 和 Y 都是变项。前后槽框 X 和 Y，它们所装载的词语是可变动的。这样的结构槽，形成“主谓”“动宾”“动补”“定心”“状心”等结构。这是一类概括程度特别高的结构，X 和 Y 之间的语义关系多得无法全部列举。40 多年前，《中国语文》连载的《语法讲话》中就指出：“动词和宾语的关系是说不完的。”实际上，不仅动宾结构如此，动补、主谓、定心、状心等结构何尝不是如此?它们的语义关系都只能粗线条地描写个大概。

第二，结构槽为 X A。——X 是变项，A 是常项。X 在前，槽框里的成分可以变化；A 在后，槽框里的成分固定不变。以“X 边”来说，

X是变项，“边”是常项，例如：司机和他的车停在路边，他打一桶清水，兜头泼在车上，车一下新了。（红柯《奔马》，《小说月报》1996年第11期77页）｜去什么地方玩都可以，就是不能到河边去玩，不能爬到树上去玩。（余华《我的故事》，《小说月报》1996年第11期84页）前一例，“路边”是路上靠边的位置，属于路，车并没有停到路的外边；后一例，“河边”是岸上或地上靠河的位置，不属于河，人并没有进入河水里头。

第三，结构槽为A X。——A是常项，X是变项。A在前，槽框里的成分固定不变；X在后，槽框里的成分可以变化。以“铲X”来说，“铲”是常项，X是变项，例如：深圳金鹏首场以一绝妙的传球铲球成功，获得初胜。（徐勋林《冲甲之路》，《羊城体育报》1996年10月18—24日）｜第11分钟，金鹏后卫铲人犯规，被判任意球。（同上）“球”和“人”都是铲这个动作所涉及的对象，但是，“铲＋球”和“铲＋人”内涵大不一样。再比较：书记三天两头跑县城，说是跑项目，贷款花了几大笔，可就没见个影子。（韦晓光《摘贫帽》，《中篇小说选刊》1996年第5期72页）｜里面坐的，显然是些常在那条公路上跑车的司机。（梁晓声《司马敦》，《中篇小说选刊》1996年第6期57页）同是“跑X”，“跑县城”是往县城跑，“县城”表方所；“跑项目”是为获得项目而奔跑，“项目”表目的；“跑车”是开着车跑来跑去，“跑”和“车”之间有使动关系。

第四，结构槽为A B。——A B都是常项，槽框里的成分都固定不变。例如：村里$_1$——村子里头。（村里有几棵枣树。）村里$_2$——村政府或村领导。（村里不准他外出。）｜考司机$_1$——考验司机的水平或胆量。（在这路上开车，可要考司机了！）考司机$_2$——通过考试，成为司机。（我想考司机，将来开出租车养家糊口！）｜我的书画$_1$——我收藏的书画（我的书画都是重金收购的。）我的书画$_2$——我创作的书画（我的书画都是离休后学着乱涂的。）我的书画$_3$——我表演写字画画（一开始是他的魔术，接着是我的书画。）此类结构槽，采取同一语表形式，形成相同或基本相同的结构关系，可是具体的语义内容有所不同。再比较下例中两个“是的”：“你说，今天你们打牌，汪翠娟赢了钱是吗?”“是的。不过，她只赢了几千元，数目并不大。”（陈浩泉《选美前后》，《花城》1985年第3期207页）｜四平的女人不解地说：“好好的，永生家的送你鱼干吗?”……她歪着头提示说：“一样样地想，比如，准生证……”四平村长说：“永生的儿子都六岁了，还要什么准生证。”四平的女人说：“建房证呢?”四平村长说：“永生的房子是去年春天才盖的，再要建房证，不可能。”……女人说：“这不是，那不是，总得有个是的，你再想想永生家的求你办过什么事吗?”（张继《村长与鱼》，《小说选刊》1996年第11期108页）前一例，“是的”是“是＋语气助词”，“的”起加强肯定语气的作用；后一例，“是的”是“是＋结构助词”，实际上等于说“总得有个是是的”。

形式趋简与语义兼容二者互为条件，互成因果。

一方面，结构形式的趋简，导致结构语义的兼容。比方说，李小松给朋友打电话：“春毓吗？我李小松！”等于说，我是李小松。又比方说，“我”给大家分配联络的对象：“你汪国盾，他萧宇汤，我李小松。”这时等于说，我联络李小松；假若是给演员分配剧中角色：“你汪奶奶，他萧大伯，我李小松。”这时又等于说，我演李小松。这样，“我是李小松”“我联络李小松”“我演李小松”等都可以采用趋简形式“我李小松”；“我李小松”这个结构槽，自然就兼容了多种语义关系。

另一方面，语义兼容的可能性，又提供结构趋简的可能性。比方，“人称代词＋名词”的语义容量，为人们在不同意义上选用这一形式成为可能。例如：苏青爱上了大兵的消息，像疯狂的子弹击中了历史所。绝大多数人都对这样的爱情感到不可思议。“他高中生，你研究生，差距太大了。”“这有什么，只要我喜欢。”（王石《雁过无痕》，《中篇小说选刊》1997年第3期132页）上例的含义是：“他是高中生，你是研究生。”假若换个语境：“他只找了个高中生？咳！他高中生，你研究生，差距太大了。”其含义便成为：“他只找了个高中生，你却找了个研究生，差距太大了。”

二　趋简形式的人文性

(一) 汉人的语用观

汉人使用汉语，一贯遵守一条语用原则。这就是：借助言语背景，言语尽可能经济简练。

首先是借助言语背景。离开了言语背景，某种特定结构与某种特定语义的联系往往会得不到落实。比方，如果离开上文所举例子的言语背景，“局长红塔山”的意思是多可的。趋简形式依赖言语背景的程度，决定于人们的常识。常识性越弱的事情，所用趋简形式对言语背景的依赖性就越强。比如“教室”和“馆子”都表示方所，但如果要说“吃教室”，那么，跟说“吃馆子”比较起来，就必须更多地交代言语背景。

其次是尽可能经济简练。“尽可能”就是能简则简。比方在结构移变中，简掉一个字是简，简掉许多语词也是简。看下面的例子：

(1) 让小弟去找一下阿楠的父亲，看看他们知不知道这件事。(裘山山《无罪辩护》，《中篇小说选刊》1966年第5期93页)

(2) 可如果你朝中有人……在换届时就没有人提出你的年龄问题，于是你就能可以再干一届。一届就是四年。四年就是一任美国总统。(钟道新《权力的成本》，《中篇小说选刊》1996年第5期127～128页)

(3) 病房里摆四张床，同病相怜，一会儿就熟了。一床初产，孩子大，老秤十斤十两，于是一刀切开。(王小克《梦幻人生》，《钟山》1990年第5期92页)

前一例，“知不知道”是“知道不知道”的结构移变。这一说法，有“破词”的嫌疑，因此有学者提出过批评。然而，汉语语法的趋简性有一股强烈的冲击力，根本不管是否破词的理论，人们就是喜欢使用“可不可以”“愿不愿意”“同不同意”“喜不喜欢”这一类的结构槽。中间一例，“四年就是一任美国总统”，由“四年就是当了一任美国总统的时间”移变而成，“尽可能”地压缩掉了不少语词。由于背景明确，因而意思清楚，而且显得俏皮。后一例，“一刀切开”指的是用手术刀把腹切开，把孩子取出来。压缩掉的语词更多，更体现了尽可能经济简练的原则。

趋简形式的选用和形成，深刻地反映了汉人的语用观。两千多年之前，孔子（前511—前479）就说过：“辞达而已矣。”（《论语·卫灵公》）意思是说，言辞足以达意就够了。所谓“辞达而已”，实际上就是自古至今汉人所遵循的一条语用原则。有关论述，还可以举出不少。比方，《左传·襄公二十五年》引古语：“言以足志，文以足言。”意思是说，言辞用来充分表达意思，文采用来充分发挥言辞。《世说新语·文学》主张：“辞约而旨达。”强调的是言辞简约而意旨显明。刘勰《文心雕龙·物色》提出：“以少总多，情貌无遗。”强调的是以简洁的词句总括丰富的内容。苏轼《答谢民师书》提出：“辞至于能达，则文不可胜用矣。”意思是说，言辞能够表达意思，文章就有很大的用处。宋·陈骙《文则》指出：“言以简为当。”更是明确地强调了一个“简”字。

古人的上述论述是综合性的，包括用词数量、结构组织、修辞要求、表达技巧、信息传达与理解的准则等方面，并不是只指一方面的内容而排斥另一方面的内容。陈宗明主编《中国语用学思想》正确指出：“子曰：‘辞达而已矣。’一些人根据孔子的这一名言，认为孔子要求达意就行，不必讲究修辞。其实，这是一种误解。所谓‘达’是指‘达及他人’，收到预期的语效。人们的表达，即使是准确的表达，也未必就能够满足‘辞达’的要求，因为最佳的表达除准确性外，还要有恰当性和灵活性。可见，‘辞达’是表达的最高标准，是对修辞的严要求。联系孔子的其他论述，可以更清楚地看到这一点。”（119～120页）又指出："针对有人（如孔安国）认为'辞达'就是以达意为足，无须修饰，苏轼一再强调言辞能够充分表情达意，必须掌握足够的表达技巧。其《答谢民师书》说：夫言至于达，即疑若不文，是大不然。求物之妙，如系风捕影，能使是物了然于心者，盖千万人而不一遇也，而况能使了然于口与手者乎？是之谓辞达。辞至于能达，则文不可胜用矣。"（261页）从研究语法问题着眼，古人上述的综合性论述包含有语法结构形式的问题，或者说跟语法结构形式问题有关。透过这些话，可以知道，汉语的遣词造句，汉语语法结构的使用和发展，深受语用原则的影响。这一点自古如此，表明了汉族人使用汉语的共同心态。

（二）人文内涵的熔铸

就一个一个具体的趋简形式而言，它们往往熔铸了丰富多彩的人文内涵。

看下面几个例子：

（4）润月细月栽秧都是快手。……不栽补秧，不栽独根秧，不栽冤秧，不栽拉稀秧。（赵金禾《后湾三月》，《中篇小说选刊》1995年第5期72页）

（5）筱麦，你去源头朗，我给你说个好媳妇。（毕淑敏《源头朗》，《小说月报》1996年第8期13页）

（6）……果然，花花绿绿地有七八封信在里面，都是安晶来的。他刚想拆开看，就听见小李在楼上喊他电话。（高旗《猛撞南墙》，《小说选刊》1996年第11期65页）

前一例，以"栽秧"为基础，组造出好些内容丰富复杂的趋简形式。"栽补秧"，是栽秧之后由于秧苗密度不够而需要添补；"栽独苗秧"，是栽秧之后某些地方只有单独一根秧苗；"栽冤秧"，是栽秧之后出现不该栽而栽的秧苗；"栽拉稀秧"是栽秧之后出现秧苗拉拉稀稀的情况。所有这些"栽—秧"的趋简形式，反映了中国农民田间劳作的特点，摹写了中国农村的“栽秧文化”。

中间一例，“说个好媳妇”在结构上跟“说个故事”“说句好话”等相同，然而在内容上却包含了经过说合找到一个好媳妇的复杂过程，反映了中国农村某些地方目前仍然存在的婚姻风习。

后一例，“喊他电话”在结构上跟“喊他经理”之类相近，在内容上却表达了好些并非完全见于字面的意思，等于说：喊他，说有人打电话给他，要他到楼上去接。这反映了目前生活在城市的一部分公务员的生活状态和生活水平。

一般地说，越是常用的趋简形式，跟人们衣食住行生老病死的联系越明显。以“吃X”来说。

“吃X”是一个十分常用的结构槽。在汉人心目中，“吃饭”是第一位的，因此往往一碰面开口就是：“吃饭了吗?”在语义关系上，吃饭是把饭吃掉，吃面条、吃饺子等情况相同。跟“吃饭”之类相关联，可以形成诸多结构移变的趋简形式。比如，可以说：吃大碗，吃筷子（＝用大碗吃，用筷子吃）；还可以说：吃馆子，吃食堂（＝在馆子吃，在食堂吃）；还可以说：吃小张，吃校长（＝让小张出钱请客吃饭，让校长破财请客吃饭）。甚至“吃厕所”也能说：

(7) 吃茅池儿也许是这个世界上最下三烂的行当了，但这并不是说它因此就不需要先进的企业管理。（陈铁军《老杂碎》，《中篇小说选刊》1997年第4期133页）

“茅池儿”就是厕所。“吃茅池儿”形式上是动宾，语义上却相当于“靠厕所吃饭”。

近来还有个“吃床饭”的说法。例如：

(8) 倒是袁副局长解了围，说：“我看就吃床饭。”

“吃床饭?”大家一脸的问号。

袁副局长不紧不慢地把“吃床饭”的吃“法”道了出来。“吃床饭”就是在发票上提高住宿费，把剩余部分的钱，用来当伙食。

大家听了都说“吃床饭”这法子好。

（韦晓光《摘贫帽》，《中篇小说选刊》1996年第5期73页）

由于有明确的交代，“吃床饭”的意思是清楚的。如果使用久了，大家都熟悉了，就会像“吃筷子”之类一样，人们不会再有“一脸的问号”。仅仅“吃床饭”三个字，容纳了多少内容！这显然是对当前一种社会风习的凝结性熔铸。

三　结束语

形式趋简和涵义兼容的事实表明，汉语在结构形式的选择上常用减法，在结构语义的容量上则常用加法。从这种意义上说，也许可以认为，汉语语法在形式上显现为减法语法，而在涵量上显现为加法语法。当然，任何事物都不会处在绝对化的关系之中。趋简和减法，兼容和加法，也不是绝对的。有时，趋简的形式也不一定兼容多种内容；反过来说，一个结构形式所兼容的也不一定来自趋简。它们之间错综复杂的联系，还需要做深入的研究。

语言运用，包括语法结构形式的选用，有着深刻的文化背景。有艺术家说过，中国的国画，是一种减法绘画。山水画上，往往留有大块空白，许多意思就隐匿在空白处里，任由看画者去想象，去补充。汉人的绘画语言和汉人的有声语言、文字语言似乎有惊人的相似之处。这里面，是不是还有我们还没有认识清楚的学问？对这个问题进行探讨，得出的结论也许还不够全面，还不够准确，但对于更好地认识汉语来说，肯定具有积极意义，起码具有某种启示性。

主要参考文献

[1] 丁声树，吕叔湘，李荣，等．现代汉语语法讲话［M］．北京：商务印书

馆，1961.

［2］中国语文编辑部. 汉语的词类问题：第二集［M］. 北京：中华书局，1956.

［3］朱德熙. 语法讲义［M］. 北京：商务印书馆，1982.

［4］季羡林. 探求正未有穷期［J］. 世界汉语教学，1996（3）：108-110.

［5］陆宗达. 关于语法规范化的问题［M］//现代汉语规范化问题学术会议文件汇编. 北京：科学出版社，1956.

［6］陈宗明. 中国语用学思想［M］. 杭州：浙江教育出版社，1997.

［7］陈光磊，胡奇光，李行杰. 中国古代名句辞典［M］. 上海：上海辞书出版社，1986.

［8］邢福义. 汉语里宾语代入现象之观察［J］. 世界汉语教学，1991（2）：76-84.

［9］邢福义. 方位结构“X里”和“X中”［J］. 世界汉语教学，1996（4）：6-17.

［10］邢福义. 汉语语法结构的兼容性和趋简性［J］. 世界汉语教学，1997（4）：3-8.

［11］邢福义. 现代汉语［M］. 北京：高等教育出版社，1991.

（原载邢福义主编《文化语言学》修订本，湖北教育出版社2000年）

语言学科发展三互补

本文包括三个部分。第一部分，讨论“一家之言”和“百花齐放”的互补；第二部分，讨论“现代意识”和“朴学精神”的互补；第三部分，讨论“引进提高”和“自强自立”的互补。学科的发展，无处不存在辩证法。本文讨论的，只是语言学科发展过程中各种辩证互补关系中的三对。

一 “一家之言”和“百花齐放”

中国的语言学，经过二十多年的分分合合，已经形成了一个包括四大分支的基本格局。这就是：1. 汉语汉字研究。许多单位，建立有汉语言文字学博士点。2. 语言理论与语言应用研究。许多单位，建立有语言学与应用语言学博士点。3. 少数民族语言研究。许多单位，建立有相关的博士点，即中国少数民族语言文学博士点。4. 外国语言研究。许多单位，建立有相关的博士点，如欧洲语言文学、亚非语言文学、英语语言文学、俄语语言文学、法语语言文学、西班牙语语言文学、德语语言文学、阿拉伯语语言文学、日语语言文学、印度语语言文学等博士点。四大分支内部，又有诸多不同的领域。比如汉语言文字研究，包括现代汉语研究、古代汉语研究、方言研究、汉字研究等领域；现代汉语研究，又包括现代汉语的语音研究、词汇研究、语法研究等领域。

综观中国语言学的各个分支和各个领域，具有共性的突出问题主要表现在两个方面。

其一，创新性理论不多，原创性学说缺乏。这一状况的改变，需要通过大力强调和提倡催生“一家之言”。所谓“一家之言”，是指在某一学科中自成一家的学说。研究问题，不管范围大小，只要提出与众不同的见解，便可认定为一家之言。小到一篇文章，提出与别人有所不同的说法，富于新意，可算一家之言；大到总揽一个学科，另辟蹊径，提出足以影响整体发展的关键性主张和理论，更为一家之言。从前者到后者，往往是量之积累引发质之变化的过程。学科的发展，特别需要后者。这样的“一家之言”，是学术发展的前导，是促成学科昌盛的基石，开始提出来的时候，往往是粗糙的，很不成熟的，但是，无论如何，都应采取由衷欢迎的态度。

其二，学派意识不浓，没有形成“百家争鸣”的繁荣局面。这一状况的改变，需要通过大力强调和提倡，促使“百花齐放”。所谓“百花齐放”，是指某一学科领域同时存在多种一家之言，呈现共同繁荣的景象。学术领域，没有“武林至尊”；“一家之言”，不应“惟我独尊”。任何一个学科领域，没有“一家之言”固然表明其处于低谷状态，如果仅有一种居于垄断地位的“一家之言”，也表明其远离成熟。

如果说，形成“一家之言”是一种学术企求，那么，能够容忍“百花齐放”便是一种学术度量。一个学科领域，应该是一个百花园；百花中，任何色样的花，都是一个品种，都应受到尊重。我国语言学界，其实情况并不单一。以理论创新问题来讲，大体有两条途径。引进国外理论，通过同汉语或少数民族语言相结合的考察验证，从而有所创新，这是一条重要途径；关注国外语言学理论及其影响，强调更多地对汉语和少数民族语言本身特点进行发掘，从而有所创新，这是另一条重要途径。两条途径代表两个倾向，二者往往你中有我，我中有你。当然，所谓“理论创新”，更准确地说，应该添加中心语“思考”，说成“理论创新的思考”。因为，就事实而论，我们基本上只是停留在“思考”的阶段。正因如此，学者间相互尊重，不同学说群体之间相互取长补短，十分重要。钱冠连（2004）说：“所谓学术的繁荣，就是学派、流派之间竞争的果实。”“学者承认自己的局限性才可能有流派。……宽容、尊重异己，是产生学派的必不可少的前提性心态。最能考验学者是否具有大家气质的，是如何面对相反的学术主张。”这话极富哲理。

必须进一步指出的是：“一家之言”和“百花齐放”的互补，不仅是企求和度量的互补，而且还是思路和方针的互补。新时期以来，邓小平多次强调“百花齐放，百家争鸣”。在《目前的形势和任务》一文中，他指出：“我们要永远坚持百花齐放，百家争鸣的方针。”在《社会主义也可以搞市场经济》一文中，他指出：“现在，我们提倡解放思想，重申毛泽东主席提出的‘百花齐放，百家争鸣’的方针，目的就是创造条件调动全民的积极性，使中国人的聪明智慧充分地发挥出来。”（见《邓小平文选》第二卷）

当前，在学科建设中，“一马当先，万马奔腾”是一个可行的思路。基本做法是：选择某“一家”作为“当先”之“一马”，以点带面，促进学术事业的整体繁荣。事实表明，通过重点培养“当先之马”，创造条件使之在“万马”前头领跑，大有好处。2004 年，教育部组织专家组对人文社会科学重点研究基地进行了评估，笔者去过语言文字研究方面的四个基地。总体感觉是：实际成绩，比原来的印象和预想的情况要好得多。然而，如果作长期的考虑，在实施这一有效思路的同时，什么时候都还需要反复强调“百花齐放，百家争鸣”的方针。脱离了“百花齐放，百家争鸣”，“一马当先，万马奔腾”可能会产生这样那样的问题。首先，能否带动“万马奔腾”，决定于“一马”能否真正“当先”。“一马”选不准，反而导致挡路的后果。其次，即使“一马”能“当先”，一个学科领域是否只能有一群马？换句话说，一个学科领域是否只能出现一个模式、一种状态、一种风格的一群马，而不容许出现不同模式、不同状态、不同风格的几群马？再次，“当先”的“一马”，如果老化了，疲软了，怎么办？动物界，猴王、狮王等的更迭，全凭实力，胜者为王，绝对“公平、公开、公正”。然而，人类社会，情况复杂得多。为了保证有效地替换掉已经落伍的“一马”，必须遵循优胜劣汰的竞争规律，这就是“百花齐放，百家争鸣”方针所反映的竞争规律。

二 “现代意识”和“朴学精神”

换一个角度来讨论。中国语言学的发展，又需要“现代意识”和“朴学精神”的互补。

所谓“现代意识”，也就是“与时俱进”的意识，包括了解世界现状，适应当今需求，关注未来发展，体现时代性和竞争力，推动中华文化更好地走向世界。跟循现代意识的导引，中国语言学的进一步发展，总体上将出现三大线路：其一，在同国外理论的关系上，将越来越明显地出现“双向接轨”的趋势。一方面，继续引进国外语言学理论，不断扩大视野，拓展思路，看清国际语言学发展的走向；另一方面，深化对汉语和少数民族语言的事实发掘，总结出有自己特色的理论与方法，力求逐步形成反映自己风格和成就的学术流派，从而逐步实现跟国外理论的“平等对话”。其二，在同自然科学的关系上，中国语言学的发展将努力跟上时代前进的步伐。自然科学和社会科学的交叉与融合，是21世纪科学发展的总体走向。为了适应现代化的需求，中文信息处理的发展是必然的趋势。这将在很大程度上推动中国语言学的学科更新，改变传统研究的纯人文状况，促进汉语研究特别是汉语语法研究同信息处理的联姻，使之在更广阔的天地里实践研究工作的理论与实际的紧密结合。其三，在研究成果的深度上，中国语言学的各个分支和各个领域，都将围绕着实现中华民族伟大复兴的目标，开展比以往更有理论意义和实用价值的专题研究。

所谓“朴学精神”，也就是“求真务实”的精神，包含有质朴、实在、有根据、求谨严等内涵。“朴学”一词，最早见于《汉书·儒林传第五十八》：“宽（倪宽）有俊材，初见武帝，语经学。上曰：‘吾始以《尚书》为朴学，弗好，及闻宽说，可观。’”《现代汉语词典》解释道：“朴学，朴实的学问，后来特指清代的考据学。”本文提“朴学”，是用其原本的意义。由于清代的考据学跟汉语言文字学渊源很深，反映了我们文化传统中的一种治学精神，因此特地选用到中国的语言研究上面。任何事物都有其负面影响。现代化的浪潮，激发了国家的大发展，但是，急于求成、醉心摩登、浮躁夸诞、弄虚作假也随之而泛滥，成了时弊。一件礼品，包装成一个大箱子，里头有实际内容的却只是巴掌大的一个小盒子。学术界华而不实的风气，越来越严重，令人深感忧虑。因此，在强调“现代意识”的同时，有必要强调“朴学”——这种具有我们民族风格、民族气派的精神。

如果说，“现代意识”指的是一种目标定位，那么，“朴学精神”指的便是一种治学风格。做学问，不管偏重点如何，解决实际问题都是最重要的。举个小例子来说。2004 年，新加坡教育部华文教材编写组一位先生发来了一封邮件，希望解答一个问题。新加坡小学华文教材中，有一篇《小时候的孙中山》的课文，其中有这么一句话：“孙中山看到清兵这样欺压老百姓，心里很生气 ，所以下定决心，长大后要推翻满清，让人民过好日子。”有一所学校的一位老师提出了意见：“‘满清’是一时间名词，表示了历史上某一特定的时间阶段。动词‘推翻’应该接‘满清政府’或‘满清王朝’才行。‘推翻满清’是不恰当的词语配搭。”邮件中问道：“推翻满清”的配搭到底行不行？

考察可知，“推翻满清”的说法，没有问题。这可以分四层意思来说。第一，语言运用，具有动态性。在特定的“句管控”中，或者说，在特定的句域环境中，“满清”并不总是表示时段时点。有时，说“满清”，就等于说“满清统治、满清王朝”之类意思。罗竹风主编的《汉语大词典》（汉语大词典出版社 2001 年 9 月）："满清"，清王朝为满人所建，故称"满清"。文芷《曼殊上人诗册》："（苏曼殊）为我画一《儿童扑满图》。尔时在清季，我辈正竞谈革命，扑满者，隐为扑灭满清之意。……"（第六卷上册 62 页）这里的"扑灭满清"，跟"推翻满清"近义，"满清"并不是指时段时点，不然，怎么能"扑灭"？金庸《鹿鼎记》："不住颂扬郑氏在台湾独竖义旗，抗拒满清"（第二十七回），"吴三桂在云南一起义，双方就夹攻满清"（第三十六回），这里表示的是指抗拒满清统治、夹攻满清王朝的意思，十分清楚显豁。第二，双音节的"满清"，若说成单音节，便是"清"。"清"，有时也表示"满清统治、满清王朝"等意思。金庸《鹿鼎记》："（陈近南）他一心以反清复明大业为重。"（第十四回）"反清复明"，即"推翻满清，光复大明"，而"清"或"满清"都不是指的时段时点。第三，"满清"跟"推翻"配合使用，并不罕见。上网翻看，可以看到许多实例。比如："我们革命党用了三十年功夫，流了许多热烈的心血，牺牲无数的聪明才力，才推翻满清，变更国体。"［孙中山《中国国民党第一次全国代表大会开幕词》（一九二四年一月二十日），见孙中山纪念馆］｜"这个规律在推翻满清的辛亥革命中是如此，……在今天的独立和平民主与卖国内战独裁两条战线的斗争中更是如此。"（朱德《祝高树勋将军起义一周年》，《人民日报》1946 年 10 月 31 日）｜"他是老同盟会员，推翻满清东北起义时他是军政府的领导人。"（刘白羽《鸭绿江边的安东》，《人民日报》1946 年 8 月 17 日）可知，这种用法，早已有之，成了客观事实。第四，"推翻满清"形成一个四字格。在汉语里，四字格具有大众喜闻乐见的节奏美，因而经常使用，具有很强的容纳力。比如成语"秋高气爽"，形容秋天天空明净高朗，气候凉爽宜人。若死抠字眼，"秋"怎么能"高"？不是成语的，往往也被组造成为四字格。比如"鸡犬相闻"，陶渊明《桃花源记》里用过，郭沫若《屈原》里用过。再看这个例子："走在丽江的石板小路上，你突然感觉自己犹如东晋武陵人，误入桃花源，只见楼宇错落，屋舍俨然，纳西民风朴素，鸡犬相闻，古意盎然。”这里用“鸡犬相闻”，比出现“鸡犬之声相闻”更具有美感。若死抠字眼，“鸡犬”怎么能“相闻”?

目前的中国语言研究，各分支各领域深入程度并不平衡。总的说来，许多事实并未描写详尽，对于大量语言现象的认识还处于懵懂状态，远远不能满足中文信息处理的需求，因而跟不上时代发展的步伐；另一方面，语言研究的理论意识未能贯穿到所有分支或领域的研究之中，有的分支或领域理论意识较强，但理论和实际相脱节的问题还未能解决。把“现代意识”和“朴学精神”作为一对关系提出来，并且就上面这个例子摆了一些语言事实，是想借以强调，解释问题的理论各种各样，有的时髦，有的质朴，有的很“外国”，有的很“中国”，不管是什么样的，只有能够回答实际问题，才是最管用的。学无定法，求变则通；法无定法，适用则灵。当把“现代意识”作为目标定位的时候，千万不能忽略“朴学精神”的务实学风。

吕叔湘先生在将近 90 岁的时候写了“有感”二首，其二为：“文章写就供人读，何事苦营八阵图？洗尽铅华呈本色，梳装莫问入时无。”(《未晚斋语文漫谈》74 页）这诗句，发自肺腑，令人深省。

三　“引进提高”和“自强自立”

再换一个角度来讨论。中国语言学的发展，还需要“引进提高”和“自强自立”的互补。

所谓“引进提高”，是指通过引进国外学术思想、理论和做法，促使本国的研究水平得到理想的提高。没有引进提高，就没有中国的现代语言学，这是历史事实。季羡林（1996）指出：“在中国学术史上，无论哲学史、宗教史、艺术史等，文化交流起了很大的作用，语言学史何独不然。……从《马氏文通》起到现在整整一百年了。在这一百年内，中国语言学经历了一个‘现代化’的过程。人们现在常说，所谓‘现代化’，其实就是引进西方的‘理’，结合我国的实际进行探索，并不断取得成功的过程。衡之以语言学的发展过程，这话也是适用的。”季先生的话，代表中国学人的共识。

所谓“自强自立”，是指不依成法，自力更生，自我创造。“引进”的目的，是“提高”；“提高”的结果，是创造出自己的模式；自己模式的成熟状态，是中国特色学术流派的形成。笔者（1995）曾指出：一个学科是否成熟，其突出标志应该是这个学科是否形成了特定的学派或流派。从这一点看，科学跟艺术情况相同。比方说，我国的京剧表演艺术已经达到了成熟的高峰，最基本的表现就是形成了这“派”那“派”，只要一提到“梅派”和“程派”，稍有京剧表演艺术知识的人就会知道这是两个具有各自特点的著名流派。又比方说，我国的书法艺术早已达到了成熟的高峰，最基本的表现就是形成了这“体”那“体”，只要一提到“颜体”，稍有书法艺术知识的人就会知道它是不同于“柳体”“欧体”等的有独特风格的书写体，甚至还会知道颜真卿打破了“书贵瘦硬”的传统书风，开创了二王体系之外的新体。中国语言学，仅就汉语语法学而言，虽然发展速度很快，但至今仍然缺乏显示成熟的鲜明标志，距离真正成熟还十分遥远。钱冠连（2004）说得更有深度，更加富于理论色彩：伟大的思想也只能在学派的争鸣与磨擦中发生。没有学派，就没有该学科的国际地位。没有国际地位，则从根本上取消了我们的国际交流的话语权。一个民族的某一门学术领域里根本没有学派是非常不妙的情形。钱文还提出了学派形成的标准，这就是：有代表人物（领军人物）、有成员（以更入行的话说便是“有核心成员及追随者或支持者”）、有代表作、数得出主要贡献（在理论上解决了什么重大问题）、有主要学术套路及独特的研究风格。

如果说，“引进提高”指的是一种发展途径，那么，“自强自立”指的便是一种原则立场。中国语言学要真正做到“同国际接轨”，必须以

“能够跟国外理论平等对视”作为基本出发点，不能引进、引进、再引进，一味跟着跑，永远处于附庸地位。接轨是双向的，要跟强者接轨，自己必须成为强者。弱国无外交，小羊不可能和狼接轨，在学术上也是同样的道理。只有一方面重视“引进提高”，一方面重视“自强自理”，二者相互补足，相互促进，形成良性循环，我们的语言学科才能够真正发展起来。

假若有人质疑：就凭你，能建立学派？我们的回答是：不能这么立论。个人的力量微不足道，世上没有一个可以包打天下的好汉。好像“众”字，需要三个“人”字互相支撑，彼此协作，矗立起铁塔式形象。学科的建设和发展，需要的正是一种“众”字精神和气势。一个学派的形成，起码需要三五十年，需要几代人的接力，绝对不能一蹴而就。从无到有，从小到大，这是事物发展的必由之路。现在，必须大声疾呼，要有一种学派的意识，要有一种形成学派的追求。有没有这个开端，至关重要。正像一部大剧，没有序幕，就不会有剧情的发展。

假若有人质疑：中国语言学家能建立起自己的学派吗？我们要反问：为什么不可以？学科的发展，映射伟大的民族精神。当年，王明从苏联带回来一套一套的理论，但是，不符合中国的国情。毛泽东把马列主义跟中国革命实际结合起来，写出了《论联合政府》《新民主主义论》等论著，特别是写出了哲学著作《实践论》和《矛盾论》。在哲学社会科学领域，毛泽东创建了一个特别大的“中国学派”。毛泽东很了不起，毛泽东是顶天立地的中国人。我们应该总结“毛泽东的启示”，从而得出一个明确的结论：中国人，能够干出别人可以做到的任何事情，甚至能够干出令世界震惊的任何事情。

需要进一步指出的是：要自强自立，必须正视我们的自身弱点。李宇明（2004）回顾了一段历史。吕叔湘《中国文法要略》是研究句法结构变换的先驱，但是，中国20世纪60年代引进、70年代末80年代初开始广泛应用的变换分析的理论与方法，却来自美国语言学家哈里斯

(Z. S. Harris)，与《中国文法要略》并无关系；现在流行的“动词中心论”和动词的“价”的概念，是法国语言学家吕西安·泰尼埃尔1959年出版的《句法结构基础》中提出来的，比吕叔湘先生晚了十七年。为什么中国前辈学者的创造，不能在世界上发生其应有影响，甚至也不能在国内发生其应有影响？李文指出：“胡明扬把原因归结为中文的不通用，但我揣测原因恐怕不只于此，最重要的原因也许是：第一，我国的语言学不是国际学术的制高点，‘学术之水’难以倒流；第二，理论提出者表述理论的方式不显豁，影响了理论的传播与继承；第三，我国学术眼光的聚焦点主要在国外，对本国的研究成果缺乏有意识的梳理，缺乏学派式的继承与发展，缺乏科学的学术批评。这些不利于学术发展的因素今天并没有多少变化，若不努力革除，上述‘变换分析’和‘配价语法’的令人酸楚的‘佳话’，肯定还会复现，那将是中国语言学的最大悲哀。”

上述分析都很对，但是，关于“不利于学术发展的因素”，还须注意以下两点。

首先，心理自卑。清朝后期以来，外强入侵，国弱受欺，面对洋人，自卑自贬。这在《官场现形记》《二十年目睹之怪现状》中，可以看到十分形象的描写。这种状况，影响我们几代人，在学术研究上也是如此。说一件小事。1981年6月，语法学术讨论会在密云举行，这是第一届中年语法学者的学术讨论会，吕叔湘、朱德熙二位先生出席了会议。在密云会议上，在讨论到句子类别问题时，笔者谈及高名凯《语法理论》曾提出“句类”“句型”“句模”的三角度分类，话刚出口，一位与会朋友立即打断，说：“那是高先生自己提的！”接着，他转谈别的问题，笔者再也没法开口。这件事，二十多年来一直萦绕笔者心头，挥之不去。无论什么学说，都是某一个人自己先提出来的，为什么外国某人“自己”提出来的就是理论，高先生“自己”提出来的就根本不屑一提？就因为高先生是中国人？这种心理自卑，实际上已经成了一种民族自卑，对于我们的学科建设，妨害极大。

其次，惯性相斥。说白了，就是文人相轻，彼此间习惯性地相互排斥，也就是所谓“同行是冤家”。对于国内同行的成果和说法，或者采取冷漠的态度，不愿关注，或者采取轻视的态度，不愿肯定。正因如此，本国的可以闪光的东西难以发扬推广，形成气候，凸显高处，让世人瞩目。这种状况，要从两个方面来看。一方面，严重程度并不明显，而且并非人人如此，总体来说国内同仁间是相当团结的；但是，另一方面，这种状况却似无实有地隐性存在，从“骨子里”发生着潜性影响。学术研究，应该提倡涵容、包容和宽容。能涵容不同的观点，能包容不同说法的长处，对不同意见能采取宽容的态度，认真考虑不同说法的合理性。学者间相互学习，相互补足，相互推动，才能创造出涵容、包容和宽容的学术氛围。一个人是一条龙，两个人便成了两条虫，这种存在于“骨子里”的劣根性，对于我们的学科建设，同样妨害极大。

中华民族是伟大的民族。不讳疾忌医，敢于正视和革除学术研究中诸如“心理自卑”“惯性相斥”之类的不利因素，正是一个民族的伟大之所在。现在，中国已经进入大振兴时代，正在阔步走向世界。尽管需要时日，只要坚持不懈，中国的语言学，也定能有所作为，有所建树，以自己的“特色风貌”，展示于世界。

主要参考文献

[1] 高名凯. 语法理论 [M]. 北京：商务印书馆，1960.

[2] 郭生. 在突破口上——邢福义谈建立中国特色的汉语语法学 [N]. 光明日报，2004-10-21 (C1).

[3] 胡明扬. 严谨的学风　杰出的贡献 [M] //吕叔湘. 吕叔湘全集：第十九卷. 沈阳：辽宁教育出版社，2002.

[4] 季羡林. “中国现代语言学丛书”序 [M] //邢福义. 汉语语法学. 长春：东北师范大学出版社，1996.

[5] 李宇明. 弘扬吕叔湘学术精神 [J]. 汉语学报，2004 (1)：3-7.

[6] 罗竹风. 汉语大词典 [M]. 上海：汉语大词典出版社，2001.

[7] 吕叔湘. 未晚斋语文漫谈 [M]. 北京：语文出版社，1992.

[8] 钱冠连. 学派与学派意识（西方语言哲学研究之六）[J]. 外国语言文学研究，2002 (1)：1-8.

[9] 钱冠连. 以学派意识看汉语研究 [J]. 汉语学报，2004 (2)：2-8.

[10] 邢福义. 汉语语法研究之走向成熟 [J]. 汉语学习，1995 (1)：2-6.

[11] 中国社会科学院语言研究所词典编辑室. 现代汉语词典（增订本）[M]. 北京：商务印书馆，2002.

（原载《汉语学报》2005 年第 2 期。2004 年 11 月曾在暨南大学"第二届语言学科建设高级专家论坛"上宣读。）

现代汉语语法研究中理论与事实互动

本文讨论现代汉语语法研究中理论与事实的互动。现代汉语语法研究一直是我国语言学界最为热门、最受关注、被公认为起着引领作用的一个领域，讨论这一研究领域中论实互动的问题既有理论意义，也有实践价值意义。全文包括四个部分。第一部分为“理论与事实”；第二部分为“历史脚印：从马建忠到朱德熙”；第三部分为“面向未来：论实互动的几点思考”；第四部分是“结语”。本文认为，加强事实发掘与理论创新的良性互动，这是现代汉语研究走向成熟的必由之路，其结果必能形成“务实创新”的大好局面，必能促进学术流派的形成。

一　理论与事实

当前，中国语言学已展现出一个包括汉语汉字研究、语言理论与语言应用研究、少数民族语言研究和外国语言研究四大分支的基本格局[①]。四大分支都包含有不同类型、不同层面的学科领域。其中，属于第一分支的现代汉语语法研究，则是我国语言学界最为热门、最受关注、被公认为起着引领作用的领域。

对于现代汉语语法研究，吕叔湘先生说过一段极富启示性的话：“从事现代汉语语法研究的人很多，而有成就的却并不多，为什么？有人说，跟象棋比起来，围棋易学而难精。研究现代汉语语法跟研究古代汉语语法比较，好像也有类似的情况。研究现代汉语语法无需通过文字训诂这一关，自然容易着手。可也正因为研究的对象是人人使用的现代汉语，许多语法现象已为人们所熟悉，要是没有一点敏锐的眼光，是不容易写出出色的文章来的。”② 吕先生这段话，说理浅白而内涵丰富。他是想告诉我们，参与研究现代汉语语法很容易，但要研究好，是有难度的，关键在于是否具有敏锐的眼光。那么，眼光投向何处？如何才能造就眼光的敏锐？理论与事实相互驱动。没有理论的牵引，对事实的描写和解释便无从下手，或者只能盲目进行。反过来说，理论的生命力由事实所赋予，理论或者来自对事实的发掘，或者通过事实的检验得到确认，或者通过事实的不断发掘与检验而越发坚挺。因此，二者的良性互动，是现代汉语语法研究走向成熟的永恒主题。现代汉语语法研究工作者，必须同时把眼光投向理论与事实，通过对理论与事实的研究，培养眼光的敏锐性和透视力。

从源流上看，事实是源，理论是流。同样的事实，可以有这样那样的理论。不管采用什么样的理论，首先都必须面对事实，坚持“实事求是”的态度，以“务实”为基点。对于“实事求是”，吕叔湘先生做过很好的解释。他说：“以研究工作而论，‘实事’就是要掌握材料，材料要可靠，并且要尽可能全面。……‘求是’就是找出规律。……‘求是’还有另一方面的问题。有的同志做工作急于求成，思考一个问题的时候，灵机一动，‘如此这般’，很快就有了结论。遇到不符合他的结论的事实就想方设法把它解释掉，不愿意修改他的结论。这样‘求’出来的‘是’就靠不住了。归总一句话，‘实事求是’四个字看似容易实则艰辛，在实际工作中时刻想到它是有好处的。”③

二　历史脚印：从马建忠到朱德熙

我国的汉语语法研究，从来以事实为本。《马氏文通》于 1898 年问世，成就了作为一门科学的汉语语法学的第一个篇章。《马氏文通》之前的汉语语法研究，主要范围是一些虚词和若干句式，立足于学以致用，力求弄清楚相关的规律，以便准确理解古人著述。作出贡献的学者，几部已经问世的汉语语法学史都已有所记录，不再赘述。这里需要特别提出定居于国内的、具有划时代性的五位学者，略加评说，以便承传我们的优良传统。他们是：马建忠，黎锦熙，王力，吕叔湘，朱德熙。

（一）马建忠

马建忠（1844—1900），其《马氏文通》用例引自先秦两汉的古文，但作为中国第一部系统的语法学著作，对现代汉语语法研究具有深远的影响。《后序》中，马氏写道："斯书也，因西文已有之规矩，于经籍中求其所同所不同者，曲证繁引以确知华文义例之所在，而后童蒙入塾能循是而学文焉，其成就之速必无逊于西人。"[④]《例言》中，马氏写道："是书本旨，专论句读，而句读集字所成者也。惟字之在句读也必有其所，而字字相配必从其类，类别而后进论夫句读焉。"[⑤]可知，此书的写法，是借用西方的"规矩"；此书的目的，是促进中国的教育；此书的学术观点，则着重强调了"句读"在汉语语法中的重要地位。由于受到时代的限制，马氏不可能达到他的目的，实现他的追求，充分发挥自己的理念，然而，他的"曲证繁引"，他的许多论说，包括句子的分类、特定句式的构成状态、虚字的使用等，都表明了他是十分务实的，是两只脚站在中华文化的大地之上的。

（二）黎锦熙

黎锦熙（1890—1978），在汉语言文字研究、教学与相关工作上有多方面的突出贡献。其《新著国语文法》（1924），以西方"纳氏文法"为主要蓝本，通过对白话文的深入分析与思考，创建了一个"句本位"

的语法系统，产生了巨大的影响。从总体上看，“句本位”系统的厘定与阐述尽管存在严重的缺失，但“句本位”的提出，却说明了黎氏充分重视汉语语法不同于形态丰富的西方语法的特点。这是汉语语法研究的一大飞跃。从具体问题看，黎氏提出了相当多的论断，都是脚踏实地研究汉语的成果。比如关于“双宾语”，黎氏指出：“有一种外动词，表示人与人之间（或者人格化的事物之间）交接一种事物的，如‘送’‘寄’‘赠’‘给’‘赏’‘教授’‘吩咐’等，带两个名词作宾语，叫做‘双宾语’。”[6]他关于“双宾语”的论说，具有强大的生命力。另外，即使是现今已经无人过问的图解法，其实还是存在许多令人得到启示的合理因素，浸透了黎氏的心血。诚然，黎氏是继马建忠之后，努力揭示汉语语法特点的一位大师，他的著作充分显示了他的务实精神。

（三）王力

王力（1900—1986），在多个领域取得过杰出成就的一位语言学大师。就汉语语法研究而论，他在“语法革新”过程中起到了重要的推动作用。他的语法研究，曾接受丹麦语言学家奥托·叶斯珀森（Otto Jesperson）《语法哲学》中所提学说的影响，但是，他所关注的，他所系念的，是要研究汉语的特点。1936 年 1 月，他发表论文《中国文法学初探》，文中旗帜鲜明地指出：“我们对于某一族语的文法的研究，不难把另一族语相比较以证明其相同之点，而难在就本族语里寻求其与世界诸族语相异之点……此后我们最重要的工作，在乎努力寻求中国文法的特点。”[7]后来，他相继推出《中国现代语法》（1943）、《中国语法理论》（1944）以及《中国语法纲要》（1946）等著作；他以《红楼梦》为主要研究对象，建构出了富于自我特色的汉语语法体系。王力先生一贯主张语言研究应以占有广博的语言材料为基础，他在黎锦熙先生提出的“例不十，不立法”[8]的基础上，进一步提出“例外不十，法不破”的研究原则[9]。王力先生不仅毕生探求汉语语法的特点，毕生探索研究方法与研究道路，特别可贵的是，他能够从语言运用的客观实际出发，不断修正自己的观点，不断提升自己的认识高度。其心胸之开阔，令人敬佩。

（四）吕叔湘

吕叔湘（1904—1998），在汉语语法研究上最有威望的一位统帅式巨匠。1942年初版的《中国文法要略》，是吕先生学术成就的第一个高峰；1979年出版的《汉语语法分析问题》，是吕先生学术成就的第二个高峰。吕先生早年受过丹麦语言学家奥托·叶斯珀森和法国语言学家勃吕诺（Ferdinand Brunot）的影响，后来，一直到晚年，都不断关注国外理论的发展，但是，不管是他的著作还是论文，始终坚定不移地立足于汉语事实。大半个世纪里，吕先生为我们举起了一面旗帜，上面写着“务实”两个大字。只要有机会，他就讲“务实”。1980年10月，在中国语言学会成立大会上，吕先生作了《把我国语言科学推向前进》的报告，用了相当长的篇幅论述“虚和实”的关系[10]；在大会闭幕词中，吕先生指出：“语言学是一门科学，在科学面前来不得半点虚假。我们要实事求是，脚踏实地地去工作，反对浮夸的学风。”[11] 1981年5月，吕先生在第一次语法学术讨论会的开幕式和闭幕式上都讲了话，后来统成《扎扎实实地做好语法研究》一文[12]。1984年，吕先生为《语言教学与研究》创刊五周年题词：“务实”[13]。1992年11月在纪念赵元任先生百年诞辰学术座谈会的书面发言中，吕先生说：“元任先生的学问广博，这是无人敢否认的。最叫人佩服的是他写的文章无一篇不实实在在，毫无故弄玄虚的东西。”[14]务实，这是反映吕先生丰富的实践经验和富于远见的论述的优良学风，具有很强的矫风针对性，包含有实与虚合理结合的内核，充分重视研究工作中各个方面的辩证关系，对于我国语法研究的不断发展和走向成熟起着战略性的导向作用[15]。吕叔湘先生晚年把他自己的治学原则总结为：“广搜事例、归纳条理，反对摭拾新奇、游谈无根。”[16]吕先生的治学风范，在大家的心中竖起了一座丰碑。

（五）朱德熙

朱德熙（1920—1992），我国思想最活跃、最富创造精神的语法大家。他的一系列开创性的研究工作，为汉语语法研究开辟了一条贯通共时和历时的路子，使汉语语法研究走上了全方位、多视角的道路[17]。朱先生一方面重视吸取国外新的语法理论和方法，另一方面又善于用汉语语言事实来检验并改进这些理论和方法，从而写出切合汉语实际的高质量著作和论文。举两个相关的例子。一个是，马庆株先生回忆跟朱先生读研究生时，朱先生跟他的一段谈话。在《我的导师朱德熙先生》一文中，马先生写道："我交的第一篇文章空谈理论，先生说：'要务实。理论来自实践，你还没有研究的实践，怎么能写得好理论文章？要关心、注意理论问题，但现在不能搞理论。'"[18]另一个是，鲁国尧先生回忆朱先生给他的一封信。朱先生晚年讲学美国，他在写给鲁国尧先生的一封信中说："研究语音史，自然需要有一定的理论基础和方法。但历史比较语言学的根本道理还是那些，近年来虽不乏新著，但都不易读，而且其中如有新理论，亦未经时间和事实的考验，最后能不能成立还很难说。……我看主要精力和时间仍应放在语言事实的搜集和分析上。近年来，美国语言学有重理论轻事实的弊病，而且不独语言学，经济学甚至物理学亦有类似的情形。"[19]可见，说到底，朱先生是把语言事实放在第一位的。朱先生表现出了一位大家的清醒。

三　面向未来：论实互动的几点思考

促进研究工作的论实互动，涉及方方面面的问题。以下几点，特别值得思考。

1.“古为今用，洋为中用”，这是永远正确的一条原则。其中的“今”和“中”，指的是“当今中国”。从古代承传下来的理论也好，从外洋引移而来的理论也好，都必须统一到服务于当今中国的应用实践上面来。二者的靠近、沟通和结合，也许能开启一个新的局面。当今中国的语言应用实践，主要包括三大方面：第一，本国语言教育的应用实践，对象是本国学生和本国人；第二，对外汉语教学的应用实践，对象是外国学生和外国人；第三，计算机信息处理的应用实践，对象是需要学习掌握语言规则的计算机。目前，我国国学中的有关理论也好，我国语言学术刊物上成了主流的理论也好，跟我国语言应用的三大实践都存在衔接不上或者衔接不紧的问题。

2. 必须加强理论建树。缺乏理论的学科，不是坚挺的学科。我们现代汉语语法学，目前严重缺少形成体系的较为成熟的理论，短板十分明显。

理论创新的核心问题，是理论的本土化。理论的本土化包括外来理论的本土化和本土理论的提出与完善两大方面。

一方面，对国外语言学理论我们还要进一步加强引进工作，在引进的同时注意结合汉语事实来进行研究，使外来理论在汉语土壤里生根发芽，不断完善，逐渐成为能真正解决汉语语言事实的本土化理论。从目前的研究状况看，国内汉语研究主要借鉴了国外形式语法、功能语法以及认知语法的一些理论，研究成果看起来很丰硕，但是不少文章像贴标签一样，什么流行就一窝蜂地去做什么，真正有价值的理论构建很少，主要是用时髦新理论重新解释一些已往解释过的东西，对汉语研究没有多少实际意义。因此，如何加强外来理论的本土化工作应该引起整个汉语学界的重视。

另一方面，汉语学界还需要加强理论意识和自信，不断提出和完善本土理论。汉语学界一直以来对语言事实的发掘非常重视，对理论的探索、归纳与升华的工作相对而言做得较差。造成这种现象，与缺乏理论意识和理论勇气有关。和事实描写相比，理论研究要求研究者不仅要对语言事实进行仔细的观察和积累，而且需要进行抽象的概括和统摄大局的规律性抽绎，这就对研究者的研究能力提出了较高的要求。但是，我们不能因此而满足于只引进和介绍国外理论，停留在“国外理论＋汉语例子”上面。

3. 必须处理好事实发掘与理论创新的关系。我们既要反对唯“理”论，也要反对唯“实”论。唯“理”论者片面追求理论创新，不愿花力气发掘事实，在进行理论建树时，对明明同理论相悖的反例听而不闻、视而不见；唯“实”论者认为理论是虚幻的东西，对理论不屑一顾。真正适合于我国语言文字的理论，最终只能产生在我国语言文字事实的沃土之上。研究植根于汉语泥土，理论生发于汉语事实，理论创新与事实发掘是辩证统一的源流关系，不是水火不容的对立关系。在汉语事实的发掘过程中，我们既要注意发掘显性的语言事实，更要注意发掘隐性的语言事实。我们虽然已经弄清楚了一些汉语事实，但是还有许多汉语事实我们还没有认识清楚甚至根本没有注意到。汉语事实的发掘工作不是已经做得很好了，而是还远远不足。这种不足已经受到了来自理论和应用两大方面的严峻挑战。就理论而言，因为事实发掘不够，制约了外来理论与汉语事实的有效结合和本土化的进程；就应用而言，因为事实发掘不够，目前汉语研究的成果已经远远不能满足语言教学、汉语国际传播、中文信息处理等方面需要。而科学研究的最终目的都是应用，汉语研究也不应例外。因此，现代汉语语法研究不管是现在还是将来，都必须重视事实发掘。深化事实发掘就是要“从众多的事实中发掘出值得研究的事实，从值得研究的事实中发掘出规律性，从所得的规律中发掘出理论问题，总结出研究思路和研究方法。可以认为，汉语事实的发掘，是汉语研究的根基”[20]。

4. 必须处理好外来理论引进与汉化的关系。西方语言学在漫长的发展过程中产生了许多特色鲜明的学派，拥有明确系统的指导思想。百余年来，没有外来理论的引进，便没有中国语言学的今天。对外来理论，我们永远尊重和欢迎。国外理论的“引进”和“汉化”，“引进”是先行阶段，重点在于把国外理论应用于汉语研究，举出若干汉语例子来进行演绎。而“汉化”，就是外来理论的中国化、本土化，是后续阶段，重点在于让国外理论在汉语事实中定根生发，使国外理论融入汉语研究的整体需求，从而建立起适合于汉语研究的理论和方法。这两个阶段都重要，但是最重要的还是要做好外来理论的“汉化”工作，多研究一些汉语的实际问题。如今，现代汉语语法研究已经有了一支庞大的队伍，但是，我们对现代汉语的了解程度还很不够，一些习以为常的语言现象我们常常不知道该如何去分析解说。比如，很简单的“数量词”（或叫“数量结构”和“数量短语”），我们完全弄清楚了没有？请看这样的例子：这一来，已有五七三十五柄长剑脱手。（金庸《神雕侠侣》）伯父能一口气喊出满汉全席八八六十四道菜肴的名字。（尤凤伟《金龟》）如果只说“三十五柄”和“六十四道”，这是“数词＋量词”，好解释。然而，上例是“五七三十五柄”和“八八六十四道”，数词部分分别为“五七三十五”和“八八六十四”，已经是数词串了。这样的数词串是先用乘法然后说出总数。可是，从语法上说，它们的结构关系是什么？还有，再看这个例子：杨过毫不容情，着着进逼，片刻之间，已连刺二九一十八剑。（金庸《神雕侠侣》）这里的数词串是“二九一十八（剑）”。为什么不说“二九十八（剑）”？汉语里常用“四字格”，这类数词串里却必须是“五字格”，那么，有没有什么规律性的东西可以挖掘出来？诚然，对汉语语言事实的追踪和深掘，会从理论上加深对汉语语法的了解。

5．必须处理好理论传承与推陈出新的关系。任何理论都不可能包打天下，随着语言事实的不断挖掘，一些语言理论的假设很容易被证伪。今天的理论说来还头头是道，明天遇到反证时就会被一套新理论取而代之，让人觉得好像经不起时间的考验。实际上理论的嬗变是一种常态，我们应该采取宽容的态度。理论要传承，但不要固步自封、墨守成规，而是要不断推陈出新，这样才能让理论永葆青春，更加贴近语言事实。比如“永远”这个词，各种词典上都标注为副词。然而，深入发掘语言事实，就可以发现问题并不那么简单。例如：

在地震灾害中，地处深山峡谷地带的北川县城被夷为平地，1万多人不幸遇难。这成为总理心中永远的痛。(《人民日报》2011年5月11日)

远征军广大官兵为捍卫民族尊严与人类和平而舍生忘死的献身精神，更给我们留下了一笔永远的精神财富。(《人民日报》2011年5月13日)

爱心奉献在岗位，诚心服务到永远。((《人民日报》2010年8月11日)

您高尚的情操、亲切的教诲、创立的伟业，是我们最好的遗产。我们儿孙将继承您的遗志，踏着您的足迹，一直走到永远永远。(《人民日报》2011年3月23日)

这里出现的“永远”也是副词吗？应该用什么态度和方法来应对诸如此类的问题呢？

6．必须自强自立，重视本土理论的建树。自强自立，是指不依成法，自力更生，自我创造。现代汉语研究，仅就语法而言，虽然发展速度很快，但至今仍然没有形成理论流派，距离真正成熟还需要很长一段时间。如果说，引进外来理论是发展的必要过程，那么创建本土理论便是发展的终极目标。中国语言学要真正做到同国际接轨，必须要能够跟国外理论平等对视，不能引进、引进、再引进，一味跟着跑，永远处于附庸地位。我们要有创建理论的学术自信，不能一提到理论就想到国外，一提到本土理论就显得不屑一顾。“只有一方面重视‘引进提高’，一方面重视‘自强自立’，二者相互补足，相互促进，形成良性循环，我们的语言学科才能真正发展起来。”[21]

7．必须注意借鉴与吸收其他学科的研究理论和方法。我们在理论创新的同时，还要注意研究手段和方法的不断创新，科学发展在很大程度上得益于对研究对象的观察和分析手段的不断改进与提高。语言研究不仅要实现语言学内部各分支学科研究的紧密结合，更要实现语言研究与其他人文社会科学、与自然科学的有机结合，充分利用各个学科的先进成果，为语言研究的发展提供新的思路、新的手段、新的方法。随着时代的发展，学科之间融合的趋势日益明显，哲学、数理逻辑、统计分析、认知学科、心理科学、计算机科学等方面的知识和研究成果现在都已经运用到语言研究中，而学科交叉必然会创建出一些新的研究手段和方法，这些研究手段和方法必将为事实发掘和理论创新开辟广阔的前景。

四　结语

加强事实发掘与理论创新的良性互动，这是现代汉语研究走向成熟的必由之路。其结果，必能形成“务实创新”的大好局面，必能促进学术流派的形成。

学术流派的形成，起码要具备三个条件：其一，开辟了富于特色的学术领地，有自己的“特区”；其二，提出了标帜性的理论，有自己成套的研究方法；其三，显示了鲜明的治学特点，有上传下承并且日益壮大的穿越不同时期的学者队伍[22]。现代汉语研究的深入，特别需要出现不同的学术派别。只要形成这样那样的学术派别，现代汉语研究一定会出现更加繁荣的局面。当然，学派的形成不是一件轻而易举的事情，必须经历一个很长很长的历史阶段，需要一辈接一辈学者作坚持不懈的努力。只要汉语学界能够坚持正确的走向，现代中国语言学流派就一定会出现，现代汉语学也一定会在世界语言学研究中找到自己的一席之地。

近来，有个在汉语语法研究上已经“占领了理论的制高点”的说法。对于这一说法，仍然需要保持清醒的头脑。事情并不那么简单，并不那么轻而易举。到底是不是真正的制高点，要受到具体环境的制约。在甲环境中可以“致胜”，在乙环境中却可能“致败”。请看《三国演义》上的这段描述：

却说马谡、王平二人兵到街亭，看了地势。马谡笑曰："丞相何故多心也？量此山僻之处，魏兵如何敢来！"王平曰："虽然魏兵不敢来，可就此五路总口下寨；却令军士伐木为栅，以图久计。"谡曰："当道岂是下寨之地？此处侧边一山，四面皆不相连，且树木极广，此乃天赐之险也：可就山上屯军。"平曰："参军差矣。若屯兵当道，筑起城垣，贼兵总有十万，不能偷过；今若弃此要路，屯兵于山上，倘魏兵骤至，四面围定，将何策保之？"谡大笑曰："汝真女子之见！兵法云：凭高视下，势如劈竹。若魏兵到来，吾教他片甲不回！"平曰："吾累随丞相经阵，每到之处，丞相尽意指教。今观此山，乃绝地也：若魏兵断我汲水之道，军士不战自乱矣。"（第九十五回）

马谡拒谏失街亭，终于导致了孔明挥泪斩马谡。马谡的悲剧，就在于他自以为是，他所认定的"制高点"恰恰成为他的"致败点"。从这个小故事，我们也许可以得到某种启示！

注释

①教育部社会科学委员会秘书处组编：《中国高校哲学社会科学发展报告2006》，高等教育出版社2006年版，第285页。

②吕叔湘：《语法问题探讨集·序》，邢福义：《语法问题探讨集》，湖北教育出版社1986年版；吕叔湘：《吕叔湘全集》第十三卷，辽宁教育出版社2002年版，第212页。

③吕叔湘：《在首届青年现代汉语（语法）学术讨论会上的书面发言》，《华中师范大学学报》1986年第6期；吕叔湘：《吕叔湘全集》第十三卷，辽宁教育出版社2002年版，第143页。

④马建忠：《马氏文通》，商务印书馆1983年版，第13页。

⑤马建忠：《马氏文通》，商务印书馆1983年版，第15页。

⑥黎锦熙：《新著国语文法》，商务印书馆1992年版，第35页。

⑦王力：《中国文法学初探》，《清华学报》1936年第1期，第21～77页；王

力：《王力语言学论文集》，商务印书馆 2000 年版，第 324～374 页。

⑧黎锦熙：《新著国语文法·原序》，《新著国语文法》，商务印书馆 1992 年版。

⑨王力：《汉语史稿》（重排本），中华书局 2004 年版，第 23 页。

⑩吕叔湘：《把我国语言科学推向前进》，《中国语文》1981 年第 1 期，第 12～18 页；吕叔湘：《吕叔湘全集》第七卷，辽宁教育出版社 2002 年版，第 7～21 页。

⑪吕叔湘：《在中国语言学会成立大会上的闭幕词》，《中国语文》1981 年第 1 期，第 7 页；吕叔湘：《吕叔湘全集》第十三卷，辽宁教育出版社 2002 年版，第 114～115 页。

⑫吕叔湘：《扎扎实实做好语法研究》，中国语文杂志社编：《语法研究和探索（1）》，北京大学出版社 1983 年版，第 1～6 页。

⑬见《语言教学与研究》1984 年第 3 期。

⑭袁毓林：《纪念赵元任先生百年诞辰学术座谈会在清华大学举行》，《中国语文》1993 年第 1 期，第 73 页。

⑮邢福义：《治学之道　学风先导》，《世界汉语教学》1993 年第 4 期，第 270 页；吕叔湘：《吕叔湘全集》第十九卷，辽宁教育出版社 2002 年版，第 568 页。

⑯《中国语文》编辑部：《吕叔湘先生生平》，《中国语文》1998 年第 3 期，第 170 页。

⑰袁毓林：《朱德熙先生评传》，袁毓林编：《朱德熙选集》，东北师范大学出版社 2001 年版。

⑱马庆株：《我的导师朱德熙先生》，《语文建设》1994 年第 2 期，第 43 页。

⑲鲁国尧：《重温朱德熙先生的教导——为纪念朱德熙先生逝世十周年而作》，《语文研究》2002 年第 4 期，第 2 页。

⑳邢福义：《我的治学经历与心迹》，《湖北师范学院学报》（哲学社会科学版）2010 年第 3 期，第 63 页。

㉑邢福义：《语言学科发展三互补》，《汉语学报》2005 年第 2 期，第 6 页。

㉒邢福义：《我的治学经历与心迹》，《湖北师范学院学报》（哲学社会科学版）2010 年第 3 期，第 63 页。

（原载《汉语学报》2013 年第 3 期。与谢晓明合作。）

词类问题的思考

○ 前言

本文讨论汉语的词类问题。涉及的语料，限于现代汉语。

讨论词类问题有两个角度：词的分类和词的归类。前者从全局着眼，研究根据什么标准把词分为若干类别；后者从具体的词出发，一个个地判定它们属于哪个词类。没有词的分类的一般原则的指导，谈不上词的归属的判定，但是另一方面，只有充分地深入地考察情况复杂微妙的一个个具体的词，解决好归类的问题，才能彻底地或者比较彻底地解决词的分类问题。50 年代有过一场词类问题大讨论，主要着眼于词的分类问题；本文讨论词类问题，则主要着眼于归类问题。全文包括三个部分：思考一，关于语法特征；思考二，关于入句结果；思考三，关于证明方法。最后有个结束语。

多年来，从语法学者到中学教师，到一般的学习者，一直到许许多多的外国朋友，都希望能够看到一部全面标明词性的汉语词典，但是，直到目前为止，这样的一部词典尚未出现。这不能说明中国语法学者的不中用与不勤奋，只能说明汉语的词类问题实在太麻烦。要解决汉语的词类问题，绝对不能采取简单化的办法，相反，必须付出较多的时间，包括走弯路的时间，而且需要学者们多从几个方面作深入的思考，多从几个方面寻找办法。本文的基本思想，是强调正视汉语词类问题的复杂性，主张给词定性归类时既要依据语法特征，又要联系入句结果，还要注重证明方法的运用。

思考一：关于语法特征

语法特征是词在语法上反映出来的特征。

汉语里词的语法特征，就目前通常的认识来说，主要表现在以下三个方面：1. 词的组合能力。指一个词能跟什么词或什么成分组合，不能跟什么词或什么成分组合。2. 词的造句功能。指一个词能否充当句子成分，能够充当什么句子成分。3. 词的形式标志。指词本身所带有的“老、子、头”之类特定形式。

语法特征是划分词类、判别词性的根本依据。但是，怎样才能正确地充分地依据语法特征来给词定性归类，还有必要作进一步的探讨。

（一）对语法特征的横向观察

所谓横向观察，是把三方面的特征平排并列，考察它们的实际作用和条件性质。

通过横向观察，应该分清主裁性标准和辅助性标准。形式标志方面的特征，作为标准最有用，又最没用。它一看便知，可据性特强，但它说明不了多少现象，解释力是极差的。把造句功能作为标准，其覆盖面是百分之百，但只能得出或然性的结论，而不能得出必然性的结论。因为，甲成分固然经常由 A 类词充当，但也可以由 B、C 等类词充当，A 类词固然经常充当甲成分，也可以充当乙丙等成分，甲成分和 A 类词的联系不是必然的。相对来说，组合能力方面的特征覆盖面比形式标志大得多，可据性又比造句功能强得多。因此，在三方面的特征里，只能以组合能力方面的特征作为主裁性标准，至于造句功能方面的特征，特别是形式标志方面的特征，只能是辅助性的标准。“主裁”和“辅助”之间的关系，应该怎样处理？1. 在各个标准所引出的结论完全一致的时候，可以从各个方面对一个词的词性作出解释。比如“可爱”，是个形容词。它可以受程度副词修饰（“很可爱”），不能带宾语，在组合能力方面符合形容词的特征；它可以充当定语、谓语等成分（可爱的孩子｜这孩子可爱｜这孩子长得可爱），在造句功能方面符合形容词的特征；它前头用“可”，“可”作为构词成分，往往构成形容词，往往成为形容词的形式标志（可喜｜可靠｜可观｜可取｜可疑｜可口｜可体）。2. 在主裁性标准的解释力有所不足的时候，可以借助于辅助性标准。正如排球比赛中主裁判如果看不清，可以听取副裁判的意见。比如“黝黑”，由于结构上的原因，在组合能力上排斥程度副词，但它不能带宾语，而且在造句功能上它跟一般形容词一样，可以做谓语、定语等成分（皮肤黝黑｜黝黑的皮肤｜皮肤晒得黝黑）。这样，主裁性标准在辅助性标准的配合下，就可以判定“黝黑”这个作为谓语而不能带宾语的词是形容词。3. 主裁性标准和辅助性标准如果有矛盾，服从主裁性标准。比如“×头”结构的词一般是名词（木头｜话头｜锄头｜看头｜想头｜苦头｜甜头），其中的“头”是名词的形式标志。但“滑头”这个词，有时是名词（这个滑头！），有时却是形容词（这种人太滑头）。把它判定为形容词时，主要看它能受程度副词的修饰，而不管它形式上带有“头”。

通过横向观察，还应分清充足条件和非充足条件。充足条件是有之必然的条件。这种条件有了它就足够，没有它不一定不行。比方，对于动词说来，“带宾语”是充足条件。凡是能带宾语的肯定是动词[①]，但不能带宾语的（如“睡觉｜咳嗽｜游泳”）未必不是动词。非充足条件是有之或然的条件。这种条件，有了它不能引出必然性结论，但可以提供作出判断的某种根据。比方，“能充当主语宾语”这一条件，不能引出“一定是名词”的必然性结论，但至少可以提供“可能是名词”的线索。充足条件和非充足条件同主裁性标准和辅助性标准有密切关系，但并非分别对应。一方面，并非任何一条主裁性标准都是充足条件，比方，“能受副词修饰”是从组合能力方面归纳出来的特征，属主裁性标准，但还不是充足条件，因为我们不能肯定地说受副词修饰的都是动词或形容词，如“最底层｜最前线｜最前面｜最南方”都不是“最＋形或动”。另一方面，并非任何一条辅助性标准都是非充足条件。形式标志方面的标准可据性特强，通常是充足条件，这不必多说。即使是造句功能方面的标准，尽管总的说来是或然性标准，通常是非充足条件，但其中某一条具体标准却有可能是充足条件。比方，“能作状语”对于副词说来不是充足条件，但如果进一步规定为“能作状语，并且只能作状语”，这就成为副词的充足条件了。实践中分清充足条件和非充足条件非常重要。如果混淆条件的性质，是不能得出正确的结论的。比方，把“这条街原来的名字叫太平仓，现在叫平安里”中的“原来”划定为形容词，而把“这条街原来叫太平仓，现在叫平安里”中的“原来”划定为副词，是因为前一个“原来”充当了定语，而后一个“原来”充当了状语。然而，对于形容词和副词说来，充当定语和充当状语都只是非充足条件[②]！

通过横向观察，还应该明确，在运用标准的过程中必须遵守同一律。这里，特别需要强调一条必须遵守的原则：同一意义并且在组合能力上具有共性的同一形式，不得分化为不同的类。比较：

a. 细心的人

细心照顾他

b. 特别的人

特别照顾他

“细心”，不管作定语还是作状语，都表示“用心细密”的意思。语法上，都能加“很”，这可以帮助证明它们具有同一意义：很细心的人｜很细心地照顾他。“细心”不应分化为两个不同的类，比方，不能说作定语时是形容词，作状语时是副词。“特别”情况不同：作“人”的定语时表示“与众不同”的意思（能说“很特别的人”），作“照顾”的状语时表示“特地”的意思（不能说“很特别地照顾他”）。由于两个“特别”的意义不同，并且相应地在组合能力上具有不同的特点，因此才可以判定为两个不同的类，前者属形容词，后者属副词。明确这条原则，始终遵守这条原则，可以保证在运用标准的过程中不致陷于混乱。

（二）对语法特征的纵向观察

所谓纵向观察，是从解释面大的特征到解释面小的特征全都进行考察，发现并抓住一切有用的因素。

进行纵向观察，一方面可以着眼于“大”，归纳出全局性的类特征，借以反映词类的基本面目。比方，能带宾语，这是动词的带全局性的类特征，解释面较大；能受程度副词修饰，不能带宾语，这是形容词的带全局性的类特征，解释面较大。差不多所有的语法教科书都利用这样的类特征来说明词类的特点，不必多说。

进行纵向观察，我们还应该不忽视“小”，发掘出许许多多局部性或微小局部性的类特征，借以增强归类的鉴别力。

比如“着想”，这是个什么词？根据意义，一般人大概都可以猜到是动词，但是，在语法上，请问怎么知道是动词？它不能带宾语，也不能受“不、都”等副词的修饰，动词的解释面大的特征对它无能为力。然而，“面大特征”无能为力，“面小特征”却可以发挥作用。这个词，可以进入“为 NPX 过”中 X 的位置（你为谁着想过？为我着想过吗？为你的儿子着想过吗?），而能在 X 位置上出现的词一定是动词（我为你哭过，为你笑过｜他为理想奋斗过，为出路挣扎过）。由于这一特征是充足条件，在其可解释的范围之内，像对“着想”这样的词，却可以帮助我们在定性归类上作出毫不犹豫的裁决。

又如，“人身攻击、人身自由”中的“人身”，是什么词？凭意义也许可以猜想是名词，但在语法上怎么证明它是名词？这个词，不能受副词修饰，并且可以用在“受到攻击”的前边作主语（“人身受到攻击”）。凡是能在“X受到VP”格式中X位置上出现，并且不能受副词修饰的词，一定是名词。据此，可以断定“人身”是名词。作为名词的特征，跟“能带数量定语”这一特征相比较，“能用在‘受到VP’前边作主语”这一特征的解释面当然小得多，但是，在遇到“人身”这样的词的时候，后者却比前者更具有解释力。

既着眼于“大”，又不忽视“小”，对可能有的种种特征全面挖掘，充分利用，会大大有利于我们的词性划定工作。百分之七十左右的词，大概可以用“面大特征”来解释；百分之三十左右的词，有时却不得不借助于“面小特征”。如果有一部大型的汉语词类著作，对各类词的“面大特征”和“面小特征”作穷尽的或大体穷尽的描写，这样的著作在科学上肯定是很有价值的。

思考二：关于入句结果

入句结果是词在入句后所形成的具体状况。

一个词能或不能跟什么词组合，能或不能充当什么句子成分，必须造起句来才能知道。因此，不管是词的组合能力还是词的造句功能，实际上都是“入句结果”。但是，通常作为语法特征来描述的词的组合能力和造句功能，只是归纳了词的入句结果的一般状况，而具体的入句结果却是千姿百态匀杂多样的。从词的归类的角度看，除了把语法特征作为定性标准之外，应该注意观察词的具体的入句结果。这样会帮助我们进一步认识一些理论问题和实际问题。

（一）词类受句法的管束

一方面，词所属的类要在进入具体句子以后才能显示出来。这是“入句显类”。典型情况，是同形异类形式的确认。比如“矛盾”，让它孤立地站在句子之外，很难确认它到底属于哪一类。如果让它进入具体的句子，比如“要弄清楚这是什么性质的矛盾”，“他的说法前后矛盾”，“我心里很矛盾”，它就分别显示为名词、动词和形容词。又如“死”，让它孤立地站在句子之外，大概一般人都只会说它是个动词，但等它一进入具体的句子，像在“最好别把时间定得太死”“她把棉袄袖子咬得死紧”之中，就可以知道它还可以是形容词或副词。还有更典型的情况：

a. 你准备采取什么写法？

b. 你到底准备怎么写法？

a. 请谈谈金鱼的养法！

b. 金鱼不能这么养法！

a 里的“写法｜养法”是名词；b 里的“写法｜养法”到底是“动＋法”构成的动词，还是动词后边带上助词性的“法”，还可以讨论，但它们肯定不是名词，而是动词性的词或结构。这已经不是通常叫作“兼类词”的同形异类现象了。这种现象表明，具体句法结构对词类的管束有时是很严厉的。

另一方面，属于某个词类的词如果不按该类词的句法要求进入句子，就会产生“出格”现象。出格现象有两类：一类是不合语法的“词性误用”。比如：

（1）一个人活在世上，无非是两个生活吧，社会生活和家庭生活。社会生活主要是有所事业，……（《花城》1985 年第 1 期 70 页）

“有所”后边应出现动词。“事业”是名词，被误用成了动词。另一类是取得修辞效果的“词性活用”。比如：

（2）这个连长太“军阀”了！年纪不大，脾气可不小！（曲波《山呼海啸》上册）

（3）钟万仇……道：“阿宝，你……你……又……又……”钟夫人嗔道：“什么又不又的？又什么了？”（金庸《天龙八部》第一卷上

册）

（4）从前有个学生作文喜欢滥用“而”字，老师给他一个批语说：“当而而不而，不当而而而，而今而后，已而，已而！”（王力《词类》）

例（2），名词“军阀”活用成了形容词。例（3），副词“又”活用成了动词。例（4），“而”是连词，批语中的“而”有的是连词，有的活用成了动词和名词。

词性活用现象属修辞现象，自然不能进入词典。但词性活用现象说明了一个事实：句法对词类带有强制作用。一个词，入句后一旦“出格”，只要不成为病句，这个词一定要被强制成为别类的词。从这一点上看，词有时又是“入句变类”。

（二）词类受句域的影响

句域指句子所处的境域，包括上下文意和跟上下文意相联系的各种因素。

句域反映客观现实，具有多样性。句域不同，入句的词在类别上可能发生变化。通常判别词性，只是联想到一般句域的一般情况，忽视了在特殊情况下形成的特殊句域。这不利于全面而深刻地认识汉语的词类。

比如“高、重”等词属于哪一类，一般人大概只会想到“山很高｜很高的山｜担子很重｜很重的担子”之类的出现境域，因而判定为形容词。

但是，在富于变化的种种句域中，“高、重”等词的用法并不总是那么单纯，那么规矩。比方，在“X＋数量”格式中，如果X是“高、重”之类，它们是哪类词？

a.（身）高一米八四

（净）重一百五十公斤

这里的数量结构能回答“多少”的问题：（身）高多少？——一米八四。（净）重多少？——一百五十公斤。这是一种对事物状况进行实际量测的句域，其中的“高、重”更像是名词，至少无法证明它们还是形容词。即使“高、重”前边不出现“身、净”之类，在同样的句域中“高、重”等词仍然更接近于名词。如：

甲：我量你记！

乙：好，你说！高多少？重多少？

甲：高一米三四，宽一米四四，长一米五四，重四百四十四斤。

乙：慢点慢点！什么一米四四？什么一米五四？

这里的数量结构可以回答“多少”的问题，“高、重”之类还可以用“什么”来提问。

b. 礼品轻如毛，

情意重千斤。

这里“重千斤”和“轻如毛”对举使用，强调礼品虽轻，情意却很重，具有夸张性。这是一种用表数词语强调性状度量的句域，数量结构不能回答“多少”的问题，“高、重”之类不能用“什么”来提问。在这种情况下，“高、重”之类又更像是形容词了。类似的现象：

青山高，高万丈；

绿水长，长万里。

“高万丈”相当于很高、高极了，“长万里”相当于很长、长极了，都是夸张的说法。

a 与 b 之间，还存在更难断定的中间现象。比如：

这堵墙好高，大约高三米二三！

这个语句可能有两个境域，反映两种心态和意向。一种是说话人意在用眼力测定墙的高度，等于说大约高度是三米二三；一种是说话人意在强调这堵墙很高，高得超过了普通的墙，等于说大约高达三米二三。如果是前者，靠近名词，如果是后者，更像形容词。总之，句域的复杂性是一般的标准之外不能不注意的问题。

大家知道，黎锦熙《新著国语文法》中提出过一个著名的论点："凡词，依句辨品，离句无品。"这个论点多年来一直遭到非议。其实，这个论点并非完全没有合理的东西。它的问题出在两个方面：其一，"离句无品"的判断不符合事实。不然，一部标明词性的词典永远编不出来。事实上，有的词总是固定地属于某一类，孤立地说"马匹"，人们可以立即知道是名词；有的词尽管是同形异类的所谓兼类词，但到底可能属于多少个类，是一个形式已经具备的功能，孤立地说"困难"，人们只能在名词与形容词之间辨析其词性。其二，"依句辨品"的标准缺乏科学性。汉语里词和句子成分并不存在严格的对应关系，而黎锦熙先生却把词类和句子成分的关系固定起来，依据句子成分来判定词类，这自然不能正确反映汉语词类的特点。但是，如果扬弃黎先生的主张中不合理的方面和具体内容，"依句辨品"这一说法本身还是符合汉语实际的。当然，必须把"依句辨品"理解为依据句法结构或句法模式辨别词类，而不应理解为依据句子成分辨别词类。

思考三：关于证明方法

证明方法是属于逻辑思维范畴的论证方法，主要包括"直判 ""排他"和"类比"。这些方法往往结合使用，只是有时有所偏重而已。

所谓"直判"，是根据某类词的语法特点直接判定某个词属于某一类。这是一种直接证明的方法。其公式为：

凡符合 A 类语法特点的，属 A 类。

X 符合 A 类的语法特点，

所以，X 属 A 类。

比方，凡是能进入"为 NPX 过"格式的词，是动词。"着想"符合这个特点，所以它是动词。

所谓“排他”，是通过排斥其他各种可能，借以肯定只有某种可能。这是一种间接证明的方法。这一方法，可以在难以根据语法特征直接判定词性的时候采用，但所列举的前提必须是穷尽遍举的。其公式为：

或者是A类，或者是B类，或者是C类。（没有别的可能）

X不可能是A类，不可能是B类，

所以，X是C类。

比方，“必然”通常用作状语。这样的“必然”，或者是副词，或者是形容词，没有别的可能。它不可能是副词，因为副词不具备这样的特征：在保持意义同一的情况下，还可以做定语（必然取得最后胜利→取得最后胜利是必然趋势｜取得最后胜利是必然结果），还可以在谓语部分里居于“是……的”之间（必然取得最后胜利→取得最后胜利是必然的）。这个词，不能受程度副词的修饰，无法从充足理由的角度直接判定它是形容词。现在，通过排他法的运用，就可以比较有把握地判定它是形容词了。

所谓“类比”，是已知甲词属某类，由此推知只能跟甲词同类的乙词也属某类。这也是一种间接证明的方法，在某个词难以直接判别其词性时也可以采用。不过，不能作简单化的轻率类比。其公式为：

X只能跟Y同类。（没有破坏性根据）

Y是A类，

所以，X也是A类。

比如“会心”，找不到明显的语法特征。在“会心的微笑”这类结构里，像动词，也像形容词，因为动词和形容词都可以占据其中“会心”的位置。如“赞赏的微笑”，“赞赏”是动词；“亲切的微笑”，“亲切”是形容词。在“别有会心”这类结构里，像动词，但也不能说一定是动词，因为动词和名词都可以出现在“会心”的位置上。如“别有领悟”，“领悟”是动词；“别有天地”，“天地”是名词。既然找不到明显语法特征，无法“直判”，那么可以用类比的方法来试试。首先，“会心”和“会意”意义相同。尽管能用“会意”的地方不一定都能用“会心”，但是凡能用“会心”的地方都能用“会意”。这说明，“会心”在意义上和用法上从属于“会意”，跟“会意”是有同类关系的。其次，“会意”可以证明是动词。如：“他一使眼色，我就会意了。”这是动词经常出现的语法环境。虽然形容词也能在这样的语法环境中出现，成为形容词的动态化用法（如：“天一冷，树叶就黄了。”），但“一……就……”中的“会意”不是形容词的动态化用法，它可以判定为动词。最后，既然无法证明“会心”是动词以外的别类词，而它又跟动词“会意”同类，那么，可以判定它也是动词。当然，不能轻率类比。所谓轻率类比，是指不管语法上的根据，一抓住意义上的共同点就拿来类比，从而轻率地做出结论。

直判也好，排他和类比也好，都不是彼此孤立的，更不是相互排斥的。进行词性判定时，为了提高结论的可靠性，增强结论的说服力，直判、排他、类比这些方法可以综合使用，让它们互相配合，互相辅助，共同说明问题。[3]

应该对直判、排他、类比这些方法的性质、作用等有正确的了解。以排他法来说，可以假设有这么一段批评：

用逻辑方法排他法来证明“必然”是形容词，这种推理本身就不合逻辑。因为按照这种推理，我们也可以先根据“必然”不能做谓语、不受“很”修饰等确定它不是形容词，然后用归余的办法证明它只能是副词。这个例子说明一个道理：把一个词归入某个类里去，必须符合这个词类的分类标准。离开分类标准，用走后门的办法把它硬塞进去是不行的。“必然”只在状语、定语和“的”字前头三种位置上出现，最合理的办法是把它看成区别词（非谓形容词）兼副词。在状语位置上是副词，在其他位置上是区别词（非谓形容词）。

讨论这段批评，对正确了解直判、排他、类比等证明方法很有好处。下面从三个角度进行阐述。

（一）证明方法和分类根据

证明方法和分类根据不能混为一谈。

分类根据是分类的实际标准。分类根据不同，分类的结果也就不同。比如：第一，如果把能够充当谓语作为形容词的必要条件，那么，非谓形容词就不能归入形容词，一般形容词和非谓形容词就应该是两个不同的类，即 A 和 B 的关系。比方，在朱德熙《语法讲义》中，形容词和区别词是两个不同的类，区别词就是一般所说的非谓形容词。第二，反之，如果不把能够充当谓语作为形容词的必要条件，那么，非谓形容词就可以归入形容词，一般形容词和非谓形容词便同是 A 类，它们之间是 Aa 和 Ab 的关系。比方，在胡裕树主编《现代汉语》中，非谓形容词是形容词中的一个类，跟一般形容词一起属于形容词。如下表[④]：

<table>
<tr><th colspan="2">胡裕树（主编）《现代汉语》</th><th>朱德熙《语法讲义》</th></tr>
<tr><td colspan="2">形容词</td><td>形容词</td></tr>
<tr><td></td><td>非谓语形容词</td><td>区别词</td></tr>
</table>

证明方法不是具体的分类根据。不管是“直判”还是“排他”和“类比”，都是以某一分类根据为前提，在某一分类根据的导引下对某个或某些词的词性进行推断。如果推导过程正确，而所得的结果可以讨论，这只能说明作为前提的分类根据可以商榷。

在运用排他法证明“必然”不是副词而是形容词的时候，分类标准中并没有把能够充当谓语作为必要条件，非谓形容词是被包括在形容词范围之内的。人们完全可以不同意这样的分类标准，对根据这样的标准而建立的论证前提提出不同意见，但不能因为对分类标准有意见，就否定证明方法。

在说“我们也可以先根据‘必然’不能做谓语、不受‘很’修饰等确定它不是形容词，然后用归余的办法证明它只能是副词”的时候，分类标准中是把不能做谓语和不受“很”修饰作为必要条件的。这么说，实际上已经采用了排他法，可见证明方法本身无法否定。特别是，这样的说法里所用的标准是可疑的。根据其标准而建立的前提是：凡是不能做谓语的词，不是形容词；凡是不能受“很”修饰的词，不是形容词。那么，“通红”不能受“很”的修饰，难道不是形容词而是副词吗？“起码”不能做谓语，但能受程度副词“最”“顶”的修饰，难道不是形容词而是副词吗？

归总一句话，不管以哪一种分类标准为前提，都可以采取同样的证明方法。证明方法和分类根据、分类标准不是一回事。如果用对分类标准的不同想法来否定证明方法，就会陷入逻辑混乱。

（二）证明方法和分类系统

证明方法和分类系统没有必然联系。

分类系统是运用分类根据对词进行分类的结果。甲乙学者各有分类根据，甲乙学者就会得出各自的分类系统。分类系统有两大类：1. 穷尽类。系统所包括的各个词类可以穷尽所有的词，全无遗漏。同是穷尽类，又有多种模式。有的可能只有五六个词类，有的可能有十一二个词类，它们的总和都是周遍性的。比如，如果分类系统包括 ABC 三类，那么，所有的词都可以无一例外地归入这三类。2. 不穷尽类。系统所包括的各个词类穷尽不了所有的词，有的词是被排斥在系统之外的“剩余词”。不穷尽类的系统也有不同模式，包括不同的词类数目，但各词类的总和都不是周遍性的，比如，分类系统中只建立 ABC 三类，但三类之外还有“剩余词”。

证明方法为所有分类系统服务，对所有分类系统一视同仁。任何分类系统都可以采用直判、排他、类比等证明方法，只是分类系统不同，证明的结果当然会有所不同。关键在于，要明确论证所据的是一个什么样的分类系统，不能偷换。当甲学者根据第一种分类系统讨论证明方法时，乙学者要批评他所说的证明方法不能成立，必须也要根据同一种系统，不然，就没有共同的语言，造成胡乱放箭的局面。比方，甲根据“形容词包含非谓形容词”的系统，证明“必然”可以归入形容词；乙却根据“形容词不包含非谓形容词”的系统，指出“必然”兼属相当于非谓形容词的区别词和副词。二者的实际分歧，在于“必然”是否兼类。不管谁对谁错，都是不能由证明方法来负责任的。

自相矛盾是论证问题之大忌。即使所据的只是一个分类系统，自相矛盾也会造成不能自圆其说的尴尬局面。比如：“‘必然’只在状语、定语和‘的’字前头三种位置上出现，最合理的办法是把它看成区别词兼副词。在状语位置上是副词，在其他位置上是区别词。”这样的论断，对于所据的分类系统本身来说，就是自相矛盾的。不要忘了上面提到的一条同一性原则：同一意义的同一形式，不得分化为不同的类。“必然”这个词，不管做状语、做定语或用在“是……的”之间，都表示“事理上确定不移”。既然如此，就不应分为不同的两个类。要知道，“直接”和“间接”是仅仅被确定为区别词的。试问：“直接、间接”也可以在三个位置上出现，为什么不认为在状语位置上是副词，在其他位置上才是区别词？情况相同，有的这样处理，有的那样处理，岂不自相矛盾？按照这一思路，其他词跟着也涌来了。比如“笔直”：

一条笔直的路（定语）

笔直地往前延伸（状语）

确确实实是笔直的（“是……的”之间）

根据上述思路的逻辑，这里的“笔直”有什么理由不认为是副词兼区别词，或副词兼形容词呢？

（三）证明方法和研究实践

研究的实践离不开证明方法。证明方法不仅适用于语法研究，包括教学语法研究和科学语法研究，而且也适合于其他各门科学。语法学家们在自己的研究实践中往往使用直判法，有时也借重于排他法或类比法。

【例子一】工作程序上使用证明方法，借重了排他法。

这是一则关于词类研究的报道："朱德熙、陆俭明等先生正在致力于现代汉语词类研究。其具体做法是，依据朱德熙先生《语法讲义》的词类系统，给《现代汉语词典》每个现代汉语的词定性归类。词类研究的难点是实词，其中代词、时间词、处所词、方位词、数词、量词等都是封闭性的，可以暂时不管，工作重点放到名词、动词、形容词、区别词、状态词、副词等方面。他们首先用（a）能否受程度副词修饰，（b）能否受'不'否定，（c）能否带宾语，（d）能否带补语等四条标准，把词分为两大类，凡能具备这四条标准之一者，为第一类，否则为第二类。第一类又通过（a）能否受程度副词修饰，（b）能否带宾语这两条标准再分两类：能受程度副词修饰的是形容词，否则是动词。"（《北京大学的现代汉语词类研究》，《语言学通讯》1988 年第 3 期）

这项研究在工作程序上一再配合使用了直判法和排他法。其中，凡能具备 a b c d 四条标准之一者为第一类，这是用的直判法；否则为第二类，这是用的排他法。凡具备 a 标准者为形容词，这又是用的直判法；否则是动词，这又是用的排他法。

第一步所用的排他法，如果列成公式，便是：

要么是第一类（符合 a b c 或 d），否则是第二类。

X 不是第一类（不符合 a b c d），

因此，X 是第二类。

第二步所用的排他法，如果列成公式，便是：

要么是形容词（能受程度副词修饰），否则是动词。

X 不是形容词（不能受程度副词修饰），

因此，X 是动词。

【例子二】问题论证中使用证明方法，借重了排他法。

"出品"一词，《现代汉语词典》没有注明词类，但分成两个条目，分别注释为“制造出来产品”，“生产出来的物品；产品”。这等于说有动词和名词两种用法。

有文章指出：“出品”是地地道道的名词，《现代汉语词典》误以为有动词用法，是只从对词义的朦胧的感觉出发，没有考虑它的功能和分布。该文作者之所以说“出品”是地地道道的名词，是因为“出品”在功能和分布上跟“出版”之类动词明显不同。如：可以说“不出版｜出版没有｜已经出版（了）｜出版（了/过）许多书｜出不出版”，但是不能说“不出品｜出品没有｜已经出品了｜出品（了/过）许多书｜出不出品”。该文又指出：“出品”和“产品、制品”一样是地地道道的名词，“中国出品”和“中国产品、中国制品”一样是名词性偏正结构。

这里，把“出品”划归名词，并没有采用直判法，并没有根据判别名词的标准直接说出“出品”到底具有哪些名词的语法特征。首先，文章主要是用排他法。大前提是：“出品”要么是动词，要么是名词。（以《现代汉语词典》的解释确定选择范围）小前提是：“出品”不可能是动词。（因为不能进入“出版”等动词可以进入的诸如“已经X了”的格式）结论是：“出品”只能是名词。其次，文章也配合采用了类比法。大前提是：“出品”和“产品、制品”一样。小前提是：“产品、制品”一定是名词。结论是：“出品”也是名词。

由此可见，不管自觉不自觉，语法学家们在问题论证中，是抹杀不了直判和排他、类比等方法的运用的。当然，运用证明方法是一回事，结论是否可信又是一回事。如果所据前提有问题，即使论证过程无可非议，结论也是有问题的。

比如上述所用的排他法，存在问题。问题出在前提上。凡是符合“不X、X没有、已经X了……”这套格式的，固然一定是动词，但是，不符合这套格式的，是否就一定不是动词？比如“出身”，“他出身贫农｜他贫农出身”中的“出身”肯定不是名词而是动词或动词结构，但不能说“不出身｜出身没有｜已经出身了……”；又如“起源”，“起源于汉代”中的“起源”肯定不是名词而是动词或动词结构，但不能说“不起源｜起源没有｜已经起源了……”；再如“出落”，“半年没见，小妞儿出落得更漂亮了”中的“出落”肯定不是名词而是动词，但不能说“不出落｜出落没有｜已经出落了……”。事实上，上述这套格式对于动词来说是充足条件，却不是必要条件，误把充足条件当做必要条件来使用，结论就不可靠了。

又如上述所用的类比法，也存在问题。如果限于按文章所举的格式来检验，“出品”和“产品、制品”显然具有同一性。然而，如果换个角度来观察，又可以看到它们的差异性：

中国产品大受欢迎。(＋)

中国制品大受欢迎。(＋)

中国出品大受欢迎。(－)

他们大量订购中国产品。(＋)

他们大量订购中国制品。(＋)

他们大量订购中国出品。(－)

“中国产品、中国制品”能自然地充当主语宾语，“中国出品”却不能。能够充当主语宾语的词语不一定是名词性质的，但是，根本不能充当主语宾语的词语，其名词性质就大可怀疑了。总之，“出品”到底是不是动词，到底如何给它定性，还需要进一步讨论。

诚然，证明方法只能看作是词类划分、词性判别中的一种辅助性手段。严格根据语法标准来判定词的归属，这自然是最理想的，也是最简明不过的。可惜，理想不能代替现实，简单化的做法对付不了错综纷繁变化多端的汉语词类问题。自觉地使用证明方法，在帮助处理复杂的词类问题中，是有积极意义的。

结束语

（一）复杂问题需要用复杂头脑去对待。汉语的词类问题是复杂的。

全面地穷尽地判别汉语所有的词的词性，无法用简单的标准。否则，就得这里补漏那里补洞，标准虽然容易掌握，运用起来却处处遇到麻烦。为了较为妥帖地处理汉语的词的归属问题，本文主张既要依据语法特征，又要联系入句结果，还要注重运用证明方法。

（二）语法特征是给词定性归类最基本的依据。但是，作为标准或条件，语法特征有主裁性标准和辅助性标准的分别，有全局性标准和局部性标准的分别，有充足条件和非充足条件的分别。本文主张词类研究中必须重视这些分别，深入研究这些分别，尽可能详细地描写出这些分别的具体规律。

（三）入句结果反映汉语词类的富于变化的特点。通常所说的"语法特征"，主要属于入句结果所形成的情态；但是，反过来看，入句结果所能形成的种种情态，要比"语法特征"所概括的基本情态丰富得多。本文主张词类研究中正视汉语的词的"入句显类"或"入句变类"的事实，把"语法特征"的运用放在入句结果的背景下进行，充分考虑句域的复杂性。

（四）证明方法属于逻辑思维范畴，跟词类划分的根据或标准不是同一层面上提出来的概念。语法学家们不管有意还是无意，事实上都在用某种或某些证明方法阐述其见解。本文主张在词类研究中自觉地运用证明方法。直判法是最基本的一种，而排他法和类比法可以起辅助作用，有时还可以弥补直判法之不足，使某些无法直判的现象得到解释。

（五）词类系统有穷尽类系统和不穷尽类系统。如果采用的是不穷尽类系统，那么，什么样的词算是"剩余词"，标准很难确定。理想的词类系统，自然是尽可能穷尽所有的词的系统，但是，建立这样的系统必然会碰到这个那个极不听话不听摆布的词。这需要做许许多多具体细致的研究工作。此外，不管是穷尽类系统还是不穷尽类系统，都一定包含若干数目的词类。笔者以为，从科学研究上说，为了更好地阐述规律，把词的类别分得细一点，甚至很细，没有什么不可以；但从教学上看，类别太少，过于笼统，类别太多，又不易记忆，似乎还是十一二个为宜。

注释

①更准确地说，应该是：除了某些代词（如“你能怎么样了人家?”），凡是能带宾语的肯定是动词。

②关于“原来”的词性，参看拙作《从“原来”的词性看词的归类问题》，《汉语学习》1985年第6期，第1页。

③参看拙作《词类辨难》，甘肃人民出版社1981年版。

④参看张涤华、胡裕树等主编《汉语语法修辞词典》，安徽教育出版社1988年版。

（原载《语言研究》1989年第1期，有所修补）

关于副词修饰名词

张静同志在他的《论汉语副词的范围》（见《中国语文》1961年8月号）一文中说："副词真不能修饰名词吗？我看能。"他举出了26个例子来作证，接着说："从数目上说，这绝不是'特殊'现象。"于是他得出了副词"经常附加于动词、形容词，也可以附加于名词……"的结论。这就是说，张静同志肯定副词修饰名词的现象也是一般现象。这一结论是值得商榷的。

张静同志举"炕上净人"为例，以为这就是名词受副词修饰的证据。如果读者比照"炕上净人"而造出"炕上都人""炕上总人""炕上不人"之类句子，行不行呢？显然不行。可见"炕上净人"虽然能说，但名词"人"却不能受许多副词修饰。

张静同志又举"最上方"为例，以为这就是副词修饰名词的证据。那么，是不是一般的名词都能像"上方"那样受"最"这一类副词的修饰呢？回答是否定的。请看下列句子：

蒸谷米是最营养最经济的食粮。

党员燕和新工作很模范。

第一次月考成绩不好，他很情绪。

听说星期六晚上可以看电影，大家非常兴趣。

这些都是有毛病的句子，其中"最营养、很模范、很情绪、非常兴趣"都是站不住的说法。

由此可见，不应该把副词修饰动词、形容词的功能和副词修饰名词的功能混为一谈。不然，就会抹煞一般和特殊的区别。

我们并不否认副词修饰名词的事实。虽然副词也可以修饰名词，但是同副词修饰动词、形容词比较起来，无论如何，也只能算是特殊现象。

第一步，我们先把一些似是而非的、容易引起错觉的现象排斥出去。这些现象，有下面四种类型。（在本文所举的例子中，凡有＊号的都是张静同志所举的例子。）

（1）也许老王去＊

（2）突然事件＊　经常任务＊　偶然现象＊　必然结果＊　永久计划＊

（3）太娇气＊　很傲气＊　很土气　很洋气　太傻气　太孩子气

（4）很理智　非常精神

第一类里的“也许”是副词，它所修饰的是“老王去”，表示“老王去”的可能性；而不是单独修饰“老王”，孤立地说“也许老王”是站不住的。

第二类里的“事件、任务、现象、结果、计划”都是名词，但分别修饰它们的“突然、经常、偶然、必然、永久”却都不是副词。试看：

很突然的事件　这件事很突然　这不是突然的

很经常的任务　这种任务很经常　这不是经常的

非常偶然的现象　这次相会非常偶然　这不是偶然的

这是必然的

这一规定是永久的

“突然、经常、偶然”能受程度副词的修饰，能嵌在“是……的”之间，作谓语；“必然、永久”也能嵌在“是……的”之间，作谓语。可见这些词都不是副词而是形容词，因为副词不可能具有这样的语法特点。

第三类里的“太、很”是副词，但受它们修饰的“娇气、傲气、土气、洋气、傻气、孩子气”都能受程度副词的修饰，能作谓语，双音的一般能按“A 里 AB”式重叠。可见它们都不是名词而是形容词，因为只有形容词才能具有这样的语法特点。试看：

娇气	娇里娇气	她太娇气
傲气	傲里傲气	他很傲气
土气	土里土气	这个人很土气
洋气	洋里洋气	这个人太洋气
傻气	傻里傻气	你太傻气
孩子气	——	你太孩子气

第四类里的“理智、精神”都是形容词而不是名词。从意义上看，它们表示人的性状；从语法特点上看，它们可以自由地同程度副词结合：

很理智　非常理智　十分理智　相当理智

很精神　非常精神　十分精神　相当精神

它们可以同程度副词一起作谓语，有的时候还可以作状语：

他很理智　很理智地说

老张走起路来非常精神

可见“很理智、非常精神”之类也不是副词修饰名词的例子。

现在我们来进一步分析副词修饰名词的一些现象。

副词修饰名词的现象，有下面几种类型。

一

只两尺布　仅仅一个人＊　大约三辆汽车＊

共两场电影＊　共总两块钱＊　恰好五个人＊

刚好一个年头　刚刚两个月＊　已经两年了＊　才三个人

又一个人* 又一阵暴雨 又一个星期天 再一个问题*

这些例子，要分别从两方面来观察。

先看名词部分。名词都带数量词。要是去掉数量词，就不能说“只布、仅仅人、已经年、才人、又人、又暴雨、再问题”等，可见受副词修饰的是事物及其数量，不单单是事物。在事物及其数量已很明确时，可以有如下例的说法：

只王仁自己* 就老李一家

就小三儿小五儿他们俩

“只王仁自己”是“只王仁一个人”的意思，“就老李一家”是“老李家之外并没有第二家”的意思，“就小三儿小五儿他们俩”是“除了小三儿和小五儿之外别无旁人”的意思。必须指出，在“只王仁自己”中“王仁”后边有“自己”，“就老李一家”中“老李”后边有“一家”，“就小三儿小五儿他们俩”中“小三儿小五儿”后边有“他们俩”。

再看副词部分。这些例子中的副词起两种作用：第一，限定事物及其数量的范围。如“只两尺布”，“两尺布”是“只”所限定的事物及其数量的范围：是两尺，而不是别的数量；是布，而不是别的东西。“仅仅、大约、共、共总、恰好、刚好、刚刚、已经、才、就”也都起这一作用。值得注意的是，“刚刚、已经、才、就”等经常表示时间，但在这里主要用来表示范围。例如“刚刚两个月”是“刚好两个月”的意思，“已经两年”是“已满两个年头”的意思。第二，表示同一数量的事物出现的频率。如“又一个人”，“又”表明“一个人”的重复出现；“再一个问题”，“再”表明“一个问题”的再次出现。由此可见，这类例子中的副词都是起表示范围或者表示频率的作用的副词。一般说来，名词带上数量词，都可以受这两种副词的修饰；至于能直接修饰“王仁”之类名词的副词，却有限制，一般是表示范围的“只”和“就”。

由上述的两点看来，可以这么说：名词带上数量词，或者在事物及其数量已很明确时，能够受表示范围或频率的副词的修饰。

二

炕上净人※　　山上净树　　山头上净岗哨

岸边净杂草　　屋子里光书　　※那儿净矿石

这一类例子包含三个部分，可用“A·B·C”来表示。A 是处所名词（一般是后附方位词的处所名词）或指示处所的代词（“那儿”），B 是副词“净”或“光”，C 是事物名词。这三部分互相依赖，有着紧密的联系。A 要求用表示处所的词。在某些例子中，A 看来是表示事物的名词，但实际上是用来表示处所的。例如“那件衣服净泥巴”，“衣服”在这里代表一个特定的地点，可以在它的后边添上方位词“上”或“上面”。B 的“净”或“光”也不能改用别的副词，例如“炕上最人”“炕上简直人”根本不成话，“炕上都人”“炕上总人”的说法也不合习惯。C 的事物名词要是改为表示处所或者表示时间的名词也不行。

根据以上的分析，我们可以看出，事物名词可以受副词“净”或“光”的修饰，但要求共同用在处所词后边，以表明某一地点普遍存在着某种事物。

三

今天已经星期六了　　今天才星期五呢

明天又星期日了　　后天又八月中秋了

今天已经初九了　　今天才初八呢　　明天又初十了

现在已经七月底了　　这会儿才两点钟呢

在这类句子里，作主语的是时间词——时间名词或指明时间的代词（“这会儿”）。作谓语的是时间名词，它直接表述前面的时间词，指出具体的时点。副词“已经、才、又”之类是用来修饰作谓语的时间名词的。在这类句子中，用了这些副词，就能表明某一时点出现的迟早或频率。如“已经星期六”，表明说话人认为迟了；“才星期五”，表明说话人认为还早；“又星期日”，表明星期日的再一次出现。

时间名词，总是在单独作谓词、直接起表述作用的时候，才能受“已经、才、又”之类表示迟早、频率的副词的修饰。它的主语有时可以不出现，例如：“已经八点钟了，他还没起床。”“才星期五，他就准备回家了。”“八点钟”和“星期五”的表述对象是“现在”“今天”，这是不言而喻的。如果不是单独作谓语，直接起表述作用的时候，时间名词就不再能受副词的修饰。例如：“今天是星期日。”（跟“是”一起作谓语，通过“是”起表述作用）“从星期日到星期二。”这时的“星期日”和“星期二”，在它们的前边不能用副词来修饰。

由此可见，时间名词，在单独作谓语，直接对某个时间加以表述的时候，可以受某些表示时间迟早、频率的副词的修饰。

四

最前　最后

最前面　最后面　最南面

最北边　最上头　最下头

最底下　尽中间*

最上方*　最南方　最底层　最前线

这些例子中，受副词修饰的有两种：

第一种，名词的附类方位词。方位词性质比较特殊，有的能单独使用，但都能附在别的语言成分后边，一起合成表示处所或时间的名词，或者一起合成方位结构。方位词单独用时，不能受数量词的修饰，而且许多方位词还能同某些副词直接结合。能同副词结合的，包括单纯方位词，单纯方位词后加“面、边”或“头”构成的合成方位词（“前面、南边、上头”），两个单纯方位词联合而成的合成方位词（“底下、中间”）。不过，合成方位词一般只能受某些程度副词（一般是“最”）的修饰，单纯方位词（它们同一般名词的区别更大）则比较自由些。例如可以说“不左、不右”，却不能说“不左边、不右面”。

第二种，前附方位词的合成名词。在这一方式构成的名词中，有些具有方位意义，如“南方、北方、底层、上层、前线、中线”之类，它们之中有一部分有时相当于合成方位词，具有合成方位词的特性。（请比较：最上方——最上面；最南方——最南边；最底层——最底下；最前线——最前头。）正因为如此，它们也跟合成方位词一样，能受某些程度副词的修饰。

由上面所说的看来，可以知道：许多方位词和一部分具有方位意义的名词，可以受某些副词的修饰。

从以上所说的四点可以看到，名词受副词修饰时，总要受到或大或小的限制，不像副词修饰动词或形容词时那样自由。我们说，“副词一般不能修饰名词”是一般的情况，以上所说的四点是特殊的情况。一般和特殊并不是互相排斥的，而是互相补充、相辅相成的。

说名词绝对不能同副词结合，这是不对的；在肯定“副词一般不能修饰名词”之后，仅仅三言两语地指出只有某些特殊的例外，这也是不够的。但是如果否认“副词一般不能修饰名词”这一点，把特殊的同一般的情况相提并论，等量齐观，那也不符合事实。

五

末了，再简单谈一下张静同志所举的几个例子：

（1）全书共二百页 *

（2）刚才的事 *

（3）本来面貌 *

这些都不是副词修饰名词的例子。

“全书”的“全”不是副词。请看下面例子：

全世界各国　全国各地　全校各系　全书各章

“全”和“各”常常配合使用，“全”统指，“各”分指，先总后分，互相呼应。“全”跟“各”的词性应该是相同的。“各”一般归入特殊的指示代词，“全”也应算作特殊的指示代词。“共二百页”的“共”是副词，但它所修饰的是数量词。

“刚才的事”里的“刚才”不是副词。这个词，不仅可以作定语，可以单独回答问题，而且可以用在介词后边（如“在刚才发生的事”“到刚才他还这么说”）。能不能用在介词后边，这是区别时间名词和时间副词最有效的办法。大家把“最近、目前”划入时间名词，正是因为它们能处在介词后边（“在最近发生的事”“到目前为止”）。“刚才”既然能处在介词后边，它也就是时间名词。在“刚才、方才、刚刚、刚”这几个词中，“刚才、方才”同“最近、目前”一样，都是时间名词。“刚”是时间副词，因为“刚的事”“你几时来的？刚。”“在刚发生的事”都不能说。至于“刚刚”，在相当于“刚才”时，符合时间名词的特点，应算时间名词；不能用“刚才”替换的时候，便是时间副词，例如：

小牛刚刚生下来就会吃草。

刚刚两个月。

这里的“刚刚”不能在前边添加介词“在、到”，当然不能算是时间名词。

“本来面貌”的“本来”也不是副词。这里的“本来”基本上等于“本相、本色、本性”中的“本”，意义是比较实在的。尤其是，“本来”能用在“这是他○的面目”中的空位里，任何副词却都不能填入这样的空位。

（原载《中国语文》1962年第5期）

时间词“刚刚”的多角度考察

0 前言

本文讨论时间词“刚刚”。一般认为，时间词“刚刚”相当于“刚”。实际上，可以分化为“刚刚$_1$”和“刚刚$_2$”，前者相当于“刚”，是时间副词，后者相当于“刚才”，是时间名词。本文对时间词“刚刚”作语义的、语法的、语值的多角度考察，包括三大部分：1. 从语义的角度考察“刚刚”。这一部分描写“刚刚$_1$”和“刚刚$_2$”的语义特点和比较它们的差异。2. 从语法的角度考察“刚刚”。这一部分从造句功用、相对位次、对VP的要求三个方面揭示“刚刚$_1$”和“刚刚$_2$”在语法上的差异。3. 从语值的角度考察“刚刚”。这一部分从表意上的价值、节律上的价值、语体上的价值三个方面阐述“刚刚”的语用价值。

“刚刚”有时表示“仅仅/恰好”之类的意思（声音很小，刚刚可以听到｜身高一米六，刚刚达到标准），因跟时间概念无关，而且情况比较单纯，不必讨论。

1 从语义角度考察“刚刚”

1.0 时间词“刚刚”实际上跟两个时间概念相联系。根据表意功能、同义替换形式及语法特征的不同，“刚刚”可以分化为两个：“刚刚$_1$”，主要表示事件发生时间的始发点，可以用时间词“刚”来替换；“刚刚$_2$”，总是表示事件发生在说话前不久，可以用时间词“刚才”来替换。例如：

刚刚$_1$

他们都刚刚过了春节就出发了。

→他们都刚过了春节就出发了。

→＊他们都刚才过了春节就出发了。

刚刚$_2$

他们刚刚都出发了。

→＊他们刚都出发了。

→他们刚才都出发了。

为了便于考察，先明确下列几个概念：

1）事件时间——受“刚刚”修饰的动词性词语所表示的事件的发生时间。

2）指称点——“刚刚”所表示的时间位置。

3）参照点——“刚刚”往往表示在某一时点前不久，这某一时点即参照点。

1.1　关于“刚刚$_1$”

“刚刚$_1$”的指称点同事件时间存在极为密切的关系。只要是“刚刚$_1$”，其指称点都处在事件时间的始发点上。例如：

（1）三个人刚刚举杯相碰，酒杯就都在半空静止了，……（贾平凹《浮躁》）

（2）小芸刚刚分到科里。（王安林《办公室里有蜜蜂》）

事件时间为“举杯相碰”“分到科里”所发生的时间，指称点处于“举杯相碰”“分到科里”的始发点上。这两例又代表两种情况：①指称点和事件时间完全叠合。这时，事件时间往往是非连续的，或持续极短的：事件刚一发生，马上停止或转向结束。如例（1）。②指称点和事件时间不完全叠合。这时，事件时间持续较长，“刚刚”所指的只是这一时间最开始的那个时点。如例（2）。

“刚刚$_1$”的参照点为某一不确定的时间，受具体语言环境包括特定词语的制约。

有时参照点为说话时间，指称点处于说话前不久。如：

（3）“你怎么才回来?”“讨论会刚刚结束。”

（4）两个新毕业的大学生，刚刚分配到文化局不久……（苏叔阳《假面舞会》）

这两例，“刚刚”所表示的时间都以说话时间为参照点。

有时参照点是过去某时点，指称点不是处于说话前不久，而是处于过去某时点前不久。如：

（5）那件事出现得很突然。当时武光东刚刚率领一个代表团访问日本归来。（水运宪《裂变》）

（6）总理笑了笑，摇摇头。这位历史的伟人刚刚见到延安街头要饭的孩子。（闵国库《在倾斜的版图上》）

例（5），参照点由特定词语“当时”显示，“当时”是过去某时点，即“那件事出现”所处的时间，而“刚刚”所表示的指称点则处于“当时”这一参照点前不久的时间。例（6），参照点由具体语言环境显示，等于说“那时，总理笑了笑，摇摇头”，而指称点则处于这一参照点前不久。

1.2　关于“刚刚$_2$”

“刚刚$_2$”的作用同“昨天、上午”之类一样，用来确认事件时间的位置，其指称点同参照点存在固定而明确的联系。只要是“刚刚$_2$”，其指称点总是处于说话时间——即参照点前不久。如：

（7）他刚刚在粮店卖完花生，曾经牵着毛驴来这儿转悠。（张一弓《寻找》）

(8) 我想刚刚她一定又是在呆呆凝望着那群鸽子在飞翔的。(张抗抗《塔》)

“他……牵着毛驴来这儿转悠”的时间，“她……呆呆凝望着那群鸽子在飞翔”的时间，都是“刚刚”。只有一点不同：前者是说话人亲眼看到的事实，后者是说话人的推断。

1.3 “刚刚$_1$”和“刚刚$_2$”的比较

首先，“刚刚$_2$”的参照点是固定的，而“刚刚$_1$”的参照点却是灵活的。说“刚刚$_2$”，参照点一定是说话时间；说“刚刚$_1$”，参照点既可以是说话时间，也可以不是说话时间。比较：

刚刚$_1$

伤口刚刚痊愈。 (说话时间)

当时，伤口刚刚痊愈。 (过去时间)

刚刚$_2$

伤口刚刚还在出血呢。 (说话时间)

*当时，伤口刚刚还在出血呢。 (过去时间)

由于“刚刚$_1$”的参照点不一定跟说话时间存在固定的联系，尽管“刚刚$_1$”有时表示说话前不久的意思，但在特定的句法结构中这种意思就会被消除。比如：

句法结构Ⅰ：“刚刚……的时候”

a. 游乐场刚刚开放。

b. 游乐场刚刚开放的时候，一天要接待好几万人。

a. 她刚刚上大学。

b. 她刚刚上大学的时候，看什么都新鲜。

a句里，表示事件始发点位于说话前不久的意思；b句里，这一意思被“……的时候”的句法结构所消除，只强调事件时间的始发点，说话人只是说在这一始发点上发生了什么事情。

句法结构Ⅱ：“刚刚……就……”

a. 他的论文刚刚发表。

b. 他的论文刚刚发表，就引起了国内外学术界的广泛注意。

a. 他刚刚当上科长。

b. 他刚刚当上科长，穿着就讲究起来了。

a 句里，表示事件始发点位于说话前不久，但在 b 句里，一进入"刚刚……就……"的句法结构，说话前不久的语义便被消除，说话人只是指明事件的始发点。

其次，"刚刚$_1$"和"刚刚$_2$"都跟"前不久"的语义相联系，但"不久"所反映出来的说话人的心理特征却大不相同。

"刚刚$_2$"的"不久"基本上是一种客观陈述，听话人据此可以大致把握它所表示的时间距离的位置：可能是几分钟前，两三小时前，绝对不会超过一天，一般也不会超过半天。例如：

(9) 刚刚她这两句话，是那么成熟与机智，可想而知，今天晚上的会面，也是她一手促成的。（水运宪《裂变》）

(10) 他将刚刚他怎样丢钱和拾到十块钱的事情都告诉了妈妈。（杜宣《好孩子毛小弟》）

"刚刚$_1$"的"不久"在很大程度上是一种主观描述，听话人只能根据具体语境和具体事件来推测它所表示的时间距离的位置：可能是几秒钟、几分钟、几小时前，也可能是几天、几月，甚至几年前。例如：

(11) 我们前面那辆汽车的尾灯已经亮了，刚刚刹住车，……（德兰《真》）

(12) 这也难怪，刚刚交替过来，省长的处境是很困难的。（水运宪《裂变》）

前一例有上下文的提示，一般指几秒钟前。后一例就很难把握："交替过来"可能是几天前，也可能是几月前，甚至可能是一年前。

一段时间距离，究竟算长还是算短，往往受个人心理状态的制约，反映其主观意识、主观情绪。"刚刚$_1$"这个时间词，是可以把"长"当

"短"来强调的。看下面的对话：

父亲：刚刚学过四则混合运算，怎么就不会做了？

儿子：都学过一个学期了，谁还记得！

"一个学期"，在儿子看来是够长的了，但父亲却用"刚刚$_1$"来强调，这显然反映出描述的主观色彩。

总之，由于"刚刚$_1$"偏重于指明事件发生的始发点，而"刚刚$_2$"总是用来确认事件发生在说话时间不久前的时间，它们的本质语义特点是有所不同的。

2 从语法角度考察"刚刚"

2.0 "刚刚$_1$"是时间副词，"刚刚$_2$"是时间名词，它们在语义上有不同，在语法上也呈现出好些差异[①]。下文主要从三个方面考察它们语法上的差异：

1）造句功能——指能够充当什么句子成分，能否成为独词句。

2）相对位次——指跟某些成分或某些词语相对待时所处的位次。

3）对 VP 的要求——VP 指受"刚刚"修饰的动词或动词结构。

2.1 造句功能

时间副词"刚刚$_1$"只能充当状语，时间名词"刚刚$_2$"不仅能充当状语，还能充当定语和独词句。例如：

(13) 同时，对小桂，又隐隐地产生了厌恶感；原来你刚刚$_2$的动作是为了………（张贤亮《早安！朋友》）

(14) 大家想起刚刚$_2$办公室里的情景，不禁毛骨悚然。（王安林《办公室里有蜜蜂》）

上例"刚刚"用在名词或名词结构前边作定语。

(15)（其中一个护士用漠然的口气截住我焦急的询问：）"走啦。他非得要求出院。刚刚$_2$。"（张辛欣《在同一地平线上》）

上例“刚刚”独用，可以分析为独词句。

顺带指出：“刚刚$_1$”和“刚刚$_2$”都可以作状语，这一点上它们是相同的。但是，在复句里，如果“刚刚$_1$”和“刚刚$_2$”用于前分句，而后分句有个跟它们对应使用的时间词，那么，跟时间副词“刚刚$_1$”对应使用的往往是时间副词“立即”之类，跟时间名词“刚刚$_2$”对应使用的往往是时间名词“现在”之类。即：

S刚刚$_1$VP，(S)立即VP。

S刚刚$_2$VP，(S)现在VP。

比较：

(16) 他刚刚$_1$跑到车站，小伙子们马上把他拉回去了。

(17) 他刚刚$_2$跑来车站，现在又不知跑到哪里去了。

又如：

(18) 那位病人刚刚还咳嗽不止，现在好多了。

(19) 苏三荡刚刚还喧嚣杂遝，此刻却是一片死一般的沉默。

这里的“刚刚”跟“现在、此刻”对应使用，是时间名词“刚刚$_2$”。

2.2 相对位次

2.2.1 跟某种成分相对待时所处的位次

首先，“刚刚$_1$”总是出现在主语后边，不能出现在主语前边；“刚刚$_2$”既可以出现在主语后边，也可以出现在主语前边。例如：

(20) 上工的铃刚刚$_1$响过，张三就把电门合上了。(陈村《一天》)

→＊刚刚$_1$上工的铃响过，张三就把电门合上了。

(21) 路灯刚刚$_2$还很亮，过了这点时光就变得不大亮了。(同上，83页)

→刚刚$_2$路灯还很亮，过了这点时光就变得不大亮了。

“刚刚$_2$”用在主语前边时，可以有较明显的停顿，书面上加逗号：

(22) 刚刚，它们还只是一些模糊不清、躲躲闪闪的剪影。(王家达

《青凌凌的黄河水》）

其次，用于谓语部分时，“刚刚$_1$”可以出现在一般状语后边，甚至可以出现在连动式结构中间，“刚刚$_2$”则要求出现在前边[②]。例如：

（23）他在饭店刚刚$_1$吃完饭，不想就碰着一个人。……（贾平凹《浮躁》）

（24）我们各自都有几柜书，有着共同年龄的女儿——她们又同样兴奋地刚刚$_1$接到重点大学的“录取通知书”。（罗达成《少男少女的隐秘世界》）

上例“刚刚$_1$”用在一般状语后边。“刚刚$_2$”没有这种位次。

（25）他拍着他那叠谱纸，像他家新买了钞票机刚刚$_1$印出了票子。（张欣《投入角色》）

（26）七十年代末期他从乡下回来刚刚$_1$复职……（熙高《燃烧的暴风雪》）

上例“刚刚$_1$”用在连动结构“新买了钞票机印出了票子”“从乡下回来复职”中间。“刚刚$_2$”没有这种位次。

2.2.2　跟某些副词相对待时所处的位次

“还、都、又”这几个副词，它们跟“刚刚”的位次关系是绝对的。它们如果跟“刚刚”同现，那么，“刚刚$_1$”一定出现在它们的后边，“刚刚$_2$”一定出现在它们的前边。比较：

小孙女还刚刚$_1$学说外语呢！

小孙女刚刚$_2$还学说外语呢！

再看两个例子：

（27）这些兵其实都刚刚学喝酒，对各种酒什么味并不能辨清，……（周大新《走廊》）

（28）昨天下了一场雨，下午机关又刚刚进行过大扫除，整个办公室便窗净几亮。（王安林《办公室里有蜜蜂》）

例（27），“刚刚”用在“都”后边，是时间副词“刚刚$_1$”。如果“都”用到“刚刚”后边，如说“这些兵刚刚都学喝酒”，“刚刚”便成了时间名词“刚刚$_2$”。例（28），“刚刚”用在“又”后边，是时间副词“刚刚$_1$”，句首还出现了时间名词“下午”。如果“又”用在“刚刚”后边，如说“机关刚刚又进行大扫除”，“刚刚”便成了时间名词“刚刚$_2$”。由于“刚刚$_2$”是相当于“刚才”的时间名词，句首的时间名词“下午”就不能再出现。

有两点需要说明：

第一，“刚刚”和“才”有时连用，或者说“才刚刚”，或者说“刚刚才”。这是同义连用格式，“才”是时间副词，“刚刚”用在后边时固然是时间副词，用在前边时也是时间副词。如：

（29）当炮火开始全线轰响的时候，潘荪才刚刚$_1$走到了41高地的山脚。（周大新《走廊》）

（30）我也刚刚$_1$才到。（刘震云《塔铺》）

第二，能跟“刚刚$_1$”“刚刚$_2$”同现的副词并不总是一样的。比方，“刚刚$_1$”可以跟“别”同现，“刚刚$_2$”却排斥“别”；相反，“刚刚$_2$”可以跟“正在”同现，“刚刚$_1$”却排斥“正在”。如：

（31）这可不是闹着玩的，别刚刚$_1$出了劳改队，又进了阎王殿。

→＊S刚刚$_2$别……

（32）我刚刚$_2$正在洗漱，忽见一道黑影从我眼前闪过。

→＊S正在刚刚$_1$……

2.3　对VP的要求

2.3.1　意义方面的要求

有的动词在意义上是一种“过程动词”，所表示的行为可以往参照点之后延续。“刚刚$_2$”总是表示说话前不久的时间，它的后边不能出现这种过程动词；“刚刚$_1$”则总是表示行为的始发点，因此，它的后边可以出现这种过程动词。例如：

（33）老秀才晚年得子，深怕断了香火，匆匆在邻村选中一个姑娘，便逼着刚刚$_1$成年的儿子结婚。（边震遐《秋鸿》）

（34）达师傅又翻一次身，眼前又出现一个莫雨，这次是……一个刚刚$_1$发胖的、好脾气的中年妇女。（铁凝《六月的话题》）

有的动词本身不是过程动词，但如果整个 VP 相当于这种过程动词，同样不能跟“刚刚$_2$”配合，只能跟“刚刚$_1$”配合：

（35）我们的读者中肯定有许多是刚刚$_1$做爸爸妈妈的。

（36）而且，在福冈举行的亚洲女排锦标赛上，他就给刚刚$_1$经过新老更替的中国女排泼了一盆冷水。（鲁光《中国男子汉》）

2.3.2 结构方面的要求

“刚刚＋动＋时段补语”的结构，“刚刚$_1$”和“刚刚$_2$”对时段补语的要求有所不同。

时段补语如果采取“数＋量”的形式，用“刚刚$_1$”时，“数＋量”可以表示较短时段，也可以表示较长时段；用“刚刚$_2$”时，“数＋量”只能表示较短时段。如：

（37）这些农民，什么时候准备的雨伞？雨才刚刚$_1$下了几分钟啊！（闵国库《在倾斜的版图上》）

（38）刚刚$_1$出来几天，就常常被一种说不清、道不明、莫名其妙的情绪搅得睡不安然。（冯苓植《落凤枝》）

“几分钟”时段较短，“几天”时段较长。“刚刚$_2$……几分钟”能说（他刚刚$_2$还在这儿坐过几分钟），“刚刚$_2$……几天”却不能说（＊他刚刚$_2$还在这儿坐过几天）。

时段补语如果不是“数＋量”，或者不是单纯的“数＋量”，那么，用“刚刚$_1$”时，时段补语采用带有缩小意味的“不久、不一会儿”之类形式，如：

我刚刚$_1$坐下不久，这催命鬼又来了！

我刚刚$_1$坐下不一会儿，这催命鬼又来了！

相反，用“刚刚$_2$”时，时段补语可以采用夸大意味的“好久、好一会儿”之类形式。比如“他刚刚曾经牵着毛驴来这儿转悠”（参看例

7)，其中用“刚刚$_2$”可以说成例（39），却不能说成例（40）：

（39）他刚刚曾经牵着毛驴来这儿转悠了好一会儿。

（40）* 他刚刚曾经牵着毛驴来这儿转悠了不一会儿。

有时“刚刚”所修饰的不是典型的VP。“刚刚$_1$”和“刚刚$_2$”对非典型VP表现出不同的选择性。

如果是“刚刚＋很＋形容词”，那么，一定是“刚刚$_2$”修饰“很＋形容词”。如“路灯刚刚还很亮”（例21）。又如：

我刚刚很生气。

她刚刚非常伤心。

如果是“刚刚＋（到＋）时间名词”，那么，一定是“刚刚$_1$”修饰时间名词，其中隐含“到”的意义。如：

（41）刚刚$_1$九点，公园里就人满为患了。（李云良《牌友》）

（42）刚刚$_1$早晨，空气又粘又脏，站里站外的人……吆喝着挤来挤去。（孟晓云《多思的年华》）

3　从语值角度考察“刚刚”

3.0　一个语言符号存在的根据就在于它在自己所处的系统中有着独特的价值，不然，它就会成为多余的东西，就会被淘汰。

“刚刚$_1$”和“刚”构成一对同义词，“刚刚$_2$”和“刚才”构成一对同义词。为什么有了“刚”和“刚才”，还需要“刚刚”？这个问题要从语用价值的角度来回答，而回答了这个问题，我们对“刚刚”的认识就会更加全面，更加完整。

3.1　表意上的价值

“刚刚$_1$”和“刚”都表示动作的始发点。但是，比较地说，“刚刚$_1$”往往可以特别突出地强调动作的速发性。

证据一：当行为间的连接在事实上“间不容发”的时候，用“刚刚$_1$”比用“刚”能给人更加鲜明的感觉，更加强烈的印象。例如：

（43）他刚刚$_1$醒来，呐喊一声就摇头晃脑地打起来。（张炜《古船》）

（44）刚刚$_1$和这辆卡车错过，迎面又来了一辆同样的运输原木的卡车。（白桦《一支枯竭了的歌》）

这里的“刚刚$_1$”，如果换成“刚”，在表意的准确鲜明上就稍逊于原句。

证据二：“刚刚 X 就 Y”和“刚 X 就 Y”都表示 X 与 Y 的先后紧接，但在“刚刚 X 就 Y”里，后项一定可以出现“立即、突然”之类表示瞬间速发的词语。如：

（45）他刚刚$_1$迈进中圣门，顾客们立即蜂拥而来，簇拥在他的周围，……（石坚、马津海《市长李瑞环》）

（46）棋子刚刚$_1$摆好，……忽然传来一阵清脆细柔的鸣声：“唧！唧！唧……”（边震遐《秋鸿》）

（47）陆母刚刚$_1$坐下，突然弹射而起！

（48）刚刚$_1$进屋想看个仔细，猛地嗡隆一声，腾起一块绿云。（李亚南《蓝瞳》）

有时，前项用了“刚刚$_1$”，后项虽然不出现“立即、忽然”之类，但可以补上。如：

（49）龟山弘吉刚刚$_1$苏醒过来，他就（立即）到司令部告状去了。（王星泉《白马》）

（50）刚刚$_1$脱下外衣，就（忽然）听见有人敲门。（水运宪《裂变》）

在“刚 X，就 Y”里，后项不一定都能够顺当地使用“立即、突然”之类词语。如：

（51）刚走到火车站，小虎就睡着了。（姜滇《市长夫人》）

→＊刚走到火车站，小虎就立刻睡着了。

→＊刚走到火车站，小虎就突然睡着了。

证据三：“刚刚$_1$”和“刚”都可以用在“动词语＋时间名词语”前

面，但其中的名词语有些微妙差别。

如果述说的仅仅限于始发点上发生的事情，不涉及以后紧接着发生的反向变化，那么，用“刚刚[1]”时，时间名词语往往表示短暂的时间，用“刚”时，时间名词语可以表示较长的时间。比较：

（52）刚刚[1]按铃那一刹那，她的心怦怦直跳，不知命运到底如何摆布自己。

（53）刚当教师那年，我二十一岁，我的学生视我为“大姐”“大朋友”。（钱怡《爱在北大荒》）

“一刹那”时间极短，句子后项可以出现“忽地、猛地”之类词语：她的心忽地怦怦直跳；“那年”时间较长，句子后项可以出现“常常”之类词语：我的学生常常视我为“大姐”“大朋友”。

有时，所用名词语在词面上相同或基本相同，但所表示时间实际上有短长的差异。例如：

（54）等阿猫刚刚[1]骑上墙头的时候，忽然间，听得一缕笛声远远飘来，……（边震遐《秋鸿》）

（55）白天明刚分到新华医院时，常常到这筒子楼里来找郑柏年。（苏叔阳《故土》）

同是“时、时候”，前一例“时候”相当于“那一瞬间”，后项用了“忽然间”。后一例“时”可以换成“那一年”，后项用了“常常”。

有意思的是，如果所述说的事情后来事实上并非如此，那么，“刚刚[1]”后边可以出现“一年”之类，但从整个语境看，却是强调情况很快就发生了变化。这时，在说话人的心理感觉上，“一年”之类所表示的时间仍然是短促的。比如，可以比照例（55），造出这么个句子：“白天明刚刚分到新华医院的头一年，对什么事情都十分认真。”又如：

（56）多丽刚刚[1]上班的前半年，瑞心因她的乐观笑容而羡慕她的幸福。……（林湄《女人啊！女人！》）

“头一年”也好，“前半年”也好，跟“刚”相对而言，用“刚刚”

更有强调作用。

3.2　节律上的价值

“刚”是单音词，“刚刚”是双音词。在某种情况下，双音词“刚刚$_1$”可以加强语句的节奏感和音乐美。看例子：

（57）春分刚刚$_1$过去，清明即将到来。（郭沫若《科学的春天》）

（58）刚刚$_1$背道而驰，马上迎头碰到。（高晓声《巨灵大人》）

用“刚刚”，前后分句节奏匀称，读起来顺口悦耳，如果改用“刚”，就会失去对称美。

双音词“刚刚$_1$”的使用，有时还为了适应语流中音节配合的需要。看例子：

（59）太阳刚刚$_1$落山，西边的天上飞起一大片红色的霞朵。（路遥《人生》）

（60）柳杭的春天来得早，积雪刚刚$_1$消融，绵绵的春雨便湿润了大地。（闵国库《在倾斜的版图上》）

在这样的语流中用“刚刚$_1$”同其他双音词配合使用，具有谐调美。如果把“刚刚$_1$”换为“刚”，读起来没那么顺口。

3.3　语体上的差异

“刚刚$_2$”和“刚才”意思没有区别，音节完全相同。它们的细微差别，表现在言语的语体色彩上面。“刚刚$_2$”是口语词，用于口头述说的话语当中；“刚才”是语体上的中性词，既通用于口语，也通用于书面语。说话时，使用“刚刚$_2$”，往往可以更好地适应谈话语体的需要，使语句更能上口。看几个例子：

（61）刚刚$_2$这个球是扣出了界外。（中央电视台播出的排球赛解说）

（62）白思弘？你刚刚$_2$不是说白思弘跟罗晓莉好吗？（张贤亮《早安！朋友》）

（63）柏子叔公，刚刚$_2$你……你说的秋……秋秋鸿，是咋格东西啊？（边震遐《秋鸿》）

以上例子口语色彩都很浓。在顺口叙说、顺口提问中这么使用“刚刚$_2$”，语体上显得十分和谐。

反过来看，在书面色彩较浓的环境里，就不宜用“刚刚$_2$”，而应该用“刚才”。如：

（64）代表们刚才所提的一系列建议，我们将充分予以考虑。

这里，“所提的一系列建议”“充分予以考虑”都是典型的书面语说法。如果把其中的“刚才”换成“刚刚$_2$”，不仅失去了庄重的色彩，而且觉得说着别扭。

再比较下面两个例子：

（65）但是我想，刚才说的军队要整顿，要安定团结，要落实政策，这些原则是不会错的。（《邓小平文选》）

（66）我刚刚$_2$说的“无论从哪方面”，一是说……二是说……（黄小初《永远走红的汽车》）

前一例是“刚才说的……”，后一例是“刚刚说的……”。前一例见于十分庄重严肃的场合，用“刚才”在语体色彩上显得和谐得当；后一例是“拉家常”的场合说的，“刚刚$_2$”更显得随便顺口。

4 结语

（一）从语义的角度看：“刚刚$_1$”相当于“刚”，表示事件时间的始发点。“刚刚$_1$”还可以表示事件始发点处于“某时点前不久”，但“前不久”侧重主观描述，“某时点”既可以是说话时间，也可以是过去某时点。在关系的必然性上，“刚刚$_1$”同过去、同说话时间没有本质的联系。“刚刚$_2$”相当于“刚才”，表示事件发生在说话前不久。“刚刚$_2$”用来确定事件发生的时间位置，不具有表示事件时间始发点的作用。“刚刚$_2$”所表示的“前不久”侧重客观陈述；在关系的必然性上，“刚刚$_2$”同过去与说话时间有着本质的联系。

（二）从语法的角度看："刚刚$_1$"是时间副词，"刚刚$_2$"是时间名词，它们在造句功用上，在跟某种语言成分相对待时所处的位次上，在对 VP 的要求上，都表现出互相对立或互有差异的一些语法特征。比方，"刚刚$_1$"只能作状语，"刚刚$_2$"还能充当定语和独词句。再比方，"刚刚$_2$"可以用在主语前边，"刚刚$_1$"不能用在主语前边；如果跟"还、都、又"同现，"刚刚$_2$"一定在前边，"刚刚$_1$"一定用在后边。又比方，VP 里如果包含时量补语，用"刚刚$_1$"时时量补语采取带有缩小意味的"不久、不一会儿"之类形式，用"刚刚$_2$"时时量补语采取带有夸大意味的"好久、好一会儿"之类形式。

（三）从语值的角度看：跟"刚"和"刚才"相比较，"刚刚$_1$"和"刚刚$_2$"都具有独特的语用价值。"刚刚$_1$"在运用中主要从表意上、节律上显示其价值；"刚刚$_2$"在运用中主要从语体色彩上显示其价值③。

注释

①"刚才"是时间名词，相当于"刚才"的"刚刚$_2$"也是时间名词。凡是用"刚刚$_2$"的地方都能换为"刚才"，但不能反过来说只要是"刚才"都能换成"刚刚$_2$"。这种情况并不奇怪。在时间名词里，各个时间名词的有效使用面有大有小。跟"刚才"比，"刚刚$_2$"的有效使用面要小一些；跟"昨天、上午"之类比，"刚才"的有效使用面又要小一些。本文只考察"刚刚$_1$"和"刚刚$_2$"的语法上的差异，不涉及"刚刚$_2$"和"刚才"互换条件的全面描写问题。

②我们这里用的是"一般状语"的概念。有些表示语气的状语，比方表示推测语气的"似乎、好像"之类，"刚刚$_2$"可以出现在后边，也可以出现在前边，"刚刚$_1$"却只能出现在后边。比较：

小两口似乎刚刚$_2$还在吵嘴。

小两口刚刚$_2$似乎还在吵嘴。

小两口似乎刚刚起床。

*小两口刚刚似乎起床。

③本文从语义、语法、语值三个角度考察了"刚刚$_1$"和"刚刚$_2$"。它们在语

音上是否有所不同，这个问题待作进一步的考察。《现代汉语词典》中，“刚刚”只有一个义项：刚$_2$（副词）。标音：gāng·gang。在“根据《现代汉语词典》压缩改编而成的”《现代汉语小词典》中，“刚刚”一词有两个义项：□刚（副词）；□刚才。读音皆标为：－gāng。尽管《现代汉语小词典》“刚刚”一词的“刚才”义项下所举的例子（“他刚刚走，你快追吧!”）实际上相当于“刚刚才”，“刚刚”还是副词，但这部词典毕竟肯定了“刚刚”有时相当于“刚才”，可以认为义项下面的用例不是穷尽遍举的。

主要参考文献

［1］中国科学院语言研究所词典编辑室．现代汉语词典［M］．北京：商务印书馆，1973.

［2］中国科学院语言研究所词典编辑室．现代汉语小词典［M］．北京：商务印书馆，1981.

［3］吕叔湘．现代汉语八百词［M］．北京：商务印书馆，1980.

［4］北京大学中文系1955、1957级语言班．现代汉语虚词例释［M］．北京：商务印书馆，1982.

［5］邢福义．关于副词修饰名词［J］．中国语文，1962（5）：215-217.

［6］周小兵．“刚＋V＋M”和“刚才＋V＋M”［J］．中国语文，1987（1）：18-20.

（原载《中国语文》1990年第1期，跟丁力、汪国胜、张邱林合写，略有修补）

形容词的AABB反义叠结

0 前言

本文讨论“大大小小、长长短短”之类反义叠结现象。

现代汉语里，AABB复叠现象相当多，使用频率相当大。就形容词说，有两类：1. 一个双音形容词的AABB重叠；2. 两个单音形容词的AABB叠结。看这个例子：

(1) 村道成东西向，窄窄儿的，仅可通过一辆大卡车，清清爽爽不见污物，……树上架着玉米棒儿，金黄金黄，高高低低，错落有致。(裴积荣《冯家村》，《中国作家》1986年第2期184页)

“清爽”是一个双音节形容词，“清清爽爽”是形容词的AABB重叠式；“高”和“低”是两个单音节形容词，“高高低低”是形容词的AABB叠结式。二者在结构上和语义上都有很大的不同。

在现代汉语形容词研究中，关于形容词的AABB重叠现象已有较多的成果，对于形容词的AABB叠结现象却还需要作深入的发掘。为了观察得细一点，反映得充分一点，本文把讨论的对象封闭在形容词“反义叠结”的范围之内，而且叠结的形容词都是典型的形容词。文章从三个方面展开：1. 结构组织；2. 语义关系；3. 句法功能。

1　结构组织

1.1　构成基础

形容词的 AABB 反义叠结形式用来形容“性状兼容，有 A 有 B，AB 对立”的事物，所形容的事物具有可感性，大都是可视性很强的占据一定空间的事物。形式的构成，是具有反对意义的两个单音节形容词的叠结。可以图示为：

AA＞＜BB

例（1）的“高高低低”即“高高＞＜低低”。又如：

（2）那底下有数不清的深深浅浅的沟壑。（扎西达娃《西藏：系在皮绳扣上的魂》，《探索小说集》515 页，上海文艺出版社 1986）

（3）柜子里都是书，厚厚薄薄的书，箱子里都是衣服，长长短短的衣服。（储福金《我是一个魔术师》，《钟山》1990 年第 5 期 37～38 页）

（4）（她透过密密的苇秆子看到……）一根根粗粗细细的苇秆子把油倌格成宽宽窄窄的长条条。（熊正良《红河》，《收获》1989 年第 2 期 11 页）

“深深浅浅、厚厚薄薄、长长短短、粗粗细细、宽宽窄窄”都是两个单音节形容词的 AABB 反义叠结。

构成 AABB 反义叠结形式的两个单音形容词在配对上有时有变化。比如 A 为“高”，B 可以是“低”或“矮”：高高低低，高高矮矮；B 为“瘦”，A 可以是“胖”或“肥”：胖胖瘦瘦，肥肥瘦瘦。

1.2　构件位序

形容词的 AABB 反义叠结形式，其构件有的是强态性的，有的是弱态性的。强态性形容词，表示分量足、程度高、密度大、可取性强等方面的性状，如“大、高、深、厚、粗、宽、浓、甜”等；弱态性形容词，表示分量差、程度低、密度小、可取性弱等方面的性状，如“小、矮、浅、薄、细、窄、淡、臭”等。

按照强态性形容词和弱态性形容词的排列位序，叠结形式可以分为两类：[A]“强弱”型；[B]“弱强”型。以“+”号标示强，以“-”号标示弱，可以图示为：

[A]　+AA><-BB

[B]　-AA><+BB

请看一览表：

【“强弱”型】（甲组）粗，细，粗粗细细；长，短，长长短短；大，小，大大小小；高，低，高高低低；高，矮，高高矮矮；厚，薄，厚厚薄薄；宽，窄，宽宽窄窄；深，浅，深深浅浅；远，近，远远近近。（乙组）饱，饿，饱饱饿饿；肥，瘦，肥肥瘦瘦；肥，窄，肥肥窄窄；干，湿，干干湿湿；贵，贱，贵贵贱贱；好，差，好好差差；好，坏，好好坏坏；好，破，好好破破；黑，白，黑黑白白；红，白，红红白白；快，慢，快快慢慢；老，嫩，老老嫩嫩；亮，暗，亮亮暗暗；美，丑，美美丑丑；浓，淡，浓浓淡淡；胖，瘦，胖胖瘦瘦；强，弱，强强弱弱；甜，苦；甜甜苦苦；咸，淡，咸咸淡淡；香，臭，香香臭臭；新，旧，新新旧旧；圆，扁，圆圆扁扁（“圆”和“扁”在特定语境中意义有对立，但不是严格的反义词，姑且算作“准反义”列入本表）。

【“弱强”型】冷，暖，冷冷暖暖；冷，热，冷冷热热；轻，重，轻轻重重；穷，富，穷穷富富；穷，阔，穷穷阔阔；软，硬，软软硬硬；死，活，死死活活（“有的题目比较死，有的题目相当活，死死活活的题目都有好些个”）；松，紧，松松紧紧；松，严，松松严严；稀，密，稀稀密密。

进入一览表的形容词，都能受“很”类程度副词的修饰，是典型的形容词；一览表中的 AABB，在基本功能上都跟形容词一致，是典型的形容词 AABB 反义叠结形式。

这个一览表，以国家对外汉语教学领导小组办公室汉语水平考试部编制的《HSK（汉语水平考试）常用词汇一览表》为基础进行检测和归纳。《HSK常用词汇一览表》中共有单音形容词205个。能进入本文一览表的典型的单音形容词71个，可以构成AABB反义叠结形式41个。

观察上面的一览表，可以知道：

（一）“强弱”型是占绝对优势的基本形式。在41个AABB中，“强弱”型31个，超过75.6%，“弱强”型只有10个，不到24.4%。

（二）“+－”和“－+”的构件位序，粗略地说，可以这么概括：可衡量性状形容词，可目视状态形容词，偏向“+－”；不可见性质形容词，弱态而非去声，往往居前，偏向“－+”；去声字对构件位序有较大影响，特别是“阴阴去去”对构件位序具有强制性。具体点说：

（1）表示可衡量性状的，AABB一般是+－型。请观察甲组各例。可衡量性状形容词的重要特点是：强态的可加数量修饰（或者直接用度量衡单位，或者借用起度量衡作用的单位），弱态的不行。如：五尺长，*五尺短，长长短短；四寸高，*四寸矮，高高矮矮；三里远，*三里近，远远近近；一拳头大，*一拳头小，大大小小；一手指粗，*一手指细，粗粗细细。只有表示可衡量性状的“轻轻重重”是“－+”。

（2）表示可目视状态的，AABB一般也是+－型。如乙组中的“肥肥瘦瘦、胖胖瘦瘦、肥肥窄窄、好好破破、黑黑白白、红红白白、快快慢慢、老老嫩嫩、亮亮暗暗、美美丑丑、浓浓淡淡、新新旧旧、圆圆扁扁”，共13个。只有表示可目视状态的“稀稀密密”是“－+”。

（3）表示不可见性质的，弱态而读去声，位序在后，即先强后弱，AABB是+－型。如乙组中的“饱饱饿饿、干干湿湿、贵贵贱贱、好好差差、好好坏坏、强强弱弱、咸咸淡淡、香香臭臭”，共8个。只有一个“甜甜苦苦”，位序在后的“苦”是表弱态的上声字。

（4）表示不可见性质的，弱态而非去声，位序在前，即先弱后强，AABB是－+型。如“冷冷暖暖、冷冷热热、穷穷富富、穷穷阔阔、软软硬硬、死死活活、松松紧紧、松松严严”。上面提到的“甜甜苦苦”，“苦”是弱态而非去声，但位序在后，然而“苦苦甜甜”不是不能说，而“苦苦甜甜”是－＋。

(5) 两个具有反对意义的单音形容词，只要一个字读阴平，一个字读去声，一律排成“阴＋去”。如：

＋AA＞＜－BB	－AA＞＜＋BB
粗粗细细　（可衡量）	轻轻重重　（可衡量）
新新旧旧　（可目视）	稀稀密密　（可目视）

上例都是“阴阴去去”，有的是＋－，有的是－＋。可衡量的“轻轻重重”和可目视的“稀稀密密”，因受“阴阴去去”的强制而成为－＋。

(三) “＋－”和“－＋”的构件位序，只能说是相对稳定的。有的稳定性强一些，有的并非不存在灵活性。特别是，在两个 AABB 顶针回环时，构件位序可以发生反向变化。例如：

(5) 我们都被蒙住了眼睛。只觉得车子快快慢慢，慢慢快快，跑了大约半个钟头才停了下来。

(6) 入秋以来，天气冷冷热热，热热冷冷，实在受不了！

前一例，＋－→－＋；后一例，－＋→＋－。这表明，＋－型也好，－＋型也好，在特定的语用环境中可能发生变异。

2　语义关系

2.1　格式涵义

作为特定的语法单位，形容词 AABB 反义叠结形式表示对立性状的兼容，并带有“多”的附加意义。比如：

(7) 河底朝天的地方也开裂了粗粗细细长长短短的缝隙，水洼边河土仍很稀软。(陈源斌《天惊维扬》，《中篇小说选刊》1990 年第 5 期

163页）

“粗粗细细”表示兼容不只一种状态，其中有“粗”有“细”，而“粗”和“细”是对立的。“长长短短”类推。

在大多数情况下，这类反义叠结形式所表示的性状既兼容AB，又兼容中间情态，明显带有“多”的附加意义。

（8）在这宽阔无边的大平原上，远远近近数不清的大大小小的村庄里，没有她的一个亲人，除了二姑。（陈忠实《四妹子》，《中篇小说选刊》1988年第2期180页）

“远远近近”和“大大小小”，既兼容“远、大”和“近、小”，又兼容不远不近、不大不小的中间情态，都显示了“多”的附加意义。

“多”的附加意义跟“性状兼容”的语义具有因果联系，客观地蕴含于格式本身。

在语言运用中，对于跟AABB有关的事物，人们可以强调其多，也可以表明其少，都不影响客观存在的格式本身的涵义。比如：

（9）无数个大大小小晶莹圆润的珍珠，有的缀成字句，有的缀成图画。（古龙《一剑镇神州》下册1030页，农村读物出版社1988）

（10）两个着四个口袋军衣的年轻人提了大大小小几个旅行包，这时正往检票处去。（罗国明《当你活着的时侯》，《红岩》1987年第2期38页）

前一例说“无数个”珍珠，后一例说“几个”旅行包。尽管分别用了大数字和小数字，“大大小小”本身总是表示“多”。

2.2　相关因素

AABB的格式涵义在外部关系上受到相关因素的制约。相关因素有两个：一个是NP，一个是VP。NP是经常起作用的因素，VP是有时起作用的因素。

如果说AABB表示性状兼容，那么，相关NP所表示的便是性状兼容物。可以分为两类：（一）群体性状兼容物。整个群体具有A－B范畴的性状特征。（二）独体性状兼容物。一个独体兼容 A—B 范畴的性状特征。例如：

（11）（许多）宽宽窄窄的红条儿……在风中哗哗地动。（阎连科《鲁耀》，《中篇小说选刊》1990 年第 1 期 185 页）

（12）浓黑的头发往后拢成一个圆圆扁扁的大髻，……依旧很有点风韵。（程乃珊《银行家》，《中篇小说选刊》1988 年第 3 期 65 页）

前一例的“红条儿”是群体性状兼容物，例子里可加“许多”；后一例的“大髻”是独体性状兼容物，例子里用了“一个”。

有时，同一个 NP 可以表示群体物，也可以表示独体物。这要在特定语境中辨别。比较：

山路　我家乡高高低低的山路数不清！（群体）

　　　这条高高低低的山路似乎永无尽头！（独体）

玻璃管　粗粗细细的玻璃管到处都是。（群体）

　　　　这个玻璃管吹得粗粗细细的，有啥用！（独体）

对于 NP 来说，AABB 所表示的性状特征往往是本体性状特征，有时是非本体性状特征。比较：

灯笼　大大小小的灯笼　（大大小小——本体特征）

　　　高高低低的灯笼　（高高低低——非本体特征）

木桩　粗粗细细的木桩　（粗粗细细——本体特征）

　　　深深浅浅的木桩　（深深浅浅——非本体特征）

本体性状特征是事物自身具有的性状特征，不受外来的跟制作该事物无关的行为活动的影响；非本体性状特征是事物本身不具有的性状特征，受外来的跟安放分布意义有关的行为活动的影响。本体性状特征的相关因素是 NP，非本体性状特征的相关因素同时是 NP 和 VP。“大大小小的灯笼”，“大大小小”的相关因素是“灯笼”；“高高低低的灯笼”，“高高低低”的相关因素既是“灯笼”（灯笼可高可低），又是外来的“挂”的动作（可挂高可挂低）。再看这个例子：

(13) 围绕着礁石，渔船远远近近撒开一大群。(草明《爱情》，《草明小说选》177 页，上海文艺出版社 1979)

“远远近近”的相关因素既是 NP“渔船”，又是 VP“撒开”。“远远近近”表示“渔船”的非本体性状，这一性状的形成依赖于外来的具有安放意义的行为活动“撒开”。

不管 NP 是群体还是独体，所说的性状特征是本体的还是非本体的，AABB 的基本意思都是“有 A 有 B”。然而，由于 NP 有群体和独体的分别，“有 A 有 B”又有各种具体的涵义，表示各种不同情况的性状兼容。

先说 AABB 和群体 NP。

跟群体 NP 相配应的 AABB，一般表示“有的 A 有的 B”。如：

a	b
长长短短的木棍	大大小小的面包车
深深浅浅的沟壑	软软硬硬的口香糖

a 类是“有的个体 A，有的个体 B”。NP 所表示的各个事物在 A—B 范畴上总是存在着性状差异性，蕴涵着各个事物在性状差异性上的比较。说话人以 NP 所表示的各个事物为注意对象，将 A—B 范畴中的不同性状赋予 NP 所表示的不同个体事物。比方“长长短短的木棍”，个体木棍之间存在着长短差异性的比较，有的长，有的短，有的不长不短；说话人以不同个体木棍为注意对象，是说不同个体木棍具有不同的长短特征。

b 类是“有的小类 A，有的小类 B”。NP 所包容的各小类在 A—B 范畴上存在差异性，蕴涵着这小类那小类在性状差异性上的比较。说话人以 NP 各小类为注意对象，将 A—B 范畴的不同性状特征赋予 NP 各小类，各小类中的个体不再作为注意的对象。

比方“软软硬硬的口香糖”，如果说话人是指不同小类口香糖具有不同的软硬特征，则各小类口香糖总是存在着软硬差异性的比较，有的软，有的硬，有的不软不硬；尽管各小类仍由不同个体口香糖构成，但个体口香糖不再作为说话人注意的对象。

值得注意的是，在同一句法结构中，AABB 可能表示“有的个体 A，有的个体 B”，也可能表示“有的小类 A，有的小类 B”，从而产生多义语言现象。比如“大大小小的牡丹花”，说话人可能以一个个牡丹花为注意对象，指不同个体的牡丹花大小不一，也可能以牡丹花的不同小类为注意对象，指不同小类的牡丹花大小不一。这要在具体的语境中才能判别。

跟群体 NP 相配应的 AABB，有的时候表示“有时 A 有时 B”。比如“担子轻轻重重换着挑”，“轻轻重重”有“时轻时重”的意思。又如：

（14）现在的时装无一定格局，长的时行过了就时行短的，长长短短轮着来，……（程乃珊《银行家》，《中篇小说选刊》1988 年第 3 期 73 页）

上例等于说“时长时短轮着来”。

再说 AABB 和独体 NP。

跟独体 NP 相配应的 AABB，一般表示“有部位 A 有部位 B”。如：

宽宽窄窄的河床

深深浅浅的一条水沟

NP 表示独体事物，其不同部位在 A—B 范畴上存在性状差异性，蕴涵着部位与部位在性状差异性上的比较。说话人以 NP 所表示的独体事物的不同部位作为注意对象，将 A—B 范畴的不同性状特征赋予独体事物的不同部位。说“宽宽窄窄的河床”，是说河床本身有的部位宽有的部位窄，当然也包含有的部位不宽不窄或不那么宽不那么窄的意思。

独体事物的不同性状通常是线性联结的，而且通常是不规整的。“圆圆扁扁的一个大髻”之类比较特殊，不同部位表现为非线性物的不同侧面，是说有一个侧面 A 有一个侧面 B。

跟独体 NP 相配应的 AABB，有的时候表示“有时 A 有时 B”。如“那箫声高高低低，愈变愈奇”，“高高低低”有“时高时低”的意思。又如：

（15）病人很高兴，以为肛瘘已长好，但“好景不长”，隔不了几天，外部又出现红肿，……就是这样好好坏坏，始终不肯断根。（姚德鸿等《肛门直肠病知识》51 页，上海科学技术出版社 1985）

“好好坏坏”等于说“时好时坏”。

跟独体 NP 相应和跟群体 NP 相应的 AABB 都可以表示时 A 时 B，说话人都以不同时段作为注意对象，但前者合指独体事物在不同时段的性状变异，后者分指群体事物中个体事物在不同时段的性状变异，二者有所不同。

跟独体 NP 相配应的 AABB，有的时候还表示“A 中有 B，B 中有 A，AB 交融”。如：

（16）这玩艺儿，闻起来臭，吃起来香，香香臭臭的，怪有味道！

（17）做学问就像喝咖啡，甜中有苦，苦中有甜，甜甜苦苦，味道十足！

这时，独体 NP 所具有的 AB 对立性质特征在相同的时空中相互交融。这种情况限于嗅觉和味觉。群体 NP 和 AABB 之间没有这样的语义关系。

3　句法功能

3.1　定语功能

形容词 AABB 反义叠结形式的基本功能是充当定语。通常表示事物的状态，有时表示事物的性质。例如：

（18）……把大大小小的衣物都放在离炕挺老远的土仓子上。（陈映实《山里的世界》，《中篇小说选刊》1990 年第 3 期 215 页）

（19）……打开来看，里边全是大大小小的票子。（刘庆邦《走窑汉》，《探索小说集》401页，上海文艺出版社1986）

前一例，“大大小小”作“衣物”的定语，表示状态；后一例，“大大小小”作“票子”的定语，形容票面价值，并不计较票子外形上的大小，是表示性质。

作定语的AABB往往跟表数词语配合使用。假如表数词语表示大数目，便强调出事物和相关性状特征皆多。如：

（20）这二十年间，香港发生过许许多多大大小小离奇古怪的事情。（三苏《目睹香港二十年怪现状》90页，中国青年出版社1987）

“许许多多”表明事情多，“大大小小”表明情态多。

作定语的AABB可以两项连用，从不同角度描写事物的性状特征。如：

（21）幸而在抄家之前，他把那已经书写了十来年的《中华棋谱大全》手稿……塞进一大堆长长短短、粗粗细细的柴爿之中。（王晓玉《阿花》，《中篇小说选刊》1990年第1期160页）

上例：长长短短＋粗粗细细→柴爿。

作定语的AABB可以同时修饰两个或几个名词。这时，不同类型的事物共同组成一个群体NP，被赋予A—B范畴的性状特征。如：

（22）桌上、榻上、地下，到处放满了诸般药材，以及大大小小的瓶儿、罐儿、缸儿、钵儿，看来梁子翁喜爱调弄丹药。（金庸《射雕英雄传》第一册329页，吉林人民出版社1984）

上例：大大小小→瓶儿＋罐儿＋缸儿＋钵儿。

作定语的AABB和作中心语的名词都可以两项连用或多项连用，形成多范畴性状特征和多类型客体事物的交互组合关系。如：

（23）街沿上东一张竹榻，西一铺躺椅，兼之高高矮矮大大小小的板凳竹凳方凳长条凳，载着一个个摇着蒲扇的男女老少，组成了一个绝对平等地挣扎于同等高温之中的上海滩共和世界。（王晓玉《阿贞》，《中篇小说选刊》1990年第5期61页）

上例：高高矮矮＋大大小小→板凳＋竹凳＋方凳＋长条凳。

应该指出：表示非本体性状特征的AABB也可以直接充当NP的定语。有两种情况：

第一，非本体性状AABB作定语的格式出现于存现句，句中的动词有安放分布的意义。比较：

墙上挂着一串串高高低低的辣椒。（存现句）

*我挂上了一串串高高低低的辣椒。

地上插着不少深深浅浅的木桩。（存现句）

*我插上了不少深深浅浅的木桩。

第二，非本体性状AABB作定语的格式出现于非存现句，AABB和事物之间在关系上隐含安放分布意义的行为的预设。比较：

拔出许多深深浅浅的木桩（预设“插”）

*扛着许多深深浅浅的木桩（不预设）

取下一串串高高低低的辣椒（预设“挂”）

*买了一串串高高低低的辣椒（不预设）

3.2　状述补功能

3.2.1　形容词AABB反义叠结形式有时充当状语。例如：

（24）围墙上高高矮矮的站着六个人，黑暗之中却看不清楚面目。（金庸《射雕英雄传》第二册6页，吉林人民出版社1984）

（25）港湾中大大小小的停泊着六七艘船。（同上377页）

（26）盛隆昌最先想置的是地产，远远近近地买。（陈源斌《天惊维扬》，《中篇小说选刊》1990年第5期161页）

上例的“高高矮矮、大大小小、远远近近”都是状语。

作状语的AABB常见于存现句。有的表示宾语NP的本体性状特征，如例（24）“高高矮矮”，例（25）“大大小小”。有的表示宾语NP的非本体性状特征，如例（1），可以改说成：“树上高高低低地架着玉米棒儿，金黄金黄，错落有致。”这里的“高高低低”是状语。

作状语的 AABB 也常见于施事性主动宾句。如例（26），若说成“盛隆昌远远近近地买了许多田产”，便是明显的施事性主动宾句。在这类主动宾句中，跟 AABB 相关的动词主要有四类：（一）得失性动词。如：“我大大小小地购买了十多个鱼缸。”“他新新旧旧地卖掉了十多件衣服。”AABB 表示宾语 NP 的本体性状特征。（二）制作性动词。如：“我在山上深深浅浅挖了许多坑。”“他一生中厚厚薄薄写了几十本书。”AABB 表示宾语 NP 的本体性状特征。（三）经历性动词。如：“这个家族穷穷阔阔地经历了几代人的盛衰荣辱。”“那些年我们只能饱饱饿饿地打发着日子。”AABB 表示主语 NP 的本体性状特征。（四）安置性或敲打性动词。如：“我深深浅浅地插上了不少木桩。”“他轻轻重重地敲响了那面牛皮大鼓。”AABB 受到动作行为的明显影响，只是表示跟宾语 NP 相关的有时相当隐晦的非本体性状特征。

作状语的 AABB 也可以用于“主・动”句。如果主语是受事，可以转化为存现句或施事性主动宾句。如：“一串串红辣椒高高低低地挂在墙上。（→墙上高高低低地挂着一串串红辣椒。）”“田产远远近近地买。（→S 远远近近地买田产。）”如果主语是明显的施事，状语 AABB 表示主语 NP 的本体性状特征或者非本体性状特征。例如：

（27）只要收音机一响，德明家的孩子就会跑到小婶家来，高高矮矮地站着坐着，呆呆地望着。（储福金《九明家的女人》，《中篇小说选刊》1990 年第 4 期 161 页）

（28）到破晓天明，村中几只公鸡远远近近的此啼彼和，……（金庸《射雕英雄传》第三册 139 页，吉林人民出版社 1984）

3.2.2　形容词 AABB 反义叠结形式有时充当述语。例如：

（29）面前这位女人……讲话文文雅雅，口气软软硬硬，实在摸不透是哪种身分。（王晓玉《阿花》，《中篇小说选刊》1990 年第 1 期 135 页）

（30）有蒲扇一宽一仄，有口哨深深浅浅。（何立伟《一夕三逝》，《探索小说集》482 页，上海文艺出版社 1986）

上例的“软软硬硬、深深浅浅”都是述语。

作述语的AABB可以前加“应该”之类词语，以带上符合某种特定要求的语义和如意的感情色彩。比如：“舞厅的灯光应该亮亮暗暗，闪烁不定。”“打这种毛衣，毛线就得粗粗细细，粗细交错着打。”

作述语的AABB，如果不是出现在上下排比或前后对仗的句法格局之中，或者如果不是跟着出现补充解说的后续句，往往要带上“的”字。比如：“这女人叫人摸不透，口气软软硬硬的！”“舞厅的灯光就应该亮亮暗暗的！”

作述语的AABB，大都表示主语NP的本体性状特征，但也可以表示非本体性状特征。比较：你看看，这边的几个灯笼，大大小小的！（太不好看了！）你看看，这边的几个灯笼，高高低低的！（太不好看了！）

上文说过，AABB可以顶针回环。顶针回环的格式，通常见于述位。比如：急行军的八天里，衣服干干湿湿，湿湿干干，可谁也顾不上这些。｜这十来天，他饱饱饿饿，饿饿饱饱，没吃过一顿好饭。｜一个月来，班上的纪律松松严严，严严松松，学生的学习成绩普遍下降了。

3.2.3　形容词AABB反义叠结形式有时充当补语。例如：

（31）这时，只见一个脸上涂得红红白白，头发烫得曲曲弯弯的女人，撞进办公室，……（程乃珊《银行家》，《中篇小说选刊》1988年第3期81页）

上例，“（脸上）涂得红红白白”是述补结构，“红红白白”是补语；“（头发）烫得曲曲弯弯”是述补结构，“曲曲弯弯”是补语。

作补语的AABB，其中心词是动词。常见的动词有三类：（一）制作性动词。如上例中的“涂”。又如：“那家小吃店馒头做得大大小小，麻花搓得粗粗细细，油条炸得长长短短，面条下得咸咸淡淡，没多少人去买。”AABB表示相关NP的本体性状特征。（二）安置性动词。如：“你看你，把灯笼挂得高高低低的！”“稻谷铺得厚厚薄薄的，不容易晒干。”AABB表示相关NP的非本体性状特征。（三）搞弄性抽象动词。如：“这种空调机质量太差，时好时坏，把人搞得冷冷热热的，容易感冒。”“你把钟表弄得快快慢慢的，到底是什么原因?”AABB或者间接或者直接表示相关NP的本体性状特征。“搞、弄”有时相当于“制作”，但这里的“搞、弄”意义抽象虚灵，没有“制作”的意思。

作补语的AABB，带有“不如意”的感情色彩。比如例（31）“脸上涂得红红白白”，“红红白白”给人不愉快的感觉。不过，如果在动词前边加上“应该”之类词语，也可以使AABB带上符合某种特定审美要求的语义，从而使感情色彩由“不如意”向“如意”偏转。如：“演滑稽戏嘛，脸上应该涂得红红白白，这样才能把观众逗乐。”“草书的笔画就该粗粗细细，不然就太呆板了。”

4 结语

4.1 两个单音词的AABB叠结形式，是现代汉语里相当活跃的形式。情况复杂多样，涉及这个那个不同的词类，包涵这种那种不同的语义，具有这样那样不同的语法功能。深入观察种种叠结形式，无疑可以深化对于现代汉语语法结构和语法手段的了解。然而，要全面弄清种种叠结形式，并不容易。如果把全部叠结形式看成一个“面”，那么，本文所讨论的形容词AABB反义叠结形式只能说是其中比较小的一个“点”。当然，这是相当重要的一个“点”。

4.2 本文所讨论的形容词AABB反义叠结形式，由两个单音节形容词以AABB的方式叠结而成，两个单音节形容词在语义上相互对立。有的单音节形容词不能受“很”类程度副词的修饰，如“真、假、正、副”等，不在本文讨论的范围；有的单音节形容词能受“很”类词的修饰，但不能跟别的单音形容词构成反义关系，如“黄（脸很黄，黄得可怕）、蓝（天很蓝，蓝得出奇）”等，也不属于本文讨论的范围。

4.3　形容词AABB反义叠结形式具有“性状兼容，有A有B，AB对立”的涵义，带有“多”的附加意思。其涵义，在外部关系上受到两个相关因素的制约：一个是NP，这是经常起作用的因素；另一个是VP，这是有时起作用的因素。

4.4　形容词AABB反义叠结形式经常充当定语，有时也充当状语、述语和补语。这种叠结形式偶尔充当主语和宾语，但情况较为特殊。如：

（32）没调教的东西，一群懒坯，大大小小都没家似的。（储福金《九明家的女人》，《中篇小说选刊》1990年第4期161页）

（33）臭豆腐的特色就是香香臭臭，闻着臭，吃起来香。

例（32）是AABB作主语，具有指称性。“大大小小”指称人，性质上相当于“老老小小”或“老老少少”。例（33）是AABB作宾语，用在“是”字后边。这样的句子不是不能说，但总觉得是勉强造出来的。

4.5　本文所说的形容词AABB反义叠结形式，在整体功能上具有形容词的性质，是一种凝固性很强的形式。其构成基础虽然是两个单音形容词，但叠结之后却不同于一般的短语，似乎已经凝固成了接近于词的语法单位。

应该指出：有的单音形容词既能受“很”的修饰，又能跟别的单音形容词构成反义关系，但它们的AABB叠结形式在整体功能上却不是形容词性质的。这样的叠结形式共有四个：老老小小，多多少少，迟迟早早，早早晚晚。第一个是名词性的，后三个是副词性的。它们是非典型的形容词AABB反义叠结形式，不是本文讨论的对象。其中的“早早晚晚”也许是时间名词“早”和“晚”的叠结，只不过容易跟形容词的叠结形式相混罢了。

参考文献

[1] 卞觉非．AABB重叠式的语义、语法、修辞和语用功能［C］//中国语文

杂志社. 语法研究和探索：三. 北京：北京大学出版社，1985.

[2] 国家对外汉语教学领导小组办公室汉语水平考试部. HSK 常用词汇一览表 [S] //国家对外汉语教学领导小组办公室汉语水平考试部. 汉语水平考试大纲. 北京：时代出版社，1989.

[3] 陆志韦. 汉语的并立四字格 [J]. 语言研究，1956 (1)：45-82.

（原载《中国语文》1993 年第 5 期，与李向农、丁力、储泽祥合作，略有改动）

“最”义级层的多个体涵量

0 引言

0.1 程度副词“最”，《现代汉语词典》的解释是“表示某种属性超过所有同类的人或事物（‘我国是世界上人口最多的国家’）”，《现代汉语八百词》的解释是“表示极端，胜过其余”。这两部权威性辞书，讲的是“最”字的最基本含义。

0.2 按照字面意义进行推论，“最X”的事物只能是位居第一的一个事物。正因如此，有些语文老师常常把学生作文中出现的“最……之一”判为病句。还有这么个小故事：1997年，吕叔湘先生还健在。当年，《语文建设》第4期发表笔者所写短文《从吕先生不讲过头话说起》，短文开头有这样的话：“吕叔湘先生是我国语言学界的一代宗师。……在我的心目中，宗师是治学和为人都达到了最高境界并且深刻地影响着整个学术界的人，而吕先生正是这样的人。”文章发表不久，一位先生来信批评说：你的文章就讲了过头话。怎么能用“最”字呢？诸如此类的事例表明，“最”字很值得讨论。

0.3 “最X”形成一个“最”义级层。“最”义级层的涵量，对于所涵容的事物来说，并非僵固不变：可以是单个体的，也可以是多个体的。本文就“最”义级层的多个体涵量问题进行专题探讨。全文包括四个部分：①“最”义级层面面观；②多个体数量标示式；③多个体并列标示式；④多个体隐性总括式。文章末尾有个结束语。

1 “最”义级层面面观

1.0 观察“最”义级层的方方面面，是阐述其多个体涵量的基垫。

1.1 “最X”的客观性表述

“最X”有时是客观性表述。这是一种尊重客观事实的、讲求科学性的数字式认定。其表述的客观性，首先表现为计量测定性，其次表现为定较抉择性。

先说计量测定性。人们常说“世界之最”，或者指人口最多，或者指面积最大，或者指什么山最高，或者指什么河最长，总而言之，是指世界上某一方面排序第一的事物。而这“第一”，是可以通过计量来测定的。各种大小不同的范围里，都存在这种“最”。比如：

(1) 一个作家使用多少个词，据统计，用词最多的是英国作家莎士比亚，总数近12000个。(朱文叔《“深”和“浅”——学习词汇的一例》，初中《语文》第六册)

再说定较抉择性。在社会性活动中，人们根据某种标准或条件，通过评比对确定的对象作出抉择，确认其“最”。这种“最”，一旦被确认，便成为客观事实。这是体育、电影电视等界特别常见的现象。就用词而言，一般只限于“最佳”二字。例如：

(2) 潘虹……曾获“小百花奖”最佳女主角、优秀女主角奖，……(《中国人民政治协商会议第八届全国委员会委员名录》)

凡是客观性的“最”，都可以证实，可以辨伪，可以经过检测改变结论。如：

(3) 从前有人说天都最高，……据说最近实测，光明顶最高。(叶圣陶《黄山三天》，高中《语文》第二册)

1.2 “最 X”的主观性表述

“最 X”有时是主观性表述。这是一种来自主观心态的表述，属于情绪性的认定。其准确性的追求，是感情的真实，而不是计量的真实。比如：

(4) 她留给琼斯的那封信，至今她倒背如流，那是世界上最绝望的信。(陈染《无处告别》)

这种主观性的“最”，不能证伪，不要死抠字眼。季羡林《牛棚杂忆》一书，封面上有这样的文字：

(5) 这是一本用血换来的/和泪写成的文字/这是一代宗师留给后代的/最佳礼品。

这里的“最佳”，跟评比出来的“最佳女主角”之类，不应混为一谈。

在纯属私人交际的场合，比方在情人或好朋友之间，这种主观性的“最”用得更为随意：

(6) 你简直是天底下最笨的小傻瓜。(于晴《红苹果之恋》)

(7) 苏小姐脸红，骂她：“你这人最坏！”(钱锺书《围城》)

1.3 “最 X”的主客观表述同 X 的语词性质

“最 X”中，就 X 的性质而言，有三类：一为形容词，二为动词性词语，三为方位名词。

“最＋形容词”，这是最常使用的形式。如果其中的形容词具有可以计量的意义，这一形式通常是客观性表述，比如“最宽、最古老”；反之，如果其中的形容词表示不可计量或难以计量的意义，这一形式通常是主观性表述，比如“最狠毒、最老实”。再比较：

(8) 九龙瀑曲折而下，共九截，第二截最长。(叶圣陶《黄山三天》，高中《语文》第二册)

(9) 孙玉华呢，最正统，正好让她去做许阳的工作。(白帆《寂寞的太太们》)

“最长”是客观性表述，“最正统”是主观性表述。

“最＋动词性词语”，这是有时使用的形式。由于动词性词语表示难以计量的行为或状态，这一形式通常用于主观性表述。比如：

（10）转学一门自己并不擅长的专业，是她最不愿意做的事，……（白帆《寂寞的太太们》）

“最＋方位名词”，这也是有时使用的形式。由于方位可以测定，因而这一形式通常用于客观性表述。例如：

（11）这位文人的墓，座落在坟地的最东边。（余秋雨《文化苦旅》）

1.4　“最X”的级度位次

孤立地看语义，“最X”处于极度级层；但是，从程度副词所形成的级度序列看，“最X”级度位次的高低却不能一概而论。

一方面，就通常情况而论，“最X”强调达到“极度”，是“程度最高”。正因如此，有人排列程度副词，顺序是：稍微—比较—相当—很—极、最。也正因如此，在主观性表述里，为了强调“最”之不可超越，有人采用了“最……不过”或“最……没有”的形式。如：

（12）这种光最神奇不过。（徐迟《黄山记》，高中《语文》第二册）

（13）有人爱上建侯，那最好没有。（钱锺书《猫》）

然而，另一方面，“最X”所强调的“极度”是在某种特定范围内相对而言的；其实际度量，有的时候可能反而偏于低或偏于少。这受到特定语境的规约。比如：

（14）县中里学历最高的教师，也只是中师毕业。（余秋雨《文化苦旅》）

（15）怎么办？爷爷得票最多，但不是半数，也不是三分之一。（王蒙《坚硬的稀粥》）

前一例，尽管是“最高”，却也只是中级师范，实际上学历偏低；后一例，尽管是“最多”，却未到半数，实际上票数偏少。这里，“最X”的级度不及“很X”，更别说是“特别X”。可知，单线索地排列程度副词，把“最”排在“很”之上，并不科学。

1.5　“最X”事物的单个体与多个体

从涵量看，“最X”的事物可以是单个体的，也可以是多个体的。看例子：

（16）老刘这人在报社几个副社长中是学历最浅、资格最短、著作最少的一个，……（陈染《无处告别》）

（17）所有的当权派，除了最高层的少数几个天之骄子以外，几乎都是走资本主义道路的。（季羡林《牛棚杂忆》）

前一例是单个体，所指对象只有老刘一人。后一例是多个体，所指对象包括a b c d等天之骄子。

2　多个体数量标示式

2.0　数量标示式，这是“最”义级层多个体涵量的第一种表现形式。如果用S代表句子，用L代表数量词语，那么采用这一形式时，句子中同时出现“最X”和L。即：

S〈最X+L〉。

2.1　数量词语是“最X”多个体的语言标志。既有定数标志，又有不定数标志。在定数或不定数标志的基础上，还可以形成指别数量标志。

2.1.1　定数标志：L为定数词。例如：

这是我们社最了解情况的两位记者。

“两”是定数。再看几个实际用例：

（18）一进屋就见我们系最傲气的两个女生一人面前摊着本您的书，一边看一边互相赞叹：……（王朔《你不是一个俗人》）

（19）门生特地从苏州带了几个名厨来，……尤其要他们将吴下三道最负盛名的菜烧好。（唐浩明《曾国藩》第二部67页）

(20) 她接待的客人几乎都有来头，数起来共有八个最贴心的。(方方《过程》)

上例分别用了“两个”“三道”和“八个”。既然能用“两”“三”“八”，只要是反映实际情况，自然也可以用别的定数词。

2.1.2 不定数标志：L为概数词。例如：

这是我们社最了解情况的几位记者。

“几”是概数。概数有的偏少，有的偏多，这由具体情况所决定。例如：

(21) ……最让我动心的很少几位大师中仍有……黄宗羲和朱舜水。(余秋雨《文明的碎片》)

(22) 中国男子，一度几乎成了最厌恶女性的一群奇怪动物，……(余秋雨《遥远的绝响》)

(23) 许多来自世界各国的最优秀的科学家在这里废寝忘食，没日没夜地辛勤耕耘，……(白帆《那方方的博士帽》)

(24) 一千多年来，岳麓书院的教师中集中了大量海内最高水平的教育家，……(余秋雨《文明的碎片》)

上例分别用了“很少几位”“一群”“许多”和“大量”。既然能用“一群”“大量”，自然也能用“一批”“大批”或“成千上万”。

2.1.3 指别数量标志：这/那+L。例如：

这两位记者最了解情况。

那几位记者最活跃。

不管是定数还是不定数，为了区别事物，“数+量”的前头都可以出现“这、那”，构成“指示代词+数量词”的结构。又如：

(25) 是美国的一个教授说的，……这两个人最有嬉皮精神。(朱邦复《巴西狂欢节》)

(26) 她……转遍全城也要买回那几根最佳黄瓜。(王朔《浮出海面》)

前一例是“这+定数（两个）”，后一例是“那+不定数（几根）”。

L如果是“一些”，跟“这、那”组合之后一般省“一”，说成“这些、那些”。如：

（27）直到今天，我们都没有资格去轻薄地嘲笑这些天底下最老实、最忠厚的农民。（余秋雨《文明的碎片》）

（28）这里最早的住户，和那些最早开发它的人们，都已经风流云散了。（礼平《小站的黄昏》）

2.2 “最X”和L没有固定的先后位序。

由于小句结构成分的配置需要，“最X”和L的出现主要有三种情况。比较：

这是我们社最了解情况的几位记者。

这几位记者最了解情况。

最了解情况的是这几位记者。

前一例，代表第一种情况。“最X”和L都作定语，二者位置可先可后：最了解情况的几位记者→几位最了解情况的记者。看两个实际用例：

（29）几个最大的坟好像还与辛亥革命有关，……（余秋雨《文明的碎片》）

（30）她站在那里，……重温起自己在夜梦中最常出现的几个景象：……（陈染《无处告别》）

这两个例子里分别出现“几个最大的坟”和“最常出现的几个景象”。给人的感觉是：L在前时更强调L，“最X”在前时更强调“最X”。

中间一例，代表第二种情况。“这/那L＋NP”用在前边，作主语；“最X”用在后边，作谓语。“最X”也可以出现在“是……的（NP）”之间，为谓语部分所包含。如：这几位记者最了解情况。→这几位记者是最了解情况的（证人）。看个实际用例：

（31）那些分在大医院的同学最实惠，（现在连做一阑尾手术都得递红包，……）（魏润身《扰攘》）

这个例子也可以说成：那些分在大医院的同学是最实惠的。

后一例，代表第三种情况。“最X的”用在前边，作主语；“（这/那）L＋NP”用在后边，作“是”字的宾语。同类的例子：

（32）最小的是一对花生双胞胎，男孩福子和女孩贵子，……（池莉《你是一条河》）

（33）最说不清楚的是那些文人，……大半搞不清自己的案情。（余秋雨《文明的碎片》）

2.3 数量标示式中的多个体，有主客观的分别，但不一定绝对平级。

一方面，对于L事物来说，“最X”既可以是客观性表述，也可以是主观性表述。比较：

这是我们社最年轻的几位记者。

这是我们社最调皮的几位记者。

“最年轻”是客观性表述，“最调皮”是主观性。看两个实际用例：

（34）市区两棵最大的白皮松，有一棵就栽植在著名的燕园；……（《常熟地区古树分布及其现状》，初中《语文》第六册）

（35）……只有两支最喧闹的队伍，浩浩荡荡，消失在这么一个不大的园子里。（余秋雨《文化苦旅》）

前一例是客观性表述。市区白皮松数那两棵最大，为大众所公认，可以测量。后一例是主观性表述。所谓最喧闹，是说话人的笼统印象和认识，而不是通过定性定量的评估所得到的结论。

另一方面，就L事物相互间的度量比较而言，不同个体并非绝对平级。

如果是客观性表述，那么有三种情况：

第一，甲乙个体并列第一。例如：

（36）他们也派了场里最高级的知识分子一男一女两个农大毕业生来学。（不光《闯西南》）

上例等于说“他们也派了农大毕业生、场里一男一女两个最高级的知识分子来学”。由于都是农大毕业生，两人学历相同，因而作为农场里“最高级的知识分子”来说，分不出高低。

第二，甲乙个体并非并列第一。例如：

(37) 中国和印度是世界上人口最多的两个国家。(中央电视台《新闻联播》)

事实上，世界上人口最多的国家，中国是第一，印度是第二。

第三，情况模糊。这是最常见的情况。例如：

(38) 至于我参加的劳动工种，那还是非常多的。劳动时间最长的有几个地方。(季羡林《牛棚杂忆》)

那“几个地方”的劳动时间长度，也许可以严格地排出一二三的次序，但也可能有同有异，连说话人也只有笼笼统统的感觉。

如果是主观性表述，那么，一般情况模糊。比如：

(39) 先后在巨大的社会灾难中迅速开创了“贞观之治”和“康雍乾盛世”的两位中国历史上最杰出帝王都不是汉族，……(余秋雨《文明的碎片》)

(40) ……她不懂英语，只好找一些最苦最累，收入又少的活勉强糊口。(白帆《寂寞的太太们》)

前一例，到底哪一位更杰出，不知道；后一例，到底什么样的活更苦更累，说不清。

总起来看，对于“最”义级层中的多个体，说话人只看重它们的级层共性，而不看重它们相互之间的差异性，听话人接受的是共性方面的信息，并不苛求一定得分出第一第二来。

3 多个体并列标示式

3.0 并列标示式，这是“最”义级层多个体涵量的第二种表现形式。用S代表句子，用B代表并列结构，句子中可以同时出现“最X”和B。即：

S〈最X+B〉。

3.1　并列结构是“最X”多个体的另一种语言标志。看这个例子：

（41）要在全国排出最富的家庭和个人，最前面的一大串名字大多也是山西人；……（余秋雨《文明的碎片》）

“最富的家庭和个人”，这是多个体并列标示式；“最前面的一大串名字”，这是多个体数量标示式。

在并列标示式中，并列项既有全举的，也有突举的；可以是名词性的，也可以是非名词性的；可以是加合性的，也可以是选择性的。

3.1.1　全举并列

并列项具有穷尽性。二项并列的，事物涵量为二；三项并列的，事物涵量为三。例如：

（42）我最有名的作品是发在《小说群》上的《东太后传奇》和发在《作家林》上的《我要说我不想说但还是要说》。（王朔《顽主》）

（43）最好是野史、艳史、秘史，纪实的有爆炸性新闻的也好卖。（张欣《爱又如何》）

前一例，并列的事物为二，它们都是“我最有名的作品”；后一例，并列的事物有三，它们都属“最好（卖的）”。

3.1.2　突举并列

并列项突出地列举若干代表性事物，后边带有“等/等等”，表示未尽。例如：

（44）……其中包括“国家图书奖”、“中国图书奖”、“茅盾文学奖”、“鲁迅文学奖”等最高奖项。（《小说家》1998年第4期封底）

上例四个并列项加“等”，它们都是“最高奖项”。

3.1.3 非名词性并列

并列项一般用名词性词语，但是，有时也可以用动词性或形容词性词语。如：

(45) 神交和默契是最动人的。(张欣《梧桐梧桐》)

(46) 女人最重要的是自重，自尊，自强，……(白帆《寂寞的太太们》)

前一例有两个并列项，用了动词性词语；后一例有三个并列项，用了形容词性词语。

3.1.4 选择性并列

并列项之间一般是加合关系，常用表示加合的标志“和”，或者可以添加“和”。但是，有时也用表示选择的“或/或者”。如：

(47) 最差的是居委会或个体办的，无非是几个老太太合伙领着孩子玩，赚个零用钱花花。(刘震云《一地鸡毛》)

上例等于说：最差的托儿所或者是居委会办的或者是个体办的。

3.2 “最 X”和 B 没有固定的先后位序。

由于小句结构成分的配置需要，“最 X”和 B 的出现主要也有三种情况。比较：

这是我们社最年长的老张和老赵。

我们社老张和老赵最年长。

我们社最年长的是老张和老赵。

前一例，代表第一种情况。“最 X（的）”在前，作定语；B 在后，是中心语。同类例子：

(48) 其实我们这些人空有满腔的救国救民热情，却连最起码的柴米油盐都不懂。(白帆《寂寞的太太们》)

中间一例，代表第二种情况。B 用在前边，作主语；“最 X”用在后边，作谓语。“最 X”也可以出现在“是……的（NP)”之间，为谓语部分所包含。如：我们社老张和老赵最年长。→我们社老张和老赵是最年长的（编审）。同类例子：

（49）房屋、衣服是最具体的代表，……（朱邦复《东尼！东尼!》）

后一例，代表第三种情况。“最X的”用在前边，作主语；B用在后边，作“是”字的宾语。同类例子：

（50）中国名山间出现过的书院很多，延续状态最好、因此也最有名望的是岳麓书院和庐山的白鹿洞书院。（余秋雨《文明的碎片》）

值得注意的是：

第一，B带上“等”，可以跟“最X的NP”形成同位结构；L和“最X的NP”，不存在这种情况。比如：

我们有张甲赵乙李丙等最优秀的世界级运动员。

第二，B不能同“最X”直接构成递加式定语，这也不同于L和“最X”。但是，B如果用在“像”字后边，说成“像B这样/那样”，表示举例，则可以。比如：

我们有像张甲赵乙李丙那样（的）最优秀的世界级运动员。

我们有最优秀的像张甲赵乙李丙那样的世界级运动员。

再看一例：

（51）创业的皇帝决不会是知识分子，只有像刘邦、朱元璋等这样一字不识的，不顾身家性命，“厚”而且“黑”的，胆子最大的地痞流氓才能成为开国的“英主”。（季羡林《牛棚杂忆》）

上例可以压缩成为：只有像刘邦、朱元璋这样的胆子最大的流氓地痞才能……｜只有胆子最大的像刘邦、朱元璋这样的流氓地痞才能……。

3.3　并列标示式中的多个体，跟数量标示式一样，不管属于客观性表述还是主观性表述，都不一定绝对平级。比较：

我们社，老张和老赵最年长。

我们社，老张和老赵最难缠。

前一例是客观性表述。老张和老赵谁的年龄状况如何，可以根据出生记录来确认。无论如何，两人不会同年同月同日同一时辰出生。后一例是主观性表述。老张和老赵谁更难缠，这无法检验，不过程度不会百分之百地等同。只是，“最年长”也好，“最难缠”也好，人们都只看重“最X”的共性，而不想弄清谁“更X”。再看这个例子：

（52）现在最火的是《股票风云》跟《房地产经营法》，要卖您批点这书没问题。（魏润身《扰攘》）

“最火”是主观性表述。如果说成“标价最高”，便成为客观性表述。不论是主观性的还是客观性的，给人的感觉都是，排在前头的可能被认为“更X”一点。

3.4　并列标示式和数量标示式，可以在一个小句中交合使用。这时，“最X”、数量词语和并列结构三者句中同现，合指相同对象。即：

S〈最X＋L＋B〉。

比如，“我最长的两部书是《糖史》和《密林弥勒会见记剧本译释》”，既出现了“最长”，又出现了数量词语“两部”，还出现了并列结构“《糖史》和《密林弥勒会见记剧本译释》”。又如：

（53）中国当代最负盛名的一批作家，如郭沫若、茅盾、巴金、老舍、叶圣陶、冰心、孙犁、萧乾、王蒙等等，都曾欣悦地将他们的力作交由百花文艺出版社出版。（《小说家》1998年第4期封底）

上例既出现了“最负盛名”，又出现了“一批”，还出现了“郭沫若、茅盾、巴金、老舍、叶圣陶、冰心、孙犁、萧乾、王蒙等等”。

从相互关系看，在这种“三结合”用法中，“最X”和L之所指是上位事物，而B之所指则是下位事物。它们在句子里不管如何配置，B都是对L的解注，或者说，B都是L的具体化。比如：

（54）这个世界给人弄得混乱颠倒，到处是磨擦冲突，只有两件最和谐的事物总算是人造的：音乐和烹调。（钱锺书《写在人生边

上》)

(55) 著名的反清义士函可在东北流放时最要好的那些朋友李裀、魏琯、季开生、李呈祥、郝浴、陈掖臣等几乎都是被贬的清朝官吏,……(余秋雨《文明的碎片》)

这两例,“最X”、L和B的配置情况并不相同,然而,有一点是相同的:“音乐和烹调”是“两件最和谐的事物”的具体化;“李裀、魏琯、季开生、李呈祥、郝浴、陈掖臣等”是“最要好的那些朋友”的具体化。

从实际作用看,这种“三结合”用法双角度地反映了“最”义级层的多个体涵量,同时也更强调了不同个体在“最X”上的共性。这个例子很能说明问题:

(56) 我当时最羡慕、最崇拜的是三种人:老干部、解放军和工人阶级。……在我眼中他们都是“最可爱的人”,是我终生学习也无法赶上的人。(季羡林《牛棚杂忆》)

老干部也好,解放军也好,工人阶级也好,这三种人中的哪一种都是“最羡慕、最崇拜”的对象,都是“最可爱”的人。

4 多个体隐性总括式

4.0 隐性总括式,这是“最”义级层多个体涵量的第三种表现形式。用S代表句子,用M代表总括义名词,句子中同时出现“最X”和M。即:

S〈最X+M〉。

4.1 隐性总括式的构成,是由于在句子里配置了总括义名词。总括义名词泛指一类人物,语义上隐含多个体。从句法配置的不同状况看,隐性总括式主要表现为四种模态。比较:

最敢说话的记者大受欢迎。

群众需要最敢说话的记者。

他是最敢说话的记者。

他们都是最敢说话的记者。

四个例子各代表一种模态。其中的“记者”，泛指一类人物，是总括义名词。

4.1.1 模态1：最X的M·VP。

“最X的M”用于主语部分，“最X”和M之间隐含“那一部分、那些个”之类意思。可以说成“最X的+那一部分+名词”，向数量标示式转化。比如：最敢说话的记者大受欢迎。→最敢说话的那一部分记者大受欢迎。同类的例子：

（57）直到20年前，还只有最勇敢的人才敢冒险飞行。（《天气陛下》，初中《语文》第六册）

（58）李亚有观点云：在社交的场合中，最受众人注目和宠爱的女人第一是家庭地位很高的，第二是自身容貌美丽的，第三是才华横溢的。（方方《白雾》）

前一例等于说“最勇敢的那一部分人”，后一例等于说“最受众人注目和宠爱的那一部分女人”。

有时，只出现“最X的”，但可以补出M。比如：

（59）最不济的当然是上中学上技校，……（魏润身《扰攘》）

上例等于说“最不济的那一部分人”。

4.1.2 模态2：～VP·最X的M。

“最X的M”用在VP后头，作宾语。可以添加含并列成分的“像”字结构，说成“像a b c那样的+最X的+M”，向并列标示式转化。比如：群众需要最敢说话的记者。→群众需要像孙康、赵民那样的最敢说话的记者。又如：

（60）老板就愿意聘最好的歌手，……（王金华《走出伊甸园》）

上例可以说成：愿意聘像宋祖英、孙悦那样最好的歌手。同类的例子：我要开最时髦的轿车。｜你应该考最著名的大学。｜他想去最容易施展才能的单位。

4.1.3　模态3：他是最X的M。

“最X的M”用作“是”字的宾语，断定事物之所属。句子的主语用单数人称代词“他、我、你”，或者用单称名词。等于说：“某个人是最X的M之一。”比如：他是最敢说话的记者。→他是最敢说话的记者之一。又如：

(61) 那些天，我是《屈原》最忠实的观众。(王朔《浮出海面》)

上例等于说“我是《屈原》最忠实的观众之一”。如果把其中的“我”改写为“张玉珍、李小松”之类，便成为单称名词作主语。

4.1.4　模态4：他们是最X的M。

“最X的M”用作“是”字的宾语，断定事物之互等。句子的主语用复数人称代词，或者群体性名词语。等于说：“某类人物之中的任何一个都是最X的M。”比如：他们都是最敢说话的记者。→他们之中任何一个都(是)最敢说话(的记者)。又如：

(62) 他们是我最好的朋友。(王朔《顽主》)

意思是：他们之中的任何一个都是我最好的朋友。“他们”是复数人称代词，假若换成“当地猎人”，便是群体性名词语做主语：当地猎人是我最好的朋友。

这类说法，如果简省“是……的M”，便成为“他们最X”：

(63) (夏天穿的单薄乳晕还很分明呢，我觉得)不戴罩子的女人最性感。(马兰《桂圆干》)

有的句子里两个“最X”应合使用，实际上分属两种模态。如：

(64) 往往最不值得捧的人最需要捧，……(王朔《你不是一个俗人》)

“最不值得捧的人”，即“最不值得捧的那一部分人”，是第一种模态；这一部分人，他们之中的任何一个往往都“最需要捧”，这是第四种模态。

4.2　如果说数量标示式和并列标示式是“最”义级层的有标志形式，那么，隐性总括式便是无标志形式。个别隐性总括式，比如“最高学府”，已经进入词汇层面，肯定表示多个体；然而，作为无标志形式，就一般情况而言，隐性总括式中的多个体，不管是客观或主观性表述，都具有较大的模糊性。比如：

他是最佳射手。

他是最热情的观众。

前一例是客观性表述，有两解：一是名列第一的最佳射手，二是最佳射手之一。如果脱离语境，很难断定是哪个意思。后一例是主观性表述，也有两解：一是名列第一的热情观众，二是最热情的观众之一。由于主观色彩很浓，人们一般都会理解为“之一”。

以下三点，值得注意：

第一，隐性总括式的四种模态，在表意的模糊性上有所不同。

模态4不模糊。这是因为，主语“他们”之类表示复数，句中往往还出现“都”，这就规定了相应的宾语“最X的M”自然也是多个体的。这一模式，也许可以认为是准数量标示式。

模糊的是模态1、2、3。比如：最有威望的教授才可以当选。（模态1）｜我们拥有最有威望的教授！（模态2）｜他就是最有威望的教授！（模态3）前一例，可以当选的，到底是最有威望的那一位教授，还是最有威望的那一部分教授？中间一例，我们拥有的，到底是一位最有威望的教授，还是“像a教授、b教授、c教授那样的”若干位最有威望的教授？后一例，“他”到底是教授中绝对的天字第一号人物，还是最有威望的教授之一？都可以有两种理解。

第二，语境的规约，可以避免涵量的模糊。所谓语境的规约，往往表现为在上下文中使用特定的照应词语。比如：“最有威望的教授才可以当选。已当选的张李二位，都是最有威望的教授！”由于下文出现了“张李二位”和“都”，这就确定地表明了是“最有威望的那一部分教授”的意思。又如：

（65）她们却要长年累月在上面干活，肯定得是最有勇气、最有胆量的女孩才能胜任。（王朔《空中小姐》）

这一例，上文有照应词语“她们”，这决定了指的是“最有勇气最有胆量的那一部分女孩”。

第三，为了适应特定的语用需要，可以有意地利用说法的模糊。看下面的例子：

（66）世界金融杂志点评全球金融机构

交通银行被评为中国最佳银行

这两行字，见于笔者住宅附近一家交通银行门口挂着的一条红色大横幅。有两解：第一，被评为最佳银行的有几家，交通银行是其中的一家；第二，只有交通银行是“最佳”，其他银行如中国银行、工商银行、建设银行等都不是。

乍一看到，笔者就推想：最有可能是第一种含义，该银行是利用模糊说法来加大溢美性宣传的信息量；如果是第二种含义，该银行不会放过独自突出的机会，一定会写成：“交通银行被评为中国唯一最佳银行。”果不其然，后来听广播，才知道是：“中国银行被评为中国第一家最佳银行。”

4.3 跟隐性总括式相关，有三个特殊的表现形式。它们的使用，都取决于“最”义级层具有多个体涵量的逻辑基础。

4.3.1 “最……之一”

实际语言运用中，常见“最……之一”的说法，即：“某人或某物是最X的M之一”。一旦出现“之一”，“最X的M”的多个体涵量便显性化了。例如：

（67）冰心是五四以来最有影响的儿童文学作家之一。（《冰心传略》，初中《语文》第六册）

（68）沙漠是人类最顽强的自然敌人之一。（竺可桢《向沙漠进军》，初

中《语文》第三册）

显然，“最有影响的儿童文学作家”“人类最顽强的自然敌人”都有一些个，而“冰心”和“沙漠”分别是其中的一个。

凡是说“最……之一”的，肯定不是唯一“最X”的人或事物，即不是唯一的第一名。有的，也许是并列第一中的一个；大多数，肯定不能排名第一。不管是哪一种情况，采用这一说法都是为了极力强调所说的人或事物应属“最”级层次。

4.3.2 “最最”

实际语言运用中，还常见“最最”的说法，即：“最最X的M”。一旦说成“最最X”，就意味着“最中有最”，从而显示出“最X”所涵容的事物可以是多个体的。例如：

（69）……从永定门往北看一眼望到箭楼的是北京最最热闹的前门大街。（魏润身《扰攘》）

（70）他们发明创造的天才表现得最最突出的地方，却是晚间训话。（季羡林《牛棚杂忆》）

上例表明：北京最热闹的大街有好些个，前门大街是最中之最；最突出的天才创造有好些个，晚间训话是最中之最。

文革期间常常听到“最最最最”。那种极尽歌颂之能事的话风和文风不值得提倡；但从语用心理看，这正反映了人们的一种潜意识：“最X”可以是多个体的。不然，为什么还要“最最”，甚至还要“最最最最”？

4.3.3 “第二最X”

实际语言运用中，还可以见到“第二最X”的说法。这一说法，同样建立在“最X的M”涵容多个体事物的逻辑基础之上。比如：

（71）这是北京第二座最大的王府，仅比怡亲王允祥的府邸略小一点，……（二月河《雍正皇帝·恨水东逝》）

上例等于说：北京最大的王府有多座，其中怡亲王府邸是第一，而这座廉亲王府邸是第二。

有第二，就有第三、第四。只是，位次越后，采用这一说法的可能性越小，因为可能超出人们期望的评价级度。然而，不管怎样，这类现象进一步证明了“最 X”的事物既可以是多个体的，又可以是非第一的。

5　结束语

5.1　本文管“最 X”所涵容的事物数量叫作“最”义级层的涵量。大量语言事实表明，“最”义级层可以有多个体涵量。其表现形式，有三种：

Ⅰ　多个体数量标示式：S〈最 X＋L〉

Ⅱ　多个体并列标示式：S〈最 X＋B〉

Ⅲ　多个体隐性概括式：S〈最 X＋M〉

前两种是有标志形式，后一种是无标志形式。此外，还有几个派生的特殊表现形式，包括“最……之一”形式、“最最”形式和“第二最X”形式。

5.2　自然语言表述系统，不等同于简单的形式逻辑推论系统。在自然语言表述系统中，“最 X”可以是客观性表述，也可以是主观性表述。由于主观情绪的干预，又由于有多个体涵量的逻辑基础，这就决定了被形容为“最 X”的事物不一定是事实上位居第一的事物，也决定了多个事物可以被共同强调为“最”级事物，在某个时候、某种程度上显示出模糊说法的语用价值。“在我的心目中，宗师是治学和为人都达到了最高境界……的人”这个判断毫无问题。首先，“在我的心目中”表明这是个人看法，不想强加于人；其次，堪称“宗师”的大学者不只一人，当说他们之中哪一位“治学和为人都达到了最高境界”时，绝对没有说他是“天下第一”的意思。

5.3 汉语的词汇词义的分析研究，应该同语法语用的分析与研究结合起来。所谓词汇词义，是指词汇系统中一个一个语词的基本含义；所谓语法语用，是指语词在特定语法组合中的实际运用。孤立的词汇词义层面的分析，只能获得最基本的了解；衔接上语法语用的分析，才有可能获得深入而全面的认识。这种接轨研究，具有普遍意义，并非“最”字如此。比方“没”，从词汇词义的角度说，“没”就是“没”，就是零，但从语法语用的角度说，“没”不一定完全没，可能不是零。（参看邢福义 1995）又如“兄弟”，就加合型用法来说，所有词典都解释为“哥哥和弟弟”。然而，在实际运用中，有时则指“哥哥或弟弟”，有选择性：他没有一个兄弟。（参看邢福义 1999）诚然，在特定的语法环境中，在语言的动态应用中，词语的含义往往比词汇角度的解释要丰富得多。

主要参考文献

［1］中国社科院语言研究所词典编辑室．现代汉语词典［M］．北京：商务印书馆，1994．

［2］吕叔湘．现代汉语八百词［M］．北京：商务印书馆，1980．

［3］萧国政．“类较”和“最……之一”［J］．语言学通讯，1985（5）．

［4］舒邦新．“最……之一”的语法结构和语义功能［J］．襄阳师专学报，1987（2）．

［5］王群生．“最最”成因初探［J］．语言学通讯，1991（1-2）．

［6］邢福义．从语言不是数字说起［J］．语言文字应用，1995（3）：21-23．

［7］邢福义．说“兄弟”和“弟兄”［J］．方言，1999（4）：241-248．

（原载《中国语文》2000 年第 1 期）

现代汉语数量词系统中的“半”和“双”

0　前言

《HSK常用词汇一览表》把“半”“双”二词的词性分别标注为数词和量词。本文是对《一览表》的说法的补足。全文包括六个部分：1. 关于数量词系统；2. 数词系统中的“半”；3. 量词系统中的“双”；4. 量词“半”和数词“双”；5. “半”“双”的数量混沌；6. 小结。文章把“半”和“双”放在现代汉语数量词系统中来考察，试图通过数量词系统更好地理解“半”“双”，又试图透过“半”“双”加深对数量词系统的认识。

1　关于数量词系统

“数词+量词”构成现代汉语词类系统中一个特殊的子系统——数量词系统。其基本特点表现在：（1）数词和量词定型组合，共同外向；（2）数词和量词相互规定，相互促成。

首先，“数词+量词”成了一个定型组合的结构，已近似于短语词，因而通常叫做“数量词”。句法组合中，“数量词”在同三大实词名动形发生组合关系时，作为一个整体结构“一致对外”。一般是显性的，如：九架飞机（数量→名），飞机九架（名←数量）；三次访问（数量→动），访问三次（动←数量）；万丈高（数量→形），高万丈（形←数量）。有时是隐性的，如：九人（＝九个人：数［量］→名），三渡天险（＝三次渡过天险：数［量］→动），写封信（＝写一封信：写［数］量→名），这封信（＝这一封信：这［数］量→名）。

其次，在“数词＋量词”的结构中，“数”规定“量”，“量”规定“数”。换句话说，数词对量词的性质有促成作用，量词对数词的性质有促成作用。当我们看到这样的结构框架：

数 X→名

X 量→名

如果已知项为“数”，未知项 X 一定是“量”。比如：“三 X 书”，已知其中的“三”是数词，那么，X 一定是“本、册、页、箱、柜”等量词。有的形式通常是名词，一进入这种结构，也会被促成量词。如：“三书架书”，“书架”通常是名词，这里却被促成了量词。反之，如果已知项为“量”，未知项 X 如果不是“这、那”等指示代词，或者不是“大、小、整、满”之类形容词，X 一定是“数”。如：“X 箱书”，已知其中的“箱”是量词，那么，排除了“这箱书（可以说成‘这一箱书’）、整箱书（可以说成‘整整一箱书’）、满箱书（可以说成‘满满一箱书’）”等情况，X 不可能不是数词。

两种情况有点特殊：

其一，单音量词重叠式 AA，可以直接跟名词组合，有时不好再加数词。不过，它本身包含“每一”或“多”的意思，实际上表示一种隐性的数量关系。如：门门功课都是 100 分（＝每一门功课）｜天上是朵朵白云（＝多朵白云）。

其二，“数”和“量”之间，有限地接纳“大、小、满、整、厚、长”等少数几个形容词。如：一大滩，一小滴，一满碗，一整箱，一厚摞，一长溜。陆俭明（1988）有详细论述，可参看。

在现代汉语里，“半”和“双”属于数量词系统。它们有时是数词，有时是量词，有时是数量混沌现象。

2 数词系统中的“半”

数词系统是数量词系统的一个分支。考察数词系统中的“半”，需要用三个标准来检测数词。这就是：1. 可否直接进入“X量”中X的位置；2. 可否进入“第X”中X的位置；3. 可否进入“从X开始”中X的位置。

a. 一 二 三 四 五 六 七 八 九 十 十一
十二 ……

b. 两 半 许多 无数

c. 零

d. 百 千 万 亿

检测上面的数词，可以知道：

a组是＋＋＋。这是最典型的数词。既可以表示统数，也可以表示序数。比如“三个、十杯”“第三、第十”和“从三开始、从十开始”等都能说。这类数词中，单纯数词共十个，即“一”至“十”。从属于典型数词的有一个“几”。“几”本是疑问数代词，有时用来表示不定小数目，可以说“几个、几杯”，也可以说“第几”和“从几开始”。

b组是＋－－。这是一组无次第数词，只表示统数，不表示序数。可以说“两个、半个、许多个、无数个”，但不能说“第两、第半、第许多、第无数”和“从两开始、从半开始、从许多开始、从无数开始”。由疑问代词转化而来的表示不定数目的“多、多少、若干”，性质相同。

c组是？－＋。只有一个“零”。“零”是个不成数的离量数词。可以说“从零开始”，但不能说“第零”。特别是，由于它不成数，一般不会跟量词组合，即一般“离量”。如一般不说“零个、零杯”。除非大人这么问小孩：“三个加三个等于几个？三个减三个等于几个?”小孩也许会回答说：“三个加三个等于六个。三个减三个等于零个。”

“从X开始”这一格式可以帮助分化数词，但不能用来确认数词。因为别类词也可以进入这一格式：“从今天开始｜从你开始｜从学步开始”。认定“零”是数词，是由于它是数字对应体系中的一个词，比如“三减三等于零”；而且，在特殊语境中，不是绝对不能出现“零个”之类的说法。

d组是???。共四个。通常以数词的构词成分的身分出现：一百｜三千｜五万｜七亿｜亿万。一般情况下，如果没有“一、三、五”等的参与，不仅不能说“第百、第千、第万、第亿”，也不大能说“从百开始、从千开始、从万开始、从亿开始”或“百个、千个、万个、亿个”。当然，在文言性或诗歌性语句中，“酒逢知己千杯少”“黄金万两”之类说法十分自然，但从常见用法上说，它们毕竟具有“一般不独立活动”的特殊性。

从上可知，“半”在数词系统中是无次第数词。它同“两、许多、无数”同类，都只用于统数，不具备跟“第”组合的功能，不能作为数数开始的一个数。

在此基础上，应该知道以下几点：

第一，从表意上说，“半”“两”和“许多”“无数”又是两小类。“半”“两”是有定统数词，“半”即二分之一，“两”即一加一；“许多”“无数”是无定统数词，由于表多数，而且是双音节，往往独用，但也往往跟量词结合使用。《HSK常用词汇一览表》把“许多”“无数”都注为形容词，但形容词不能跟量词组合，它们应该都是数词。数词“多、多少、若干”也是无定统数词。

第二，“半”一般跟物量词组合。但是，“半”的意义是二分之一，它的组合对象必须是表示跟确定数量或确定实体相联系的可二分单位的量词。比较：

半打（+）　半点（+）　半群（—）　半些（—）

“打”跟十二有固定联系，“点”可以代表一个确定实体，它们都可以跟“半”组合；“群”和“些”都不表示确定的实体或数量，它们都不能跟“半”组合。

物量词所表示的单位是否跟确定数量确定实体相联系，往往要看NP的语义。如：

一个苹果　一个馒头→半个苹果　半个馒头

一个情况　一个念头→半个情况（?）　半个念头（?）

“苹果、馒头”是确定实体，可以说“半个”；“情况、念头”不是确定实体，一般不说“半个”。

在物量词里，表示度量衡单位的量词，全都跟确定数量相联系。按说它们应该全都可以跟“半”组合，然而，却有一个“丈”是例外：

半斤　半两　半吨　半磅　半钱　半厘　半亩

半斗　半升　半里　半米　半寸　半尺　半丈（?）

“半尺、半寸”等能说，“半丈”却一般不说。这也许是习惯使然，说不出为什么。

第三，“半”一般不跟动量词组合。这是因为，动量词所表示的单位不跟确定数量或确定实体相联系。比如：

半下（?）　半次（?）　半遍（?）　半趟（?）

一个量词形式，有时表示物量，有时表示动量。能否同“半”组合，跟表示物量还是表示动量有关。比如：

昨晚电影只放了一场→昨晚电影只放了半场（+）

昨晚她们大哭了一场→昨晚她们大哭了半场（—）

“半晌”似乎是“半+动量词”。比如：“段正淳沉思半晌。”其实，“晌”尽管不是物量词，但也不是一般的动量词。严格地说，它是一个时量词，它所表示的时段尽管模糊，但有一定的长度，因此可以用

"半"分段。

第四，在对情况作否定性强调的场合，"半"可以同任何量词组合，形成超常搭配现象。这是为了取得特殊的语用效果。比如，一般不说"半个念头"，不说"半次"，然而却有下面的说法：

我有什么念头？我半个念头也没有！

我去过几次？我半次也没去过！

3 量词系统中的"双"

量词系统是数量词系统的另一个分支。考察量词系统中的"双"，需要用三个标准来检测量词。这就是：1. 能否直接进入"数 X（NP）"或"（VP）数 X"格式中 X 的位置；2. 能否重叠表"每"；3. 能否加特定形容词作量的评估。

a. 个 位 顶 根 件 颗 面 台 项 盏 张 只 株 桩
堆 股 群 帮 伙 卷 类 列 排 批 段 串 摊 套

b. 样 种 对 双 打 斤 两 尺 寸 磅 里 亩 分 秒

c. 些 撮 抹 搂

d. 成 倍 次 下

检测上面的量词，可以知道：

a 组是＋＋＋。这是最有代表性的一般量词，占量词的绝大多数。它们能直接进入"数 X"：一个（馒头），一堆（废铁）；又能重叠表"每"：个个（都很大），堆堆（像个小山）；还能加"形"评估：一大个，一小堆。跟封闭性较强的典型数词相比较，一般量词有较大的开放性，比较能产。

b 组是＋＋－。这是一组"可叠不可估"的量词，数量不很多。这组量词，包括空泛义量词"样、种"，定数义量词"对、双、打"和"斤、两、尺、寸、分、秒"等。

定数义量词中，大部分是度量衡单位。它们能直接进入“数 X”：一样（礼品），一种（怪说法），一对（鸽子），一双（鞋子），一斤（苹果），一分/一秒（钟）；能重叠表“每”：样样（礼品都很贵重），种种（说法各有道理），对对（相亲相爱），双双（都系上红带子），斤斤（计较），分分秒秒（想着你）；但是不能加“形”评估：一大样（×），一小种（×），一大对（×），一小双（×），一大斤（×），一大分（×），一小秒（×）。

c 组是＋－＋。这是一组“可估不可叠”的量词，数量很少。这组量词，一般只包括少量义的“些”和由动词转来的一些量词。它们能直接进入“数 X”：一些（钱），一撮（黄土），一抹（白云），一搂（麦秆）；能加“形”评估：一大些，一小撮，一小抹，一大搂；但是不能重叠表“每”：些些（×），撮撮（×），抹抹（×），搂搂（×）。

d 组是＋－－。这是一组“既不可叠又不可估”的量词，数量很少。这组量词，只包括表示分数和倍数的量词“成、倍”和意义比较虚灵的动量词“次、下”等。它们能直接进入“数 X”：三成（利息），两倍（水），（看了）三次，（摸了）两下；但是不能重叠表“每”，不能加“形”评估：成成（×），一大成（×），倍倍（×），一大倍（×），次次（×），一大次（×），下下（×），一大下（×）。（说明：动量词“次、下”可以说成“一次次、一下下”，却不能只说“次次、下下”。）

能直接进入“数 X”，是一个量词必须具备的条件。但是，应该注意：第一，表物量时，后边必须能出现 NP。第二，“数 X”中间不能再出现一个明显是物量词的词。比如“十三人”，这也是“数 X”，但后边不能再出现作为计数对象的 NP，中间却可以出现明显是物量词的“个”：“十三个人”。“人”不是量词。

如果换一个角度来观察量词，又可以看到：量词可以用“NP 成 X”格式来分化。有的量词表示凝合单位，能进入“NP 成 X”中 X 的位置；有的量词表示独体单位，不能进入“NP 成 X”的格式。例如：一堆废品→废品成堆；一群观众→观众成群；一套房间→房间成套；一双筷子→筷子成双。｜一件废品→废品成件（×）；一位观众→观众成位（×）；一个房间→房间成个（×）；一根筷子→ 筷子成根（×）。量词“些”，既非凝合单位，亦非独体单位，也不能进入上述格式：一些用品→用品成些（×）。

从上可知，在量词系统中，“双”是个“可叠不可估”的量词，并且是一个可以进入“NP成X”格式的凝合单位量词。

实际语言运用中，“双”和别的物量词往往对举使用。下面是个特意配置数量组合的例子：

（1）空旷的竹屋中，竟有五粒明珠，四重门户，三滩鲜血，两双脚印，一具蒲扇！（古龙《护花铃》147页）

这里列出“五X”“四X”“三X”“两X”“一X”，分别嵌进物量词“粒”“重”“滩”“双”“具”。

“双”和“对”同义，但同事物的配搭有一定的习用性，二者有时不能互换。应该特别指出的是：

第一，用“双”用“对”有时似乎语用价值略有不同。看这两个例子：

（2）昨晚是陈姐的一双儿女在家陪我……（《梁实秋韩菁清情书选》70页）

（3）……你写作，我学习。啊！那该是多么令人羡慕的一双呢！（同上70页）

这里用“一双”，更多的人也许会用“一对”。“双”和“对”都跟成双配对相联系，但“双”似乎更强调“成双”，“对”似乎更强调“配对”。

第二，“一双”有时只强调“两个”，只跟“成双”的意义相联系，不跟“配对”的意义相联系。如：

（4）来一个杀一个，来两个杀一双！

这里的“一双”不能说成“一对”，它的后边不能再出现名词。

4 量词“半”和数词“双”

4.1 “半”，《HSK 常用词汇一览表》中只标为数词。然而，“半”还可以是量词。对于量词“半”，可以从两个方面加以考察。

4.1.1 “半”可以进入“数 X（NP）”格式中 X 的位置。这是个量词的位置。

作为量词，“半”仍然表二分之一的量。出现在它前边的数词，只能有两个。

一个是“一”。形成的数量组合是“一半”。跟一般的表物量数量组合一样，“一半”可以充当定语及主语、宾语等。例如：

（5）可麦客要存心整治谁，能毁掉一半收成。（朱小平《桑树坪纪事》，《小说月报》1984 年第 10 期 9 页）

（6）我拿水给你喝时，见到你一半脸孔。便只一半容貌，便是世上罕有的美人儿。（金庸《天龙八部》135 页）

上例三个“一半”都充当定语。

（7）说起腊八粥，我们煮了两包，吃不完，一半放进塑胶罐，放在冰箱的上层冻起来，……（《梁实秋韩菁清情书选》95 页）

（8）大家抢新闻，一半是为了我，一半是你的名气太大，……（《梁实秋韩菁清情书选》111 页）

上例三个“一半”都充当主语。

（9）叶子已经落了一半，……（徐广泽《胡梦颠倒》，《小说月报》1992 年第 12 期 92 页）

（10）刘副官太黑了，瞎老汉至少要分给他一半，……（林希《丑末寅初》，《小说月报》1992 年第 12 期 450 页）

上例一个“一半”充当宾语，另一个“一半”充当远宾语。

“一半”口语里常儿化，书面上有时加“儿”字：

(11) 别说现在还没离婚，就是到离那一天，他的东西也得掰给你一半儿。（厉夏、方金《古船·女人和网》88 页）

(12) 悬赏一千捉逃犯呀，知情举报分一半儿呀！（林希《丑末寅初》，《小说月报》1992 年第 12 期 52 页）

上例都写成“一半儿”。

另一个是“两”。形成的数量组合是“两半”。“两半”一般充当“分成”义动词的宾语。例如：

(13) 小豆倌儿在围裙上揩揩手，把瓜接过，分成两半，……（厉夏、方金《古船·女人和网》410 页）

(14) 门是杉树劈的，约七尺长的树段从中破为两半，钉成一扇厚门。（野莽《乌山景色》，《小说月报》1992 年第 12 期 89 页）

前一例“两半”充当“分成”的宾语，后一例“两半”充当“破为”的宾语。

“两半”有时和“一半”“另一半”总分衔接，照应使用：

(15) 门轻轻地被关上了，世界被分成两半，一半被发脾气的大自然主宰着，另一半盛着人们的痛苦欢乐……（杨洪坛《今夜雨纷纷》，《啄木鸟》1992 年第 1 期 145 页）

上例“两半”作宾语，“一半”和“另一半”充当后边两个分句的主语。

“两半”书面上也可以写成“两半儿”：

(16) 嗨，我能一劈两半儿吗？（厉夏、万金《古船·女人和网》78 页）

4.1.2　“一半”中的“半”，可以作量的“加形评估”。这跟一般量词情况相同，但又有独特之处。

有时说成“一大半”：

(17) 我最伤脑筋的是我的稿件，……搬一回，舍弃一大半，……（《梁实秋韩菁清情书选》183 页）

(18) 令狐冲听得岳灵珊无事，已放了一大半心，……（金庸《笑傲江湖》349 页）

上例两个“一大半”分别充当宾语和定语。

有时说成“一小半”：

（19）一种可能，是敌占地区将占中国本部之大半，而中国本部完整的地区只占一小半。（毛泽东《论持久战》）

（20）这句话还只说对了一小半。（金庸《笑傲江湖》331页）

上例两个“一小半”都充当宾语。如果“一小半”后边出现名词，比如“同意的只有一小半人”，“一小半”便充当定语。

“一大半”和“一小半”都可以省去“一”，只说“大半”和“小半”。如例（19）中已出现“大半”说法。又如：

（21）我们离别已有三十六天，大半已经熬过。（《梁实秋韩菁清情书选》172页）

（22）第一招不用学，第三招只学小半招好了。（金庸《笑傲江湖》337页）

前一例等于说“一大半时间”，后一例等于说“一小半招式”。

有时还可以说成“一多半”或“一少半”。例如：

（23）大热的天却戴着一顶白礼帽，帽檐儿拉得很低，又戴着一副墨镜，一幅面孔竟被遮住了一多半，……（林希《丑末寅初》，《小说月报》1992年第12期47页）

（24）……里边的黑米煮熟了，吃得还剩一少半，犹自微微冒着热气。（二月河《乾隆皇帝·日落长河》548页）

前一例是“一多半”，后一例是“一少半”。比较地说，“一少半”不大常见。

能在数量组合中插入“多（少）”，这是“一半”独有的。再举几例，借以说明这一用法并非仅仅出现于个别作者的笔下：

（25）老巩把核桃打了一多半的时候，他觉得腰那里有些酸疼。（晓苏《黑灯》184页）

（26）我不是已经孤身生活了七年吗？再加四年，一共十一年，已过了一多半了呀！（廖静文《往事依依》，《收获》1984年第2期65页）

（27）……“小上海旅店”的字号也打出去了，欠着银行的六万元，已经还上了四万。也就是说，这小楼和里面的装备，已经挣回来<u>一多半</u>了。（马秋芬《远去的排冰》，《小说选刊》1988年第2期6页）

（28）她……接着收拾剩下<u>一多半</u>的那些炖菜和馒头。（玛拉沁夫《爱，在夏夜里燃烧》，《小说月报》1985年第10期54页）

上例都用了“一多半”。这种“数（多/少）量”格式，尚未引起注意。陆俭明《数量词之间插入形容词情况考察》这篇专题论文，没有提及。

“一多半”（“一少半”）也可以省去“一”，说成“多半”（“少半”）。如：

（29）路两边，是<u>多半</u>已经收割了的庄稼地。……这是一个让庄稼人咧开大嘴笑的好年景！（厉夏、方金《古船·女人和网》182页）

（30）……一张藤床就设在窗下，床边有周全的家具，<u>多半</u>也都是藤子结合着木板制成器的。（野莽《乌山景色》，《小说月报》1992年第12期89页）

上例的“多半”相当于“一多半”。

在量词系统中，“半”和“些”同类，是个“可估不可叠”的量词。它不能重叠，如不能说“半半”。此外，它不能直接同指示代词“这、那”组合：虽然可以说“这一半、那一半”，却不能说“这半、那半”。可见，它比包括“些”在内的其他量词受到更大的限制。

说明三点：

第一，“大半个”之类中的“半”，是数词。比如：

（31）宽宽的雨衣帽子遮住来人<u>大半个</u>脸……（杨洪坛《今夜雨纷纷》，《啄木鸟》1992年第1期144页）

（32）金斗一边发着感慨，一边不由分说把我剩下的<u>大半碗</u>三下五除二送进肚。（朱小平《桑树坪纪事》，《小说月报》1985年第10期4页）

这类说法中，“大半”后边出现量词，层次关系是“大｜半个”，不是“大半｜个”，不能说成“一大半个”。

第二，“大半生”之类中的“半”是数词。例如：

(33) 胡九爷凭着自己大半生的处世经验，给朱七出着主意。(林希《丑末寅初》,《小说月报》1992年第12期52页)

(34) 你老人家扑腾了大半辈子，……你该歇歇了。(厉夏、方金《古船·女人和网》195页)

这类说法中，“大半”后边出现近似量词的“生、辈子”之类，不能说成“一大半生、一大半辈子”。

第三，“多半”有时是副词。比如：

(35) ……其中顶多一架轰炸机，两架护航机，威力有限。假如统共只有一架，多半就是侦察机，跑不跑的都无所谓了。(中英杰《京广线的随机蒙太奇》,《十月》1992年第1期141页)

(36) 这两年苏富比的瓷器预展，方月每次躬逢其盛，多半由姚茫陪着，……(施叔青《窑变》,《小说月报》1985年第10期68页)

副词“多半”表示“也许、大概”之类推测语气，或者“通常、一般”之类述说意思，不能说成“一多半”。

4.2 “双”,《HSK常用词汇一览表》中只标为量词。然而，“双”还可以是数词。对于数词“双”，可以从两个方面加以考察。

4.2.1 数词“双”出现于“X量（NP)”中X的位置上。这个位置上的“双”，不可能是量词。

“双＋量＋NP”格式中，常用的量词是“重、层、份、倍”等。如：

双重身分　双重人格　双重压力　双重负担

双层板壁　双层屏障　双层岗哨　双层防线

双份礼品　双份工资　双份奖金　双份报酬

双倍价格　双倍时间　双倍精力　双倍收成

有时，出现在“双”和 NP 之间的不一定是典型的量词，甚至不一定是量词，但它们至少接近于量词。如：

双架床　双轨制　双料货　双胞胎

双边关系　双轮马车　双向飞碟　双门冰箱

举几个实际用例：

(37) 在这双重角色的扮演中，男人心中不会平似秋水，……（胡平《八十年代中年男女的情感世界》，《记者写天下》1991 年第 5 期 21 页）

(38) ……方月从巴丙顿道搭乘双层巴士，沿着拐弯的山路回旋下去，那种眩晕的快感不再使她觉得新鲜……（施叔青《窑变》，《小说月报》1985 年第 10 期 70 页）

(39) 那么，（零用钱）我都双倍给你，好吗？（廖静文《往事依依》，《收获》1984 年第 2 期 78 页）

(40) 俄乌两国领导人举行双边会谈。（中央电视台《新闻联播》）

这里的“双”，由于后边出现了量词“重、层、倍”和接近于量词的“边”，其数词性质是十分明显的。

“双”的后边有时出现“十”，说成“双十”。如：

(41) 孔雀妃子成名已久，这姑娘最多不过双十年华，……你怕是认错了吧？（古龙《护花铃》246 页）

(42) 双十年华，正值人生中最最美丽的时日，你便如此懊恼灰心，莫非是……？（古龙《护花铃》86 页）

“双十”即“两个十”。“两个十”跟“两个亿”的说法一样，本是数词的“十、亿”等临时被当作计量单位，带上量词性。“双十”中的“双”，无疑只能判定为数词。

“双＋量”和 NP 之间，有时用“的”，这不影响“双”的数词性质：

(43) 可是要是她赶了回来，……面临她的将是双重的灾难。（金力明《第九封信》，《读者文摘》1993 年总 138 期 30 页）

(44) ……我们的行为也显示出一种双重的忠诚。（周励《曼哈顿的中

国女人》，《读者文摘》1993年总138期44页）

4.2.2 在语用价值上，数词“双”重在强调非“单一”的数，“双”字结构常用来给事物命名，具有较浓的书面语色彩。

首先，“双”强调非“单一”。

（45）山区房屋为了取暖，都设双重门：里面的叫屋门，外面的叫风门。……夜间打开这双重门，那声响自然是不小的。（玛拉沁夫《爱，在夏夜里燃烧》，《小说月报》1985年第10期51页）

（46）……男人们便有了双重压力，动辄左右受制，……（胡平《八十年代中年男女的情感世界》，《记者写天下》1991年第5期22页）

“双重门”指里面的屋门和外面的风门，“双重压力”指中年男人所受到的来自父母儿女的压力和来自“妻管严”的压力。尽管“双”所表示的数目只是“二”，但由于它的作用在于强调非单一，因而给人的感觉是多。

其次，“双”字结构有时用来命名，书面语色彩较浓。

汉语缩略语往往采用数字概括的结构。“二”“两”“双”这三个同义数词，它们在用于命名性缩略结构时有各自的特点。请观察李行健等《新词新语词典》中列举出来的“X＋量＋NP”的一些命名性结构：

“二”字结构

二次能源　二次污染　二等残废

二部制（把学生分为两部轮流在校上课）　二元结构

“两”字结构

两个凡是　两个估计　两个决裂　两个开放　两个文明

两种教育制度（全日制和半工半读或半农半读）　两类不同性质的矛盾

两点论　两面派　两面性　两条龙　两张皮

“双”字结构

双重国籍　双重领导　双重征税

比较可知："二"字命名性结构往往表示序数。也有表示统数的，如"二部制、二元结构"，但数量少些。"两"字命名性结构一定表示统数。跟"两"搭配使用的是很普通的量词"个"或"种、类、点、面、条、张"等。"双"字命名结构也一定表示统数，但一般跟"重"和"向、部"等搭配使用，书面语色彩比"两"字结构要浓。正因如此，学术性的或带学术味的说法中，多用"双"字结构作为术语或指称事物。比如，现代汉语语法论著中，常见"双重否定句""双部句""双向动词""双向谓词"等术语。在"双"后边出现了有点量词性的词或某个名词的，还有"双价动词、双性动词、双格动词、双目谓词、双合助字、双联复句、双宾结构、双主语句"等。又如，家用空调机，有的是具有既可制冷又可制热两种功能的。假如甲问乙：你家安了什么样的空调机？乙会这么回答："双制"的。

5　"半""双"的数量混沌

现代汉语数量词系统里有一个特别值得注意的现象，这就是："数量扭结"。现象不多，却能从一个侧面反映出数量词系统在汉语词类系统中的特殊面貌。

"数量扭结"，主要情况有二：(1)"数量合一"。包括两个词："俩"和"仨"。即："两个"合一，成为"俩"；"三个"合一，成为"仨"。(2)"数量混沌"。包括两个词："半"和"双"。有的时候，这两个词似数似量，其词性处于混沌状态。

先说"半"。

数词"半"和量词"半"都表示"二分之一"的意思，词性上的区别，表现在所受到的量词规约和数词规约的不同。然而，"半"有时脱离量词规约或数词规约，即跳出"半＋量"或"数＋半"的框架，直接同名、动、形等词发生关系，却仍然表示"二分之一"的意思或跟"二分之一”的意思有关。具体情况，大体如下：

a.“半”直接修饰 NP：

半仙　半子　半价　半路　半空　半山

b.“半”直接修饰 VP：

房门半掩　眼睛半闭　半开玩笑　气得半死

c.“半”直接修饰 AP：

半透明　半清醒　须发半白　徐娘半老

d.“半”充当主语或宾语：

半男半女　半师半友　赛事过半　人数过半

脱离规约的“半”，一般都处于似数似量的混沌状态。看几个实际用例：

（47）一个半成人捧着饭碗，蹲在墙头上，边吃边看扶乩。（陈源斌《北撤河东》，《小说月报》1992 年第 12 期 70 页）

（48）……行政院改组，半换新人，市长也换了。（《梁实秋韩菁清情书选》308 页）

（49）铜锁没命地奔跑在半憔悴的山丘上。（厉夏、方金《古船·女人和网》6 页）

（50）梁岩跟着跑过来，半是担心，半是诧异。（宋树根《虎啸龙吟》，《啄木鸟》1992 年第 1 期 87 页）

（51）喜怒参半？好像还不是，……（黎峰《“四·二四”疑案》，《啄木鸟》1992 年第 1 期 40 页）

上例里，“半成人”“半换新人”“半憔悴”中作定语、状语的“半”，“半是担心，半是诧异”和“喜怒参半”中作主语、宾语的“半”，都很难明确地断定是数词还是量词。

对于这样的“半”，如果要求要么归入数词要么归入量词，怎么办？这只能权衡比较，择善而从。首先，就单用能力而言，数词强于量词。单音数词，作定语、状语、主语、宾语的都有：一敌兵被射中了。（定）我这是三到贵山庄。（状）最重要的事，一是找到大哥，二是弄到粮食。（主）困难有二：没有渡河的船只，这是一；没有本地的水手，这是二。（宾）单音量词，只在特定环境中单用：1. 在“动＋（一）量＋名”动宾结构中作定语（“写封信”“借本书”）；2. 在“成”类动词后边作宾语（“成批”“成帮”“成群结队”）；3. 在“论”类动词后边作宾语（“卖肉论斤”“卖布论尺”“买苹果论个”）；4. 出现在成语格言之类语句之中（“片言只语”“寸金难买寸光阴”）。其次，就语义重点而言，数量扭结现象在语义上都偏重于表数。上面说过，数量合一和数量混沌现象都是数量扭结现象，而数量合一现象是偏重于表数的。明显的证据是：“俩”等于“两个”，但书面上往往可以见到“小俩口”的写法。当然这是不对的写法，但透过这写法可以知道人们倾向于把“俩”当成一个数词。我们以为，从数量词系统的总体看，单用的“半”应该更偏向于数词，在面临“非此即彼”的选择时，似乎可以统统算作数词。事实上，本文 4.1 里已经把“（大）半辈子”中的“半”当作数词来举例了。

再说“双”。

量词“双”和数词“双”都跟“两个”的意思有关。词性上的区别，表现在所受到的数词规约和量词规约的不同。然而，“双”有时脱离数词规约或量词规约，即跳出“数＋双”或“双＋量”的框架，直接同名、动、形等词发生关系，却仍然跟“两个”的意思有关。具体情况，大体如下。

a. “双”直接修饰 NP：

双目　双手　双脚　双颊　双剑　双雕

b. “双”直接修饰 VP：

父母双亡　一马双驮　二人双战大恶人

c. “双”直接修饰 AP：

才貌双全　色艺双绝　思想业务双丰收

脱离规约的“双”，处于数量混沌的状态。看两个实际用例：

(52) 嫂子，你是双身子，往后，有重活儿，吱一声。(厉夏、方金《古船·女人和网》233 页)

(53) “华都会晤”签下的合同书，给陈斌源留下了……双显名的殊荣。(朱炬烽《“秋菊”出世记》，《读者文摘》1993 年总 138 期 34 页)

“双身子”有两个人体的意思，也有母子成双的意思；“双显名”有两个方面都显名的意思，也有“小说原著作者”“电影改编作者”成对儿显名的意思。

跟“半”的情况大体相同，单用的数量混沌的“双”一般偏向于数词。证据是，它全都容易改说成“两”，或者跟“两”的意义相通，却不能全都转说成“一双”。比较：

(54) 苏小个子肩头搭条手巾，双手抱膀，……(厉夏、方金《古船·女人和网》54 页)

(55) 香草羞赧地捂住双颊。(厉夏、方金《古船·女人和网》408 页)

“双手”，可以说成“两手”，也可以说成“一双手”；“双颊”，可以说成“两颊”，但不能说成“一双颊”。至于修饰 VP 和 AP 的“双”，更不可能说成“一双”。比如“父母双亡”是父母两个都去世了，“思想业务双丰收”是思想和业务两方面都丰收，其中的“双”没有转为“一双”说法的可能。

即使是“双手、双脚、双腿”之类，所指事物可以说“一双”，但“双”还是偏向于数词。这可以从数词的对照使用中得到证明。例如：

(56) 一个紫袍人……喝道：“……瞧我不打断你的两腿。”木婉清吃了一惊，心道：“哼，你要打断段郎的双腿，……”(金庸《天龙八部》234 页)

“两腿”“双腿”对照使用，“双”的数词倾向是明显的。

如果一定要在数词和量词二者之间作出抉择，那么，根据基本倾向，单用的“双”一般可以算作数词。本文 4.2 里已把“双主语”中的“双”当作数词来分析。只有三种情况，单用的“双”一定是量词。

1. 用在“动＋（一）量＋名”结构中作定语：“碗边有双筷子”。2. 用在“成”字后边作宾语：“好事成双”。3. 用在“论”字后边作宾语：“卖鞋子论双”。这三种情况，符合前面说过的量词单用的规律。

值得注意的是，“双双”有时是量词重叠形式，表示“每一双”的意思，但有时是数量混沌形式：

（57）她跟着榆娃双双远走高飞，……开始一种美滋滋的新生活。（朱小平《桑树坪纪事》，《小说月报》1985年第10期18页）

（58）两人双双坐在这，啥意思？（马秋芬《远去的冰排》，《小说选刊》1988年第2期21页）

这里的“双双”，不是“每一双”。它更多地跟“两”的语义相联系，似乎也偏向于数词。

6 小结

6.1 现代汉语数量词系统是现代汉语词类系统中一个特殊的子系统。数词和量词的定型组合，相互规约，决定了数量词系统的“数不离量，量不离数”的基本面目，决定了数量词系统的“数量结伴，共同外向”的基本功能，也决定了一般情况下可以“据数辨量，或者据量辨数”的识别标准。现代汉语词类系统中，没有另外两类词像数词和量词那样具有“联盟式”的结合关系。

6.2 “半”在同量词结合使用时是明显的数词，在同数词结合使用时是明显的量词。数词“半”，用于统数，不用于序数，同它结合使用的量词表示跟确定数量或确定实体相联系的可二分的单位。量词“半”，限于跟数词“一”和“两”结合使用。它不能重叠，不能在隐去“一”的情况下跟“这、那”直接组合。“一半”可以嵌入形容词“大、小、多、少”作量的评估。“一多半”“一少半”的说法值得特别注意。

6.3 “双”在同数词结合使用时是明显的量词，在同量词结合使用时是明显的数词。量词“双”，表示不可估的定数凝合单位。作为定数单位，不能加“大、小”等作量的评估；作为凝合单位，可以用在“成”的后边作宾语。数词“双”，用于统数，不用于序数，一般跟“重、层、份、倍”等量词结合使用。在强调跟“单一”相对的意义时，在组造学术性用语时，使用数词“双”有特定的语用价值。

6.4 “半”“双”有时单用。单用的“半”“双”，除了一些特定情况，一般都是数量混沌现象。从总体上看，“半”和“双”的数量混沌现象都偏向于表数。

6.5 通过对“半”和“双”的观察可以知道：数量词系统中的各个词，既有共同性，又有差异性。一方面，各个词分别在数词系统和量词系统中占据特定的位置，呈现出各自的特点；另一方面，有的词在数词和量词之间形成“扭结”状态，比如“俩”和“仨”的数量合一，“半”和“双”的数量混沌，反映出“联盟式”结合关系的加深。

在现代汉语词类系统中，甲类词和乙类词的“扭结”现象，为数量词系统所独有。

主要参考文献

[1] 陆俭明．数量词中间插入形容词情况考察［A］//第二届国际汉语教学讨论会论文选．北京：北京语言学院出版社，1988.

[2] 国家对外汉语教学领导小组办公室汉语水平考试部．HSK 常用词汇一览表［A］//汉语水平考试大纲．北京：现代出版社，1989.

[3] 李行健．新词新语词典［M］．北京：语文出版社，1989.

（原载《语言教学与研究》1993 年第 4 期，略有修补）

说“兄弟”和“弟兄”

一 《现代汉语方言大词典》分卷本的记录

据《现代汉语词典》，“弟兄”读 dì xiong，只有一个含义，即加合型：弟弟和哥哥。既可以包括本人，也可以不包括本人。“兄弟”读 xiōng dì 时，是加合型：哥哥和弟弟。但读 xiōng di 时是一种偏弟型：①偏指弟弟。②称呼年纪比自己小的男子（亲切口气）。③男子跟辈分相同的人或对众人说话时的谦称。

汉语方言里，“兄弟”和“弟兄”使用情况如何？笔者从李荣先生主编的《现代汉语方言大词典》中挑选了地域上有一定代表性的分地词典 23 部，一部一部地查看了一遍。下面是情况记录：

哈尔滨：【兄弟】偏弟型，指弟弟。也称呼年纪比自己小的男子，也用作男子跟辈分相同的人或对众人说话时的谦称。【弟兄】弟弟和哥哥。

乌鲁木齐：【兄弟】①加合型，指哥哥和弟弟。②偏弟型，指弟弟。也称呼年纪比自己小的男子。【弟兄】弟弟和哥哥。

银川：【兄弟】偏弟型，指弟弟。【弟兄】哥哥和弟弟。

西宁：【兄弟】①加合型，指哥哥和弟弟。②偏弟型，指弟弟。【弟兄】哥哥和弟弟。

西安：【兄弟】偏弟型，指弟弟。也称呼年纪比自己小的男子。【弟兄】弟弟和哥哥。

太原：【兄弟】①加合型，指哥哥和弟弟。②偏弟型，指弟弟。也称呼年纪比自己小的男子，也用作男子跟辈分相同的人或对众人说话时的谦称。【弟兄】弟弟和哥哥。

洛阳：【兄弟】偏弟型，指弟弟。也用作男子跟辈分相同的人或对众人说话时的谦称。【弟兄】弟弟和哥哥。又，旧时部队指士兵。

徐州：【兄弟】偏弟型，指弟弟。也称呼年纪比自己小的男子。【弟兄】无。

上海：【兄弟】①加合型，指哥哥和弟弟。②偏弟型，指弟弟。【弟兄】哥哥和弟弟。

南京：【兄弟】偏弟型，指弟弟。【弟兄】弟弟和哥哥。

苏州：【兄弟】偏弟型，指弟弟。【弟兄】弟弟和哥哥。

南昌：【兄弟】①加合型，指哥哥和弟弟。②偏弟型，指弟弟。（不用于面称，面称叫名字。）【弟兄】哥哥和弟弟。又，旧时对士兵的客气称呼。

武汉：【兄弟】偏弟型，指弟弟。【弟兄】弟弟和哥哥。

长沙：【兄弟】加合型，指哥哥和弟弟。又，泛指同辈的男子（兄弟姐妹们｜阶级兄弟）。【弟兄】无。

贵阳：【兄弟】①加合型，指哥哥和弟弟。②偏弟型，指弟弟。【弟兄】无。

柳州：【兄弟】无。（有“兄弟嫂”“伯叔兄弟”。）【弟兄】哥哥和弟弟。

南宁：【兄弟】加合型，指哥哥和弟弟。【弟兄】无。

广州：【兄弟】加合型，指哥哥和弟弟。【弟兄】无。

东莞：【兄弟】加合型，指哥哥和弟弟。也指“自己人”。【弟兄】无。

梅县：【兄弟】加合型，指哥哥和弟弟。【弟兄】无。

厦门：【兄弟】无。（有"兄弟仔两个""表兄弟""换帖兄弟""隔腹兄弟"。）【弟兄】无。

雷州：【兄弟】无。（有"隔皮兄弟"。）【弟兄】无。

海口：【兄弟】加合型，指哥哥和弟弟。也指男子间相互结交的朋友，也指结婚时男方邀请的男傧相（做亲家请兄弟），也用作男子跟辈分相同的人或对众人说话时的谦称。【弟兄】无。

二　三个数字与三点认识

（一）三个数字

根据以上记录，首先可以得到三个基本数字：

1. 23种方言，全都用"兄弟"。

事实上，作为词条，"兄弟"只见于20部分地词典。《柳州方言词典》《厦门方言词典》和《雷州方言词典》未单独列出"兄弟"，但《柳州方言词典》条目里有"兄弟嫂（359页）｜伯叔兄弟（42页）"。《厦门方言词典》条目里有"兄弟仔两个（315页）｜表兄弟（170页）｜换帖兄弟（325页）｜隔腹兄弟（423页）"。《雷州方言词典》条目里有"隔皮兄弟（122页）"。由此推知，这几种方言"兄弟"的说法还是有的。另外，《柳州方言词典》注明"兄弟嫂"即"弟媳"，似可推知柳州方言里"兄弟"偏指"弟弟"。

2. 23种方言，只有13种用"弟兄"，10种不用。

用"弟兄"的13种方言为：哈尔滨方言，乌鲁木齐方言，银川方言，西宁方言，西安方言，太原方言，洛阳方言，上海方言，南京方言，苏州方言，南昌方言，武汉方言，柳州方言。不用"弟兄"的10种方言为：徐州方言，长沙方言，贵阳方言，南宁平话，广州方言，东莞方言，梅县方言，厦门方言，雷州方言，海口方言。凡是用“弟兄”的方言，都相应有“堂弟兄”“表弟兄”之类的说法；而不用“弟兄”的方言，自然只能说成“堂兄弟”“表兄弟”之类。当然，不能排除徐州、长沙等10种方言也用“弟兄”，有的可能是漏收或失收。

3. 23种方言，除去3部词典未作交代，“兄弟”的含义有三种情况，比例为6∶8∶6。

第一种情况，“兄弟”只指哥哥和弟弟，即只有加合型含义。有6种方言：长沙方言，梅县方言，南宁平话，广州方言，东莞方言，海口方言。

第二种情况，“兄弟”只指弟弟，即只有偏弟型含义。有8种方言：哈尔滨方言，银川方言，西安方言，洛阳方言，武汉方言，徐州方言，南京方言，苏州方言。

第三种情况，“兄弟”兼容两种含义，即既指哥哥和弟弟，也可偏指弟弟。有6种方言：乌鲁木齐方言，西宁方言，太原方言，贵阳方言，上海方言，南昌方言。

《柳州方言词典》《厦门方言词典》和《雷州方言词典》未列出“兄弟”的词条加以解释，因此3种方言情况不明。

（二）三点认识

考察以上的事实，又可以得到三点认识：

1.“兄弟”多北味。

“兄弟”的本来意义就是哥哥和弟弟。《尔雅》“释亲”部分解释“兄弟”：男子先生为兄后生为弟。（参看朱祖延主编《尔雅诂林》上卷二687页，湖北教育出版社1998年。）然而，只使用这一原始意义的方言，在23种方言里面只有6种方言，占少数。其中，长沙方言靠中南，梅县方言、南宁平话、广州方言、东莞方言、海口方言都靠南。这几种方言在地理上恰好都是通常意义上所说的南方方言。而哈尔滨等8种方言只指弟弟，乌鲁木齐等6种方言既可指哥哥和弟弟，也可指弟弟。详见上文。其中相当大一部分方言在地理上是通常意义上的北方话。

“兄弟”如何延展出“弟弟”的含义，特别是“兄弟”在相当多的方言里如何完全转化为“弟弟”，也许需要从语言应用和说话心理等角度去探索。然而，无论如何，“兄弟”语义的多样化，偏弟型语义的出现，使得“兄弟”多北味。所谓“北味”，是指北方官话的味道。当听到把“弟弟”称为“兄弟”的时候，人们可以肯定，说话人不是典型的南方人，或者不是说乡土话的南方人。

2. “弟兄”不靠南。

综观23种方言，“弟兄”的使用呈现三种势态：

第一，“弟兄”是跟“兄弟”平行的准均势形式。“弟兄”和“兄弟”同义同用，二者都表示哥哥和弟弟。在上述用“弟兄”的13种方言中，属于这一势态的有5种方言：乌鲁木齐方言，西宁方言，太原方言，上海方言，南昌方言。根据对以北京话为基础写成的文学作品的检视，可知“弟兄”的使用频率明显弱于“兄弟”，因此只能说是“准均势”；至于各个方言里的具体情况如何，尚需进行全面性的专题考察。

第二，“弟兄”是对“兄弟”有所侵代的强势形式。“弟兄”表示哥哥和弟弟，而“兄弟”则偏指弟弟，这就是说，“兄弟”的本义为“弟兄”所侵代。在上述用“弟兄”的13种方言中，属于这一势态的有8种方言：哈尔滨方言，银川方言，西安方言，洛阳方言，南京方言，苏州方言，武汉方言，柳州方言。《柳州方言词典》没有列出“兄弟”，也许可以认为，柳州方言里“弟兄”是特强势形式。

第三，“弟兄”是无势力形式，由“兄弟”独用表意。从上述不用“弟兄”的10种方言看，除了徐州方言靠东稍偏北，长沙方言靠中南，贵阳方言、南宁平话、广州方言、东莞方言、梅县方言、厦门方言、雷州方言和海口方言全都在南边。由此，可以看到一个倾向：“弟兄”一般不靠南，特别是不向南靠海。为了验证这一结论，在上述23种方言之外，笔者又选择了《于都方言词典》《黎川方言词典》《福州方言词典》《建瓯方言词典》《杭州方言词典》《宁波方言词典》和《金华方言词典》，查看了比较靠南的江西、福建、浙江境内的7种方言，果然都不见“弟兄”。

当然，所谓“兄弟”多北味，所谓“弟兄”不靠南，都是就乡土方言而论。南方人写文学作品，实际上一般都是用的共同语，因此，都会突破乡土方言的限制。比如，古龙（1936—1985），原名熊耀华，祖籍江西，出生于香港，13岁随父母迁往台湾。他的《多情剑客无情剑》中，有这样的例子：

（1）那孪生兄弟和第三批来的四个人霍然长身而起，纷纷拍着桌子骂道……

（2）大家全出来，来见见我的兄弟，你们可知道我这兄弟是谁么？

（3）龙啸云忽然大笑道：“兄弟，别说这种话，咱们弟兄几时怕过麻烦。”

这里既有“兄弟”，也有“弟兄”。而且，“兄弟”既有加合型的，也有偏弟型的。

3.“兄弟/弟兄”的使用带有人文性。

从人文角度说，“兄弟”多北味也好，“弟兄”少靠南也好，都是人文现象。不过，这两点都是对“兄弟”和“弟兄”的使用概貌的描述。事实上，23种方言词典还告诉我们，不同的方言里，“兄弟”和“弟兄”的使用可能还带上这样那样的人文性，可以帮助我们窥测地区性的文化风貌和民俗民情。以下是值得注意的几点。

第一，加合型的“兄弟”，可以前加某个特定形式，构成短语词，表示血统关系的远近。如：“亲兄弟”“堂兄弟”“表兄弟”。然而，闽方言系统中的一些方言，却有形象化的感性说法。比方，海口方言说“同肚兄弟”，即亲兄弟；厦门方言说“隔腹兄弟”，雷州方言说“隔皮兄弟”，即堂兄弟。这种俚俗说法，从产生的源头上看，似乎反映了南方一带本来文化程度不高的历史事实。

第二，偏弟型的“兄弟”，可以前加数词或类数词，表示次序，有浓郁的人情味。比如哈尔滨方言，“二兄弟”等于二弟，“二”是数词；又如乌鲁木齐方言，“大兄弟”是排行最前的弟弟，这里的“大”是个类数词。比较而言，“二兄弟”比“二弟”，“大兄弟”比“大弟”，更具口语色彩，口气更亲切。

第三，如果“兄弟”只指弟弟，便出现“兄＋弟”的语义空缺，这一空缺便由“弟兄”来补偿。这样，“弟兄”便独自承担表示“兄＋弟”意思的任务，表明亲属关系的一些形式便相应地进行调整。比如，武汉方言里，说“叔伯弟兄”，不说“叔伯兄弟”；说“亲弟兄，明算账”，不说“亲兄弟，明算账”；说“弟兄两个”而不说“兄弟两个”。当然，有的方言没那么严格，尽管“兄弟”通常偏指弟弟，但在特殊组合中也指哥哥和弟弟。比如，南京方言里，可以说“兄弟两个”，等于“弟兄两个”；洛阳方言里，也有同样的说法：“兄弟二人都上大学了，后年就毕业。”

第四，如果“兄弟”只指“兄＋弟”，那么表示“弟弟”意思的方言说法便由“阿弟”之类来承担。这样，便出现这么个状况：“弟弟”是各地通用形式，而把“弟弟”说成“兄弟”和“阿弟”，便分别带上“北味”和“南味”。“阿”是词头，是一种语法形式。如果说，北味“兄弟”是通过词汇形式的内部语义演化来表示“弟弟”，那么，南味的“阿弟”便是通过语法形式的添加来表示“弟弟”。“阿弟”的说法，上海、厦门、海口、梅县、柳州等东南一带的方言里都常用。《海口方言词典》还特别指出：弟弟，背称“老弟”，面称常叫名或“阿弟”。到底还有哪些方言情况如此，需要做进一步的调查研究。

第五，某个地区可能还有某种特殊的说法或用法，很值得注意。比方，海口方言说“做亲家请兄弟”，“兄弟”指结婚时男方邀请的男傧相；再比方，南昌方言里“兄弟”有时指弟弟，但不用于面称，面称叫名字；又比方，贵阳方言里“兄弟”既指哥哥和弟弟，又指弟弟，却另有“哥弟”，专指哥哥和弟弟。所有这些，都是深入了解地区民俗民情的有价值的资料。

三 《红楼梦》和《骆驼祥子》里的“兄弟”和“弟兄”

曹雪芹的《红楼梦》，老舍的《骆驼祥子》，它们分别是近代汉语和现代汉语里以北京话为基础写成的比较典范的北方话文学作品。在了解方言情况的基础上，检视这两部作品，有助于对“兄弟”和“弟兄”的释义作总体性的思考。

（一）《红楼梦》的检视

查《红楼梦》1～40回，“兄弟”出现69次，“弟兄”出现12次，“兄弟”为“弟兄”的将近6倍。

1. 关于“兄弟”

在69个“兄弟”中，加合型的共12个。用法上，有两种情况：

其一，在肯定句式中使用，通常表示“兄和弟”。如：

（4）况我来了，自然只和姊妹同处，兄弟们自是别院另室的，岂得去沾惹之理？

（5）若问起那一房的亲戚，更伤了兄弟们的和气。

（6）冯紫英笑道：“你们令表兄弟倒都心实。……”

其二，在否定句式中使用，通常表示“兄或弟”。如：

（7）自幼父母早亡，又无兄弟，只他一个人守着些薄产过日子。

（8）上无亲母教养，下无姊妹兄弟扶持，……

（9）我又没个亲兄弟亲姊妹。

在69个“兄弟”中，偏弟型的共57个。用法上，主要有两种情况：

其一，加字修饰。或者加名字修饰，如“宝兄弟”；或者加指代修饰，如“我那兄弟”；或者加“好”字修饰，如“好兄弟”。看例子：

（10）凤姐儿说道：“宝兄弟，别忒淘气了。”

（11）上回宝叔立刻要见的我那兄弟，他今儿也在这里，……

（12）秦氏又嘱了他兄弟一回，方去陪凤姐。

（13）贾母又说道：“好孩子，叫他来替你兄弟作几根。……”

（14）宝钗忙劝他：“好兄弟，快别说这话，人家笑话你。”

其二，跟“哥哥”形成并列结构，或者跟“哥哥”对举出现。例如：

（15）老爷们并众位叔叔哥哥兄弟们也都吃了饭了。

（16）便是得了奇香，也没有亲哥哥亲兄弟弄了花儿，朵儿，霜儿，雪儿替我炮制。

（17）我倒像杨妃，只是没一个好哥哥好兄弟可以作得杨国忠的！

（18）宝钗素知他家规矩，凡作兄弟的，都怕哥哥。

总的说来，偏弟型的“兄弟”都是定指性的，即定指年纪比自己小的具体的人。有些形式重复使用：“宝兄弟”重复使用27次，“环兄弟”重复使用4次，“蔷兄弟”重复使用2次。

2. 关于“弟兄”

表意单纯，就是“兄和弟”。有时重在数量统计。例如：

（19）几岁了，读什么书，弟兄几个，学名唤什么？

（20）当日宁国公与荣国公是一母同胞弟兄两个。

（21）唬的秦钟的两个远房婶母并几个弟兄都藏之不迭。

有时重在相互关系。例如：

（22）弟兄之间不过尽其大概的情理就罢了，……

（23）细问原由，方知贾雨村……与贾琏是同宗弟兄，……

（24）弟兄们日日一处，要存这个心倒生分了。

值得注意的是，有时用“弟兄”，表意比用“兄弟”更为明晰。

比如：

(25) 这里贾珍同一家子的弟兄子侄吃过了晚饭，方大家散了。

这里用“弟兄”，明显表示是“兄和弟”。如果用“兄弟”，由于后边是“子侄”，很容易被理解成“弟弟”。

(二)《骆驼祥子》的检视

《骆驼祥子》中，“兄弟”出现 8 次，“弟兄”出现 1 次，“兄弟”为“弟兄”的 8 倍。

1. 关于“兄弟”

8 个“兄弟”中，加合型的仅 2 个。即：

(26) 没有父母兄弟，没有本家亲戚，他的惟一的朋友是这座古城。

(27) 他没有父母兄弟，没有朋友。

8 个“兄弟”中，偏弟型的有 6 个。用法上，有两种情况：

其一，指亲弟弟。如：

(28)（小福子）她可是得——无论爸爸是怎样的不要强——顾着两个兄弟。

(29) 二强子……有了主意：“你要真心疼你的兄弟，你就有法儿挣钱养活他们！……”

其二，指年纪小的男子，口气亲切。如：

(30) 也不是我攀个大，你还是小兄弟呢，容易挂火。

(31) 告诉你吧，好兄弟，天下就没有对得起咱们苦哥儿们的事！

(32) 你，你呀，我的傻兄弟，把你放了像放个屁，把你杀了像抹个臭虫！

比较地说，《骆驼祥子》中的“兄弟”大大地少于《红楼梦》，然而，偏弟型的引申用法却是《红楼梦》里所没有的。这也许跟两部作品所描写的人物范围有关：《红楼梦》的人物活动范围基本上限于一个大家庭，而《骆驼祥子》的人物活动范围则是一个大社会。

2. 关于“弟兄”

《骆驼祥子》里“弟兄”只有一个，表示“兄和弟”的意思：

(33) 没和父亲过一句话，没有弟兄的护送，没有亲友的祝贺；只有那些锣鼓在新年后的街上响得很热闹，……

据笔者的考察，老舍不大使用“弟兄”。他的《茶馆》中，“兄弟”出现 6 次，“弟兄”却 1 次也没出现。

(三) 释义的思考

统观方言情况和文学作品情况，现代汉语共同语里“兄弟”和“弟兄”的用法是集古今万方之大成。根据本文所涉及的材料，结合《现代汉语词典》的释义，可以有以下几点思考。

1. 含义与声调

据《现代汉语词典》，共同语里的“兄弟”，如果含义不同，轻重音也有所不同。当指哥哥和弟弟（加合型）时，“兄”读阴平，“弟”读去声；当只指弟弟（偏弟型）时，“兄”读阴平，“弟”字轻读。然而，方言里，如果“兄弟”兼容两种含义，它们的声调并不发生变化。上文提到的乌鲁木齐方言、西宁方言、太原方言、贵阳方言、上海方言和南昌方言，全都如此。

2. 民俗含义

方言里的特殊民俗含义，不为共同语所吸收。比如，海口方言，“兄弟”有时指“结婚时男方邀请的男傧相：做亲家请兄弟”，这是海南闽方言里的特殊用法，不见于《现代汉语词典》。又如南昌方言，“兄弟”有时偏指弟弟，但不用于面称，面称叫名字。这样的特殊用法，也不可能在《现代汉语词典》里说明。

3. 语境含义

“兄弟”的加合型用法，《现代汉语词典》和所有方言词典都解释为“哥哥和弟弟”。然而，在特定语境中，有时则指“哥哥或弟弟”，有选择性。从曹雪芹笔下的用法，到现在通行的用法，都可以看到例证。比如，说“他有上十个兄弟姊妹”，等于说“兄和弟”；而说“他没有一个兄弟姊妹”，则等于说“兄或弟”。可知，所谓“加合”只是笼统的说法，在实际语言运用中是可以发生变异的。

4. 引申义的从属

“兄弟”的某个引申义，到底是从属于哪个基本意义，可以讨论。“谦辞（男子跟辈分相同的人或对众人说话时的自称）”，比如“兄弟我刚到这里，请多多关照”，《现代汉语词典》让它从属于偏弟型“兄弟”。然而，有的方言，比如海口方言，“兄弟”没有偏弟型用法，却可以用作“谦辞”。古语说，皮之不存，毛将安附？既然没有偏弟型用法，“谦辞”就很难说是在弟弟意义的基础上引申出来的。当然，从另一个方面看，普通话里表示谦辞的“兄弟”中“弟”字轻读，在声调上又靠向偏弟型的“兄弟”。那么，结合声调和方言两方面的印证，谦辞“兄弟”是否应该另立为第三个义项？

5. 士兵义及其发展

“弟兄”一词，《洛阳方言词典》除了解释为“弟弟和哥哥”，又指出“旧时部队指士兵”；《南昌方言词典》除了解释为“哥哥和弟弟”，也说是“旧时对士兵的客气称呼”。然而，《现代汉语词典》不提士兵义。实际上，近年来随着社会情况的变化，语言运用中“弟兄”的士兵义有所发展，带上了手下人、打手之类的意思，这并不罕见。看来，《现代汉语词典》不应不管。下面是个很有意思的例子：

（34）欧阳昊弟兄八人，每人手下都有十几个弟兄，呼风唤雨，撒豆成兵，……（孙志保《温柔一刀》，《中篇小说选刊》1999 年第 1 期 107 页）

这里出现两个“弟兄”，前一个指哥哥和弟弟，后一个指打手一类的人物。

四　关于《现代汉语方言大词典》（分卷本）

本文附带说说《现代汉语方言大词典》（分卷本）。这是一部巨型汉语方言辞书。1999 年 4 月 5 日，这部方言大词典的出版座谈会在人民大会堂举行，笔者应邀参加，并以“汉语方言的百宝箱”为题作了一个简短的发言。出席座谈会之前，笔者特意做了一个小实验，借以测试这部方言大词典可以给自己提供多大的信息量。做法是：挑选“兄弟”和“弟兄”这一对词，首先翻看《现代汉语词典》，接着考察方言大词典中的若干部分卷本，再接着又查看了《红楼梦》《骆驼祥子》《茶馆》等作品中的用法，然后，从不同角度进行了一些思考。本文就是笔者的测试与思考的报告。文章只是粗线条地反映观察之所得，写得并不精细，然而，从个人知识的增长上说，通过写作本文，实在大有所获。笔者感到，这部方言大词典打开了自己的眼界，引动了自己的思路，启发了自己的心智。

人们常说，汉语方言是汉语的一个大宝库。那么，笔者以为，《现代汉语方言大词典》便是汉语方言的一个百宝箱。在利用这部方言大词典的成果的过程中，个人有这么三点突出的感想：第一，部头大的书不一定质量高，质量高的书不一定部头大，而这部两千多万字的方言大词典，却既以部头大显示了它犹如百科全书的涵量，更以质量高表明了它在学术上和实用上的价值。第二，任何高质量的书，其价值都是超学科的。这部方言大词典的价值，绝不限于方言研究本身，它对于推进整个汉语语言学和普遍语言学的发展具有重大意义，对于从人类学、社会学、文化学、民俗学、民族学、历史学等角度来研究中国问题，对于运用现代科技手段来分析和处理汉语问题，也大有裨益。第三，质量越高的书，越能赢得读者，越具有学术渗透力。笔者的小实验表明，不同类型的学者都可以从《现代汉语方言大词典》这个百宝箱中获取所企求的可贵营养，它无疑会产生多方位、远距离的辐射式影响。

近年来，在图书评论中，“皇皇巨著”“填补空白”“前无古人”“里程碑”这类词语常被滥用，令人反感。可是，面对《现代汉语方言大词典》，看着由41种分卷本排列而成的一个长蛇阵，我却再也找不到更加合适的形容词语。无论说这部大词典是皇皇巨著，在汉语方言研究发展史上将成为一块里程碑，还是说这部大词典的编纂是史无前例的重大工程，它的出版填补了汉语辞书的大片空白，都绝对不是浮夸的溢美之词。作为一个汉语研究工作者，作为一个实际受益者，笔者由衷地佩服编纂这部大词典的学术远见、组织才能和奉献精神，由衷地感谢这部大词典的主编、副主编、编纂学者和江苏教育出版社，感谢他们献给我们一个“百宝箱”，感谢他们做了一件功德无量的大好事。

当然，一部由数十位学者分别用了近十年时间编纂而成的大词典，要在表述方式和写作体例等方面都保持完全的一致，这是不可能的。这就决定了将来还需要进行相当繁重的修订工作。在对“兄弟”和“弟兄”的考察过程中，笔者有这么几点意见：

第一，提高词汇系统表述的严密性。

语言是一个系统，词汇系统是语言系统的一个重要分支。不同链节上的词汇形式，是处在相互制约相互辅助的关系之中的。一个词汇系统中，假若出现某个词语的形式缺位或语义缺位，那么，必然会由另一个词语来补偿。否则，情况便是可疑的。

《厦门方言词典》和《雷州方言词典》，既未列出“兄弟”，也未列出“弟兄”。这就令人感到奇怪：“兄＋弟”的意义由什么词语来表达？从这两部词典列出的“兄弟仔两个｜表兄弟｜老兄弟”和“隔皮兄弟、隔腹兄弟”看，不是没有“兄弟”。那么，是不是厦门方言和雷州方言里“兄弟”根本不能单用？还是因为“兄弟”太普通，编纂者觉得没必要立项？这需要作进一步的核实。

《徐州方言词典》，列出“兄弟”，未列出“弟兄”。该词典对“兄弟”的解释是：指弟弟；也称呼年纪比自己小的男子。这就是说，“兄弟”是偏弟型，“兄弟”中是存在“兄＋弟”的语义缺位的。既然如此，便应该由“弟兄”来补偿，然而，却看不到“弟兄”。这同样是令人费解的。

第二，加强方言间同异情况的可比性。

很希望各部方言分卷能够在比较中罗列词语条目和词语义项。这个工作做得越细，整部词典的实际价值就越大。以词语义项来说，对于某个词语，假若可能有可选择项 1 2 3 4，甲分卷可以选择 1 2 3，乙分卷可以选择 1 2 4，丙分卷不仅全选 1 2 3 4，而且加上 5。这样，方言与方言之间就具有明晰的可比性。

现在的情况，并不特别理想。比方，“兄弟”的谦辞用法，有的分卷里没提。是不是所说的方言里没有这种用法呢？不敢断定。又比方，“弟兄”的士兵义，许多分卷里没提。是不是那些方言里全都不那么用呢？很难说。再比方，许多分卷里收了“堂兄弟”和“表兄弟”，但《南昌方言词典》里只有“表兄弟”。《银川方言词典》里也只有“表兄弟”，未收“堂兄弟”，但又有“堂叔兄弟”。到底实际情况如何？令人疑惑。另外，《长沙方言词典》解释“兄弟”时说又泛指同辈的男子，如“兄弟姐妹们｜阶级兄弟”，《东莞方言词典》解释“兄弟”时说也指“自己人”，这是不是别的方言没有的情况？也叫人犯疑。

第三，注意索引和正文的相互照应。

《东莞方言词典》索引部分，“平辈”里列出了“虾饺”。翻看正文，对“虾饺”却只有这样的解释：“一种用米粉做皮，虾仁做馅儿的半圆形食品，是酒楼饭店常见的点心。”这种有失照应的现象，笔者只看到一例。然而，即使如此，也应引起注意。

最后，很希望《现代汉语方言大词典》的编纂是开放性的。最好不要在 41 部分卷本上面止步。假如有条件，将来再陆续组织编纂若干部分卷本，“汉语方言的百宝箱”就会更加充实，更能反映汉语方言宝藏的全貌。笔者相信，这绝对不是少数人的期盼！

五 说明

本文写作，主要参考中国社会科学院语言研究所词典编辑室编、商务印书馆1996年出版的《现代汉语词典》修订本，主要查看李荣先生主编、江苏教育出版社出版的《现代汉语方言大词典》（分卷本）中的23种方言词典。按出版次序排列，23种方言词典是：鲍厚星、崔振华、沈若云、伍云姬《长沙方言词典》（1993），叶祥苓《苏州方言词典》（1993），周长楫《厦门方言词典》（1993），沈明《太原方言词典》（1994），汪平《贵阳方言词典》（1994），熊正辉《南昌方言词典》（1994），张成材《西宁方言词典》（1994），黄雪贞《梅县方言词典》（1995），刘村汉《柳州方言词典》（1995），刘丹青《南京方言词典》（1995），周磊《乌鲁木齐方言词典》（1995），朱建颂《武汉方言词典》（1995），陈鸿迈《海口方言词典》（1996），贺巍《洛阳方言词典》（1996），李树俨、张安生《银川方言词典》（1996），苏晓青、吕永卫《徐州方言词典》（1996），王军虎《西安方言词典》（1996），许宝华、陶寰《上海方言词典》（1997），尹世超《哈尔滨方言词典》（1997），覃远雄、韦树关、卞成林《南宁方言词典》（1998），白宛如《广州方言词典》（1998），詹伯慧、陈晓锦《东莞方言词典》（1998），张振兴、蔡叶青《雷州方言词典》（1998）。

（原载《方言》1999年第4期）

说“生、死”与“前”的组合

前言

“生、死”可以分别跟“前”组合，成为“生前”和“死前”，二者同义。例如：

（1）俺兄弟生前说，别为他难受……（冯德英《迎春花》）

（2）他死前曾对我说，要求批准他为共产党员。（李晓明、韩安庆《平原枪声》）

前一例是“生前说”，后一例是“死前说”，其中的“生前”和“死前”可以互换：

（3）俺兄弟死前说，别为他难受……

（4）他生前曾对我说，要求批准他为共产党员。

一般情况下，说一个人“生前”怎么样或“死前”怎么样，这个人都已经去世。但是，在特定语境中，特别是在假设性句法环境中，所说的人也可以是活着的。例如：

（5）假如，我牺牲了，假如，党审查我生前的一举一动，像个共产主义战士，够个党中央和毛主席忠实的警卫员，那么，我这一生便没有虚度；虽死也身心愉快。（杜鹏程《保卫延安》）

（6）初时他尚想倘若败在师父手下，自己死了固不足惜，但盈盈也

必为他所杀，而且盈盈出言伤他，死前定遭惨酷折磨，是以奋力酣斗，一番心意，全是为了回护盈盈。(金庸《笑傲江湖》)

例（5）用“生前”。“我”提出一个有关自己的假设，“我”自然是活着的。例（6）用“死前”，说的是令狐冲通过假设对盈盈的生死情况进行推测，而查看小说可以知道，事实上盈盈活着。

吕叔湘先生写《说“胜”和“败”》，在举出“中国女篮大败朝鲜队”和“中国女篮大胜朝鲜队”之类例子之后说：“‘胜’和‘败’是公认的一对反义词，怎么这里变成同义词了呢？”比照吕先生的话，也可以这么说：“‘生’和‘死’是公认的一对反义词，怎么组合成‘生前’和‘死前’之后变成同义词语了呢？”有人甚至颇感奇怪地问：“死前”等于“死之前”，这好理解；“生前”不等于“生之前”，这是怎么回事？

本文结合句法环境的管控，从不同角度对“生前”和“死前”这两个同中有异的组合进行观察。

一 语法单位

“生前”和“死前”属于不同级别的语法单位，“生前”是典型的合成词，而“死前”在严格意义上却是一个短语。它们的组造理据有所不同。

作为短语，“死前”的语义是组合的，即“死＋前”；其组造理据，是对“前”的直接定位，即“死之前”。作为合成词，“生前”的语义则是融合的，表示的是“活着的时候”；其组造理据，是对“前”的反转定位，即绕了一个弯子，以反义的“死”作为定位点，由死到生地表述概念，等于说“死前之生（活着）时”。正因如此，“生前—死前”的对立，跟“来前—去前”“睡前—醒前”等并不相同。

语言是一个系统。在语言系统中使用的“死前”和“生前”，不是孤立的现象。比如“城外、市外”同“郊外、野外”，“城外、市外”是严格意义上的短语，意为城之外、市之外；“郊外、野外”是典型合成词，不是郊之外、野之外，而是城市之外的郊区、城市之外的野地。“城外”和“市外”是用“城”和“市”对“外”直接定位；而“郊外”和“野外”则是定位于人们聚居的热闹区“城”“市”，对“郊”“野”进行反转定位。

近似的例子，还有“地上”和“天上”。“地上”是严格意义上的短语，意为地面之上；“天上”是典型合成词，不是天之上，而是天空。人们以衣食住行离不开的“地”为定位点，地面之上就会直接叫“地上”，这是直接定位；对于高高在上的“天”，人们往往会潜意识地加上“上”字，叫“天上”，这实际上是由地到天地进行反转定位。

凡是直接定位的组合，都有反义说法。如：“死前—死后”，“城外—城内”，“市外—市内”，“地上—地下（地上有树木，地下有矿藏）”。凡是反转定位的组合，都没有反义说法。如：“生前”没有“生后”的反义说法，“郊外、野外”没有“郊内、野内”的反义说法，“天上”没有“天下”的反义说法（“天下太平、打天下”之类中的“天下”，不跟“天上”构成反义关系）。“地上”和“地下”有时同义（一个苹果掉到了地上＝一个苹果掉到了地下），但这里的“地下”是反转定位的组合，即以高高在上的“天”作为定位点，给“地”加上“下”字，实际上还是地面之上。

“生前”和“死前”是典型的同义词语，“城外、市外”和“郊外、野外”只能说是意义接近的词语，“地上”和“天上”连意义接近都谈不上，但是，它们的组造理据是相同的。

一般的词典不收短语。因此，从词典里可以查到合成词“生前”“郊外”“野外”和“天上”，却很难查到严格意义上的短语“死前”“城外”“市外”和“地上”。由于同样的原因，一般的词典里自然也查不到短语“来前”和“去前”，“睡前”和“醒前”。

二 表义倾向

“生前”和“死前”都指活着的时段，但从表义上看，二者存在细微差别。

第一，就所指时段的长短而言，“生前”可以包括活着的所有时间，“死前”可以只指临近死亡的极短时刻。比较：

（7）李先生生前同事、学生及亲朋好友，如参加告别仪式，请准时前往。（讣告）

（8）死前那一刹那，她微微地露出了笑容。

“生前亲朋好友”，包括儿童时代、上小学时期的所有熟人，不能说成“死前亲朋好友”；“死前那一刹那”，时间极短，不能说成“生前那一刹那”。再比较：

（9）他生前很痛苦。

（10）他死前很痛苦。

例（9），时间可以很长，偏指生命历程中跟命运相关的心灵上的痛苦；例（10），时间一定很短，偏指死亡过程中跟病伤相关的肉体上的痛苦。

从行为的延续情况来看，作为时段偏长的“生前”，可以跟活着时延续多年的多次行为相联系；作为时段偏短的“死前”，可以只跟活着时迅速完成的一次行为相联系。

先看“生前”的例子：

（11）……特别是三中全会以后，出现了毛泽东同志生前多年盼望实现的生动活泼的政治局面。（《邓小平文选》第二卷）

（12）杜平生前和他在一起的那许许多多的生活场景一齐出现在他的眼前，……（李晓明、韩安庆《平原枪声》）

例（11）用了“多年”，隐含有“多次”的意思；例（12）用了

“许许多多”，隐含有“多年”的意思。如果把这两例的“生前”换为“死前”，都不合适。

再看“死前”的例子：

（13）武藏死前喝了酒，一定是酒后一时糊涂，自杀了。（李晓明、韩安庆《平原枪声》）

（14）这年冬天，老弟熬病熬到了头，死前对李芙蓉说：“我不怪你，我们李家究竟八字不硬。”（陈世旭《将军镇》）

例（13）是说武藏自杀前喝过一次酒，例（14）是说“老弟”临终时对李芙蓉讲过那么一句话。如果把这两例的“死前”换为“生前”，或者不怎么顺当，或者会改变原意。

上面说过，“生前”和“死前”在特定语境中可以用来指活着的人。但是，二者仍然有行为的长期多次与短时少量的区别。例如：

（15）我生前有人养老，我有什么不放心的啊！

（16）我死前，真想看春哥一眼啊！

第二，就表述者的心理偏重点而言，用“生前”进行表述，说的是一个人的正常经历；用“死前”进行表述，着重强调发生有关情况时一个人的生命状况已不正常。比较：

（17）西湖大姐的丈夫遗下了一笔钱财，他生前用老婆和女儿的名义存了好几处银行。（陈世旭《将军镇》）

（18）你爹死前在天津存着三百块现洋，我知道他把它取回来了，……（李晓明、韩安庆《平原枪声》）

这两例，讲的都是把钱存入银行。前一例用“生前”，偏向于强调那是在生命状况正常时做的事，当时身体可能很健康；后一例用“死前”，则偏向于强调那是在生命状况不正常时做的事，当时已有死的预感或征兆了。

在句子的词语完全相同的情况下，变换使用“生”和“死”，可以看到二者表述心理上偏重点的不同。例如：

（19）崇祯的生母姓刘，生前地位很低，……（姚雪垠《李自成》第一卷）

（20）崇祯的生母姓刘，死前地位很低，……

例（19），是说在宫中的地位一直很低；例（20），是指靠近死亡的那个时间里地位很低，不排除以前曾经显赫过。又如：

（21）关于领导方法的原则，杜平同志生前已经对你讲的很多了。（李晓明、韩安庆《平原枪声》）

（22）关于领导方法的原则，杜平同志死前已经对你讲的很多了。

同是“对你”，前一句指正常情况下多年的启发教育，后一句指靠近死亡那个时间里的反复叮咛。

“死前”是不是根本不能跟表示较长时段的词语连用呢？也不是。不过，总会有个限度。看例子：

（23）舅舅在死前几个月，就送我去投师学艺。（姚雪垠《李自成》第二卷）

（24）后来崇祯因想着他母亲在死前两年中长斋念佛，又命画师另画一幅遗容，……（姚雪垠《李自成》第一卷）

“几个月”，特别是“两年”，跟咽气前的短暂时间相比较，不能说不长，然而，还是强调了临死，指明了生命状况已不正常。再说，“死前”的时段长度总是有限的，除非是百岁老人，否则，就一般情况而言，恐怕不会有“死前十年长斋念佛”的说法。

第三，就跟人和事物的关系而言，“生前”可以用来述说一个人的人生经历，“死前”却可以用于不存在人生经历问题的人和动物。例如：

（25）我尽力尊重他的遗愿，不去歌颂他生前的工作，不公布他的工作单位和职务。（初中《语文》第四册）

（26）听人说她生前是不规矩的。（高中《语文》第四册）

这两例的“生前”，或者涵盖一个人一生的业绩，或者涵盖一个人一贯的生活作风，都不能替换为“死前”。又如：

(27) 那婴儿死前动过手术。

(28) 那匹老马死前显得可怜巴巴的。

一个一岁半岁的幼儿没有“经历”，因而幼儿夭折可以说“死前”怎么样，却不好用“生前”；马、牛、羊、狗、猫是动物，没有“人生”经历，因而动物死了可以说“死前”怎么样，却不好用“生前”。

三　跟介词的配搭

在跟介词配搭上，“生前”和“死前”的情况有所不同。

“生前”和“死前”的前头都可以用介词“在”。例如：

(29) 他在生前没有把过去良好的作风，比如说民主集中制、群众路线，很好地贯彻下去，没有制定也没有形成良好的制度。(邓小平《答意大利记者奥琳埃娜·法拉奇问》)

(30) 那个小窗户像是变成了万宝洞，竟能使她看到似乎在生前已经不能看到了的人。(李晓明、韩安庆《平原枪声》)

(31) 他在死前确实有过悔改的表示。

(32) 那个让她牵肠挂肚的人，她真希望在死前能看上一眼。

前两例是“在生前”，后两例是“在死前”。

但是，跟时段之短相配合，只有“死前”的前头才可以出现介词“临”。例如：

(33) 潜斋临死前特意嘱咐留交给他，不可随便泄露天机。(姚雪垠《李自成》)

(34) 这是敌人临死前的挣扎，是狗急了跳墙。(冯德英《苦菜花》)

(35) 建梅那欢乐的笑容，关切的眼光，还有她那临死前被敌人残害的形象，却老在他眼前晃动。　(李晓明、韩安庆《平原枪声》)

这三例都是“临死前”。在结构层次上，“临死前”是“〈临死〉

前”，而不是“〈临〉死前”。即“临”先跟“死”组合，然后一起跟“前”组合。“生前”前头不能出现“临”。假设在某个特定场合，一位老人这么叮咛孕妇：“一定要保护好孩子，临生前千万别胡乱吃药！”其中的“临生前”一般要说成“临产前”，不过，即使能那么说，“生”也不是“活着”的意思，而是“生下来”的意思，因此跟本文讨论的“生前”无关。

有时，“临死前”前边还可以出现“在”：

（36）他要是胆敢在临死前骂出一声就多砍十刀，骂十声多砍一百刀。（姚雪垠《李自成》）

这时，结构层次是：“在｜〈临死〉前”。

四 语用价值

“生前”和“死前”的使用，从语用价值的角度看，也存在细微差别。

第一，“生前”是文雅说法，表示对死者的尊重；“死前”是白俗说法，带有随便述说的口气。比较：

（37）这位老将军生前几个月里老在念叨这件事。

（38）这位老将军死前几个月里老在念叨这件事。

例（37）用“生前”，口气尊重；例（38）用“死前”，是一般性地述说死者的情况，显得较为粗俗。再比较：

（39）这是方志敏同志生前从狱中用米汤写给鲁迅先生的一封信。（初中《语文》第二册）

（40）据了解，郭某现年32岁，湖北省黄石市人，2002年初来津，在某大酒店坐台，死前曾多次向别人炫耀自己有存款。（常健等《三陪女劫杀三陪女》）

撇开时间长短的因素不讲，例（39）不一定不能用“死前”，但是对于方志敏同志来说，用“生前”更合适；例（40）不一定不能用“生前”，但是，述说对象是一个三陪女，用“死前”更适当。

对于同一件事，在造句词语完全相同的情况下，“生前”和“死前”的选用首先取决于说话人的心理因素。对自己尊敬的人，不会用“死前”把话说得那么随随便便；对自己厌恶的人，不会用“生前”把话说得那么文雅郑重。另外，也取决于说话人的文化程度。一个没有什么文化的人，说话白俗，不会使用文雅词语，即使谈及父母伯叔，也可能用“死前”。

第二，在生与死对比着说的时候，出于变换词面的需要，如果后边出现“死”字，前面要用“生前”。例如：

（41）因为这是老孙生前的愿望、死后的遗言。（杜鹏程《保卫延安》）

（42）生前名满天下，死后名垂千古，……（姚雪垠《李自成》）

（43）他生前自己也承认有错误，他说过，我死后如果能够得到三分错误、七分功劳的评价就满意了。（邓小平《总结历史是为了开辟未来》）

这三例是“生前”和“死后”对比着说。以前一例来说，不会说成：因为这是老孙死前的愿望、死后的遗言。又如：

（44）我爹爹妈妈生前遭人折磨侮辱，又死得这等惨，……（金庸《笑傲江湖》）

（45）这些财主羔子，生前糟蹋得还嫌不够，死了还把好东西带进土！（冯德英《迎春花》）

这两例是“生前”和“死/死了”对比着说。以前一例来说，不会说成：我爹爹妈妈死前遭人折磨侮辱，又死得这等惨。

常有“死者生前”的说法。在这样的四字格里，为了避免用字的重复，不管是什么身份的人，都不会说成“死者死前”。例如：

（46）黄冈市公安局刑侦技术对从死者生前食用的鸡蛋炒饭和胃内容物中检出同样的鼠药“毒鼠强”成分，……（麦芒等《家庭

暴力引发悲剧》)

(47) 死亡时间推断为10月29日晚10时30分至次日凌晨1时30分之间，死者生前与他人有过性行为。(张志奇等《一起“杀妻”冤案引人深思》)

五 古代使用情况

“生前”和“死前”共时使用，有所分工，自古有之。例如：

(48) 生前酒伴闲，愁醉闲多少。(杜牧《独酌》)

(49) 人生百岁中，孰肯死前足。(澹交《效古》)

笔者通过电脑语料库对古文和古诗作了大面积的检索，获得了两点鲜明的认识：

第一，“生前”和“死前”的同与异，跟现代汉语里的情况没有什么区别。比方，从语用价值上说，为了变异词面的需要，如果跟“死、死后”对举使用，便要求用“生前”。例如：

(50) 努力前程是帝乡，生前免向胡中死。(刘商《胡笳十八拍·第十七拍》)

(51) 夫人病时不肯别，死后留得生前恩。(白居易《李夫人》)

(52) 生前不忍别，死后向谁宣。(王维《哭祖六自虚》)

(53) 生前妒歌舞，死后同灰尘。(祖咏《古意二首》)

(54) 生前卖卜居三蜀，死后驰名遍大唐。(郑遨《哭张道古》)

第二，“生前”的使用频率大大高于“死前”，“生前”和“死前”的比例为4∶1。这在一定程度上决定于人文背景。古人迷信，古文古诗中用“生前”，许多时候是从死后的阴间回溯人物的阳世生活情况，这类例子不少。现代人一般不再讲说阴间的事，这类例子自然基本消失了。例如：

(55) 小侄生前，不听好言，不信有阴间地府，妄作妄行。(凌濛初《初刻拍案惊奇》卷三十七)

（56）但闻室中笑语，亮气高声，宛若生前。（蒲松龄《聊斋志异·陆判》）

（57）冥王以妾生前无罪，死犹不忘经咒，俾生王家。（蒲松龄《聊斋志异·杜四娘》）

（58）贵家委禽，女辄不欲，怪问之，具述生前约。（蒲松龄《聊斋志异·鲁公女》）

（59）以生前抛弃字纸过多，罚作瞽。（蒲松龄《聊斋志异·司文郎》）

六　结束语

（一）“生前”和“死前”同义。但“生前”是典型的合成词，而“死前”却是严格意义上的短语。这说明，辨析同义现象，有时有必要突破“词”对“词”的界限。

（二）作为同义词语，“生前”和“死前”都指活着的时候，既可以就死去的人而言，也可以就活着的人而言。它们的细微差异，表现在组造理据有所不同、表义倾向有所不同、跟介词配搭的情况有所不同、语用价值有所不同等方面。

（三）“生前”和“死前”共时使用，自古有之。由于古代文化背景的关系，古代作品中“生前”的使用频率大大高于“死前”。

（四）对“生前”和“死前”的语义进行辨析，不能离开句法管控和话语场景。汉语的词汇词义的分析研究，应该同语法语用的分析与研究结合起来。孤立的词汇词义层面的分析，只能获得最基本的了解；衔接上语法语用的分析，才有可能获得深入而全面的认识。

（五）2001年5月，储泽祥教授在跟笔者谈心时提到“生前”和“死前”。后来，这两个词语老在脑子中相互纠缠，无法排除，于是收集材料，不断梳理，写成本文。提到这一点，是想特别说明，本文的题目是从泽祥那里得到的。

主要参考文献

[1] 吕叔湘. 说"胜"和"败"[J]. 中国语文，1987（1）：1-5.

[2] 中国社科院语言研究所. 现代汉语词典（修订本）[M]. 北京：商务印书馆，1998.

[3] 储泽祥. 现代汉语方所系统研究[M]. 武汉：华中师范大学出版社，1997.

[4] 邢福义. "最"义级层的多个体涵量[J]. 中国语文，2000（1）：16-26.

（原载《中国语文》2003 年第 3 期，略有修改）

事实终判："来"字概数结构形义辨证

"来"字概数结构，指"十来（个）、三十来（碗）"之类表示概数的结构。

在解释概数助词"来"的时候，《现代汉语词典》的说法是："来"用在"数词或数量词"后边表示概数①。《现代汉语规范词典》的说法是："来"用在"数词或数量词"后边表示概数，通常略小于那个数目②。

诸如此类的表述，引发了两个方面的问题，需要辨察：其一，是构造形式方面的问题；其二，是语义蕴涵方面的问题。下面，分"形辨"和"义辨"两个部分，述说笔者考察语言事实之所见。文章末尾，是简单的"结束语：事实终判"。

一　形辨

构造形式上，"来"字概数结构被断定为"数词或数量词＋来"。这就是说，"来"的前边，或者是数词，或者是数量词。这样的描述，没有错误，然而，过于宽泛，不够精确。

（一）关于数词

首先，需要弄清楚，"来"字前边的数词是什么样的数词？

数词可以分为个位数词和段位数词。前者包括“一、二、三、四、五、六、七、八、九”等；后者包括作为十进法单位的“十、百、千、万”等。

概数助词“来”前边的数词，要么是一个段位数词，如“十来、百来、千来、万来”，要么是复合的“个位数词+段位数词”，如“二十来、三百来、四千来、五万来”。举两个段位数词用“千”的例子：这一石破天惊的举动，把个千来号人的莲井村闹了个沸沸扬扬。(《人民日报》1988年10月11日) | 回来一试，由于封闭不严，四处漏渣，一连榨了二千来斤大豆，没见油星。(《人民日报》1986年2月27日) 再举两个段位数词用“万”的例子：消费税调整后，差的那万来块钱是一笔不小的数目。(《人民日报》2006年3月27日) | 各种种植、养殖和加工方面的专业户、专业工，全区一共有1万来个。(《人民日报》1982年3月2日)

“亿”是个很大的段位数词。只看到“个位数词+亿+来”的形式，未看到“亿来”的形式。例如：可以把每年直接用作燃料烧掉的两亿来吨秸秆中的一部分或者大部分，经过处理提高其营养价值，先作为牲畜的饲料，再用牲畜的粪便制造沼气，然后用沼气渣来肥田，其肥效比厩肥还好。(《人民日报》1981年6月11日)

至于个位数词，是绝对不能直接出现在概数助词“来”的前边的。“一来、二来、三来”之类能说，但这里的“来”不是概数助词，而是序数助词。

另外，还有一些比较特殊的数词，比如“零、半（半个苹果）、双（双份工资）、几、许多”等，都不能出现在概数助词“来”的前边。

（二）关于数量词

进一步，需要弄清楚，“来”字前边的数量词是什么样的数量词？

只有一类数量词可以出现在“来”字的前边，这就是由度量衡单位构成的数量词，即“数词+度量衡单位”。举例如下。

1. 度量衡单位用“尺”的。例如：先前，黄山磴道断断续续，只有二尺来宽。（《人民日报》1984 年 8 月 27 日）｜门前挂着一块红漆剥落的三尺来长的木牌，上面写着“中华全国文艺协会”，是于右任先生的手笔。（《人民日报》1985 年 3 月 6 日）

2. 度量衡单位用“寸”的。例如：糊包约一寸多粗，五寸来长，每包分两扇，用绳扎起，煮吃。（《人民日报》1982 年 8 月 24 日）｜慌张间，头撞到门框上，撞了个二寸来长的口子。（《人民日报》1986 年 11 月 10 日）有时“尺”“寸”在上下文同时并见。例如：景颇人的长刀二尺来长，一寸来宽，锋利的刃像一条笔直的银线。（《人民日报》1982 年 9 月 20 日）

3. 度量衡单位用“丈”的。例如：这原是个井式斜洞，大约一丈来深。（《人民日报》1981 年 12 月 28 日）｜丈来长的麻绳上串着风干的无花果，……（张爱玲《连环套》）

4. 度量衡单位用“斤”的。例如：这是澳洲旱鸭，……喂到两斤来重，打上一针，放出来，让它自由采食。（《人民日报》1981 年 11 月 6 日）｜归鸟的个体约摸有半斤来重，每巢栖身一对成年鸟，……（《人民日报》1999 年 2 月 7 日）偶尔也用“公斤”。例如：刚上学，就开设了语文、数学、政治、美术、音乐等五六种学科，背的书包足有 2 公斤来重。（《人民日报》1993 年 1 月 13 日）

5. 度量衡单位用“里”的。例如：朝北一踏，离村半里来地，正好有条东西笔直的大道，道上还走着一个浑身是土的庄稼人。（冯志《敌后武工队》）｜走到离张村四里来地的地方，这一带地势很洼，高粱茂盛，……（雪克《战斗的青春》）

6. 度量衡单位用“亩”的。例如：人均一亩来地，不管你怎样反复挖刨，又能刨出多少效益来？（《人民日报》1999 年 6 月 17 日）｜他们完全以朋友对待他，虽然他既是个乡下人，又给他们种着地——尽管只是三亩来的坟地。（老舍《四世同堂》）

7. 度量衡单位用“厘”的。例如：一年中，左腿萎缩2厘来。（《人民日报》1993年1月3日）｜一位体重50公斤的妇女坐在70公斤重的永磁体合金盘上，在众目睽睽之下，人盘同时悬空，高度达5厘来。（《人民日报》1996年7月19日）

除了法定的度量衡单位，有时还可以借用某个名词来作为度量衡单位。比如借用“人”：陶阿毛绕着半人来高的棉筒穿出弄堂，向梳棉间走去。（周而复《上海的早晨》）｜说着，我们走进咖啡园，咖啡苗长得有一人来高。（《人民日报》1987年3月5日）这是人民群众临时使用的估摸性度量衡单位，在日常生活中常有出现。跟“人”情况相同的是“盆、碗、碗口”之类。例如：路边一朵深红色的鲜花正自盛放，直有碗口来大，……（金庸《神雕侠侣》）

使用度量衡单位的“来”字概数结构，跟典型的“来”字概数结构相比较，有同有异。

一方面，在数量组合的形式上，有相同之处。这就是：度量衡单位前边一样可以出现不同的个位数词。以“尺”来说，例如：这棵枣树是1964年从山坡上挖来移栽的，当时只有一尺来高。（《人民日报》1981年7月26日）｜那大剪刀张开来时，剪刃之间相距二尺来长，……（金庸《神雕侠侣》）｜地下积雪不到一尺，那断杵却有三尺来长，反给他一插灭迹，神功实是惊人。（金庸《神雕侠侣》）｜另一个包裹四尺来长，却是包着两柄长剑。（金庸《神雕侠侣》）｜杨过微笑不语，又折下了两根五尺来长的树干，递给郭襄，……（金庸《神雕侠侣》）｜这人两足折断，肋下撑着一对六尺来长的拐杖，……（金庸《神雕侠侣》）以上六例，“尺”的前边分别出现了“一、二、三、四、五、六”。有的时候，还可以出现“半”。例如：忽然，在脚下的枯叶中，他们见到了几片半尺来长的落叶，……（《人民日报》1981年7月18日）有的时候，个位数的位置上也采用零形式，隐含意义为“一”。例如：拿着一枝尺来长的雪白人参，宛然是个成形的小儿模样，……

（金庸《神雕侠侣》）

但是，另一方面，也有不同之处。这就是：使用十进法段位数词的"×来"，后边可以出现普通量词或准量词"个、本、年、岁"之类；使用度量衡表数单位的"×来"，后边却不能出现普通量词或准量词，而是出现形容词或名词。

大多数情况下，后边出现度量性形容词。所出现的形容词，跟度量衡单位所关联的度量有关。比如"尺"，可以关联到"长、高、宽、厚"：那里一尺来长的火苗子，从密闭上边两侧嗤嗤地往外窜。（《人民日报》1981年1月14日）｜这棵枣树是1964年从山坡上挖来移栽的，当时只有一尺来高。（《人民日报》1981年7月26日）｜从篱门通向楼房的小路上铺着水泥方砖，连那半尺来宽的间距中也挤满茸茸嫩草。（《人民日报》1982年2月28日）｜县汽车站的售票窗前，垫上一块尺来厚的砖头。（《人民日报》1983年7月20日）又如"丈"可以关联到"远"，"斤"可以关联到"重"：她们俩隔着丈来远交谈。（张爱玲《金锁记》）｜2斤来重的黑鲈鱼翻扑挣扎，……（《人民日报》1982年12月26日）"×来"后边也有不出现形容词的，但可以认为隐含一个形容词。如"左腿萎缩2厘来"，可以认为是"左腿萎缩了2厘来宽/大"；又如"人盘同时悬空，高度达5厘来"，可以认为是"人盘同时悬空，达5厘来高"。

有的时候，后边出现"地、路"之类名词。所出现的名词，表示跟度量衡段位"亩、里"相关的事物。例如：去年俺家这两亩来地就是种的淄麦12号。（《人民日报》2005年8月21日）｜听见喜鹊叫，一抬头，才发觉已经走出五里来地，来到永安村头。（《人民日报》1981年9月12日）｜两里来路，人家起码要走一刻钟，他10分钟就走到了。（《人民日报》1991年5月16日）

诚然，"来"字概数结构的形成，受到严格的组造机制的规约。一般的数量词，是不能带上"来"构成概数结构的。那么，为什么度量衡量词可以进入这一结构中段位数词的位置呢？观察可知：段位数词和度量衡单位存在相通之处。“十、百、千、万”等段位数词，有接近于量词的地方；度量衡量词，有接近于段位数词的地方。比方：“十来万”和“十来里”，“里”固然是量词，“万”也用作了量词；“三万来（人）”和“三里来（路）”，“万”固然有表示某个定数的内涵，“亩”也有表示某个定数的内涵。

问题讨论到这里，必须特别指出：“十来年”“十年来”都可以说。“十年来”是不是“数量词＋来”的概数结构呢？首先，从语义上看：“十年来”的“来”指向“十年”，可以换成“以来”，即可以说成“十年以来”，明显表示时间的数量范围；“十来年”的“来”则指向“十”，不能换成“以来”，即不可以说成“十以来年”，明显表示概数。如果认为这两个“来”都是助词，那么，前者更像是范围助词，后者才是典型的概数助词。其次，从语法上看：第一，“十来年”可以用在动词后边充当宾语，如“有十来年”“过了十来年”；“十年来”没有这种用法。第二，两个“来”在词语的组配上有不同的表现。比如：表示典型概数的，可以说“四千来年、五千来年”，但不能说“四五千来年”；而主要表示范围的，则不受限制，不仅可以说“四千年来、五千年来”，也可以说“四五千年来”。可见，“十来年”之类和“十年来”之类，不是全然等同的现象。就共时平面而言，两个“来”不应混为一谈。

归总起来说，精确的认识应该是：“来”字概数结构中，“来”字直接用在段位数词或者度量衡单位量词的后边，前头常常出现个位数词。词典中，为了解释的简明，起码要加上“某些”，即：表示概数的“来”，可以加在某些数词或数量词后边，形成概数结构。

二　义辨

（一）现代汉语的考察

在表义状况上，对于本数来说，“来”是表示“略多”，还是表示

"略少"，抑或是表示"左右"？上面提到，《现代汉语规范词典》认为"通常略小于那个数目"。相反，有文章介绍姚德怀先生的理解："来"同整数词连用，表示超过该数的约数[3]。而吕叔湘先生早在 1967 年所写的《数量词后的来、多、半》一文中，便认为是"左右"。他解释道："十来个"是说从八九个到十一二个，"五十来个"是说从四十八九个到五十一二个[4]。

《现代汉语规范词典》的解释，似是来自《现代汉语八百词》(1980)。《八百词》中写道：表示大概的数目。一般指不到那个数目，有时也指比那个数稍大或稍小[5]。《八百词》是集体著作，尽管由吕叔湘先生主编，但那个词条可能不是吕先生所写。所谓"一般指"和"有时也指"，用的是推测口气，并没交代这个结论是怎么得到的；特别是，"一般指不到那个数目，有时也指比那个数……稍小"的表述，不像写过《语法修辞讲话》的吕先生的文笔。

笔者对将近 26 年的《人民日报》(1981—2006) 进行了全面搜索。搜索面覆盖了从《现代汉语规范词典》出版到《现代汉语八百词》出版的时段，共计九百多万个句子（包括较长的多重复句），将近八亿个字。经分析，得到了以下四点结论。

结论一：大多数用例，会"见仁见智"，不同的人可能有不同的理解。比如：几个十来岁的孩子，一路上……说说笑笑，争争讲讲，路也就走完了。(《人民日报》1981 年 3 月 6 日）甲可能认为几个孩子全都小于十岁，乙可能认为全都大于十岁，更多的人可能认为略大、略小和恰好十岁的情况都存在。但是，无论如何，如果孤零零地看这个句子，要较劲，谁也说服不了谁。这种情况十分自然，概数的模糊性可以引发理解的多样性。特别是这样的例子：几分钟后，我们的后面便突然出现百来名便衣警察。(《人民日报》2002 年 6 月 28 日）"我们"发现有许多警察在追赶，"百来名"不过是闪现在脑海里的粗略估计。那个时候，"我们"中谁都不可能停下来，站到旁边，一个一个地点数，精确地统计出是略多于一百，还是略少于一百。

结论二：有的用例，由于能够找到判定的依据，可以确认为“略少”，但是，极为罕见。例如：恰恰这十来年间，林业生产也进入了较快的发展时期：1978年至1986年，内蒙古造林保存面积超过了十一届三中全会前28年的总和。(《人民日报》1995年4月24日) 前面提“十来年”，但后边说是“1978年至1986年”，满打满算，总共只有9年。这样的用例，仅发现这么一个。

结论三：有的用例，由于能够找到判定的依据，可以确认为“略多”。跟表示“略少”的相比较，表示“略多”的相当多，占压倒优势。其判定依据，主要表现为以下几点。

1. “×来”的结构组织模式。首先，是数字递增模式。例如：“先尽着群众”没错儿，可升级不光是长八九十来块钱的事，它还意味着对一个人的评定！(《人民日报》1985年5月4日) ｜你能不能一句话一句话地，用几句话，五句、十句或十来句话，……给大家说得简单明了呢？(《人民日报》1987年1月11日) 前一例，“八→九→十来”地递增。前边已经出现了“九”，后边的“十来”不可能少于“十”。后一例，“五句→十句→十来句”地递增。前边已经出现了“十句”，最后的“十来句”更不可能少于“十句”。其次，是特定语境中加“这”指代模式。例如：王熙凤在夸宝玉屋里丫头小红嘴巧时，顺便埋怨自己一些佣人嘴笨：“他们必定把一句话拉长了，作两三截儿，咬文嚼字，拿着腔儿，哼哼唧唧的，急得我冒火……”都是家常话儿，却中了写文章的一大弊。这二十来个字可以理解为思路不清，废话太多。(《人民日报》1986年8月25日)“这二十来个字”，指的是王熙凤话里的“把一句话拉长了，作两三截儿，咬文嚼字，拿着腔儿，哼哼唧唧的”(曹雪芹《红楼梦》)，实际上共二十五个字。

2. 同一作者笔下“×来”和“×余”的“词面换用”。比较：杨过在雪光掩映下瞧得分明，只见鸡身上咬满了百来条七八寸长的大蜈蚣，红黑相间，花纹斑斓，都在蠕蠕而动。（金庸《神雕侠侣》）｜二人你抢我夺，把百余条大蜈蚣吃得干干净净。（金庸《神雕侠侣》）这两例见于同一作者在同一场合对同一事实所作的描述。前一例用“百来条”，后一例用“百余条”，可见在金庸的脑海词典里，“百来条”并非少于一百条。

3. 公认的客观事物的常理。例如：家养了二十来只鸡，现在正是旺季，一天二十多个蛋，十天半月就是三、四百！（《人民日报》1981年12月28日）｜他说，这就是“吸毒、犯罪、十来岁的少女怀孕，甚至是经济问题的原因”。（《人民日报》1989年7月22日）前一例，如果“二十来只鸡”是少于“二十只”，怎么可能“一天二十多个蛋”？有的鸡，偶尔一天生两个蛋，但不能天天如此，而且，据了解，如果某天生了两个蛋，第二天便不生。可见二十来是二十多。后一例，怀孕的“十来岁的少女”，有可能是八九岁的孩子吗?!

4. 客观事实的核对查实。例如：和尚笑了，说，以前我也那样侍候她们，“文化大革命”十来年，顾不得她们了，她们在风雪里冻着过冬，冻惯了也就没事了！（《人民日报》1981年2月28日）｜遵义会议确立了毛泽东同志的领导地位以后，特别是党的“七大”前后到“八大”这十来年，是最令人怀念的时期。（《人民日报》1981年6月30日）前一例，“文化大革命”从1966年5月16日的《五一六通知》开始，到1976年10月6日夜“四人帮”被逮捕结束，略多于十年。后一例，“七大”于1945年4月23日至6月11日在延安举行，“八大”于1956年9月15日至27日在北京举行。从“七大”到“八大”，相隔了十一年多。再看这个例子：从艺十来年的李雪健打演“匪兵”起，已扮过林彪、“钢锉将军”等不下10回头号角色。（《人民日报》1991年3月2日）李雪健1976年参加演出话剧《千秋大业》，1980年开始“触电”，演电影《天山行》中的一个指导员。即使从1980年算起，到1991年也已有十一年。

结论四：有的用例，由于能够找到判定的依据，可以确认为“左右”。跟表示“略少”的相比较，表示“左右”的也占明显优势。其判定依据，主要表现为以下两点。

1. “×来”中×本身是个概数，而不是定数。比如“百十来”：这百十来字的短文，发生了很大的影响。（《人民日报》1982 年 3 月 3 日）｜仔细考来，这里的泉子也不下百十来眼，可以称为泉乡。（《人民日报》1983 年 10 月 4 日）｜这儿土地肥沃、水草丰美，然而小麦的单产并不高，只有百十来斤。（《人民日报》1985 年 6 月 6 日）表示略多或略少，×必须是个定数；如果×本身是个概数，其数量便是摆动不定的。“百十”，《现代汉语规范词典》和《现代汉语词典》都列为词条，解释为“一百左右”。前者举了“百十户人家、百十里地”的例子[⑥]，后者举了“百十来年、百十个人”等例子[⑦]。既然本数表示左右，带上“来”以后自然也只能表示左右。显然，“百十来”这一结构，“百十”是表示概数的词汇形式，“来”是表示概数的语法成分，二者配合起来表达概数。这是很顺当的解释。

2. “×来”同客观事实的不容置疑的联系。例如：周恩来同志写下“大江歌罢掉头东”和《雨中岚山》壮丽诗篇时，不过二十来岁。（《人民日报》1984 年 9 月 24 日）周恩来生于 1898 年 3 月 5 日。《大江歌罢掉头东》一诗，为 1917 年夏在南开中学毕业后东渡日本前所写，当时 19 岁。全诗为：大江歌罢掉头东，邃密群科济世穷。面壁十年图破壁，难酬蹈海亦英雄。《雨中岚山》一诗，为从日本回国前，于 1919 年 4 月 5 日，在日本京都雨中二次游岚山时所写，当时 21 岁。此诗 1920 年发表在他所主编的《觉悟》创刊号上。全诗为“两岸苍松 /夹着几株樱 /到尽处/突见一山高/流出泉水绿如许/绕石照人/潇潇雨 雾蒙浓/一线阳光穿云出/愈见娇妍/人间的万象真理/愈来愈模糊/——模糊中偶然见着一点光明 / 真愈觉娇妍”。可见，“二十来岁”涵盖了 19 岁和 21 岁。

还有一些例子，像是等于本数，但仔细琢磨，往往包含有左右的意思。例如：近十来年发展中国家人才外流十分严重，六十年代末到七十年代末，美国、加拿大等迁入 23 万移民，吸收了欠发达国家四分之三的专业人才。（《人民日报》1982 年 8 月 24 日）六十年代末到七十年代末，是十年。不过，实际还是左右无法确定，因为不可能一天也不多，一天也不少。

以上四点结论表明，现代汉语里“来”字概数结构的含义存在两种情况：第一，无法确认，可能见仁见智。第二，可以认定，但不会一边倒。如果用“＞”号表示多于，那么，可以列出如下两个顺序：

［顺序 A］总体情况：无法确认的＞可以确认的。

［顺序 B］可认定的：略多于本数 ＞ 本数左右＞略少于本数。

从顺序 B 及其对顺序 A 的反照来看，人们的语用心理可能更倾向于“略多”。然而，无论如何，事实是概数结构“×来”在含义上既可以是可左可右，又可以是或左或右，还可以是既左又右。语法规则的归纳，应该能够统摄全貌。因此，将其含义归总起来概括为“左右”，是最能准确反映语言运用的客观实际的。

如上所说，从构造形式上看，“来”字概数结构实际上可以分为两个类型：一为使用十进法段位数词的“×来”，二为使用度量衡单位的“×来”。跟使用十进法段位数词的“×来”相比较，使用度量衡单位的“×来”是较为特殊的一个类型。不过，应该注意：如果不管结构组织上的异同，不管句法机制管控上的区别，从“辨义”的角度看，使用度量衡单位的“×来”，同样表示“左右”，即其中的助词“来”同样帮助表示“左右上下”的意思。看这个例子：四周围着一人来高的木板墙，坚固而密实。（《人民日报》2000 年 9 月 1 日）人有高有矮。借用来衡量高度的“人”，肯定是中等个子的人，不会高达两米多，也不会矮得不到一米。然而，中等个子的人，其身高也没有定数，不过是可以上下摆动的高度而已。至于“半人来高”，自然也无法确定“半人”到底有多长，因而同样不能认定是略高于“半人”还是略低于“半人”。

(二) 近代汉语的考察

一般认为，概数说法"×来"出现于晚唐五代。那么，晚唐五代以来的作品，包括近代白话作品，使用情况如何？

江蓝生先生的《概数词"来"的历史考察》是一篇重要论文。文章把表示概数意义的"以来""来"记做"以来 2""来 2"。文中写道：我们推想，"以来 2"最初的意义只是表明一个数量的范围，即不超过某数（等于某数或比某数略少）……"以来 2"可以表示略多应是比较晚近的事情。文中又写道：有一种意见认为早期的"以来 2"表示略多，如太田先生《中国语历史文法》和孙德宣先生（《语词琐记》）。我们觉得这种意见尚缺乏必要的论证[8]。可知：学者们讨论"×来"，都跟"×以来（已来）"联系起来，但有人认为早期就表示略多，有人认为早期就表示略少。下面，讨论三个问题。

问题一："×以来/已来"和"×来"的联系如何？

孙德宣先生的文章中没有举出"×来"的用例[9]。太田辰夫先生的书中，是把"×以来/已来"和"×来"联系起来作了解说和比较的。他说："来"是和古代汉语的"许""所"相当的，但也可以认为是"以来"的省略。"以来"在古代汉语中是指某时之后的词，但后来还能表示数量，成为"多"的意思，又写作同音的"已来"。所举的例子是：即提一瓶水，可受二升已来。（仙传拾遗，《广记》74 引）｜擎一大钵，可受二升已来。（游仙窟）｜约长三寸已来。（乾臊子，《广记》343）｜可直五千已来。（朝野佥载 5）｜年五十已来。（录异记，广记 433 引）他又说："已来"的例子唐五代很多，却看不到用在数词和量词（或者名词）中间的例子。但是"来"能放在数词和量词（或者名词）中间，和现代汉语的用法一样。"来"不一定是指"多"，而似乎是表示约数，意义略有不同。这一点还有探讨的必要，或许可以认为这是省略"以"，意义虚化的结果。和现代汉语相同的"来"从五代开始可以看到。所举的例子是：师令八百来人到洪州。（《祖堂集》卷第十六）｜这里有三百来众。（《祖堂集》卷第十八）｜三十来年[10]。（《祖堂集》卷第十九）

太田先生的论说有几点意思很值得注意：第一，“来”也许是省略了“以”的结果。“也许”是个有所保留的词。第二，“以来/已来”有“多”的意思，而“来”不一定是指“多”，似乎是表示约数，意义略有不同。第三，“已来”的例子唐五代很多，却看不到用在数词和量词（或者名词）中间的例子。但是“来”能放在数词和量词（或者名词）中间，和现代汉语的用法一样。

问题二：表示典型概数的“×来”，其含义是否只能在“略多”和“略少”之中二者择一？

考察表明：跟现代汉语的情况一样，大多数例子会“见仁见智”。比如：三处主持三十来年，匡八百众矣。（《祖堂集》卷第十）“三十来”的含义，甲、乙、丙可以各自坚持己见。上面提到太田先生所引的《祖堂集》中的例子，其实都是可以“见仁见智”的，因此江蓝生先生说“尚缺乏必要的论证”。

然而，通过深入发掘语言事实，可以知道：有些例子，由于能够找到判定的依据，可以确认其偏多或偏少。只是，偏多也好，偏少也好，都不是一边倒。因此，无论作出偏向哪一边的结论，都会受到反例的质疑。

有的反例，会不利于“略多”。比如：人生天地两仪间。且住百来年。（《全宋词》，韦骧《木兰花慢》）年到七十便为“古稀”。古人超过百岁的即使有，也极为个别。因此，上例的“百来年”，就大多数人的理解来说，应在百年之内，即略少于百年。但是，有的反例，却会否定“略少”。比如：紫玉和尚嗣马大师，在襄阳。师讳道通。未覩实录，不决生缘。襄阳廉师于迪相公，处分界内，凡有行脚僧捉送，无有一僧得命便杀。如是得无数。师闻此消息，欲得去相公处，众中觅人随师。近有十来人，师领十人。恰到界首，十人怕，不敢进。师犹自入界内。

（释静、释筠《祖堂集》卷十四）为了明确语境，此例引用了一个句群。意思很明白：师要去相公处，找人伴随。师身边有十来人（概数），于是带领其中十人（定数）一起去。这里的“十来人”绝对不可能少于“十人”。可见，偏多说和偏少说都统括不了语言事实，存在有可能顾此失彼的缺点。

问题三：“×来”有没有可能一开始就表示“左右”？

这一思考的前提，是有的×本身表示概数。上面已经提及，“×来”如果表示略多或略少，×必须是定数。再以“千来”来讲，“千”必须是999＋1，才存在略多或略少的问题。要是“千”是概数，它本身便是一个左右晃动的数。既然左右晃动，怎么谈得上略多于一千或略少于一千？请看这个例子：玉走金飞两曜忙，始闻花发又秋霜。徒夸篯寿千来岁，也是云中一电光。一电光，何太疾，百年都来三万日。其间寒暑互煎熬，不觉童颜暗中失。……（《全唐诗》，吕岩《寄白龙洞刘道人》）吕岩即吕洞宾，唐僖宗时代人，传说应进士不第而入华山，后来成仙。“篯”即篯铿，是传说中极为长寿的彭祖。此例的意思，跟“云中一电光，人间千来年”之类相通，这里，“千”不是个定数。当然，彭祖的传说很多，也有说他活到八百余岁的，吕岩若是“实写”这方面的传说，“千来岁”便是近千岁，即“略少”。但是，作为诗句，“实写”的可能性不大。彭祖本来就是被夸张了的可以长生不老的神仙一类人物，诗句所要强调的是：不管你夸说彭祖能活到多少岁，即使是活到一两万岁吧，也不过是“电闪雷鸣”之间的事情而已。这是一种“虚写、泛写”的笔法。在语言形式上，其中的“来”不能替换为“以来”。可以做为旁证的是：天上一朝元五日，人间小住亦千年。（《全宋词》，刘辰翁《双调·寿谢寿朋》）“（亦）千年”可说成“千来年”，“千”是概数。琢磨诸如此类的事实，可以得到一点认识：“左右”义可能晚唐五代就已经有了。

另外，还需注意：明代作品中可以见到“千百来、百十来”的说法。如：一个银人，约重有千百来斤。（凌濛初《二刻拍案惊奇》）｜这集上有百十来人家，都是务农为业。（吴敬梓《儒林外史》）｜筝上套数小唱，也会百十来套。（兰陵笑笑生《金瓶梅》）“千百”极言其多[11]，“百十”表示一百左右，都无法解释为“略少”或“略多”。这类例子起码可以证明，表示“左右”的说法并不是到现代汉语里才形成的。也许可以这么设想：“十来年”之类概数说法表示“左右”，从总体上说，是伴随典型概数助词“来”的形成而开始的。

当然，笔者只是提出可供思考的三个问题。由于掌握的事实没有现代汉语的那么多，还不敢作出确定性的结论。到底情况如何，需要进一步深入地发掘事实。至于在历史上出现的典型“来”字概数结构的第一个例子到底怎么样，恐怕是很难查证落实的。

这里，还应该顺带指出：太田辰夫先生把用在度量衡单位后边的助词“来”叫做后助名词“来”。他写道：后助名词“来”是从后助数词“来”转化而来的。后助数词在唐代已经有了，它变为后助名词是在宋代。但因为它的来源是后助数词，所以，即使在作为后助名词，和名词一起构成修饰语时，也限于修饰含有数的概念的形容词即“大”“小”“长”“短”“远”“近”“重”“轻”等。如：西湖瘦得盆来大[12]。（宋·杨万里诗）太田先生所举的“盆来大”，“盆”就是借用的度量衡单位。可见他的观察相当细致。这类例子启发我们，“盆来”跟上面提到的“人来”一样，也是表示“左右”的，而这类表示法在近代汉语就已经使用了。不过，太田先生的论说也有应该纠正的地方：这类说法所修饰的形容词是强态义的“大、长、远、重”等，而不是弱态义的“小、短、远、轻”等。

三　结束语：事实终判

写作本文，意在突出强调一条原则“事实终判”。即：以语言事实作为最终判定的权威依据。研究问题，必须在事实的发掘上多下功夫。因为，结论的可靠，决定于证据的真实充足，而过硬的证据，是事实。最能说明这一点的，莫过于法庭辩论。甲提出一个断定，乙马上回应："证据！"假若甲拿不出事实来证明，甲的断定就无法成立。

"事实胜于雄辩"，这是颠扑不破的真理。不尊重事实，有意无意地"忽悠"事实、冒犯事实，再厉害的"雄辩"也不会鲜活，不会真的"厉害"。吕叔湘先生晚年将自己的治学原则总结为："广搜事例，归纳条理，反对摭拾新奇，游谈无根。"[13]笔者以为，做学问应该提倡风格多样，但是，无论如何，吕先生的总结是很值得咀嚼、很值得深思的。

说明：(1) 本文为纪念《语言研究》创刊30周年而写作。1981年，《语言研究》的创刊号上，笔者曾发表过《现代汉语里的一种双主语句式》一文。30年过去了，《语言研究》已经成了闻名海内外的一个大刊物。为此，笔者万分高兴，表示热烈的祝贺，同时，也借此机会对当年领头创办这一刊物的严学宭老先生表示深切的怀念。(2) 本文的一部分，曾以"'十来年'义辨"为题，在《光明日报》2010年6月21日发表，2000来字。经过进一步整理思路之后，写成本文，一万多字，是想把问题说得更清楚一点。(3) 由台湾世界华语文教育学会主办的"第九届世界华语文教学研讨会"，于2009年12月26日至28日在台北市举行。会上，笔者曾以"语言表述的正误与可否"为题，作了一场专题讲演，其中的第三部分为"事实终判"，讲的就是"来"字概数结构。笔者讲演之后，丁邦新先生就一个例句提出了十分中肯的意见。在这里，特别向丁先生表示由衷的感谢和敬意。

注释

①中国社会科学院语言研究所编：《现代汉语词典（第5版）》，商务印书馆2005年版，第807页。

②李行健主编：《现代汉语规范词典》，外语教学与研究出版社、语文出版社2004年版，第777页。

③王改改:《概数词“来”的语义调查和研究》,《汉语学习》2001年第6期,第46页。

④吕叔湘:《数量词后的来、多、半》,《吕叔湘全集》第二卷,辽宁教育出版社2002年版,第203页。

⑤吕叔湘主编:《现代汉语八百词》,商务印书馆1980年版,第310页。

⑥王改改:《概数词“来”的语义调查和研究》,《汉语学习》2001年第6期,第26页。

⑦中国社会科学院语言研究所编:《现代汉语词典(第5版)》,商务印书馆2005年版,第29页。

⑧江蓝生:《概数词“来”的历史考察》,《中国语文》1984年第2期,第145页。

⑨孙德宣:《语词琐记》,《中国语文》1979年第2期,第128~130页。

⑩太田辰夫:《中国语历史文法》,蒋绍愚、徐昌华译,北京大学出版社2003年版,第141页。

⑪罗竹风主编:《汉语大词典》第一卷,汉语大词典出版社2001年版,第843页。

⑫太田辰夫:《中国语历史文法》,蒋绍愚、徐昌华译,北京大学出版社2003年版,第94页。

⑬《吕叔湘先生生平》,《中国语文 》1998年第3期,第170页。(按:此文未署名。)

(原载《语言研究》2011年第1期)

说“NP了”句式

1. 一个名词或名词短语，带上“了”，可以成为一个分句，跟别的分句合成复句。NP代表名词和名词短语，S代表跟“NP了”连用的分句，可以列出两个基本格式：

Ⅰ　NP了，S。

Ⅱ　S，NP了。

格式Ⅰ，“NP了”充当前分句；格式Ⅱ，“NP了”充当后分句。例如：

(1) 大姑娘了，要注意整洁！

(2) 大姑娘了，一件像样的衣服也没有！

(3) 要注意整洁，大姑娘了！

(4) 一件像样的衣服也没有，大姑娘了！

(5) 转眼春妞已有十八岁，大姑娘了！

前两例是“NP了，S”，后三例是“S，NP了”。

2. “NP了”成为分句的关键是助词“了”。如果不用“了”，NP和S就不构成复句，或者连起来说站不住。如：

(6) 大姑娘，要注意整洁！

(7) 大姑娘，一件像样的衣服也没有！

(8) 要注意整洁，大姑娘！

(9) 一件像样的衣服也没有，大姑娘！

(10) 转眼春妞已有十八岁，大姑娘！

这里的“大姑娘”都不能分析为分句。前两例，“大姑娘”可以分析为主语或呼语；后两例，“大姑娘”可以分析为呼语；最后一例，连着前边的分句说“大姑娘”，站不住。再比较：

(11) 哼，二十几岁的姑娘，这么不要脸，以后还能嫁得出去？(竹林《水潺潺》，《十月》1983年第3期104页)

(12) 哼，二十几岁的姑娘了，还这么不要脸，以后还能嫁得出去？

前一例，“二十几岁的姑娘”可以分析为主语；后一例加了个“了”，“二十几岁的姑娘了”便是明显的一个分句。

3. 作为分句，“NP了”叙述情况的变化。“了”是表示情况变化的语法成分；配合“了”，“NP了”前边常常用副词“都”，成为：

都NP了，S。

S，都NP了。

这里的“都”是时间副词，相当于“已经”。如：

(13) 都大姑娘了，要注意整洁！

(14) 都大姑娘了，一件像样的衣服也没有！

(15) 要注意整洁，都大姑娘了！

(16) 一件像样的衣服也没有，都大姑娘了！

(17) 转眼春妞已有十八岁，都大姑娘了！

按说也可以用“已经NP了”，但口语中常说“都NP了”。看这几个例子：

(18) 都老大不小的人了，还跟个孩子一样。(申文钟《山翠菊香》，《长江》1983年第2期216页)

(19) 都什么年代了，还在搞什么边设计、边施工、边准备投产？(张锲《改革者》，《当代》1982年第5期19页)

(20) 都什么时候了，还在睡觉！

这三例是“都NP了，S”。“都NP了”也可以移到后边：

(21) 还跟个孩子一样，都老大不小的人了。

(22) 还在搞什么边设计、边施工、边准备投产，都什么年代了？

(23) 还在睡觉，都什么时候了！

这三例是“S，都NP了”。

4. 包含“NP了”分句的复句，分句与分句之间有因果、转折、倒置因果、倒置转折、归结按注等关系。“NP了，S”格式和“S，NP了”格式需要分开来讨论。

4.1 “NP了，S”格式，可以分为因果式和转折式两种。

因果式，“NP了”和S之间可以用表示因果关系的关联词语。如例（1）是因果式，可以说成：“大姑娘了，所以要注意整洁！”再比较：

(24) 高等动物了，黄牛、水牛都欺生，……

(25) 但或者因为高等动物了的缘故罢，黄牛、水牛都欺生，……（鲁迅《社戏》）

“高等动物了”表示原因，后一例加上“因为……的缘故”，作为原因分句的身份就十分明显。

为了强调结果或结论，因果式里S常用反问句。例如：

(26)（快过来，）一个部队的老战友了，还用我介绍么！（字心《雾中鼓声》，《昆仑》1983年第1期93页）

“还用我介绍么”是反问，等于说“不用我介绍了”。

转折式，“NP了”和S之间可以用表示转折关系的关联词语。如例（2）是转折式，可以说成：“大姑娘了，可是一件像样的衣服也没有！”又如：

(27) 快六十岁的人了，看上去却只有五十岁左右，……（张廷竹《五十四号墙门》，《芙蓉》1983年第2期5页）

(28) 别看二十几的人了，却爱脸红，……（申跃中《清水河畔一盏灯》，《十月》1983年第1期135页）

前一例前后分句之间用“却”，后一例前后分句之间用“别看……却……”。

不管是因果式还是转折式，“NP了”后边都可以加“嘛”，借以表示情况明显。如“大姑娘了嘛，要注意整洁!”“大姑娘了嘛，一件像样的衣服也没有!”又如：

(29)（不准罗嗦噢，你给我“啥也没看见”!）老兵了嘛，该……（朱苏进《引而不发》，《昆仑》1983年第1期5页）

这里用了“NP了嘛”，跟S“该……”之间有因果关系。

4.2 “S，NP了”格式，可以分为倒置因果式、倒置转折式、归结按注式三种。

倒置因果式，S表果，“NP了”表因，是因果式“NP了，S”的变换式，“NP了”也可以带上“嘛”。如例（3）是倒置因果式，是例（1）因果式的倒置。又如：

(30) 补发了九百块钱工资，也该买块好表、换辆好车啦，老大不小的人了……（遇罗锦《天使》，《百花洲》1983年第3期103页）

(31) 搞政工的都板起面孔来说教，不变成孤家寡人才怪呢，八十年代了嘛!（曾果伟《生活在呼唤》，《芙蓉》1983年第2期105页）

这两例都是“S，NP了”，都是因果倒置。例（30），“老大不小的人了”表原因，移到前边就成了“NP了，S”因果式；例（31），“八十年代了”表原因，带“嘛”，移到前边也成为“NP了，S”因果式。

倒置转折式，S指明某种事实，跟“NP了”所说的事实有转折关系，是“NP了，S”转折式的变换式。如例（4）是倒置转折式，是例（2）两个转折项的倒置。又如：

(32) 还住这么小的房子，大干部了!

(33) 连家信也写不好，都中学生了!

这里转折项倒置。如果把“大干部了”“都中学生了”移到前边，就成为“NP了，S”转折式。

一般的转折复句不容易把前项和后项直接倒置，但把“NP了，S”转折式倒置为“S，NP了”却是自由的，没有条件限制的。比较：

（34）四十多岁的人了，说话跟穿开裆裤的孩子差不离！（赵新世《鸡为媒》，《长江》1983年第2期200页）

（35）说话跟穿开裆裤的孩子差不离，四十多岁的人了！

例（34）是“NP了，S”转折式，例（35）是“S，NP了”倒置转折式。

归结按注式，S表明事实，“NP了”是对S所说的事实的归结，也是对S有关内容的按注。S可以是一个分句，也可以是两个或几个并列的分句。如例（5）是归结按注式，S本身是一个分句。又如：

（36）同学六年，同厂十一年，十七年的朋友了。

“十七年的朋友了”表示归结与按注，前边的S包含两个并列的分句。

有时，归结按注式中的“NP了”复用S中的某个词。例如：

（37）往事越十年，十年了！（陈海萍《清清的矿泉水》，《百花洲》1982年第6期108页）

“十年”前后复用。“十年了”仍然可以看作一种归结，一种按注。

4.3　“NP了”有时单独出现，实际上是隐去了S。这有两种情况。

第一，只说“NP了”，S没有说出但可以领会。“NP了”和隐去的S之间有因果关系或转折关系。例如：

（38）苏南和李兴对马长风和曾淑贤的相遇感到惊奇。问：“你们认识？”马长风笑笑说：“老同学，老朋友了。”（杨夔仪《无名小卒》，《当代》1983年第2期26页）

（39）宋廷焯……声音低沉，“拿我的枪上岗，会用不？”西丹石半

晌才挤出一句："老兵啦。"（朱苏进《引而不发》，《昆仑》1983年第1期6页）

例（38），"老同学，老朋友了"后边显然隐去了"当然认识"，补说出来就成为"NP了，S"因果式。例（39）"老兵啦"等于"老兵了啊"，后边隐去了"当然会用"。"老兵了啊"是因，"当然会用"是果，"NP了"和隐去的S之间有因果关系。假设一位教师看学生作文，发现错别字连篇，摇头叹道："咳，高中生了！"后边显然隐去了"还写这么多的错别字"，在这种情况下，"NP了"和隐去的S之间便是转折关系了。

第二，"NP了"是个问句，隐含着对某一事实的评价和赞叹，作用相当于因果式"NP了，S"。例如：

（40）中学生了？

（＝中学生了，真不错！

中学生了，真了不起！）

（41）大干部了？

（＝大干部了，真有出息！

大干部了，提升得真快！）

5. 能进入"NP了"句式的NP具有推移性。它所表示的概念，是由相对的概念推移而来的，原来并非如此。就词语的性质说，NP有三种。

5.1 NP是表示人或事物的名词或名词短语。带上"了"，意味着人或事物发生由小到大、由新到老、由低级到高级、由存现到消失等的变移。如"大姑娘了"（小姑娘→大姑娘），"老兵了"（新兵→老兵），"中学生了"（小学生→中学生），"高等动物了"（低等动物→高等动物）。又如：

（42）我老了，废物了，忘性比记性好。（浩然《老人和树》，《当代》

1982年第6期138页）

(43) 我真想命令他把帽子摘下来，可又想，要走的人了，算了，只当没看见。（龚绍东《他，就这样走了》，《小说选刊》1983年第2期44页）

例（42），"NP了"是"名词＋了"。"废物"是由"年轻力壮的人——年富力强的人"之类概念变移而来的概念。例（43），"NP了"是"名词短语＋了"。"要走的人"是由"或走或不走的人——批准走的人"之类概念变移而来的概念。

表示人或事物的NP，有的并列两个名词，表示一对关系概念。这一对关系概念是由另一对级别较低的关系概念变移而来的。例如：

(44) 夫妻了，还分那么清干什么？

(45) 老夫老妻了，还讲这个？

例（44），"夫妻"关系是由非夫妻关系变移而来的；例（45），"老夫老妻"的关系是由非老夫老妻的关系变移而来的。

5.2 NP是表示时点的名词或名词短语。带上"了"，意味着由甲时点推移到乙时点。如"八十年代了"是"名词短语＋了"，表示：……七十年代→八十年代。又如：

(46) 暑假了，有的是时间，……（鲍力、昌旭《黄果兰，更娇艳的黄果兰》，《小说月报》1982年第12期64页）

(47) 春天了，可是这儿仍然满地积雪。

(48) 都十点钟了，他为什么还没到？

"暑假了""春天了"是"名词＋了"，表示：寒假后一学期→暑假；冬天→春天。"都十点钟了"是"（都）名词短语＋了"，表示：九点钟→十点钟。

时点有大有小。"八十年代"是大的时点，"暑假""春天"是较大的时点，"十点钟"是较小的时点，"十点一刻"是更小的时点。有时，NP用"什么年代""什么时候"这样的名词短语，分别表示大的时点和小的时点，但都是说话人当前所处的时点。如例（19）“都什么年代了”，例（20）“都什么时候了”。由于NP中用了“什么”，“（都）NP了”带有比较重的反问和感叹的语气。

时点若直指当前的时间，“NP了”可以说成“这时候了”。例如：

（49）这时候了，还不回来！（遇罗锦《天使》，《百花洲》1983年第3期101页）

5.3 NP是表示时段的名词短语。带上“了”，意味着时段由短到长的推移。

表示具体的时段，NP用“时段数量（的）＋名词‘时间’”的名词短语。如：

（50）整整三年的时间了，他没来过一封信！

名词“时间”一般隐去。因此，常见的NP是用表示时段的数量词（量词是“准量”）。如：

（51）三年了，临走时总算知道了指导员希望了解一个战士，真不容易啊！（龚绍东《他，就这样走了》，《小说选刊》1983年第2期46页）

（52）唉，谁知道，要块地盘这么多道手续，这么难呢？都三年了！（浩然《误会》，《小说选刊》1983年第2期54页）

如果不需要说明时段的具体数量，NP可以用“这么长的时间”“这么多的年头”之类的名词短语。其中的形容词只能用“长”，不能用“短”；只能用“多”，不能用“少”。例如：

（53）这么长时间了，难道半路出了故障？（李万启《榛子河的战斗》，《解放军文艺》1973年第4期39页）

（54）这么多年了，谁知道他在不在？（映泉《白云深处》，《人民文学》1982年第11期5页）

5.4 NP不管是指人物、指时点或指时段，如果没有推移性，就不能说成“NP了”；如果没有自彼到此的推移性，也不能说成“NP了”。例如：

（55）百把斤的猪了，哪能随便卖出去？

＊（56）猪了，哪能随便卖出去？

“百把斤的猪”是由“不到百把斤的猪”变来的，有推移性，因此能说成“百把斤的猪了”；“猪”不是由别的什么东西变成的，没有推移性，因此不能说成“猪了”。又如：

（57）大孩子了，对大人要有礼貌！

＊（58）小孩子了，对大人要有礼貌！

“大孩子”跟“小孩子”相对，并且是由“小孩子”变来的，因此能说成“大孩子了”；“小孩子”跟“大孩子”相对，但不是由“大孩子”变来的，因此不能说成“小孩子了”。

6. 本文所说的“NP了”句式，是非主谓句句式。

6.1 “NP了”具有自足性，不需补上主语，也不能直接补上主语。要补主语，只能说成：

NP（主语）是NP了。

这是主谓句式，中间必须用“是”。例如：

（59）我们是老夫老妻了，还讲这个？

单说“老夫老妻了”，本身自足，意思明显，是非主谓句；改成主谓句，就得加“是”，说成“我们是老夫老妻了”。

6.2 有个例外，就是有的“NP了”前边可以直接补上主语“天”，但这个主语并非实指，是可有可无的。例如：

（60）天啥时候了，还泡在车间里，……（康云等《滚球记》，《小说选刊》1983年第2期11页）

“天”可以不用。“啥时候了”和“天啥时候了”同“下雨了”和“天下雨了”情况相似。

6.3 “NP了”不能直接采用否定形式。如果要用否定形式表达跟“NP了”同义的内容，就得将NP换成表示相对概念的NP，并且得说成：

（NP—主语）不是 NP 了。

这是主谓句式，“NP 了”前边加“不是”。比较：

（61）大人了，还这么爱哭！

（62）不是小孩子了，还这么爱哭！

“大人了”是“NP 了”充当分句；“不是小孩子了”是“（NP—你）不是 NP 了”充当分句。“（NP）不是 NP 了”实际上是“（NP）是 NP 了”的否定形式，因此，作为一种句式，“NP 了”实际上没有否定形式。

（原载《语文研究》1984 年第 3 期）

汉语里宾语代入现象之观察

0 引言

《中国语文》1952年到1953年连载了中国科学院语言研究所语法小组的《语法讲话》,《语法讲话》中曾经指出:"动词和宾语的关系是说不完的。"[①]有学者对有关论述提出了批评[②]。后来,《语法讲话》由商务印书馆出版单行本(即丁声树等《现代汉语语法讲话》),删去了这句话[③]。

就具体宾语和具体动词的关系而论,动宾关系确实说不完,这句话并没有什么错。不过,对于各种各样的宾语的形成,能否理出头绪,避免给人没有语法规律可讲的感觉?笔者认为,这是有可能的。

本文讨论汉语里宾语代入的现象,对及物动词的非施事宾语做一个初步的探索。

1 及物动词及其常规受事宾语

1.1 及物动词

本文限于讨论及物动词的宾语代入现象。

汉语的及物动词和不及物动词没有绝对的明确的界限。但这不影响我们就典型的及物动词或典型的不及物动词来讨论跟它们有关系的一些问题。

本文涉及的典型及物动词，具备以下三个特性：

a. 求补性。即在语义上要求名词宾语的补足。一个 SVO 结构，去掉 O 剩下 SV，或者表意不完整，或者改变意思，那么，其中的 V 是及物动词。如：

我写谁？我写我二姐！

我笑谁？我笑我二姐！

前一例，去掉 O，剩下“我写”，“写”字求补：写什么？写的是什么？后一例，去掉 O，剩下“我笑”，这个“笑”不求补，但原来的“笑”是“嘲笑”，而“嘲笑”是求补的：笑谁？嘲笑的是谁？

b. 动作性。即表示人物的具体的外露活动。否则，不是本文涉及的典型及物动词。如：

我奶奶在听京戏。

我奶奶爱听京戏。

我奶奶爱听的是京戏。

“听、爱、是”都具有求补性，但只有“听”是本文涉及的典型及物动词。

c. 非单纯趋向性。即不是“来、去、上、下”之类趋向动词。“来、去、上、下”之类具有动作性，也有一定程度的求补性，但跟典型及物动词有很大不同，不在本文讨论的范围。

1.2 常规受事宾语

及物动词的常规受事宾语有两类：一类是对象宾语。在 VO 结构中，O 事物本来已存在，V 动作直接施加于 O 事物。如：

挖土　　　　挖野草

挖山　　　　挖古墓

对“挖”来说，“土、山、野草、古墓”都是对象宾语。

另一类是目标宾语。在 VO 结构中，或者 O 事物本来不存在，V 动作的目标是造成 O 事物；或者 O 事物本来已存在，V 动作不是直接施加于 O 事物，而是以获得 O 事物为目标。如：

挖洞　　　挖战壕

挖沟　　　挖地道

对于“挖”来说，“洞、沟、战壕、地道”都是通过动作造成的事物，它们都是目标宾语④。又如：

挖金子　　　挖蚯蚓

挖红薯　　　挖古董

对于“挖”来说，“金子、红薯、蚯蚓、古董”都是通过动作获得的事物，它们也是目标宾语。

目标宾语表示通过动作所追求的一个目标，它所代表的事物是人们心目中所追求的某个对象，或者说，是动作者意念上所指向的某个对象。从这个意义上说，目标宾语未尝不可以认为是一种间接的对象宾语。

对象宾语也好，目标宾语也好，它们都是常规受事宾语，都可以转化为受事主语：

挖野草→野草挖掉了

挖地道→地道挖好了

挖金子→金子挖到了

所谓“常规”，是就动作和事物之间所建立的常规联系来说的。这种常规联系，为说汉语的人所共同认识和共同接受。只要一提到某个典型及物动词，人们会按照自己的生活经历想到它要求带上的常规宾语。如果让说汉语的人，特别是让中小学生填空，他们在宾位空格里填上的一般会是常规宾语。如：

吃→（饭｜菜｜糖……——对象宾语）

写→（人｜物｜事件……——对象宾语）

（字｜信｜小说……——目标宾语）

应该指出，有的及物动词只带对象宾语，不带目标宾语，如“看”；有的及物动词只带第一类目标宾语，不带对象宾语和第二类目标宾语，如“造”。此外，能带第二类目标宾语的及物动词是极少的。

2　及物动词后边非常规宾语的代入现象

2.1　非常规宾语

本文所说的宾语代入现象，指的是代体宾语代入常规宾语的位置的现象。即：

a. 常规式：［及物动词］＋［常规宾语］

b. 代入式：［及物动词］＋［↑］

〈代体宾语〉

代体宾语是可以代入常规宾语的位置的非常规宾语。这类宾语，它所代表的事物一方面跟常规宾语所代表的事物有联系，另一方面又跟动词所表示的动作有联系。比如：

写—字　　写—字

毛笔　　黑板

用毛笔写字，“毛笔”同时跟“写”和“字”有联系；把字写在黑板上，“黑板”也同时跟“写”和“字”有联系。“字”是常规宾语，“毛笔”“黑板”若代入宾语的位置，便成为代体宾语：“写毛笔”“写黑板”。又如：

吃—饭　　吃—饭　　吃—饭　　吃—饭

大碗　　馆子　　山　　小李

用大碗吃饭，在馆子吃饭，靠山吃饭，让小李破财请客吃饭，“大碗”“馆子”“山”“小李”都同时跟“吃”和“饭”有联系。“饭”是常规宾语，“大碗”“馆子”“山”“小李”若代入宾语位置，便成为代体宾语："你吃小碗，我吃大碗。""我可没钱天天吃馆子。""靠山吃山，靠水吃水。""今天吃小李！"关于"吃小李"之类说法，举两个书证：

（1）"怎么样？"突然，黄耀祖一拍大腿，瞪了眼望着我们："到陈文贵家去，去吃他陈文贵！"（何士光《蒿里行》，《当代》1987年第1期154页）

（2）显然，吃陈文贵，是比吃饭本身更让人津津有味的事情。（同上）

从跟动词的关系看，有的代体宾语大概可以说是工具宾语，如"吃大碗、写毛笔、抽烟斗"之类；有的代体宾语大概可以算作处所宾语，如"写黑板、吃馆子"之类。但是，相当多的代体宾语很难从语义上归入特定的类。比如"靠山吃山"的"山"是什么类型的宾语？说是处所宾语不大像，说是对象宾语也不大像。又如"今天吃小李"的"小李"是什么类型的宾语？似乎可以说是对象宾语，但跟"饭、菜、糖、蛋"之类"吃"的常规宾语相比较，它又显得太特殊了。再看这两个例子：

去车站迎接乘车前来的客人，"车"同时跟"接"和"客人"有联系。"客人"是常规宾语，"车"若代入宾语位置，便成为代体宾语："接车"。然而，在语义关系上"车"是什么类型的宾语？似乎是对象宾语，但实际上接的是客人而不是车。在医院里病床旁边陪伴照顾病人，"床"同时跟"病人"和"陪"有联系。"病人"是常规宾语，"床"若代入宾语位置，便成为代体宾语："陪床"。然而，在语义关系上"床"又是什么类型的宾语？它显然不是陪的对象，但也很难说它是处所。

2.2　代体宾语的复杂程度

种类繁多，语义特别，这是在动宾关系上代体宾语的突出特点。汉语的及物动词各有各的意义，不同意义的及物动词所能带上的代体宾语可以同中有异，或者互不相同，甚至差别极大。正因如此，常规宾语的类型是有限的，因为常规宾语跟所有及物动词的共性——以某种事物为对象或目标的及物性发生联系，而代体宾语则极其复杂多样，因为它们跟各个及物动词的具体语义发生联系。如果只看具体的语义关系，代体宾语的类型自然是难于穷尽遍举的。

从上文可知，“吃”和“写”所能带上的代体宾语有所不同，“吃、写”和“接、陪”所能带上的代体宾语很不相同。有的及物动词，所能带上的代体宾语比“吃、写”等还要多。比如：

打—球

“打”是及物动词，但它的意义太复杂，讨论它的宾语问题，对它的意义范围必须有所限定。现在，我们在“打—球”这一意义范围之内观察“打”的宾语。

“打”后边的“球”是对象宾语，“打球”有“玩球”的意思。《现代汉语词典》用“做某种游戏”来解释“打球、打扑克、打秋千”中的“打”[⑤]，《精选英汉汉英词典》里，汉英部分用 play 来解释“打篮球”中的“打”[⑥]。下面是鲁光《中国男子汉》中出现的现象。《中国男子汉》是写中国女排教练袁伟民的一篇报告文学，刊登于《中国作家》1985 年第 1 期。

a. 打球（38 页、53 页）

b. 打奥运会（39 页）

c. 打主力（44 页）

d. 打表演赛（45 页）

　　打比赛（52 页、53 页）

　　打球赛（53 页）

　　打世界超级明星赛（55 页）

　　打一场决定中国队命运的奥运会决赛（56 页）

e. 打世界冠军（46 页）

f. 打北京市队（46 页）

g. 打日本队（52页）

打美国队（53页、55页）

打巴西队（55页）

打联邦德国队（55页）

以上现象，围绕着“打球”形成了一个丰富多彩的“打—O”结构群。其中，“奥运会、主力、决赛、冠军、北京市队、日本队”等都是代体宾语。有的现象文中只出现一例，但可以类推。如“打奥运会”，可以类推成“打亚运会，打全运会（全国运动会），打省运会”；“打世界冠军”，可以类推成“打亚洲冠军，打全国冠军，打世界亚军”；“打主力”，可以类推成“打二传手，打主攻手，打副攻手”。除了以上现象，还有这样的说法：

h. 打背溜

打时间差

打短平快

这类说法，在中央电视台转播排球赛实况的解说词里经常出现。“背溜、时间差、短平快”等都是打排球时的战术名称。

在这个丰富多彩的“打—O”结构群里，动宾关系够复杂了。有的“打—O”中的代体宾语很难从语义类型上给它立个名目；有的，孤立地看“打—O”，没有什么区别，但实际上并不完全相同；有的，孤立地看“打—O”，没有什么区别，但实际上有很大的不同。分别看些实例：

(3) 但她也二十七岁了，身上的伤也这么重，怎么能让她去打奥运会呢？（39页）

(4) 你打不了主力了，就当好替补，像当年的曹慧英、杨希一样，你还可以为“三连冠”出力。（44页）

“去打奥运会”是去参加奥运会，在奥运会上打球的意思。从“参加奥运会”看，“奥运会”似乎是对象，从“在奥运会上打球”看，“奥运会”似乎是处所，但就“打奥运会”说，把“奥运会”叫作对象宾语或处所宾语显然都不贴切。“打不了主力”是在打球时担任不了主力的意思。就“打主力”说，“主力”不能认为是对象宾语，但如果专门为它立个名目，叫作“职务宾语”或“职能宾语”，那又没有多大意思，因为像这样随文释义地设立名目，汉语里所有宾语的名目又该有多少？

（5）明天，我们就要跟美国队打决赛了，年轻队员看你这么哭，会怎么想？（53页）

（6）侯玉珠往场里走，心里是那么兴奋，仿佛她不是去打一场决定中国队命运的奥运会决赛，倒轻松得跟平日的训练一样。（56页）

前一例的“打决赛”和后一例的“打……决赛”可以互换。但这两例的“打”和“决赛”之间语义关系并不完全相同：前一例是“进行决赛”的意思，后一例是“参加决赛”的意思。

（7）郎平，你的最大特点是不断地追求。在业余体校时，你盼望进北京青年队。到了青年队，又想打北京市队。打上北京队后，眼睛就盯着国家队。（46页）

（8）输球不要紧，问题是怎么转败为胜。我看，你还是个人得失考虑得多了。明天我们就打美国队了，你的这种委屈情绪必须彻底扭转过来。（53页）

孤立地看，“打北京市队”和“打美国队”完全一样。但是，二者的动宾关系截然不同。“打北京市队”是加入北京市队，北京市队是所在队；“打美国队”是同美国队比赛，美国队是对抗队。

仅从一个“打—O”结构，就可以看到代体宾语种类之繁多，语义之特别。诚然，汉语的动宾关系之所以复杂，有多方面的原因，但是，在很大程度上跟宾语代入现象的复杂多样相联系，这是可以肯定的。

3 代体宾语的形成条件

宾语代入现象的成立，代体宾语的形成，需要满足下列几个条件。

3.1 有三角联系

及物动词同常规宾语固然有联系，代体宾语同及物动词和常规宾语也必须分别存在联系。本文 2.1 里已作了一些图示，如果概括一下，便可以得到一个三角联系阵图：

本文 2.2 里列举的种种“打—O”结构，不管其中的代体宾语是怎么个花样，都无一不受这三角联系阵图的约束。比如“打冠军”和“打日本队”很不相同，但在受三角联系的约束上却没有什么不同：

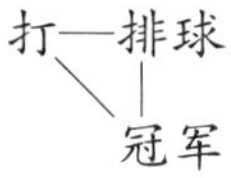

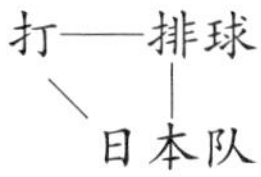

打排球，夺取排球赛冠军，“冠军”同时跟“打”和“排球”有联系；同日本队打排球，“日本队”既跟“排球”有联系，自然也跟“打”有联系。

这种三角联系必须是直接的。如果缺乏直接的三角联系，代体宾语就不能形成，宾语的代入现象就会发生错误。比较：

打主攻手（十）

打主裁判｜巡边员（一）

打领队｜教练（一）

打队长（一）

按主攻手的分工打球，主攻手直接参加赛事，“打主攻手”能形成代体宾语。“裁判”和“巡边员”只干预比赛，不参加比赛，“打裁判、打巡边员”不能形成代体宾语。“领队”和“教练”只间接参与赛事，不直接参加比赛，“打领队、打教练”也不能形成代体宾语。担任队长的人往往上场打球，但上场之后是按“主攻、二传”之类的分工打球，“队长”这个行政职务跟打球的关系还是间接的，因此“打队长”也不能形成代体宾语。

3.2　提供新信息

代体宾语要在常规宾语的基础上向人们提供一个新的信息。从信息量看：

动词＋代体宾语＝动词＋常规宾语＋代体宾语

在“动词＋代体宾语”的格式里，隐含着不言而喻的常规宾语，而代体宾语则提供出跟常规宾语有关的一个新信息。比如“洗热水”，等于用热水洗澡，除了表达洗澡的意思，“热水”的信息是新的。又如“擦珍珠霜”，等于用珍珠霜擦脸，除了表达擦脸的意思，“珍珠霜”的信息是新的。

如果不能提供新的信息，代体宾语不能成立，宾语的代入现象显得滑稽可笑。比如，用耳机听音乐可以说成“听耳机”（“请你放心，我听耳机，不会吵你的!”），用耳朵听音乐却不能说成“听耳朵”。这是因为，“耳机”的信息是新的，可以让别人在听什么的基础上多了解点什么，而“耳朵”本来的作用就是听声音的。

如果不是提供新的信息，一个可以成立的动宾结构里的宾语肯定不是代体宾语。比如“煮热水、制珍珠霜”，其中的“热水、珍珠霜”是目标宾语，不是代体宾语；又如“吸鼻子、挥右手、摇摇头”，其中的“鼻子、右手、头”是可以看作对象宾语的反身宾语（把鼻子吸了一下，把右手挥了一下，把头摇了一下）[⑦]，也不是代体宾语。“哭鼻子”是惯用语，情况有点特殊。看例子：

（9）前几天补到咱们连队的新战士李玉明哭鼻子了。（杜鹏程《保卫延安》）

（10）现在哭着鼻子要求去，说不定住上三天就又哭着鼻子要求回

来哩！（施宝义等《汉语惯用语词典》用例）

“哭鼻子”就是“哭”，“哭着鼻子”就是“哭着”[8]。多了个“鼻子”，似乎多了点什么，比方似乎可以让人联想到流鼻涕。但是，“鼻子”无所代，不存在三角联系的问题，不符合代体宾语成立的第一个要求；再说，这里的“哭”是不及物动词，不构成及物动词带宾语的现象。

3.3　不产生误解

代体宾语所提供的新信息必须是不存在歧解的。这就要求，代体宾语在语义关系上绝对不能被认为是对象宾语。比如“吃大碗”，不会被认为是把大碗吃到肚里去；“抽烟斗”，不会被认为是把烟斗吸到肺里去。再比较：

戴耳机听音乐

→听耳机（+）

戴眼镜看小说

→看眼镜（－）

“听耳机”，不会被认为耳机就是听的对象，因此“耳机”作为代体宾语可以成立；“看眼镜”，却可以被认为眼镜就是看的对象，因此，“眼镜”作为代体宾语不能成立。

“喝杜康、抽阿诗玛”之类有点特殊，需要特别说一说。这里的“杜康、阿诗玛”有所代：杜康是人，这里代表一种酒；阿诗玛是人，这里代表一种香烟。而且，这类说法不会引起误解，不会被认为是把杜康这个人喝到肚子里去，把阿诗玛这个人吸到肺里去。但是，首先，这里的“杜康”和“阿诗玛”是纯修辞的借代现象。“杜康”即“杜康酒”，不构成“喝”与“酒”同另一种事物之间的直接的三角联系；“阿诗玛”即“阿诗玛烟”，不构成“抽”与“烟”同另一种事物之间的直接的三角联系。其次，从跟“喝”和“抽”的语义关系说，这里的“杜康”和“阿诗玛”都是典型的对象宾语。因此，这里的“杜康、阿诗玛”之类不是语法上的代体宾语。

3.4　有言语背景

宾语代入现象的出现，总有一定的言语背景。换句话说，只有在特定的言语背景下，代体宾语才能形成，动词和代体宾语之间的语义关系才能确定。比如，如果没有例（3）的言语背景，突如其来说“打奥运会”，别人可能感到莫名其妙。又如，如果没有例（7）的言语背景，孤零零地说“打北京市队”，别人可能以为是跟北京市队打球，而不知道指的是郎平成了北京市队的一员，在北京市队打球。

言语背景有的常识性较强。就是说，所说的事情为大家所知道，有关的知识已为大家所接受。常识性越强，带有代体宾语的格式的使用频率就越高，人们对这类格式的习惯性也就越大。例如“陪床”，有特定的言语背景：到医院去陪伴住院的病人，才叫“陪床”；在家里陪伴卧床的病人，就不叫“陪床”。又如“接车”，也有特定的言语背景：到车站去迎接远方来客，或者迎接从远方归来的亲人，才叫“接车”；到公共汽车站去迎接在市内工作而往返路程很短的妻子，就不叫“接车”。“陪床”也好，“接车”也好，由于人们具备有关的背景知识，不会发生误解，又由于有关的现象经常在生活里出现，这种简练的说法也就成了大家的习惯用法。再看这个例子：

（11）王仁每日上班下班，抽烟喝茶吹电扇……（许辉《幸福的王仁》，《小说家》1990年第1期82页）

对“抽”“喝”来说“烟”“茶”是常规宾语，对“吹”来说“电扇”是代体宾语。由于吹电扇、听收音机之类现象已很普遍，已成为人们生活的常识，因此，并列使用“抽烟喝茶吹电扇”，只要不是特意进行分析研究，人们不会对其中的“吹电扇”产生十分特殊的感觉。

言语背景有的特殊性较强。就是说，所说的事情具有个人性和偶发性，对大家说来并未成为一种知识，甚至并未形成一种印象。这种情况下使用的代体宾语，更必须有明确的言语背景，使用时不能不伴随有特定的上下文。比较：

在馆子吃饭

→吃馆子

在教室吃饭

→吃教室

馆子是吃饭的场所，在馆子吃饭是属于常识范围之内的事情。因此，说“吃馆子”，大家很习惯。教室是上课的场所，在教室吃饭是个人的偶发的行为。因此，光说“吃教室”，人们一定很惊讶。但是，如果明确地交代背景：

（12）那时候，我无处可去，又患着重病。恰好学校停课，几个学生娃子就帮我住进了教室。差不多整整两年，我都睡教室，吃教室。

这样，“吃教室”的说法就站得住了。再比较：

在黑板上写字

→写黑板

在课桌上写字

→写课桌

黑板是供写字用的，“写黑板”已成了生活中的习惯说法；课桌不是供写字用的，“写课桌”的说法必须提供明确的上下文：

（13）孩子们，你们怎么在课桌上胡乱写字？以后不准再写课桌，知道吗？

这样，“写课桌”的说法也就可以站住脚了。

常识性和特殊性是相对而言的。有些事，对一些人说来是常识，对另一些人说来可能是很不熟悉的。但是，不管怎样，只要提供言语背景，即使对很不熟悉的事，人们仍然可以理解。例如：

（14）阿爸沉默了一会儿，先走了。今天他们要去砍山，准备垦一片旱谷的新地。（黄钲《哥喂鸟》，《小说家》1990年第1期132页）

（15）以前什么都是集体的，……现在可不一样，十指连心，你多犁一下他的牛都心疼，害怕你把牛累倒了，伤倒了，造成莫大损失。（吴继忠《我不求人》，《当代》1984年第1期210页）

城里人肯定不熟悉“砍山”“犁……牛”生活，如果听到孤零零地说“砍山”“犁……牛”，大概都会听不懂。然而，在上面的例子里，由于表述者提供了言语背景，因此人们可以一读就知道：“砍山”相当于“在山上砍树木”（“砍树木”是广义的，包括除去杂草荆棘等），“多犁一下他的牛”相当于“用他的牛多犁一下田地”。

4　总结

4.1　汉语里动宾关系极其复杂。及物动词的宾语，从跟动词的语义关系看，可以分出很多次类，而分出来的次类简直无法具有穷尽性。然而，在典型及物动词众多的次类宾语中，存在着一个重要的事实，这就是，它们有的是常规宾语，有的是代体宾语。常规宾语的类型是有限的，只有对象宾语和对象性很强的目标宾语；代体宾语则变化多端，无法一一命名，但不管是什么情况，凡是代体宾语都一定受三角联系阵图的制约。根据三角联系阵图，可以以简驭繁地解释各种各样的代体宾语，摆脱困惑。

4.2　常规宾语是跟动词建立常规联系的宾语，表示动作的对象或目标；代体宾语是代入常规宾语位置的宾语，表示跟动词和常规宾语都有直接联系的事物。语义上，常规宾语跟所有及物动词的以某种事物为对象或目标的及物性发生联系，而代体宾语则跟各个及物动词的具体语义发生联系。有三角联系，提供新信息，不产生误解，有言语背景，这是代体宾语成立的四个要求。其中，有三角联系是最基本的要求。

4.3　把代体宾语和常规宾语区别开来，可以采用以下的检测方法。首先，一个VO结构，如果一出现表示V的对象或目标的宾语

（记为 O_1），就可以把原来 V 后边的宾语挤出宾语位置，让它出现在次动词“用、在、到、跟”等后边，居于次宾位，那么，原来的宾语便是代体宾语（记为 O_2）。即：

VO_2

→用 O_2VO_1　　在 O_2VO_1

　到 O_2VO_1　　跟 O_2VO_1

反过来说，如果宾语本身已表示对象或目标，没有别的宾语可以把它挤出 V 后边的宾语位置，并让它出现在“用、在”等后边成为次宾语，那么，它就是常规宾语。比如：

（16）（李向南：）“我白帮你提这么多东西了？”（林虹：）“嫌累了？昨天你管我吃面，今天我请你吃饭。你要吃什么？”（李向南：）“吃馆子？吃什么馆子也比不上我亲手擀的面礼情重啊！”（柯云路《衰与荣》，《当代》1988 年第 1 期 122 页）

“吃馆子｜吃什么馆子”可以说成“在馆子吃饭｜在什么馆子吃饭”，作为代体宾语的“馆子｜什么馆子”可以被“饭”挤出宾位，转居次宾位；至于“吃饭”，作为对象宾语的“饭”却没有别的宾语可以把它挤出宾位并使它转居次宾位。

其次，常规宾语可以用“把”字往前提调[⑨]，代体宾语大多数不能。比方，“吃饭”可以变成“把饭吃完”之类说法，“吃馆子”就不能变成“把馆子吃完”之类说法。少数代体宾语也可以用“把”字往前提调，但它们一旦跟常规宾语同现，就得转为次宾语，因而跟常规宾语也不会相混。如：

今天辽宁队打湖北队

明天北京队打广州队

“湖北队/广州队”可以用“把”往前提调：“把湖北队/广州队打败”。但是，“打湖北队/广州队”等于“跟湖北队/广州队打球”，常规宾语“球”一出现，代体宾语“湖北队/广州队”就必须转成“跟”的次宾语。

4.4　本文只涉及及物动词的常规受事宾语和跟常规受事宾语有关的代体宾语。这当然不意味着其他动词不能带宾语，也不意味着及物动词只能带受事宾语。

事实上，不及物动词也可以带宾语。常见的有两类：①处所宾语。如："你坐沙发，我坐床。"②施事宾语。有的具有供动性，如"一张沙发坐三个人"，等于说"一张沙发可以供三个人坐"；有的具有存现性，如"空中飘着鹅毛般的大雪"，等于说"有鹅毛般的大雪在空中飘着"。看两个实例：

（17）宝雅你听我说，我不是叫你跟我回家去睡猪栏，不是的！（黄钲《哥喂鸟》，《小说家》1990 年第 1 期 139 页）

（18）就在土坝旁那棵核桃树下，依树站着宝雅！（同上，151 页）

例（17）"睡"是不及物动词，"猪栏"是处所宾语；例（18）"站"是不及物动词，"宝雅"是具有存现性的施事宾语。

不及物动词的处所宾语可以由非处所名词充当。例如：

（19）我已经为你铺了一层新禾草，不知够厚不够。怕你睡不惯禾草，我给你买回了一张草席，就搁在我床头，你自己拿去铺上吧。（同上，140 页）

"禾草"本来不是处所名词，但在这里具有处所性，等于说"怕你在禾草上睡不惯"。

在"VO+VO"的连续性结构中，有的可以是及物动词的宾语，有的可以是不及物动词的宾语。如：

（20）第二日上午，王仁仍是开了风扇，吃西瓜，喝酽茶，吸烟，睡躺椅，翻三国，……（许辉《幸福的王仁》，《小说家》1990 年第 1 期 184 页）

这里连续出现六个"VO"，"睡躺椅"是不及物动词带宾语，其他都是及物动词带宾语。另一方面，及物动词也可以带施事宾语。有的具有让动性，如“晒太阳”等于说“让太阳晒”，“淋了雨”等于说“让雨淋了”。有的具有供动性，如“一锅饭吃七八个人”等于说“一锅饭供七八个人吃”。有的具有存现性，例如：

(21) 体育场外。围着一群人，正在争抢着向一个人购买退票。(苏叔阳《婚礼集》50页，北京十月文艺出版社，1984)

“围”是及物动词，“一群人”是施事存现宾语。

本文把讨论的范围限定为典型及物动词及非施事宾语，有两个原因：第一，在汉语的极其复杂的动宾关系中，典型及物动词和非施事宾语之间的关系最为复杂，而且十分微妙，是问题的重点和难点。第二，在笔者看来，对动宾关系的观察不能过于笼统，换句话说，不能笼统地讨论所有的动词和所有的宾语。只有从不同侧面不同角度多做专题研究，问题才有可能一步一步地得到解决。

注释

①中国科学院语言研究所语法小组：《语法讲话》(七)，《中国语文》1953年第1期第20页。

②胡明扬：“我不明白作者这些话的意图何在，因为读者原来希望从语法中找到一些规律，可是结果是看到一大堆‘不一样’的‘例子’，愈看愈糊涂。”(见中国语文编辑部：《汉语的词类问题》第二集，中华书局1956年版，第85页。)

③丁声树等：《现代汉语语法讲话》，商务印书馆1961年版，第34页。

④这类目标宾语通常叫做结果宾语。叫做结果宾语没什么不可以，但应注意，结果宾语和结果补语很不相同。凡是结果宾语，都不是单纯地表示动作结果所显示的情态，而是表示通过动作所追求的一个目标。

⑤中国社会科学院语言研究所词典编辑室：《现代汉语词典》，商务印书馆1973年版，第171页。

⑥朱原等：《精选英汉汉英词典》，商务印书馆1986年版，第83页。

⑦邢福义：《谈一种宾语》，《中国语文》1960年第12期，第426页。

⑧施宝义等：《汉语惯用语词典》，外语教学与研究出版社1985年版，第

240 页。

⑨按“把”字句的要求，常规宾语被“把”字往前提调之后，动词要带补语、状语或采用重叠形式。

主要参考文献

[1] 丁声树，吕叔湘，李荣，等. 现代汉语语法讲话 [M]. 北京：商务印书馆，1961.

[2] 吕冀平. 汉语的主语宾语问题 [M]. 北京：中华书局，1956.

（原载《世界汉语教学》1991 年第 2 期）

“NN 地 V”结构

0 说明

NN 代表“名＋名”并列结构，每个 N 都是典型的名词，不会被看作是比词大的单位[①]。V 包括 VP，既可以是单个动词，也可以是动词结构。NN 和 V 之间用助词 de，书面上常写作“地”，也可以写作“的”。“NN 地 V”是现代汉语里相当特殊的一种结构，特别之处主要表现在用 NN 作状语。因此，本文主要讨论作状语的 NN。为了方便，作状语的 NN 简称为 NN 状语。

1 NN 状语的表义范围和必要的构成条件

1.1 从词语和所指对象的联系看，NN 状语的表义范围主要涉及人、物和处所。如：

（1）赵多多今天大宴宾客，书记、主任地请来了好些个头面人物。

（2）那天莲莲在代销店肥皂、电池地买了好几块钱的东西。

（3）成年累月上海、广州地跑，没有甜头他会干？

相对地说，指物 NN 状语较为多见。“烧鸡烤鸭地吃”“野草树皮地啃”“皮鞋夹克地经常买”“原理公式地天天背”，这类说法相当能产。

NN状语也可以指时间，但能经常见到的只是“白天晚上”或“白天黑夜”：

(4) 丫丫很少出门，白天晚上的哭。(李宽定《山林恋》)

(5) ……他们厂的一个锅炉工，只要高高不在家，就白天黑夜地与她厮混在一起。(晓宫《被切开的苹果和视觉》)

1.2 从“NN地V”本身的结构形式看，NN状语的构成有几个条件：

1.2.1 起码两个名词，名名之间不用“和”。只有一个名词不能成立[②]。比较：

NN作宾语	NN作状语
吃烧鸡烤鸭（＋）	烧鸡烤鸭地吃（＋）
吃烧鸡和烤鸭（＋）	烧鸡和烤鸭地吃（?）
吃烧鸡（＋）	烧鸡地吃（－）
吃烤鸭（＋）	烤鸭地吃（－）[③]

1.2.2 起码四个音节。如果两个名词都只一个音节，合成两个音节，NN状语不能成立。比较：

经常烧鸡烤鸭地吃（＋）	经常鸡鸭地吃（－）
成年累月上海广州地跑（＋）	成年累月沪穗地跑（－）

NN状语有时可以并列三个名词，第三个名词可以是两个音节或者三个音节。这就是说，NN状语不能少于两个名词、四个音节[④]，但并不限于两个名词、四个音节。如：

(6)“大鸟”看中了这个生财之道，利用妹妹在火车上当列车员的便利，上海、南京、杭州的跑了起来。(纯民《混凝土》)

(7) 梁志达就油鸡、卤味、海蜇皮地叫了许多东西。(陈浩泉《选美前后》)

NN状语还可以并列四个名词，合成八个音节。四个名词往往分成两组，音节四四分配。例如：

(8) 他就改弦更张，上海广州、南京北京地跑起了投机生意。(柯尊解《观音桥》)

由于四个音节就能成立，并列的四个名词可以都是单音节的：

烧鸡烤鸭鳊鱼对虾地天天吃

→鸡鸭鱼虾地天天吃

1.2.3　带助词“地”。“地”对NN状语具有促成性。

“地”有时必须用。否则或者站不住，或者改变基本语义关系。如：

(9) 临急抱佛脚，这几天他一天到晚主语谓语地背。

(10) 呀——快去看吧！……杨胖子跟财务科长，婊儿娃娃地骂！(傅志明《展开的翅膀》)

去掉“地”，前例站不住，后例主被动关系完全改变。

“地”有时可以不用，但可能导致NN状语身份的改变。

所谓“可以不用”，指的是用与不用意思相同或基本相同。如果从NN是不是状语来考虑，用与不用往往大有关系。请看下面三组例子：

a. 宿舍、课堂∅来回跑

白天、晚上∅拼命干

b. 主语、谓语∅整天背

辣椒、茄子∅种了一园子

c. 饭桶、酒囊∅乱骂人

香烟、奶糖∅讨他好，(我不干！)

a组，不用“地”，“宿舍、课堂”大概一般都会分析为状语，把“白天、晚上”分析为状语更不会有什么争论。b组，不用“地”，“主语、谓语”“辣椒、茄子”通常都会分析为受事主语。只有把它同带“地”的现象联系起来的时候，才可以意识到这类受事主语有向状语转化的性质。c组，不用“地”，“饭桶、酒囊”“香烟、奶糖”大概可以勉强分析为状语，但由于没有形式标志，在词性上又跟一般状语不大相同，人们总会对这种“状语”感到有点陌生。总之，带“地”一定是状语，不带“地”则不一定是状语，或者不能完全肯定是状语。可见，“地”对促成 NN 状语的确立具有一定的强制作用。

2　NN 状语的语义特点和相应的形式特征

NN 状语在语义上具有突举性、累积性和“可宾性”，在形式上也反映出某些相应的特征。如果说，表示人、物、处所和时间是 NN 的词语指称意义，那么，突举性、累积性和“可宾性”便是 NN 在“NN 地 V”结构中显示出来的特定语义。

2.1　突举性，指 NN 状语表示需要突出地列举的项目。包括部分突举和总体突举：部分突举是突举代表性事物，NN 列举未尽；总体突举是把动作涉及的事物全部作为突举对象，NN 列举详尽。

通常是部分突举。形式上，动词后边往往出现“数量名”之类提示突举范围并兼表多量的词语。如：

书记、主任地请来了好些个头面人物

会长、理事地挂了好些牌子

油鸡、卤味、海蜇皮地叫了许多东西

“书记、主任”是“好些个头面人物”中的代表性人物，“会长、理事”是“好些牌子”中具有代表性的牌子，“油鸡、卤味、海蜇皮”是“许多东西”中具有代表性的东西。

在动词后边不出现“数量名”之类词语时，由于缺乏突举范围的提示，NN 可能是部分突举，也可能是总体突举。孤立地看 NN，有的可以根据常识作判断，有的却很难断定到底是部分还是总体。比如：

主语谓语地背

白天黑夜地干

广州上海地跑

凭常识可以知道第一例是部分突举。第二例是总体突举，因为“白天”和“黑夜”是排中的。但是凭常识无法断定第三例：可能只跑这两个城市，也可能还跑其他城市。

在少数情况下，NN状语只能是总体突举。这时，NN状语所涉及的对象数量有限，而且分不出代表性与非代表性。比如春夏秋冬四季，对于“用功”来说，其中任何两季都没有特殊的代表性，因此只能总体突举：

春、夏、秋、冬地用功（+）

春天、夏天地用功（-）

秋天、冬天地用功（-）

时间NN状语一般只适合于总体突举，而不大能部分突举。因此，时间NN状语为数极少。

2.2　累积性，指NN状语不是表示一般的并列而是表示对象的累积。累积有两种：复现性累积和一次性累积。复现性累积是近似乘法的累积，NN多次反复；一次性累积是近似加法的累积，NN一次加合。跟累积性相配合，形式上可以出现特定的时间词或频数词。

跟复现性累积相配合，经常出现或可以出现的是“经常、老是、天天、整天、好几回”之类。如：

经常书记、主任地巴结头面人物

天天油鸡、卤味地吃

油鸡、卤味、海蜇皮地吃过好几回

“经常、天天”之类也可以用在动词前边：书记、主任地经常巴结头面人物｜油鸡、卤味地天天吃。“好几回”之类一般用在动词后边。

跟一次性累积相配合，经常出现或可以出现的是“已经、今天、现在、那会儿、这一回”之类词语。如：

他已经会长、理事地挂了好些牌子

他这一回油鸡、卤味、海蜇皮地叫了不少东西

“已经”是时间副词，也可以用在动词前边：他会长、理事地已经

挂了好些牌子。“这一回”之类只能用在“NN 地 V”的前边。

NN 状语有时只表示说话中职衔、称号之类的累积。这时，不管加上什么样的时间词，NN 都是声音的多次复现。如：

（11）谁不知道你有能耐？何必天天军长、政委地挂在嘴上？

（12）（那会儿）小天女满院子地跑，“叔叔”、“姑姑”地叫……

（田增翔、陶正《小天女》）

这种 NN，可以复用同一个名词，强调同一声音的多次复现：

（13）谁不知道你有能耐？何必天天军长、军长地挂在嘴上？

（14）那会儿小天女满院子地跑，“叔叔”、“叔叔”地叫……

2.3　可宾性，指 NN 状语具有可以成为宾语的语义条件。与此相关联，NN 状语可以通过变换转化成为形式上的动词的宾语。这有两种情况：

2.3.1　直接变换。NN 状语可以直接变换成为后边动词的宾语。即“NN 地 V”偏正结构直接变换成为“VNN”动宾结构。如：

主语、谓语地背 → 背主语、谓语

上海、广州地跑 → 跑上海、广州

V 如果是动宾、动补之类结构，变换不那么单纯，但 NN 仍可后移成为宾语，或成为作宾语的同位结构的前一部分。如：

上海、广州地跑起了投机生意

→跑上海、广州，做起了投机生意

上海、广州地跑个不停

→跑上海、广州，跑个不停

肥皂、电池地买了好些日用品

→买了肥皂、电池等好些日用品

某些“VNN”动宾结构，也可以按“NN 地 V”的结构特点变换成为“NN 地 V”结构。例如：

（15）他出差了，他虽然像从前出门一样，临走前替她备足了米、

面、蛋、油等日用物质，……但却没有和她当面告别。（于丹《琴瑟曲》）

可以变换为：

（16）他出差了，他虽然像从前出门一样，临走前米、面、蛋、油地替她备足了日用物质，……但却没有和她当面告别。

2.3.2　间接变换。有的“NN地V”，V和NN之间不存在直接的语义上的动宾关系。这样的“VV地N”实际上隐去了同NN有动宾关系的V。若把隐去的V记为V°，将它补出，便成为“NN地V°，V”。可以在补出V°以后再变换为“V°NN”。如：

经常上海广州地乱花公家的钱

→经常上海广州地跑，乱花公家的钱

→经常跑上海广州，乱花公家的钱

隐去的V°，肯定是同NN有动宾关系的词语。但究竟补出一个什么样的词语，却有一定的灵活性。比如“经常上海广州地乱花公家的钱”，既可以补上“跑”，也可以补上“逛、玩”等。又如：

（17）就算是美国的教授比中国的教授多挣了几个大子儿，也禁不住成天价飞机汽车地来回折腾，……（苏叔阳《故土》）

这里可以补上“乘坐”或“倒换”之类动词。

应该指出，NN状语的可宾性是就绝大多数情况说的。为数不多的时间NN状语，不能或极难变换为宾语。“白天黑夜地与她厮混在一起”，也许可以这么认为：“白天黑夜地与她消磨，厮混在一起。”→“消磨白天黑夜地与她厮混在一起。”但是，一般不这么说。

3　NN状语的语用价值

一般名词或名词结构的常用位置不是状语。用NN名词结构作状语，语用上具有特殊价值。

3.1　突出NN，构造小夸张架式。

同“VNN”相比较，“NN地V”是一种小夸张架式。在“NN地V”里，NN由于位置特别而显得突出，NN所表示的对象得到充分的强调。这种强调是记实的，语气上却带有夸张性，可以算作一种“小夸张”[⑤]。而在“VNN”里，NN是说明性的，尽管NN后边可以加上同位复指成分加以强调，但这种强调还是偏重于说明，语气上并不显得夸张。比较：

(18) 我们车间发了茶叶、白糖。(铁凝《麦秸垛》)

(19) 我们车间发了茶叶、白糖两大包。

(20) 我们车间茶叶、白糖地发了两大包。

后一例“茶叶、白糖”成了状语，既具有突举性（可能还有别的东西），又在说话的口气上显得有意夸张。假如把“两大包”换成“两小包”，可以加深对这一点的理解：

发了茶叶、白糖两小包

→茶叶、白糖地发了两小包（?）

发了人参、鹿茸两小包

→人参、鹿茸地发了两小包

“茶叶、白糖”不是贵重东西，“两小包”不值得夸张。“人参、鹿茸”是贵重东西，尽管只是“两小包”，但也值得夸张。当然，如果“茶叶、白糖”是紧俏物资，得到两小包也极不容易，那么，说“茶叶、白糖地发了两小包”又是完全可以的了。这说明，“NN地V”的说法适合于小夸张，不值得夸张的情况不能采用这一说法。

上文说过，“NN地V”有时实际上隐去了V。即NN成了状语，实际支配NN的动词在句中隐去。这类“NN地V”，用来突出需要突举的事物及其引致的结果，是适应小夸张的需要而采取的简省形式。例如：

(21) 烟头、纸屑地弄得屋子乱糟糟的，你是怎么生活的啊！

不说“乱扔烟头、纸屑，弄得屋子乱糟糟”，而让“烟头、纸屑”充当状语，并且让它同表示结果的“弄得屋子乱糟糟”直接构成内容上有所简省的“NN 地 V”。这种特定的架式，显然有助于表达夸张的语气。

3.2　显示异常感觉，话语富于情绪性。

从心理感觉和感情流露方面看，被突出、夸张的都是说话人有异常感觉的事物，说话时必然带上或多或少的情绪。跟“VNN”相比，“NN 地 V”既是小夸张架式，又是表情性架式。

NN 状语显示出来的异常感觉，有时偏重于强调不正常，有时偏重于强调不寻常、不一般。比如“临急抱佛脚，这几天他一天到晚主语谓语地背”，强调不正常，偏重于否定；又如“梁志达油鸡、卤味、海蜇皮地叫了许多东西”，强调不寻常，偏重于肯定。

不管是从否定方面强调不正常，还是从肯定方面强调不寻常，都会自然地流露出说话人的主观情绪。到底流露什么样的具体情绪，情况却相当微妙。比较：

我天天烧鸡、烤鸭地吃，哪像你！

（1. 我富你穷；2. 我大方你吝啬。）

我天天白菜、萝卜地吃，哪像你！

（1. 我穷你富；2. 我节俭你浪费。）

这两例说的是自己。前一例或者炫耀自己的富有，或者夸说自己的大方；后一例或者慨叹自己的贫穷，或者申辩自己的节俭。

他天天烧鸡、烤鸭地吃，哪像你！

（1. 他大方你吝啬；2. 他浪费你节俭。）

他天天白菜、萝卜地吃，哪像你！

（1. 他吝啬你大方；2. 他节俭你浪费。）

这两例说的是别人。前一例或者赞赏其大方，或者鄙薄其浪费；后一例或者鄙薄其吝啬，或者赞赏其节俭。

他天天烧鸡、烤鸭地让我吃，哪像你！

（他大方。他待我好。你不如他。）

他天天白菜、萝卜地让我吃，哪像你！

（他小气。他待我不好。他不如你。）

这两例说的是别人，但跟自己有直接的关系。前一例赞赏其大方，后一例恼火其小气。

可见，NN状语的使用既使语气夸张，又使话语带有炫耀、赞赏、鄙薄、不以为然等情绪。以上通过一组例子说明表情的多样性。事实上，用“NN地V”结构时，话语可能表达这种感情，也可能表达那种感情；有时表达的感情是明显的，有时则不怎么明显。这些都要结合具体对象和说话环境来揣摩、判断、体味，不能一概而论。

注释

①“热菜热汤”是“形名形名”，“山南海北”是“名方名方”。为了控制讨论的范围，“热菜热汤地接待”“山南海北地聊天”等现象本文都不涉及。

②单个名词一般不能带“地”作状语，只有少数表示性质的名词例外，如“历史地VP”“逻辑地VP”等。

③NN可以作状语，N不行，这说明名词结构和名词在功能上不完全相同。一般认为名词结构和名词功能一致，这一说法欠精确。

④“鸡啊鸭的经常吃”，“的”的前边是三个音节。但是，其中已经多了一个助词，是N啊N，而不是NN。

⑤于根元《说“全都……只有……”》：“有一种小夸张，把接近全部或顶点夸张成全部或顶点。”（《汉语学习》1982年第2期，第1页）这里借用于根元同志的“小夸张”的称说，实际内容有所不同。

（原载《语法研究和探索（四）》，北京大学出版社1988）

NVN 造名结构及其 NV/VN 简省形式

0 前言

本文把“军马饲养方法｜首长保卫人员”之类结构叫做“对象 N+V+管界 N”结构，简称“NVN”结构。这是现代汉语里相当能产而且很有特点的一类结构。

这类结构的用途是“造名”，整个儿表示一个特定的名目。这类结构包括三个构成部分：①V——限于及物动词。如“饲养，保卫”。②前 N——即“对象 N”。指作为 V 的动作对象的事物。如：“（饲养→）军马，（保卫→）首长”。③后 N——即“管界 N”。指在特定造名语境中对对象 N 和 V 起管界作用的事物。如：“方法（←军马饲养），人员（←首长保卫）”。这类结构有两个简省形式：①NV——对象 N+V。隐匿了管界 N，如“军马饲养｜首长保卫”。②VN——V+管界 N。隐匿了对象 N，如：“饲养方法｜保卫人员”。

本文分三个部分展开：第一部分从总体上讨论“对象 N+V+管界 N”，第二、第三部分分别讨论两个简省形式。文章末尾有个结语。

1 “对象 N+V+管界 N”

1.0 “对象 N+V+管界 N”在语义组合上具有一致性，但是它的层次切分和“的”字插入位置往往受到音节组合上不同情况的影响。

1.1 “对象N+V+管界N”的语义组合

在语义组合上，“对象N”和V的关系比V和管界N的关系更为密切。总的说来，“对象N+V”表示实际活动，指明具体内容，而“管界N”则用来划定实际活动的范围，对实际活动加以界定，是附着在“对象N+V”后边的一个语义成分。

一般地说，V和对象N之间才可以发生动宾关系，V和管界N之间不会发生动宾关系。然而，有的时候，孤立地看，V同前后两个N都可以发生动宾关系，到底哪个会成为划定范围的管界N，取决于它出现在V的后头。这要分两种情况来说。

一种情况是：出现在V后头时是管界N。若跟V前头的N相对调，便成为对象N，原来的对象N则转化为管界N。比如：

拟定计划　　（V+对象N）

拟定提纲　　（V+对象N）

提纲拟定计划　　（对象N提纲+V+管界N计划）

计划拟定提纲　　（对象N计划+V+管界N提纲）

同类的例子：思路拓展方法—方法拓展思路｜议案改进方法—方法改进议案｜策略选择条件—条件选择策略｜仪器检修工具—工具检修仪器

这类现象的形成，是由于前后两个N可以互为对象和管界。比方，在说“提纲拟定计划”的时候，“提纲”为对象，“计划”成了“提纲拟定”的属于思路想法范围的管界；在说“计划拟定提纲”的时候，“计划”为对象，“提纲”成了“计划拟定”的属于结果范围的管界。如果不存在这样的关系，V前后两个N自然不能互易。比如“方言调查提纲”，不能说成“提纲调查方言”。

另一种情况是：出现在V后头时是管界N。若跟V前头的N相对调，便成为主谓宾格式或近似主谓宾的格式。比如：

介绍古迹　　　　（V＋对象 N）

介绍行家　　　　（V＋对象 N）

古迹介绍行家　　（对象 N 古迹＋V＋管界 N 行家）

行家介绍古迹　　（“主—谓—宾”结构）

看个实际用例：

（1）秉德把那两间门面的中药收购店铺租赁给一位吴姓的山里人就回到白鹿村撑持家事来了。（陈忠实《白鹿原》）

这里的“中药收购店铺”，“中药”和“店铺”都可成为“收购”的宾语（收购中药｜收购店铺），但“店铺”出现在 V 的后头，便成为管界词语，“中药收购店铺”便成为“对象 N＋V＋管界 N”。如果说成“店铺收购中药”，就会变成“主谓宾”结构。

再看一个“告示牌”：

路灯维修电话
汉口 357715　汉阳 561482　武昌 611355
武汉供电局路灯分局

这是武汉市各街道各居民点都可以看到的一个“告示牌”。孤立地看，“维修路灯”“维修电灯”都能说，但排列配置成“路灯维修电话”，便相当于“维修路灯的电话”，“电话”是管界 N。要是两个 N 易位，说成“电话维修路灯”，便是近似“主谓宾”的结构，意思是：可以通过电话让有关部门来维修电灯。

这类现象的形成，是由于 V 前后两个 N 可以互易，后移的对象 N 成了对象宾语，而前移的原管界 N 则成为主语，或近似主语，具有施事性或工具性。比如，“古迹介绍行家”变成“行家介绍古迹”，“行家”具有施事性；“路灯维修电话”变成“电话维修路灯”，“电话”具有工具性。如果 V 前后两个 N 没有这样的关系，自然也不能互易。比如“路灯维修条例”，不能说成“条例维修路灯”。

“提纲拟定计划”“计划拟定提纲”“古迹介绍行家”“路灯维修电

话”等现象，更足以表明“对象 N+V”关系比较密切一些，在语义组合上是“（对象 N+V）+管界 N”。换句话说，从语义上的联系看，V 先靠向对象 N，然后一起同管界 N 发生关系。

1.2 “对象 N+V+管界 N”的音节组合和层次切分

跟一般的多层次短语相比较，“对象 N+V+管界 N”的层次切分较为特殊。在切分中，V 既可前靠，又可后靠。

1.2.1 V 前靠切分。切分为“对象 N+V｜+管界 N”。这时“对象 N+V”是受事性主谓短语，作“管界 N”的定语。在这种情况下，主要的音节组合模式有两个。

A. 基本组合模式：“2+2+2”。

三个结构成分的音节都是 2，即对象 N 为 2，V 为 2，管界 N 也是 2，合成 6 个汉字。这是“对象 N+V+管界 N”最基本的音节组合模式。如前面提到的“军马饲养方法｜首长保卫人员｜古迹介绍行家｜中药收购店铺｜路灯维修电话”等。

如上所述，在“NVN”三个结构成分中前两个“NV”结合更紧，那么，在各结构成分音节配置平衡的情况下，应该考虑“V 靠前切分”，即：2+2｜+2。否则，无法全面解释有关的现象。比如：“军马饲养｜方法”，“首长保卫｜人员”，“路灯维修｜电话”，“中药收购｜店铺”。看个实例：

（2）另外二爷还通晓罂粟种植技术，对烟土掺假的方法也很有研究。（尤凤伟《金龟》）

“罂粟种植技术”是“2+2+2”。孤立地看，似乎不是不能切分为“罂粟｜种植技术”，但是，全面地看，特别是比较“路灯维修电话”之类，把它切分为“罂粟种植｜技术”更为适宜。

B. 后 N 多音模式：“2+2+3（4）”。

前两个结构成分的音节都是 2，第三个结构成分的音节是 3 或 4，即对象 N 为 2，V 为 2，管界 N 则是 3 或 4。这时，由于管界 N 音节较多，须要“V靠前切分”，即：2+2｜+3（4）。在这种情况下，切分结果跟语义组合层次也是一致的。例如：

蔬菜批发｜总公司

物价调控｜委员会

古迹介绍｜专家组

花木管理｜临时工　　　　（管界N3音节）

军马饲养｜有效办法

现场保护｜第二方案

海鲜供销｜有限公司

地产开发｜股份公司　　　　（管界N4音节）

有一种特殊情况：管界N只有两个音节，但对象N和V缩略成为两个音节。即：1+1+2。这时，由于前两个结构成分音节减少，因而仍然是“后N多音模式”。切分结果也跟语义组合层次相一致。比如：

（3）福建加强技改力度

（中央电视台1993年9月20日晚新闻联播）

技改｜力度＝技术改革｜力度＝改革技术的｜力度。“技改”是个缩略语。同类的例子：

工调｜方案　（工调＝工资调整＝调整工资）

体检｜手续　（体检＝身体检查＝检查身体）

环保｜工作　（环保＝环境保护＝保护环境）

房管｜小组　（房管＝住房管理＝管理住房）

1.2.2　V后靠切分。切分为“对象N+｜V+管界N”。这时“对象N”作“V+管界N”的定语，“V+管界N”本身又是个定名结构。在这种情况下，主要的音节组合模式有两个。

A. 前N多音模式：“4+2+2”等。

前一个结构成分的音节为4，后两个结构成分的音节都是2，即对象N为4，V和管界N都是2。这时，由于前边的对象N音节较多，念起来要在对象 N 后边停顿，因此须要“V 靠后切分”。在这种情况下，层次切分迁就音节组合，切分结果跟语义组合层次不一致。例如：

生产过程｜控制系统　　　乡镇工业｜发展规划

汉货精品｜展销活动　　　美中贸易｜发展协会

化工产品｜开发公司　　　第三产业｜普查工作

这里，V 是管界 N 的定语，对象 N 又是“V＋管界 N”的定语。如“控制”是“系统”的定语，“生产过程”是“控制系统”的定语。

对象 N 音节越多，越能显示切分时 V 后靠管界 N 的偏向性。比如：

第七届全国运动会参赛有功人员｜表彰大会

从语义组合上说，“表彰”的对象是“第七届全国运动会参赛有功人员”，“大会”是“表彰第七届全国运动会参赛有功人员”的“大会”。但是，由于对象 N 音节过长，在层次上不应切分为“第七届全国运动会参赛有功人员表彰｜大会”。

B. 后 N 单音模式：“2＋2＋1”等。

前两个结构成分的音节都是 2，后一个结构成分的音节为 1，即对象 N 和 V 都是 2，管界 N 是 1。这时，只有一个音节的管界 N 独立性较差，也须要“V 靠后切分”。切分结果，跟语义组合层次也不一致。例如：

债务｜偿还期　　　军马｜饲养法

产品｜介绍单　　　废品｜收购站

手续｜办理处　　　环境｜保护组

对象 N 音节越多，越能显示切分时 V 靠向管界 N 的合理性。比如：

国家一级文物｜保护点

国际化工商品｜展示会

从语义组合上说，“保护”的对象是“国家一级文物”，“点”是

"保护国家一级文物"的"点"。但是，"点"的独立性差，在层次上不应切分为"国家一级文物保护｜点"。"国际化工商品展示会"情况相同。

从上可知，"对象N+V+管界N"的层次切分具有可变性。具体如何切分，往往受前后两个N的音节长度的影响。比较：

奥运申办｜国家　　　（V"申办"前靠）

奥运申办｜代表团　　（V"申办"前靠）

2000年奥运会｜申办国家（V"申办"后靠）

2000年奥运会｜申办国　（V"申办"后靠）

1.3　"对象N+V+管界N"中"的"的插入

"对象N+V+管界N"格式可以插入"的"字。有两个位置：a位置和b位置。

a位置在"对象N"和"V+管界N"之间，b位置在"对象N+V"和"管界N"之间。插入情况，大体有三种。

1.3.1　ab位置皆可。

这是"2+2+2"6字组合的一般情况。如：

军马饲养方法→a. 军马的饲养方法　b. 军马饲养的方法

机票购买手续→a. 机票的购买手续　b. 机票购买的手续

计划拟定提纲→a. 计划的拟定提纲　b. 计划拟定的提纲

不过，如果全面观察6字组合格式，就可以知道，b说法更为自然。比如"古迹介绍行家""中药收购店铺""路灯维修电话"，说"古迹的介绍行家""中药的收购店铺""路灯的维修电话"不是绝对不行，但说"古迹介绍的行家""中药收购的店铺""路灯维修的电话"更为自然。

1.3.2　只插入在a位置。

A. 表意的原因。

若"的"出现在b位置上会引起原意的变化，使"对象N+V"变化为"施事N+V"，"的"只出现在a位置上。如：

首长保卫人员→首长的保卫人员（+）首长保卫的人员（−）

研究生指导教师→研究生的指导教师（+）研究生指导的教师（−）

打工仔看管头目→打工仔的看管头目（+）打工仔看管的头目（−）

B. 音节的原因。

一方面，管界N如果只有一个音节，“的”不可能出现于b位置。如：

产品介绍单→产品的介绍单（+）产品介绍的单（−）

中药材收购店→中药材的收购店（+）中药材收购的店（−）

另一方面，对象N如果音节较多，“的”一般出现在a位置，否则比较拗口。如：

国家级著名专家优待意见→国家级著名专家的优待意见（+）

国家级著名专家优待的意见（?）

全运会参赛有功人员表彰大会

→全运会参赛有功人员的表彰大会（+）

全运会参赛有功人员表彰的大会（?）

1.3.3 只插入在b位置。

这主要是音节上的原因。在“2+2+3（4）”的音节组合模式中，“的”一般出现于b位置。如：

古迹介绍专家组→古迹的介绍专家组（−）古迹介绍的专家组（+）

蔬菜批发总公司→蔬菜的批发总公司（?）蔬菜批发的总公司（+）

现场保护第二方案→现场的保护第二方案（−）现场保护的第二方案（+）

军马饲养有效办法→军马的饲养有效办法（?）军马饲养的有效办法（+）

在“1＋1＋2”的缩略式组合中，a位置实际上已经消失，“的”自然只能出现在b位置。如：

体检手续→体检的手续　　环保工作→环保的工作

语言运用中，常见“对象N＋V＋管界N”插入“的”的现象。例如：

(4) 作为昆虫研究的学者，长期在空气清新景色怡人的山野跑，可谓得益匪浅。(佳云《蝉蜕》)

(5) 县里有一批人才引进的名额，她要不要替丈夫争取一下呢？(殷慧芳《四季飘香》)

“昆虫研究的学者”“人才引进的名额”，“的”插入b位置。

(6) 他埋头在三年承包计划的编制工作中，……(施益民《户口》)

(7) 那个调查报告就是苦树坑村林业发展的调查报告。(阙迪伟《一曲未了》)

“三年承包计划的编制工作”“苦树坑村林业发展的调查报告”，“的”插入a位置。

从语用价值看，“对象N＋V＋管界N”专名性很强，如果插入“的”，不管插入在哪个位置上，都会使专名消失，或者使专名性大为削弱。正因如此，专名性特别强的“对象N＋V＋管界N”不能勉强插入“的”。如：“职业介绍所”，固然不能说“职业介绍的所”，也一般不说“职业的介绍所”。

2　“对象N＋V”

2.0　“对象N＋V”有时在“对象N＋V＋管界N”中出现，有时独用。“对象N＋V”独用，便成为NV简省形式。

2.1　“V＋对象N”和“对象N＋V”

“V＋对象N”，以V前N后的排列配置方式组成动宾结构。这类动宾结构中的宾语，是常规宾语。有两类：一类是V动作以N为直接支配N对象，N是直接对象宾语，如“看电影，审阅论文”；另一类是V动作以N为追求的目标，动作的目的是引出或造成N事物，N是表示目标的间接对象宾语，如“拍电影，撰写论文”[①]。

汉语动宾关系非常复杂，不过，复杂情况主要发生在单音动词和宾语之间。双音动词和名词之间，一般都只是“V＋对象N”，即一般都只是动词带直接对象宾语或间接对象宾语（目标宾语）。比较：

	单音V：	双音V：
【直接对象】	写人物（＋）	描写人物（＋）
【直接对象】	写心情（＋）	抒写心情（＋）
【间接对象】	写论文（＋）	撰写论文（＋）
【间接对象】	写教材（＋）	编写教材（＋）
【间接对象】	写小说（＋）	写作小说（＋）
【间接对象】	写匾额（＋）	书写匾额（＋）
【工　　具】	写毛笔（＋）	书写毛笔（－）
【处　　所】	写黑板（＋）	书写黑板（－）
【模　　式】	写颜体（＋）	书写颜体（?）

单音及物动词“写”，既可以带对象宾语和目标宾语，也可以带工具宾语、处所宾语、模式宾语等；双音及物动词“描写、抒写、撰写、编写、写作、书写”等，却只能带直接对象宾语或目标宾语，不能带或不好带表示工具、处所、模式等的宾语。

“对象N＋V”是“V＋对象N”动宾结构在“NVN”造名结构中的语序异变。换句话说，“V＋对象N”动宾结构并非在任何情况下都保持其原形，在“对象N＋V＋管界N”的造名结构中会出现“管界N＋V”的异变现象。比方，“国家保护野生动物”，这是一般述说，“保护野生动物”是“V＋对象N”动宾结构；“国家野生动物保护委员会”，这是一个专名，其中的“野生动物保护”是“对象N＋V”受事性主谓结构。

2.2 “对象N＋V”的形成原因

“V＋对象N”动宾结构在“对象N＋V＋管界N”中发生语序异变，形成“对象N＋V”，既有结构方面的原因，也有语用方面的原因。

2.2.1 结构原因：出现管界词语。

在“V＋对象N”的后边一旦出现做为管界词语的N，“V＋对象N”就容易发生“对象N＋V”的语序异变。比如，“批发蔬菜”“介绍产品”都是动宾结构，它们后面如果出现“公司、市场、站、处”和“要点、图片、书单”等管界词语，就很容易向“蔬菜批发”“产品介绍”变易。看例子：

(8)（他）骑了三轮车去城南吉祥村的蔬菜批发市场……（贾平凹《废都》）

(9) 产品介绍单就雪片似的在那边人头上飞，……（贾平凹《废都》）

上例用了“蔬菜批发市场”和“产品介绍单”。再比较：

(10) 这次是国家公安部的一个领导来西安检查工作。（贾平凹《废都》）

(11) 这次是国家公安部的一个领导来西安主持制定工作检查条例。

“检查工作”是动宾，用在“条例”前边成了“工作检查”。

(12)（为了枪弹的丢失，）路上就制作好了查找方案：一是保护现场，二是封锁消息。（阎连科《夏日落》）

(13)（为了枪弹的丢失，）路上就制作好了查找方案：一是现场保护方案，二是消息封锁方案。

“保护现场”和“封锁消息”是动宾，用在“方案”前边成了“现场保护”和“消息封锁”。

应该指出：

第一，“V＋对象N”向“对象N”变易时，对象N有简化倾向。

或者是词语有所减缩，或者是词语使用概括性说法。例如：

（14）我代表老年人保障协会，保障老年人的利益。（陆文夫《享福》）

（15）要是把这样名贵的宝剑，卖给一个收购废铜烂铁的废品收购站，不是太自轻自贱了吗？（从维熙《空巢》）

前一例，“保障老年人的利益”是动宾结构，在“老年人保障协会”中只用了“老年人保障”的减缩说法；后一例，“收购废铜烂铁”是动宾结构，在“废品收购站”中却用了表示上位概念的说法“废品”。

第二，向“对象 N＋V”变易的“V＋对象 N”，V 必须是双音节的。单音节的不行。例如：

买票	买票手续	票买手续（一）
买机票	买机票的手续	机票买手续（一）
购买机票	购买机票的手续	机票购买手续（十）

“买票、买机票”中的“买”都是单音节，不能易序为 NV 跟管界 N 组合。

第三，向“对象 N＋V”变易的“V＋对象 N”，可能是个大小套合的二重性动宾结构。例如：

外汇收支管理条例

外汇收支 …………收支外汇 （动＋宾）

外汇收支管理 …………管理收支外汇 （动＋宾［动＋宾］）

电脑使用学习手册

电脑使用 …………使用电脑 （动＋宾）

电脑使用学习 …………学习使用电脑 （动＋宾［动＋宾］）

这里，“对象 N＋V＋管界 N”中的 V，所指向的对象实际上包含两个层次：“对象 N＋V”是“对象（对象 N＋V）＋V”，而原形“V＋对象 N”则是“V＋对象（V＋对象 N）”。看个实际用例：

（16）若是让农民知道你老曲只是个应应景的酸文人，…… 你老曲

又如何完成工作，如何撰写林业发展调查报告？（阙迪伟《一曲末了》）

上例的“林业发展调查报告”，相当于“调查发展林业的报告”，其中的“调查发展林业”是二重性动宾结构。

2.1.2 语用原因：构造特定名目。

在“V+对象N”后边出现管界N的时候，“V+对象N”是保持原形，还是变易成为“对象N+V”，说到底，是由于语用的需要。“V+对象N（的）+管界N”和“对象N+V+管界N”相比较，后者更富于书面语色彩，显得比较文雅庄重，因而利于用来作为一个名目。

（17）……赡养老人的问题是个经济问题，应该由我来负责。（陆文夫《享福》）

（18）等两年吧，按优待知识分子的政策，满二十年工龄就可以，……（赵德发《蝙蝠之恋》）

上例都是一般地述说情况。其中的“赡养老人的问题”“优待知识分子的政策”，如果说成“老人赡养问题”“知识分子优待政策”，就成了一个经过了凝炼的名目。

2.3 “对象N+V”的独用

“对象N+V+管界N”可以不出现管界N，只出现“对象N+V”，形成语表上“对象N+V”独用的格局。对于“对象N+V+管界N”来说，独用“对象N+V”是NV简省形式，它仍然被包含在“造名境域”之中，管界N采取零形式的表示方法。比如：

（19）“你犯错误了？”

“没有。人家说是正常的临时工清退。……”

（赵德发《蝙蝠之恋》）

“临时工清退”是“对象N+V”，相当于“临时工清退活动”。对于“临时工清退”来说，“活动”是零形式管界N。又如：

问题讨论　法律学习　介词研究　方言调查　民俗考察

古籍整理　新书介绍　敌情汇报　往事回忆　校史撰写

肺病治疗　天花预防　茶叶制作　名酒酿造　蜈蚣饲养

芹菜栽培　彩电保护　天线安装　钟表修理　课文分析

这些“对象N+V”后边都可以出现“活动”“方法”之类管界N。如：“问题讨论”相当于“问题讨论活动”，“彩电保护”相当于“彩电保护方法”，“古籍整理”相当于“古籍整理活动”或“古籍整理方法”。

独用的“对象N+V”既然相当于“对象N+V+管界N”，它们自然可以成为造名单位，具有名词化倾向。正因如此，它们很容易用来做为书名、文章名等[②]。如“蜈蚣饲养”可以用来做为一本小册子的名称，“介词研究”可以用来做为一篇文章的名称，“问题讨论”可以用来做为一个专栏的名称。当然，在用来做为书名之类的时候，它们仍然包含零形式管界N：蜈蚣饲养＝蜈蚣饲养方法；介词研究＝介词研究论文；问题讨论＝问题讨论专栏。

值得注意的是：“对象N+V”出现在“对象N+V+管界N”里头时，是受事性主谓结构；当它独立使用的时候，特别是在用来做为书名、文章名等的时候，有向偏正结构偏转的倾向，在整体功能上相当接近于名词性短语。

3　“V+管界N”

3.0　“V+管界N”有时在“对象N+V+管界N”中出现，有时独用。“V+管界N”独用形式，是VN简省形式。

3.1　“V+管界N”的独用

一个“对象N+V+管界N”结构，如果不出现对象N，只出现“V+管界N”，便形成语表上的VN简省形式。跟独用的“对象N+V”一样，独用的“V+管界N”实际上仍然被包含在“造名境域”之中。不同之处在于，“对象N+V”以管界N为零形式，“V+管界N”则以

“对象 N”为零形式。对于“对象 N＋V＋管界 N”来说，“V＋管界 N”隐匿了 V 的逻辑宾语。例如：

（20）朱先生重新回到白鹿书院，组织起来一个九人县志编撰小组，自任总撰。另八位编撰人员全是他斟酌再三筛选的才富八斗的饱学之士，……（陈忠实《白鹿原》）

“县志编撰小组”是“对象 N＋V＋管界 N”。“编撰人员”等于“县志编撰人员”，但语表上只出现“V＋管界 N”，对象 N“县志”采取零形式。就表意而言，“编撰人员”是个隐匿着逻辑宾语“县志”的结构。

独用的“V＋管界 N”中 V 指向什么对象，或者说零形式“对象 N”是什么，“V＋管界 N”本身有时能提供一些信息，有时不能。这可以分四种情况来说。

3.1.1　V 能提供信息。例如：

（21）我是印刷机器？（贾平凹《废都》）

（22）凭你的经营才干，我们搞个影业公司，……（佳云《蝉蜕》）

“印刷机器”“经营才干”都是“V＋管界 N”。“印刷”的一定是书籍、文件、图表之类；“经营”的一定是商业或商业性事业。同类的例子：建筑材料（“建筑”的对象是房屋之类）｜救济物资（“救济”的对象是灾民难民或穷人）｜审讯结论（“审讯”的对象是罪犯或同类性质的人）｜演出大厅（“演出”的对象是文艺节目之类）｜写作技巧（“写作”的对象是论文小说之类）。

3.1.2　管界 N 能提供信息。例如：

（23）指导教师身教言教，师生关系融洽和谐。（王玉章《努力在博士生中培养拔尖人才》）

“指导教师”是“V＋管界 N”。“指导”的是什么人，“指导”本身看不出来，信息由“教师”提供。由于管界 N 是“教师”，这就规定了指导的对象是学生。当然，所指学生是研究生、进修生等高层次的学生，不是泛指任何学生。正因如此，可以说“研究生指导教师”“进修生指导教师”，却不能说“学生指导教师”。同类的例子：领导政党（“领导”的对象跟“政党”有关：各党派领导政党）｜支援部队（“支援”的对象跟“部队”有关：被困友军支援部队）｜辅助教材（“辅助”的对象跟“教材”有关：《现代汉语》辅导教材）。

3.1.3　V 和管界 N 都能提供信息。例如：

（24）在销售价格上，他几乎是把 W 公司顶到了墙角。（佳云《蝉蜕》）

“销售价格”是“V＋管界 N”，相当于“产品销售价格”。“销售”表明以商品为对象，“价格”的对象属于商品的范围。再看两个例子：

（25）北京拍卖市场，经常举办拍卖活动。（《人民政协报》1993 年 9 月 23 日）

（26）……赔偿条件是够苛刻的。在谈判中，她根据赫斯的意见提出这种赔偿金额，对方竟没有一般的讨价还价，立即答应了。（佳云《蝉蜕》）

前一例出现两个“V＋管界 N”：“拍卖市场”和“拍卖活动”。相当于“物品拍卖市场”和“物品拍卖活动”。V 的隐匿逻辑宾语是用金钱购买的物品地产之类。“拍卖活动”，“活动”不提供有关信息，“拍卖”才提供有关信息；“拍卖市场”，“拍卖”和“市场”都提供有关信息。后一例也出现两个“V＋管界 N”：“赔偿条件”和“赔偿金额”。相当于“经济损失赔偿条件”和“经济损失赔偿金额”。V 的隐匿逻辑宾语是经济损失之类。“赔偿条件 ”，“条件”不提供有关信息，只有“赔偿”提供有关信息；“赔偿金额”，“赔偿”和“金额”都提供有关信息。同类的例子：主治大夫（“主治”和“大夫”都提供有关“病”的信息：心脏病主治大夫）｜吹奏乐器（“吹奏”和“乐器”都提供有关乐曲的信息：古曲吹奏乐器）｜演唱晚会（“演唱”和“晚会”都提供有关歌舞的信息：新潮歌曲演唱晚会）。

3.1.4　V和管界N都不能提供信息。例如：

指挥人员　指导中心　学习资料　考察报告

咨询单位　分析手法　限制措施　使用条件

“指挥”什么？哪个方面的“人员”？“指挥人员”本身未提供任何信息。其他类推。

三音节的“V＋管界N”，提供信息的情况跟四个音节的相同。比如：

饲养员——V“饲养”提供信息。“饲养”的对象是牛马之类：军马饲养员。

指挥官——N“官”提供信息。隐匿的N是部队士兵。指挥乐队的人不叫指挥官，指挥士兵作战的军官才叫指挥官：部队指挥官。

运输车——V和N都提供信息。运输的对象是人或物，车装载的也是人或物：士兵运输车｜原木运输车。

说明书——“说明”什么？“书”的内容是什么？V和N都不提供信息。

总的说来，在许多情况下从“V＋管界N”本身可以推知零形式对象N之所指，不过，所推知的对象一般比较笼统，并不是确指性的。

3.2　“V＋管界N”的语境

“V＋管界N”本身不管是否提供有关对象N的信息，它所隐匿的对象，即零形式对象N之所指，在特定语境中一般都会有所显示。换一个角度讲，正由于有关语境已经显示了对象N，为了避免重复，说“对象N＋V＋管界N”时就需要隐去对象N。

对象N的语境显示，主要有两种。

3.2.1　篇章语境显示。

所隐匿的对象N，就一部书或一篇文章而言，是清楚的。例如：

(27) 庄之蝶因严重失眠导致了写作能力的丧失，……（贾平凹《废都》）

(28) 我指的是你们收货方的化验手段出了问题。(佳云《蝉蜕》)

从《废都》一书可知，“写作能力”相当于“文学作品写作能力”。庄之蝶是作家，他写作的不会是科学研究方面的论文。从《蝉蜕》一文可知，“化验手段”相当于“化工产品化验手段”。此文写的是涉及“乙基纤维素”这种化工产品的事。又如：

(29) 省高级人民法院果真在七天后批发了最后的审判结果，……(贾平凹《废都》)

(30) ……贺电特别提到了推销工作的可贵努力，点名赞扬了桑仪。(佳云《蝉蜕》)

(31) 那边送来的查验报告也是通过法律程序，……(佳云《蝉蜕》)

“审判结果”“推销工作”“查验报告”所隐匿的对象N，在《废都》《蝉蜕》里也有清楚的交代。

3.2.2 语句语境显示。

所隐匿的对象N，在语句的上文有了显示。单句、复句和句群的例子各举一个：

(32) 白鹿原人幽默的天性得到了一次绝好的表演机会。(陈忠实《白鹿原》)

(33) 在这种极度的努力之下，主体工程总算如期完成了，然而安装费用却大大超过了预算。(莫然《风从东方来》)

(34) 把田福贤推上白鹿村的戏楼是白鹿原农民运动发展的最高峰。会址仍然选用白鹿村祠堂前的戏楼。鹿兆鹏主持这场非同寻常的斗争大会。(陈忠实《白鹿原》)

“表演机会”相当于“幽默天性表演机会”，对象N“幽默天性”见于同一单句中前面的主语；“安装费用”相当于“主体工程安装费用”，对象N“主体工程”见于同一复句中前一分句；“斗争大会”相当于“田福贤斗争大会”，对象N“田福贤”见于同一句群中的第一个句子。

3.3 “V+管界N”和“对象N+V”

同是“对象N+V+管界N”的简省形式，“V+管界N”和“对象N+V”也有不同之处。

第一，就特指专名性而言，“V+管界N”弱于“对象N+V”。

这取决于N的性质。对象N和管界N相比较，一般都是对象N指具体一些的事物，管界N指概括一些的事物。正因如此，“V+管界N”尽管还是表示一个名目，但由于未出现对象N，特指专名性就相对减弱了。比较：

句型研究项目：你们的句型研究项目进行得怎么样？

句型研究：你们的句型研究进行得怎么样？

研究项目：你们的研究项目进行得怎么样？

从语表上看，“句型研究项目”“句型研究”都具有特指专名性，“研究项目”却具有较大的泛指性。在这一点上，“对象N+V”更接近于“对象N+V+管界N”。

第二，就短语名词性而言，“V+管界N”强于“对象N+V”。

这取决于V和N的位置。“V+管界N”，V在前，N居后，是一般的名词结构；“对象N+V”，N在前，V居后，尽管整个儿有名词化倾向，但又仍然带有一些动词性。正因如此，“对象N+V”一般都能出现在“进行”后边，而“V+管界N”却绝大多数不能出现在“进行”后边。比较：

句型研究：	进行句型研究（+）	进行研究工作（+）
民俗考察：	进行民俗考察（+）	进行考察活动（+）
茶叶制作：	进行茶叶制作（+）	进行制作方法（－）
天线安装：	进行天线安装（+）	进行安装要领（－）
钟表修理：	进行钟表修理（+）	进行修理费用（－）

管界N可以使用这样那样的名词。当“V+管界N”是“V+工作”或“V+活动”的时候，才可以出现在“进行”后边。在这

一点上，“V+对象 N”更接近于“对象 N+V+管界 N”。

第三，就句子成分充当能力而言，“V+管界 N”强于“对象 N+V”。

这取决于“对象 N+V”本来的句法功能。“V+管界 N”和“对象 N+V”都可以充当主语和宾语，但“V+管界 N”可以做管界 N 以外名词的定语，“对象 N+V”则不能。这是因为，“对象 N+V”本来就是“管界 N”的定语，它的后边不大可能出现不属于管界 N 的名词。看两个例子：

(35) 他当着我的面拨通了一家翻译公司的电话。（莫然《风从东方来》）

(36) 不管你们在日本有过多少安装工作的经验，……你们不听我们的听谁的?!（莫然《风从东方来》）

“翻译公司”“安装工作”都是“V+管界 N”，它们分别充当了“电话”“经验”的定语。“对象 N+V”没有这样的用法。在这一点上，“V+管界 N”更接近于“对象 N+V+管界 N”。

4 结语

4.1 “对象 N+V+管界 N”是现代汉语里很值得注意的一类结构。作用上，它组造出一种特定名目；结构上，它包括对象 N、及物动词 V 和管界 N 三个部分；语义关系上，V 以对象 N 为逻辑宾语，二者关系更为密切，后边的管界 N 起的是划定界域的作用。

4.2 “对象 N+V+管界 N”这一结构本身的语义关系，不完全决定对这一结构的层次切分。由于受到前后两个 N 在音节上长短配置有所不同的影响，对这一结构的层次切分存在“V 靠前切分”和“V 靠后切分”两种情况。相应地，如果需要在这一结构中插入“的”字，也可以有两个位置，或者在 N 和 VN 之间，或者在 NV 和 N 之间。

4.3 “对象 N+V”是动宾结构“V+对象 N”在 NVN 结构中为

了满足“造名”的语用需要而发生的一种异变。“对象 N＋V”有时独用，成为 NVN 结构的一个简省形式。出现在 NVN 结构中时，“对象 N＋V”如果被切分到一块，便是受事性主谓关系；独用时，“对象 N＋V”实际上隐匿着管界 N，有名词化倾向。

4.4 “V＋管界 N”是 NVN 结构的另一个简省形式。这一形式实际上隐匿着对象 N。对象 N 之所指，“V＋管界 N”本身有时可以提供某种较为笼统的信息，明晰信息的提供，则依赖于语境的显示。由于“V＋管界 N”隐匿了对象 N，语表上就出现及物动词直接修饰名词的特殊模式。

4.5 从“对象 N＋V＋管界 N”这一结构及其简省形式，还可以看到：同一个动词，如果名词的排列配置状况有所不同，句法格局也会有所不同。比方说：收购药材——动宾结构，收购原则——偏正结构；药材收购原则——偏正结构，原则收购药材——不成立；药材收购店铺——偏正结构，店铺收购药材——主谓宾结构。这类现象，从一个侧面反映了汉语里“名词定格”的事实。③

注释

①邢福义：《汉语里宾语代入现象之观察》，《世界汉语教学》1991 年第 2 期，第 76-77 页。

②可参看尹世超：《说标题动词及相关的标题格式》，《中国语文》1993 年第 4 期，第 260 页。

③关于“名词定格”问题，笔者曾在《现代汉语语法问题的两个三角的研究》一文中论及。文载华萍：《语言教学与研究》1991 年第 3 期，第 21-37 页。

（原载《语言研究》1994 年第 2 期）

“有没有VP”疑问句式

1. 在广港片语言中，常用“有没有VP”疑问句式：

有没有上过四川馆子？

有没有看过《末代皇帝》？

有没有调查过他的背景？

对于这种句式，笔者有个认识过程。1985年5月，在香港参加“普通话（国语）教学与测试研讨会”，提交了论文《普通话语法、词汇、语音测试问题的探讨》。文中提到：“你到底有没有这么想过”是方言口语的说法，普通话里应说成“你到底这么想过没有”①。后来，《文字改革》杂志约稿，写了《谈谈语法规范化》一文，文中指出：“你有没有想过这一点”的说法近来慢慢多了起来，会不会成为一种有特定作用的疑问句的习用格式，还难断定，只好“等着瞧”②。

现在，经过多方面的观察，笔者认为：这一句式已有进入普通话的趋势。尽管它能否完全普通化仍然得等着瞧，但目前人们已很爱用这一句式却是可以肯定的。证据如下。

（一）文学刊物。《收获》和《当代》是分别在上海和北京编辑出版的大型文学刊物。这两个刊物上“有没有VP”句式并不罕见。各举两例：

（1）我想起来了，前些日子，风闻又下来了一个几号通令，叫挨家挨户的检查，看大门上、窗户上有没有贴“忠”字？墙上有没

有请宝像?(公刘《井》)

(2) 但是,你们有没有看到,另一种像瘟疫一样的污染,也在我们这一代人中间蔓延?(朱联忠《友谊地久天长》)

(3) 你有没有看见我刻的那个猪头,刻得很有灵感呢!(肖马《纸铐》)

(4) 嗯,他有没有向你提起我,我叫刘伯宁?(吴欢《黑夜、森林、傻青》)

别的文学刊物,包括《十月》(北京)、《小说家》(天津)、《春风》(沈阳)、《长城》(石家庄)等,也时常可以看到"有没有 VP"的用例[③]。各举一例:

(5) 我问她小磕巴有没有给她看小霞的来信,她摇了摇头。(矫健《河魂》)

(6) 演戏和造房子不同,——戏演坏了是要公开批判的,你有没有想过这一点!(陆文夫《临街的窗》)

(7) 你的贞操,有没有受到损害?(竹林《没有热量的萤光》)

(8) 他最担心的是,这些时日来,虞姬有没有嫁人。(宏甲《龙脊》)

(二)北京籍作家。著名老作家刘白羽是北京人,他在新近完成的第一部长篇小说《第二个太阳》中使用了"有没有 VP"句式:

(9) 司机回头急看,显然是看装载警卫部队的大卡车有没有跟上来。(刘白羽《第二个太阳》)

(10) 老秦!你有没有考虑,万一敌人在襄阳、沙市之间阻滞我们?(刘白羽《第二个太阳》)

(三)北京籍语言学家。语言学家马希文是北京人,北京大学教授,说地道的北京话。1986 年 10 月全国哲学社会科学"七五"规划会议在北京召开,30 日上午的语言学科组会议上马希文先生向李荣先生说了下面一句话,笔者当即记了下来:

(11) 这个问题我不知道李先生有没有研究过。

此外,我们还注意到,中央电视台的播讲员有时使用"有没有 VP"

句式；中央电视台播放的电视剧（非香港或广东福建一带的电视剧）中也常常出现这一句式。

2. 总的说来，“有没有 VP”中的“有没有”问行为的实现，要求作肯定或否定的回答。具体地讲，有三种情况。

（一）问行为实现的经验性。相当于“是否曾经”。VP 部分常带“过”。有时“过”可以简省。如：

这些年你有没有回过老家？

这些年你有没有回老家？

=……是否曾经回过老家？

歪嘴婆有没有说过我的坏话？

歪嘴婆有没有说我的坏话？

=……是否曾经说过我的坏话？

（二）问行为实现的已然性。相当于“是否已经”。VP 指非反复出现的一次性的行为，不能带“过”。如：

妮娜有没有出嫁？

=是否已经出嫁

≠是否曾经出嫁

贴上了春联吧？有没有贴“福”字？

=是否已经贴了“福”字

≠是否曾经贴过“福”字

有时，句子里用不用“过”意思不同：

飞机有没有按时起飞过？

=是否曾经按时起飞过

飞机有没有按时起飞？

=是否已经起飞

（三）问行为实现的延续性，相当于“是否已经并且正在”。VP 指眼前发生的行为。如：

向后看看！警察有没有追上来？

=是否已经并且正在追上来？

你的脸好红！有没有发烧？

=是否已经并且正在发烧

“有没有”前面如果加时间副词“还”，等于问“是否还在/是否仍然”，指行为从过去到眼下的延续。如：

还有没有发烧？

=是否还在发烧

还有没有补习英文？

=是否还在补习英文

“有没有”后边如果使用“看到/发现/发觉/感觉到/意识到”等动词，其宾语中可以出现时间副词“在”。在这种情况下，尽管宾语表明了客观情况的持续，但对于谓语“看到/发现”等说来，“有没有”只含有“是否已经”的意思。如：

你有没有发现番仔在冲着你笑？

=是否（已经）发现……

你们有没有感觉到他在一步步地走向毁灭？

=是否（已经）感觉到……

综观“有没有VP”的种种用法，“有没有”所造成的是表明行为实现的时态的一种选择问句。当然，同任何问句形式一样，“有没有VP”的形式也往往被包含在某个陈述之中。如：

（12）我不知版纳身上有没有被泼过盐水。（陈村《象》）

（13）我问象有没有谈过恋爱，他说还没有。（陈村《象》）

3. 一个方言形式为普通话所接纳，有它本身的原因——内因。“有没有VP”句式能够较为通用，是因为它具有特定的用途，原有的句式不能完全替代。

3.1　“是否 VP”不能完全替代“有没有 VP”。

首先，“是否 VP”文言色彩较重。普通人在普通场合你问我答，使用口语句式“有没有 VP”才谐调。比方，香港电视连续剧《射雕英雄传》中梅超风向华筝讲述她和陈玄风的爱情故事，华筝同情地问：

后来你们有没有结合？

华筝是个天真烂漫的年轻姑娘，说话时绝对不会采用“后来你们是否结合了”这样的文绉绉的口吻。

由于“有没有 VP”是口语句式，有时句末可以自然地出现反映口头语气的“啊、哪”之类的语气词。如：

(14) 喂，我的孩儿在哪里，你有没有见他哪？(金庸《神雕侠侣》)

这里的“有没有”如果改为“是否”，就会在语体上显得别扭。

其次，“是否 VP”跟行为实现的时态没有必然的联系。比较：

张小姐是否会出去？

*张小姐有没有会出去？

“有没有 VP”中，VP 部分可以不出现表明行为实现的时态词。如果改说成“是否 VP”，往往必须在 VP 部分添加时态词。比如：

张小姐有没有出去？

≠张小姐是否出去？

＝张小姐是否出去了？

“有没有 VP”中，VP 部分排斥时间副词“曾经/已经”；“是否 VP”中，VP 部分容纳这两个时间副词。比较：

*张小姐有没有曾经回过老家？

张小姐是否曾经回过老家？

*张小姐有没有已经下班回家？

张小姐是否已经下班回家？

第三，“有没有 VP”和“是否 VP”中时间副词“还”都可以出现，但位置不一样："还"用在"有没有"的前边，而用在"是否"的后边。如：

(15) 你去看看，他还有没有出冷汗？(梁羽生《塞外奇侠传》)

这里用"有没有"，不能说成"有没有还出冷汗"；相反，如果改用"是否"，可以说成"是否还出冷汗"，却不能说成"还是否出冷汗"。

总之，不管是从语体色彩还是从语法结构上看，"是否 VP"和"有没有 VP"并不等同。

3.2 "VP 没有"也不能完全代替"有没有 VP"。

首先，"VP 没有"中 VP 一般简短，不宜过长。如果 VP 过长，说了好一会儿才用"没有"造成选择问句，说的人吃力，听的人也吃力。"有没有 VP"可以弥补"VP 没有"的不足：由于一开始就已用"有没有"造成了正反选择问句的语势，后边 VP 的长度有所增大不会影响问句的显豁性。例如：

(16) 你有没有告诉王爷，说是发现了我的秘密？(梁羽生《塞外奇侠传》)

先用"有没有"提出问句的正反选择项，再用 VP 提出需要作肯定或否定回答的有关行为，意思集中而显豁。如果说成：

(17) 你告诉王爷，说是发现了我的秘密没有？

这样不是不可以，但表达效果比前一句差些。而且，从可能性上说，"有没有"后边的 VP 还可以再扩展：

(18) 你有没有告诉王爷，说是发现了我的秘密，看到了许多你不应该看到的东西……？

在这种情况下，更不好说成：

(19) 你告诉王爷，说是发现了我的秘密，看到了许多你不应该看到的东西……没有？

其次，在谓语动词是"看到/发现/发觉/感觉到/意识到"等时，前边如果用"有没有"，后边可以有较大的停顿，书面上加逗号。这样可以突出疑问焦点。“看到/发现”之类后边的宾语越长越复杂，疑问焦点越突出。在这一点上，“有没有 VP”的表达效果也优于“VP 没有”。例如：

（20）亦芸，你有没有发觉，很多人在看我们？（严沁《祝福年年》）

（21）不知道我的这位当了父母官的老弟有没有意识到他的哆哆嗦嗦地做着一件早就应该做的事，改变了人的价值观念。（肖马《纸铐》）

第三，作为同义句式，“有没有 VP”和“VP 没有”可以连用，造成错综用法。这时，它们各具特殊价值，在修辞需要上不好随意替换。比如例（15）的问句，原文后边实际上还有一问，即：

（22）你去看看，他还有没有出冷汗？头上的热退了没有？（梁羽生《塞外奇侠传》）

前后两问句式有变化。如果都改为“有没有 VP”或者“VP 没有”，就显得呆板：

（23）他还有没有出冷汗？头上的热有没有退完了？

（24）他还出冷汗没有？头上的热退完没有？

总之，“VP 没有”和“有没有 VP”尽管都是口语句式，都询问行为的实现，但它们的语用价值并不完全相同。

4. 一个方言形式为普通话所接纳，还有它自身以外的原因——外因。“有没有 VP”句式普通化的外因大致有两个：邻类外因和社会外因。

4.1 邻类外因

普通话里“有没有 VP”有好些相邻的近类句式。这些句式对于把“有没有 VP”引进普通话产生类化作用。

大体说，“有没有”后边可能出现的语言成分总共有四种：NP（名），VP（动），AP（形），NV（名动：主谓）。在普通话里，首先可以看到：

有没有	NP	+
	VP	?
	AP	+
	NV	+

“有没有 NP”，例如：

有没有人？

有没有什么事？

有没有这么高的水平？

有没有鸡叫的声音？

“有没有 AP”，例如：

（水平）有没有这么高？

（距离）有没有这么远？

（情况）有没有那么严重？

（气候）有没有那样炎热？

“有没有 NV”，例如：

a. 有没有鸡叫？

有没有犬叫？

b. 有没有人反对？

有没有什么事情让你烦恼？[4]

至于“有没有 VP”，是不是原来根本不存在呢？情况不完全如此。比如：

人数有没有增加？

有没有减少？

有没有增加或减少？

差距有没有扩大？

有没有缩小？

有没有扩大或缩小？

这是另一类“有没有 VP”。它重在对事物作静态的断定，表示“是不是有所 VP”的意思。如“人数有没有增加”，等于问“人数是不是有所增加”。本文讨论的“有没有 VP”，重在对人物行为作动态的叙述，跟它有所不同。不过，二者之间明显具有更多的相似点。有的时候，二者甚至可以采取同样的形式。比方：

有没有后退？

如果是针对静态的结果，在这么个环境中发问：“总的说来，有没有后退？哪些地方有后退？”那么，便是断定性“有没有 VP”。如果是针对动态的行为，在这么个环境中发问：“你刚刚到底有没有后退？”那么，等于问“你刚刚到底是否已经后退”，属于叙述性“有没有 VP”。

多种多样的“有没有 X”，包括断定性“有没有 VP”，为叙述性“有没有 VP”进入普通话准备了属于语言方面的外部条件，使这一句式在运用开来时人们并不感到怪异。

4.2　社会外因

“有没有 VP”的普通化还有其社会的历史的原因。

本来，这一句式我国东南沿海地带的人是常用的，但是，成为比较通用的句式，却是近几年的事。自从我国实行对外开放政策以来，人们通过各种渠道接触到了香港和其他国家或地区的华人（相当大一部分母语为粤语、闽语）习惯使用的语言。一种语言或方言，使用它的人在某个或某些方面具有权威性或吸引力，它就容易为人所模仿，从而发生影响。香港等地经济实力强，其影片、电视片人们爱看。同香港等地在经济、文化等方面的频繁接触，形成了这一句式使用面越来越大的社会外因。

5. 内因＋外因＝可接纳性。以上的分析表明，“有没有 VP”句式有可能为普通话所接纳。下面，补充两点意思。

5.1　“有没有 VP”可以说成“有没 VP”，这应该是没什么问题的。如：

(25) 谢大侠怎样了？有没见到？（金庸《倚天屠龙记》）

(26) 你有没问他如何失手遭擒？（金庸《倚天屠龙记》）

但是，能不能只从肯定方面用“有 VP（吗）”来提问？比如：

(27) 你有仔细考虑吗？（叶尾娜《幺哥的婚事》）

至少在目前，这样的说法还难于普遍使用开来。此外，港台作家笔下有时见到“有否/有无 VP”的说法，内地作家笔下尚未发现。录以备考：

(28) 阿扁，这只你的，有否给人定了？（李昂《杀夫》）

(29) 陈江水、陈阿清，你们有无满意？（李昂《杀夫》）

5.2 “有没有×”中，“有”和“没有”一般都属于动词。NP 前边的是动词，这很明显；AP 前边的，也可以断定为动词。证据是：

他的水平有没有这么高？

→他有没有这么高的水平？

“有没有 AP”可以向“有没有 NP”变换，“有没有”结构地位不变。根据后一句，可知前一句的“有”和“没有”应该也是动词。

在断定性“有没有 VP”中，“有”和“没有”也可以划归动词。证据是：

问：今年的产量有没有增加？有没有减少？

答：有的地方略有增加/有所增加，有的地方略有减少/有所减少。

“有”前边可以出现程度副词，后边的 VP 可以带“所”，这表明它是动词，而跟它相对并举的“没有”自然也是动词。

但是，在叙述性“有没有 VP”中，“有”和“没有”就无法证明是动词了。从实际功能看，它们具有纯状语性[5]，如果以目前通行的教学语法的词类系统为基准，它们似乎可以归入副词，划到然否副词一类。看这个例子：

(30) 他们有读笔录给我听，但我没有听到这句话。（陈安先《辩护律

师》）

上例前分句可以看作是对“他们有没有读笔录给你听”的肯定回答，后分句可以看作是对“你有没有听到这句话”的否定回答。前分句的“有”接近于“曾经”，后分句的“没有”接近于“不曾”，把它们都判定为副词是容易接受的。

可以这么说，叙述性“有没有VP”将给普通话带来一个特殊的句式，将使普通话中的“有”字增加一个词性[⑥]。这种特殊的选择问句式，正是由肯定副词“有”和否定副词“没有”在VP前边连用而构成的。

注释

①邢福义：《普通话语法、词汇、语音测试问题的探讨》，《华中师范大学学报》1987年第5期，第142-149页。

②邢福义：《谈谈语法规范化的问题》，《文字改革》1985年第6期，第32-33页。

③《花城》是在广州出版的文学刊物。《花城》上出现“有没有VP”的用例是必然的，不必举例。

④a类是主谓作宾句式，NV是“有没有”的宾语。如“鸡叫”整个儿充当“有没有”的宾语。B类是兼语句式，N既是V的主语，又是“有没有”的宾语。如“人”一方面是“有没有”的宾语，一方面是“反对”的主语。

⑤关于纯状语性，参看拙著《词类辨难》，甘肃人民出版社1981年版，第15页。

⑥采用不同的语法学家的词类系统，词的归类结果会不一样。这里的“有”和“没有”自然可以不一定判定为副词，但无论如何，它们绝对不是一般的动词。

（原载《华中师范大学学报》1990年第1期）

“很+名词”的语言文化问题辨察

〇 前言

近年来，“很+名词”的说法有上涨的趋势。比方“绅士”“淑女”是名词，有时可以说成“很绅士”“很淑女”：马悦在跟女主人于薇跳过第一支曲子后，接着便来到佩茹面前，做了一个很绅士的恭请动作。（徐坤《如烟如梦》，《小说月报》1997年第6期41页）｜愫细很淑女地啜饮高脚杯中的白酒。（施叔青《香港的故事》，《独身女人》14页，漓江出版社1986年版）

本文从语言和文化两个角度观察这类“很+名词”的说法。为了方便，有的地方把这类“很+名词”简称为“很名”。

一 从语言角度看“很+名词”

1. 在句法功能上，“很+名词”是形容词性的。

“很名”结构包括两个部分：前一部分是程度词，以“很”为代表，此外还可以用“最、太、更、够、真、非常、特别、比较”等副词，有时也可以用指点程度的代词“这么、那么”。如：最后苹果拼盘上来了……大家非常绅士地用小叉子一粒一粒地叉起来吃，……（王海玲

《亦真亦幻》，《中篇小说选刊》1997 年第 3 期 153 页）后一部分是名词，有时也可以是名词短语。如：殷法能兴高采烈地拿起了杜晚晴的手，很绅士风度地吻了下去。（梁凤仪《花帜》233 页，人民文学出版社 1992 年版）｜没有想过葛懿德的容貌如此俊秀，五官简直精美，很女中丈夫，不怒而威。（梁凤仪《九重恩怨》39 页，人民文学出版社 1992 年版）｜慕天，这儿的清晨，烟雾弥漫，更诗情画意，你若能来跟我共进早餐的话，就是太好了，我们还有很多很多话要说。（梁凤仪《醉江尘》146 页，人民文学出版社 1992 年版）

“很 X”结构槽是形成“很名”说法的根基。“很 X”是形容词性的，这决定了“很名”说法也是形容词性的说法。在句法结构中，“很名”总是用作定语、谓语、状语或补语，这正是形容词或形容词短语惯常分布的状况。比如：他的举止很绅士。（谓语）｜他做了个很绅士的动作。（定语）｜他很绅士地做了个恭请的动作。（状语）｜他的恭请动作做得很绅士。（补语）。由于“很＋名词”是形容词性的，因而可以跟典型的“很＋形容词”并列使用。如：萧城立马赶到，很潇洒很英雄很男子气地跃入水中，将男孩救起。（少鸿《触摸忧伤》，《芙蓉》1994 年第 2 期 64 页）——这里，“很男子气”跟“很潇洒”“很英雄”并列，共同用在状语的位置上。这么并列使用的语词，在性质上不可能不具有共性。

“很名”不能用作主语和宾语。“绅士、淑女”之类如果出现在名词惯常分布的主、宾位置上，就不能受“很”等的修饰。例如：放眼望去，绅士淑女们衣冠楚楚，……（陈浩泉《选美前后》，《花城》1985 年第 1 期 201 页）｜原来以为早到了，大厅里却已尽是衣履风流的绅士淑女，……（施叔青《香港的故事》，《独身女人》33 页）——前一例，“绅士淑女们”是主语；后一例，“绅士淑女”是宾语。在这种位置上，“绅士”也好，“淑女”也好，都绝对不能加上“很”字。

2.“很名”结构槽只是有限地接纳名词。

进入“很名”结构槽的名词，可以指人，可以指事物，可以指方所，可以指时间。应该说，有相当大的覆盖面。例如：很绅士（指人名词）｜很母性（事物名词）｜很香港（方所名词）｜很现代（时间名词）。然而，事实上，为“很X”一类结构槽所接纳的名词，是受到特定语义条件的限制的。这就是，该名词能够从气质、作风、样式、气味、势态等方面反映出说话人的某种特异感受，用个简括的说法，便是具有“异感性”。一个说话人，假若他对“淑女”的表现有特异的感受，那么，看到某女士在言谈上符合他的感受时，他可以说“很淑女”；看到某女士在举止风度上符合他的感受时，他也可以说“很淑女”。同样，一个说话人，假若他对“香港”的情况有特异的感受，那么，看到符合他特异感受的衣着，他可以说“很香港”，看到符合他特异感受的发型，他也可以说“很香港”。

各类名词中，时间名词所受限制最大。这是因为，这个那个时间不大容易给人以独特的感受。目前只看到一个“很现代”。在特定情况下，“很未来”“很上古”也许可以说，但“很今天｜很明年｜很星期日”不行。指人名词和方所名词所受限制次之。指人名词，除了上例里出现的“绅士、淑女”等，即使是“女人”之类，只要是强调特异感受，也可以加“很”；方所名词，除了上例里出现的“香港”，在特定情况下，“国际、中国、美国、日本、上海、西藏、海南”之类不一定不能加“很”。例如：四婶也像别的村妇一样，很女人地挨男人的打然后委屈得哭一场，……（李肇正《小女子》，《中篇小说选刊》1997年第1期146页）｜我又见到了昨夜招待我的那位西藏小伙。……他告诉我，他曾经到北京、上海学习过。他长就一张很西藏的忠厚的脸。（余纯顺《走出阿里》，《小说月报》1996年第12期19页）事物名词所受限制稍宽。特别是带上“气、味、腔、调、样、性、主义、风度”等的名词或名词短语，比较容易加“很”。比如：李艺知道自己这样问太学生味，但又由不住要这样想。（王炬《正义的迷踪》，《中篇小说选刊》1996年第6期77页）｜总之，简珍不是上大学的料。简珍很唯物主义，就不在功课上下苦功，一天到晚盘算着如何当老板。（李肇正《小女子》，《中篇小说选刊》1997年第1期118页）然而，无论如何，不能引起人们特异感觉的名词，包括事物名词，不能受“很”修饰。比如，“鼻子”不能说成“很鼻子”，“衣服”不能说成“很衣服”，“电视机”不能说成“很电视机”。

3. 典型名词进入“很名”结构槽，是名词活用为形容词，属于“词性活用”现象。

从语义看，由于“很名”结构中的名词要求具有异感性，因此，典型名词一旦进入“很名”结构，便不再使用其本然意义，而是用来表示一种临时赋予的性质或状态。比如“西藏”，本然意义是中国的一个省份，然而，在说“很西藏”的时候，却或者指跟西藏有关的某种气质，或者指跟西藏有关的某种相貌，或者指跟西藏有关的某种装饰，如此等等，都临时带上了跟形容词意义相通的意义。诚然，这类结构中的名词实际上已经不是一般意义上的名词。

从书面表达的方式看，为了突出强调用法的特殊性，人们往往给这个名词加上个引号，借以表明这是修辞性的活用。比如：她一开始就不同我说藏语。十分惊诧，女人的直觉为什么总是如此敏锐，尽管此时我已经很“西藏”。（余纯顺《走出阿里》，《小说月报》1996年第12期35页）｜普兰的边贸市场分东风桥头市场和唐嘎市场两部分。唐嘎市场也被远近的人们叫做“国际市场”。其实，东风桥头市场也有点儿“国际”，而且很“中国”。（余纯顺《走出阿里》，《小说月报》1996年第12期24页）｜嘎珍在“内地班”读过书，……她比较“现代”和务实。（余纯顺《走出阿里》，《小说月报》1996年第12期7页）——上例里，进入“很名”结构的“西藏”“国际”“中国”“现代”都特意加了引号。从下文所举的例子中，也可以看到同样的情况。再说，凡是不用引号的，只要写作者觉得需要强调，也都可以加上。词与词之间的正常配搭，是不允许随便加引号的。比如“很聪明”，如果给“聪明”加个引号，就会化褒为贬。

4. 跟“词性活用”现象相关联的是“词性裂变”现象。

进入“很名”结构的名词，一旦用多了，就习以为常，临时的“异感”意义就会转向固定的特征意义，结果便出现词性裂变现象，使一个形式在原来名词词性的基础上裂变出形容词词性。这样，一个形式就兼有名词和形容词两个词性：在名词结构槽出现时是名词，在形容词结构槽出现时是形容词。比如“科学”，《现代汉语词典》解释为：①反映自然、社会、思维等的客观规律的分科和知识体系。②合乎科学的：这种方法不～｜革命精神和～态度相结合。——前一种“科学”是名词，后一种“科学”是形容词。又如“艺术”，《现代汉语词典》解释为：①用形象来反映现实但比现实有典型性的社会意识形态，包括文学、绘画、雕塑、建筑、音乐、舞蹈、戏剧、电影、曲艺等。②指富有创造性的方式、方法：领导～。③形象独特而美观的：这棵松树的样子挺～。——前两种“艺术”是名词，后一种“艺术”是形容词。在实际语言运用中，诸如此类的现象不少。比如：他的精神很好。（名词）｜他走起路来很精神。（形容词）｜要讲究卫生！（名词）｜这种东西太不卫生！（形容词）。再看几个实际用例：你一定有一份很理想的职业，……（陈浩泉《选美前后》，《花城》1985年第1期191页）｜像马莎这样也就够风光的了，……（陈浩泉《选美前后》，《花城》1985年第1期187页）｜热情的小于永远也不能理解世界上居然还有这样一对极其规律的夫妻。（肖克凡《最后一个工人》，《中篇小说选刊》1997年第1期25页）——“理想”“风光”“规律”通常用作名词，但上例的“理想”“风光”“规律”都是形容词。凡是已经裂变成为形容词的，书面上不能加上引号。

从“词性活用”到“词性裂变”是一个发展过程，在这个发展过程中自然会存在混沌状态。正因如此，进入“很名”结构槽的名词有的也可能介于二者之间，属于模糊现象，可以“见仁见智”。比如：她太教条了，全盘接受了学校老师灌输给她的理论，以为凡事只要努力奋进便能成功的。（徐蕙照《折桂》，《小说月报》1996年第12期76页）｜张和生则批评电视剧肤浅，编者主观的东西太多，而且审美观念太传统。（梁晴《索坦》，《中篇小说选刊》1997年第1期105页）——这里的“教条”“传统”是名词的活用呢，还是已经成了形容词呢，似乎难于做斩钉截铁的论断。这是正常现象。事物之间往往不能一刀两断，何况是处于发展过程中的事物！有一点可以肯定：不管是词性活用，还是词性裂变，凡是名词进入“很名”结构，便在特定的结构槽中被形容词化了。

二　从文化角度看“很＋名词”

1．“很名”说法，产生于人们对事物属性的特异感受，带有因人而异的心理特征。

上面一再提到“很绅士”之类说法。作为名词，“绅士”有特定的内涵；一个人是不是绅士，有客观的标准。然而，当甲说乙“很绅士”的时候，只是表明甲的个人心态，丙丁可能有同感，也可能没有这样的感觉。上面又一再提到“很西藏”的说法。不管是说话人说别人“很西藏”，还是说自己已经“很西藏”，同样也是他自己内心产生的特异感觉。诚然，心理上的异感是带有多层面的文化因素的东西。

看个实际用例：……我基本上是个城里人。长得很“文化”。这使得我的家乡的乡亲们始终不肯把我当成一个一无所有的穷学生来看待。（王泽群《正爷》，《中篇小说选刊》1997年第4期143页）——作为名词，“文化”有特定的涵义，《现代汉语词典》解释为：①人类在社会历史发展过程中所创造的物质财富和精神财富的总和，特指精神财富，如文学、艺术、教育、科学等。②考古学用语。③指运用文字的能力及一般知识。那么，上例里的“很文化”是什么意思呢？大概是文质彬彬、很有知识的样子吧？然而，无论如何，我们只能猜个“大概”；在“家乡的乡亲们”的心理上，恐怕也只有那么个模糊的影像。放到大城市，在高等学府，绝对不会有人对一个在一所“半工半读的学校”读书的学生产生“很文化”的感觉。这就是说，“很文化”的说法本身就反映了没有什么文化水平的“家乡的乡亲们”心理状态，表明了他们对知识和知识分子的崇敬和距离，其中无疑有着朴素厚实的文化含量。

2. “很名”说法是一种语言艺术，反映了说汉语的人特定的“知识”涵养。

人们对特异感受的表达，建立在特定文化素养的基础之上。甲看到乙多愁善感，往往对花落泪，于是责备地说：“你呀，怎么这么林黛玉啊?”或者对丙、丁议论说：“乙这个人，太林黛玉了!”能这么说话的甲，一定读过《红楼梦》；听者，不管是乙还是丙或丁，也一定（或被甲认为）读过《红楼梦》。此外，乙大概可以肯定是一个年轻的姑娘。再看下面的例子：我现在开始弄瓷器，很时髦、很贵族的玩意儿，不过其中学问多多。（施叔青《香港的故事》，《独身女人》47 页） ｜ “你曾来过这儿?”我回望杜青云，问。“是的。很久以前。我跟我的第一个女朋友。”“很诗情画意。”（梁凤仪《千堆雪》149 页，人民文学出版社 1992 年版）——对“贵族”一无所知，不可能采用“很贵族”的言辞；不知道“诗情画意”为何物，不可能发出“很诗情画意”的感慨。从一个纯朴的山区农民口里，可以听到“很木头”，却绝对听不到“很贵族”和“很诗情画意”。再看个文化含量更大的例子：她说：“我喜欢古筝的声音，非常古典，非常高山流水。”（严沁《无怨》7 页，中国文联出版公司 1987 年版）——有中国文化素养的人都知道，“高山流水”包含着《列子・汤问》中伯牙和钟子期之间的一段美好的故事，用来比喻知心、知己或曲调高雅。上例把“高山流水”活用到“很名”类结构之中，融入了汉民族的文化蕴含。

3. 不同的社会背景，影响人们的语言运用，也影响“很名”的具体装配。

以香港为例，先说说“很绅士”和“很淑女”。“淑女”是古代汉语的词，在普通话基本词汇中已经消失。正因如此，《现代汉语词典》中只对“淑”字作简单解释，而不立“淑女”的词条。该词典的1996年修订本虽立“淑女”词条，但特别解释为：“〈书〉美好的女子：窈窕～。”强调是“书”。“绅士”不是古代汉语的词。因此《辞源》不收“绅士”，只收“绅衿”。对“绅衿”所作的解释是：“泛指地方上有地位权势的人。绅，指有官职或中科举而退居在乡的人；衿，青衿，学中生员所穿，指生员。《儒林外史》四：‘汤父母到任的那日，敝处阖县绅衿，公搭了一个彩棚，在十里牌迎接。’”在中国的广阔土地上，“绅士”一词只在1949年以前的近现代用过一段时间。1949年之后到70年代末期，在普通话的基本词汇中，这个词也已消失。因此，《现代汉语词典》尽管立了“绅士”的词条，但只作了这样的解释：“指旧时地方上有势力、有功名的人，一般是地主或退职官僚。”总之，“淑女”也好，“绅士”也好，对于50年代到改革开放时期以前的普通话词汇来说，最多只是留下了历史的陈迹。然而，在香港作家作品中，它们的使用频率却一直比较高。这为香港特有的人文背景所决定，在某种程度上反映了香港不同于内地的文化现象。一方面，作为英国的殖民地，香港深受英国文化的影响。以“绅士”来说，电视连续剧《乱世香港》中，有个人物何贵堂，就千方百计想当个“太平绅士”。因为有“绅士”这个名词，才会有“很绅士”的活用说法。另一方面，香港本来是中国的土地，生活在香港的中国作家有着天然的中国文化根基。1949年以后，香港跟内地的语言接触基本中断，香港的汉语书面语中很自然地保留着许多文言词语和成语典故。因为保留有“淑女”这个词，才会有“很淑女”的活用说法。

再看其他方面的例子：吊山车很摩登。（梁凤仪《花帜》73页，人民文学出版社1992年版）｜原来陈小姐今晚穿得十分性感。（东瑞《夜香港》22页，广东旅游出版社1987年版）｜目下许多红星都在拍彻底的“写真集”，穿三点式已变得十分小儿科了，……（东瑞《夜香港》133页，广东旅游出版社1987年版）——前一例，反映香港用语同英语的联系。英语里的

modern，用汉字写出来就成为“摩登”。普通话里，名词“现代”和兼属名词与形容词的“时髦”，都跟这个词意义相当。“吊山车很摩登”，既可以说成“吊山车很时髦”，也可以说成“吊山车很现代”。后两例，反映了香港的社会风情。“十分性感”也好，“穿三点式”变得“十分小儿科”也好，都是实际生活的摹写，跟内地相比较，特别是跟中国改革开放之前相比较，显得香港的风情跟内地存在相当大的差异。

4. 人际关系的发展，促进了“很名”说法的发展。“很X”是现代汉语的结构槽，“很＋名词”是现代汉语里有特定语用价值的说法，这种说法在现代汉语里本来就有。例如：这些都是很“感情”的话，她平日搬运得非常熟练，竟不必现查“大全”了。（茅盾《夏夜一点钟》，转引自倪宝元《词语的锤炼》）｜这个连长太“军阀”了！年纪不大，脾气可不小！（曲波《山呼海啸》上册24页，转引自倪宝元《词语的锤炼》）茅盾笔下的“很感情”，曲波笔下的“太军阀”，都说明“很名”类说法不是近一二十年来才出现的新说法。

然而，也要看到，近年来“很名”说法确实多了起来，成为一种相当“时尚”的说法了。这种“时尚”说法的使用与发展，跟改革开放以后内地同香港一带的频繁接触不无关系。这反映了人际关系的发展，促进了语言运用的相互撞击与交融。比如：谢霓说，那图案非常现代！（徐小斌《对一个精神病患者的调查》，《中篇小说选刊》1986年第2期85页）｜其实我平时没这么绅士。（池莉《绿水长流》，《小说家》1993年第5期11页）——这两个例子分别见于80年代和90年代的作品，都出自内地作家的笔下。同类说法，若到50年代或60年代的内地作家的作品中去寻找，很难发现；而在近年来的作品中，却是可以经常看到的。

由于深圳同香港有更多的接触，《特区文学》上更多地出现这类说法，这就不足为奇了。例如：猫王是那样性感那样迷人，唉，他是我永远得不到的偶像呀！（陈惠如《女人的童话》，《特区文学》1997年第1期13页）｜那天潘可在电话里很人情地说：兄弟你的栖身之所现在仍未解决吧？（陈惠如

《女人的童话》，《特区文学》1997 年第 1 期 5 页）｜那时候人们还是不大想得开，观念上还比较传统，过年嘛，就得热热闹闹，……（张波《特区不浪漫》，《特区文学》1994 年第 3 期 25 页）

三　结语和余论

从语言角度说，“很＋名词”是一种具有特定语用价值的特殊组合。由于“很 X”是营造形容词的优化结构槽，一个名词如果偶尔进入这个结构槽，便只是名词的活用现象；如果经常进入这个结构槽，跟“异感”意义发生经常性联系，就会出现词性裂变现象，即在名词的基础上裂变出形容词。

从文化的角度看，社会的发展促使语言文字应用的活跃，引发语言的不断演变与发展。在语言的演变发展过程中，由于人文因素的干预，结果就出现了语言的文化蕴含。正因如此，“很名”说法的使用固然受到语言因素的规约，同时也反映特定的社会人文背景，有其特定的文化蕴含。

需要补说两点，做为余论：

第一，名词活用为形容词，不一定都出现在“很名”结构之中。换句话说，“名”的前边不一定都出现“很”类程度词。例如：下去前个个文绉绉的，幼稚而书生，不出半年，再回县里办事，人也野了，话也粗了，……（刘益令《仕途》，《小说月报》1996 年第 12 期 50 页）｜那间主人房内的浴室，叫杨慕天看呆了，比电视里头的布景还要辉煌架势十倍。（梁凤仪《醉江尘》95 页）——名词“书生”和“架势”由于分别同形容词“幼稚”和“辉煌”构成并列结构而形容词化。这里的“书生”和“架势”如果不认为是名词活用为形容词，而认为它还是通常意义上的名词，那么，就会引出名词可以无条件地跟形容词并列，共同作谓语的结论。这显然是不合理的解释。

第二，名词不仅可以活用为形容词，也可以活用为动词。在“很绅士”结构槽里“绅士”活用成形容词，在下面的结构槽里就活用成了动词：如果不是我自己曾亲自地去调查了解过，我永远也不会、不能、不敢相信我的叔祖父正爷，曾经“绅士”过。（王泽群《正爷》，《中篇小说选刊》1997年第4期148页）｜三人都笑了，坐了下来。白伟说：“好，我们就绅士一次，帮帮小姐。”（池莉《你以为你是谁》，《中篇小说选刊》1995年第2期4页）大家知道，“阿Q”是鲁迅作品中的人物，有时也可以听到这样的说法：“这个人很阿Q!”有时还可以看到这样的用法：严航笑道：“你真能阿Q自己。”（方方《行云流水》，《中篇小说选刊》1992年第2期70页）在“这个人很阿Q”里，“阿Q”是名词临时用作形容词；在“你真能阿Q自己”里，“阿Q”是名词临时用作动词。名词受“很”修饰，名词带宾语、带动量补语或用在“曾经X过”结构槽之中，都是特殊现象，受特殊规律的制约，不应混同于一般情况。

主要参考文献

［1］中国社科院语言研究所．现代汉语词典［M］．北京：商务印书馆，1994；现代汉语词典（修订本）［M］．北京：商务印书馆，1996．

［2］辞源（修订本）［M］．北京：商务印书馆，1981．

［3］倪宝元．词语的锤炼［M］．兰州：甘肃人民出版社，1981．

［4］于根元．副＋名［J］．语文建设，1991（1）：21-24．

［5］邢福义．关于副词修饰名词［J］．中国语文，1962（5）．

［6］邢福义．小句中枢说［J］．中国语文，1995（6）：420-428．

［7］邢福义．“很淑女”之类说法语言文化背景的思考［J］．语言研究，1997（3）：1-10．

（选自邢福义主编《文化语言学》增订本，湖北教育出版社2000年）

归总性数量框架与双宾语

所谓归总性数量框架，指的是“总共/一共……多少……”的框架。本文认为这一框架不能用来确认双宾语。文章通过检验这一框架能否用来确认双宾语，表明笔者对“双宾”的范围与性质的思考。文章包括三个部分：（1）双宾语的提出与双宾范围的扩大；（2）根据数量框架认定双宾所引发的疑问；（3）再谈数量框架与复指结构。文章末尾有个结语，说明写作本文主要想表达什么意思。文中，许多地方把这一框架简称为“数量框架”。

一　双宾语的提出与双宾范围的扩大

（一）“双宾语”的提出

黎锦熙《新著国语文法》（1924）提出“双宾语”。讲“双宾位”时，黎著指出：有一种外动词，表示人与人之间（或者人格化的事物之间）交接一种事物的，如“送”“寄”“赠”“给”“赏”“教授”“吩咐”等，带两个名词作宾语，叫做“双宾语”。（1955 年商务印书馆校订本 34 页）

张志公主编《初级中学课本汉语》第四册（1956），基本上沿用黎著说法。该书用“两个宾语”的术语，解释是：一个动词有时候可以带两个宾语。……动词是“给”“送”“教”“请教”“问”。（17 页）张先生主编的《汉语知识》（1959），情况相同。该书指出：有的动词，如“给”“送”“教”“告诉”之类，常常带着两个宾语。（1979 年第二版 159 页）

（二）双宾范围的扩大

扩大双宾语范围的，是吕叔湘先生。不过，有一个过程。

《中国文法要略》（1942—1944）指出：有些文法书把受词也认为一种止词，把止词和受词合称“双宾语”。（1956 年商务印书馆合订本 45 页）又指出：有“夺、取”或“学、问”等义的动词后面也可以跟一类补词，这类补词和起词的关系恰恰和普通受词相反：不是补词因这个动作而有所失，就是起词因此而有所得。这一类补词假如要另外起个名目，可以称为“反受词”，为简单起见，也可以仍称受词。（同上，45—46 页）此书只是从语义关系的角度，由“受词＋止词”合称为双宾语，提到有一种相关的现象，就是“反受词＋止词”，并没有说后者就是“双宾语”或“两个宾语”。

到 20 世纪 50 年代初期，在《语法学习》（1953）里，吕先生才使用“两个宾语”的术语。书中解释道：“一件事情也许涉及三方面的人或物件，这个时候就会有两个宾语出现。”所举的例子包括“他送了我一本书”和“到底他前后借了你多少钱?”（27 页）既有“给”类双宾，也有“取”类双宾。跟黎著提出的“双宾”相比较，范围扩大了。

朱德熙《语法讲义》（1982）用了“双宾语”的概念，跟吕先生的处理基本相同。不过，分为三类：“给予”类，“取得”类，“等同”类。所指现象，分别是“送他一份礼”“买了他一所房子”“叫他老大哥”等。其实，这三类不是使用同一个逻辑标准划分出来的。前两类所据的标准是主语同宾语部分两个名物的关系，后一类所据的标准是宾语部分第一宾语和第二宾语的关系。

（三）双宾范围的再扩大

陆俭明《再谈“吃了他三个苹果”一类结构的性质》（2002），提出归总性数量框架，用“总共/一共……多少……”来认定双宾语。由于“给予义”的双宾结构没有异议，陆先生文章集中精力讨论“非给予义”的现象。

如果说，从黎锦熙先生到张志公先生，他们基本上把双宾现象限于“给类”，从吕叔湘先生到朱德熙先生，他们基本上把双宾现象扩大到“给类＋取类”，那么，陆俭明先生则把双宾现象进一步扩大到了“给类＋非给类”。“非给”所涵盖的，比“取”大得多。陆先生的论说，代表双宾范围的进一步扩大。

二　根据数量框架认定双宾所引发的疑问

陆先生文章强调指出：

> 我们所以要在“动词＋名$_1$（指人与事）—＋名$_2$（数量名结构）”前加上“总共/一共”，目的是为了确保“动词＋名$_1$（指人与事）—＋名$_2$（数量名结构）”只能理解为双宾结构，因为前面已经指出，在受“总共/一共”修饰的情况下，“动词＋名$_1$（指人与事）—＋名$_2$（数量名结构）”只能分析为双宾结构。（着重号为引者所加。）

陆先生用了“确保”“只能理解为”“只能分析为”这样的绝对肯定说法。然而，事实表明，在动词后边出现“双名”的情况下，根据所说的数量框架去确定“双宾”，会引发诸多疑问。略说四点。

（一）由基础简式引发的疑问

所谓“基础简式”，指减去数量框架的形式。比较：

A 给类格局　　　　　B 非给类格局

一共给了她九本书　　　一共撕了她九本书（陆先生用例）

给（了）她书　　　　撕（了）她书

减去数量框架“一共……九本……”，剩下的“给（了）她书”和“撕（了）她书”都是基础简式。A 式“给（了）她书”肯定是双宾句式，B 式“撕（了）她书”是不是？在分析非给义“双宾”时，吕先生、朱先生和陆先生都没有提到基础简式。

也许可以这么规定：对于非给类“双宾”，只考虑“数量式”（指带数量框架的形式，下同），而不管所谓“基础式”（指基础简式，下同）。问题是，任何事物和现象并非孤立存在，任何规定都不能不考虑“左邻右舍”。

首先，既然都是“双宾”，给类格局为什么可以有“数量式”和“基础式”，非给类格局为什么只容许有“数量式”，而不容许有“基础式”？

其次，就非给类格局说，在基本语义不变的承接性话语中，“基础式”和“数量式”可以推递出现。比如：你撕她书？一共撕了她九本书？｜你们杀死他妹妹？一共杀死了他三个妹妹？——为什么推递前的“（撕）她书”“（杀死）他妹妹”是定名结构，推递后的“（撕了）她九本书”“（杀死了）他三个妹妹”却不是定名结构，而变成了“双宾”？

再次，在基本意义不变的条件下，“数量式”可以移动位置。如：你们（一共）杀死了他三个妹妹？→你们（一共）把他三个妹妹杀死了？/你们把他三个妹妹（统统）杀死了？→他三个妹妹（统统）被你们杀死了？——移动位置之后，“把”字后边和主语位置上的只能认为是定名结构。那么，为什么一离开动词后边的宾语位置，“双宾”又变成“定名”了呢？这是不是可以反证，把动词后边宾语位置上的“数量式”规定为双宾，“人为”因素太强了呢？

（二）由非给类动词涉及面引发的疑问

能够进入“总共/一共……多少……”框架的，除开“给”义动词，又除开“取”义动词，还有别的动词，很难遍举。陆先生已经感觉到了这一点，因此用了一个不具有确定内涵与外延的概念：“非给予义动词”。

陆先生文章一共列举了非给予义动词 104 个，既指出“可能有遗漏”，又指出“这 104 个动词，有其共同特点，那就是它们在句法层面都可以有三个论旨角色——施事、受事、与事”。问题在于，可能遗漏的动词是否涉及面较大？其论旨角色是不是除了施事、受事，都一律解释为与事？看这个例子：

（1）方才我送她出门，她说她那儿还保存我许多信——那些信我全忘了，上面不知道胡写些什么……（钱锺书《围城》）

上例完全可以说成：

（2）方才我送她出门，她说她那儿还一共保存着我一十八封信——那些信我全忘了，上面不知道胡写些什么……

“保存”是 104 个动词以外的动词。再看下面的例子：

【聚集】那一带聚集胡宗南军队。→那一带一共聚集了胡宗南十万军队。

【看】去年寒假，我看巴金作品。→去年寒假，我一共看了巴金六部作品。

【探望】教师节那天，我们探望文学院老教授。→教师节那天，我们一共探望了文学院十一位老教授。

【认识】一来二往，我认识了他干女儿。→ 一来二往，我一共认识了他四个干女儿。

【指出】是她，指出了本文错误。→是她，一共指出了本文二十一处错误。

"聚集""看""探望""认识""指出"也是104个动词以外的动词。只要类推串连开去，还有更多的动词可以被牵进"一共……多少……"的框架。请注意用动词"有"的例子：

（3）（他们）共有军事力量四百余万人……（毛泽东《目前形势和我们的任务》）

（4）那时全区（总共）只有你们三个人……（李晓明、韩安庆《平原枪声》，省略号是原有的）

（5）四号地区果真（总共）只有他们一个加强连？（柳建伟《突出重围》）

下例用"有"的例子，是近代作品中的：

（6）韩滉生性倔强，似信不信的拆开书来一看，共有古文九字，都是蝌蚪之文。（抱瓮老人《今古奇观》）

（7）那妓院共有妓女四五人，小玉是此中的翘楚。（曾朴《孽海花》）

诚然，仅从形式上根据数量框架来认定"双宾"，必然把双宾范围大大放宽，放宽到控制不住局面的地步。以"名$_1$"同动词的关系来说，这些动词的论旨角色如果不能算施事或受事，是否统统归入"与事"？比方，"有"字句里，"有"有没有可能带双宾语？如果说"有"的后边可以是双宾语，对"名$_1$"来说，它的论旨角色是否可以确定为"与事"？"与事"这一概念当然可以做很宽泛的解释，但是这么一来，"与事"是否会成为一个无所不包的"收容站"？

上面列举的"有"字句，尽管都带有数量框架，但其"名$_1$"和"名$_2$"实际上构成了复指结构，而不是构成"双宾"。后边，讨论复指结构时，还会列举不少例句，请综合观察。这里还需要特别提到"是"字句。在"总共/一共……多少……"框架中出现的动词，甚至可以是判断动词"是"。例如：

（8）上台祝贺的，一共是省委省政府六位主要领导。

金庸《神雕侠侣》第36回："五只皮袋之中，共是两千只蒙古兵将的耳朵。”也可以说成：“五只皮袋之中，共是蒙古兵将两千只耳朵。”“是”也能带双宾语？对“名$_1$”来说，它的论旨角色也是“与事”？

（三）由双宾之间数量词位置引发的疑问

动词后边的两个名词语之间，往往会出现数量词。但是，数量词不一定出现在甲与乙两个名词语之间，换句话讲，不一定恰好用在所说的宾语与宾语之间，起到隔开前一宾语和后一宾语的作用。比较：

一共剁了那家伙三个指头。（陆先生用例）

一共剁了那家伙左手三个指头。

如果说，前一例“三个”出现在“那家伙”和“指头”之间，“那家伙”和“指头”构成双宾语，那么，后一例“三个”出现在“那家伙左手”和“指头”之间，怎么分析？是“那家伙左手”和“指头”构成双宾语，还是“那家伙”和“左手三个指头”构成双宾语？再比较：

那家伙一共被剁了左手三个指头。

那家伙一共被剁了右脚、右手和左手三个指头。

如果说，前一例“三个”出现在“左手”和“指头”之间，“左手”和“指头”构成双宾语，那么，后一例“剁了”的宾语却有“右脚”“右手”和“左手三个指头”三个并列项，“三个”被围困在了第三并列项之中。在这种情况下，这个被围困的数量词还能起到辨别和确认双宾语的作用吗？再看下面的例子：

我们馆一共保藏了徐先生青年时代七十三幅字画。

（←我们馆一共保藏了徐先生七十三幅字画。）

我一共收集到了方小英上京前八张剧照。

（←我一共收集到了方小英八张剧照。）

一来二往，我一共认识了他在职期间四个干女儿。

（←一来二往，我一共认识了他四个干女儿。）

遇到诸如此类的例子，如何解释数量词在双宾之间的位置及其所起的作用呢？

（四）由明显非双宾结构引发的更大疑问

动词后边，宾语位置上出现的“名＋数量名”有时不是双宾结构，而是复指结构。

叶南薰《复说和插说》和范晓《介宾短语·复指短语·固定短语》，讲“复说”和“复指短语”时举过这样的例子：

（9）横扁上刻着“树华”两个字。（老舍《不成问题的问题》）

（10）这是一家瑶民，住着母女二人。（陆定一《老山界》）

例（9）引自叶著，例（10）引自范著。“‘树华’两个字”“母女二人（二人＝两个人）”都是大家认可的复指结构，即明显的非双宾结构。然而，这两例的动词前头都可以出现“总共/一共”：

（11）横匾上总共刻着“树华”两个字。

（12）这是一家瑶民，总共就住着母女二人。

看两个实际用例：

（13）该项活动从去年开展至今，一共接待学生三千多人，……（吕迅《汕头机场游览参观升温》）（三千多人＝三千多个人）

（14）这次招聘活动，参加企业一共提供了机修、电工、电脑操作等一千一百多个岗位。（王国平、邹蓬《转变观念再就业》，《人民日报》1999年7月12日）

这两例尽管出现了“一共……多少……”，但其中的“学生三千多人”和“机修、电工、电脑操作等一千一百多个岗位”都是复指结构。同类的现象：这次，他总共访问了英法德意荷五个国家。丨我们村，总共有李张陈王四个姓。丨这次进城，他一共买回来了《白鹿原》等二十多本长篇小说。丨就这样往返四次，他总共救起了我们六十二个遇难者。丨这间小房子一共关了我们五个“反动学术权威”。丨一共就来了你们三个老家伙？

“总共/一共”有时说成“共”。其实，“共”可以统领“总共、一共、统共、通共、共总”等词。上面所举的例(3)(6)(7)，便是用“共”的例子。又如：

(15) 根据党中央组织部的统计，截至一九五六年六月底止，全党共有党员一千零七十三万四千三百八十四人，占人口总数的百分之一点七四。(邓小平《关于修改党的章程的报告》)

(16) 康明理登记完以后，把名字念了一遍，新参加的民兵和过去的暗民兵，共有雷石柱、康明理、孟二楞、武二娃、张有义、张有才、周丑孩、李有红、马保儿、康三保、康有富十一个青年。(马烽、西戎《吕梁英雄传》)

例(15)是“共……一千零七十三万四千三百八十四(个)……”，例(16)是“共……十一个……”。“党员”和“一千零七十三万四千三百八十四人”，“雷石柱、康明理、孟二楞、武二娃、张有义、张有才、周丑孩、李有红、马保儿、康三保、康有富”和“十一个青年”，肯定是组合成复指结构，而不可能是双宾。

金庸作品中，这么使用“共……多少……”框架的例子不少。比如：

(17) 徐达的子孙共有魏国公和定国公两个公爵。(金庸《碧血剑》)

(18) 他共有金银铜铁铅五只轮子，……(金庸《神雕侠侣》)

这两例“共”后边的动词都是“有”。再举几个用其他动词语的例子：

(19) 全年共查处利用审判权、执行权贪赃枉法、徇私舞弊的违法乱纪人员378人，……(《人民日报》2006年3月13日)

(20) 全年共批准逮捕各类刑事犯罪嫌疑人860372人，……(《人民日报》2006年3月13日)

(21) 全年共立案侦查涉嫌贪污贿赂、渎职侵权犯罪的国家工作人员41447人，……(《人民日报》2006年3月13日)

这三例动词语分别用了“查处”“批准逮捕”和“立案侦查”。

面对这类明显包含复指结构的小句，对于“总共/一共……多少……”框架的鉴别能量，是不是应该有新的考虑呢？

三　再谈数量框架与复指结构

数量框架中容许出现复指结构，这对于据此框架可以确认双宾语的结论，最具动摇力。相关情况，再进一步作些阐述。

（一）数量框架与复指结构的相互促成

1. 先说添加“名$_1$”

“共（总共/一共）……数量名”的说法，很容易促成“共（总共/一共）……名＋数量名”的说法。即：根据上下文语意，经过语词或小句的调配整合，可以添加为“数量名”所复指的“名$_1$”，从而形成“共（总共/一共）……名＋数量名”。例如：

（22）弟子曾听人言道：天下武功登峰造极的共有五位高人。……（金庸《射雕英雄传》）→［经过调整添加“名$_1$”：］弟子曾听人言道：天下武功登峰造极的共有东邪、西毒、南帝、北丐、中神通五位高人。

上例后句，一添加“名$_1$”（“东邪、西毒、南帝、北丐、中神通”），便组造成为复指结构。同类现象：

（23）我祖师一共收了两个弟子，大弟子姓苏，名讳上星下河，那便是家师，二弟子丁春秋。（金庸《天龙八部》）→［经过调整添加“名$_1$”：］我祖师一共收了苏星河、丁春秋两个弟子。

（24）他任大小姐也娶，你也娶。懂了吗？一共娶两个老婆。（金庸《笑傲江湖》）→［经过调整添加“名$_1$”：］他一共娶任大小姐和你两个老婆。

有时，“名$_1$”有点特殊：

（25）那次来陕北，他一共学会了三句陕北话：嗑、解下、相跟上。（张承志《北方的河》）→［经过调整添加“名$_1$”：］那次来陕北，他一共学会了“嗑、解下、相跟上”三句陕北话。

孤立地看“嗑、解下、相跟上”，它们应该都是动词性的，但在上例里，作为“三句陕北话”，却是名词性的。

2. 再说添加“共”类词

“……名+数量名”的说法，很容易促成“共（总共/一共）……名+数量名”的说法。即：根据特定语境所隐含的语意，可以在动词前头补出“共”类词，从而形成“共（总共/一共）……名+数量名”。例如：

（26）不经意之间，已经过了01、02、03、04、05五个年头了。（何祚欢《都市茶座》开场白，武汉电视台2005年11月18日晚）→［补出“共”类词：］不经意之间，总共已经过了01、02、03、04、05五个年头了。

上例后句，动词语前头一添加了“总共”，便形成了完整的包含复指结构的归总性数量框架。同类现象：

（27）今天，在家静静地呆了一天，（一共）读了《葛定国同志的夕阳红》、《理发师》及《皆大欢喜》三个中篇，如往常一样，总觉字字珠玑。（张学军《读〈中篇小说选刊〉偶感》）

（28）大金太宗天会三年，……我金兵由粘没喝、斡离不两位元帅率领征伐宋朝，（一共）俘虏了宋朝徽宗、钦宗两个皇帝，自古以来，兵威从无如此之盛的。（金庸《射雕英雄传》）

（29）木卓伦手挥长刀，（一共）力拒戴永明、钱正伦两名镖师，以一敌二，兀自进攻多，遮拦少。（金庸《书剑恩仇录》）

（二）数量框架中的复指结构“名$_1$+数量名”

1. 先说后项“数量名”

后项“数量名”起复指“名$_1$”的作用。其中的“数量”，跟前头或现或隐的"共"类词相互呼应。有时,"数量名"简为"数名"。如例(13)"一共接待学生三千多人",等于说"一共接待学生三千多个人"。又如:

(30)打狗棒法共有绊、劈、缠、戳、挑、引、封、转八诀,黄蓉这时使的是"缠"字诀,……(金庸《射雕英雄传》)

上例"八诀"等于说"八个字诀"。近代白话作品中,也可以见到同类现象:

(31)那孙行者共有兄弟三人,领唐僧在我半山之中,被我使个变化,将他师父摄来。(吴承恩《西游记》)

上例"兄弟三人"等于说"兄弟三个人"。

2. 再说前项"名$_1$"

前项"名$_1$"为后项的"数量名"所复指。其表现形式,大体说来有以下三种情况。

[A]"名$_1$"用包含两个以上并列项的名词语。如例(16)"共有雷石柱、康明理、孟二楞、武二娃、张有义、张有才、周丑孩、李有红、马保儿、康三保、康有富十一个青年"。同类现象:

(32)天龙寺牟尼堂共有"观、相、参"三位高僧,……(金庸《天龙八部》)

(33)边区共有宁冈、永新、莲花、遂川、酃县五个县委。(毛泽东《井冈山的斗争》)

并列的名词,往往有所简省。不过,由于受到后边"数量名"的规约,其含义是清楚的。如例(33)的"宁冈、永新、莲花、遂川、酃县五个县委",等于说"宁冈县委、永新县委、莲花县委、遂川县委、酃县县委(这)五个县委"。

并列项较多、不需全部列举时,"名$_1$"可以说成"NP 等"。如例(14)"一共提供了机修、电工、电脑操作等一千一百多个岗位"。

[B]"名$_1$"用不包含并列项的聚合义名词语。如例(13)"一共接

待学生三千多人”，其中的“学生”是一个名词，表示由多个学生聚合而成的概念。“学生三千多人”不是“学生中的三千多人”的意思，而是“前来参与活动的学生”就是这“三千多人”的意思。又如例（3）“共有军事力量四百余万人”，其中的“军事力量”是一个名词短语，表示由多个官兵聚合而成的概念。“军事力量四百余万人”不是“军事力量中的四百余万人”，而是全部“军事力量”就是“四百余万人”。同类现象：

（34）最近，我校一共奖励了本年度先进工作者一十八位同志。

（35）三个村，一共挑选了年轻力壮腿脚灵便的小伙子二十五人。（此句由冯志《敌后武功队》第十六章的说法演化而来。原句是：“三个村，一共挑选了二十五人，都是年轻力壮、腿脚灵便的小伙子。”）

有时，“名$_1$”看似是不包含并列项的名词语，实际上却是包含并列项名词语的一种特殊形式。如例（11）“总共刻着‘树华’两个字”，脱离语境说，“树华”是一个名词，但以“字”为单位来计数，是并列使用的两个字。又如：

（36）西山一窟鬼各放一个，组起来（一共）是“恭祝郭二姑娘多福多寿”十个大字。（金庸《神雕侠侣》）

上例的“名$_1$”是个较为复杂的动宾结构。但是，以“字”为单位来计数，“恭祝郭二姑娘多福多寿”却是并列的十个字。

［C］“名$_1$”用复数人称代词。

如果数量框架中宾语部分的“名$_1$”是用并列名词指人，那么，往往可以替换为“我们”“你们”“他们”之类的代词，从而成为“人称代词＋数量名”。例如：

（37）当时，天下武功登峰造极的共有东邪、西毒、南帝、北丐、中神通五位高人。

→当时，天下武功登峰造极的共有东邪、西毒、南帝、北丐、中神通他们五位高人。

→当时，天下武功登峰造极的共有他们五位高人。

这类"人称代词+数量名"的结构，往往有歧义。比如"他们五位高人"，既可能是领属关系的结构，等于说"属于他们的五位高人"或者"他们之中的五位高人"；又可能是复指关系的结构，等于说"他们"即"五位高人"，或者"五位高人"即"他们"。但是，这类结构只要进入具体语境，受到特定句域的管控，歧义就会被排除。上例中的"他们五位高人"，只能是复指结构。

前面的举例中，例（14）之后列举同类现象时，列出了"人称代词+数量名"的结构：这间小房子一共关了我们五个"反动学术权威"。|一共就来了你们三个老家伙？——由于含义明显，一般人都会认为"我们五个反动学术权威"和"你们三个老家伙"是复指结构。何况，这一点还可以通过把代词替换为并列名词来证明：

（38）这间小房子一共关了王教授、李教授、孙教授、赵教授和我五个"反动学术权威"。

（39）一共就来了老王头、老孙头和你三个老家伙？

陆先生文章列出了很多例子，其中有：一共罢了他们五个人|一共逮了他们五个人|一共扣留了他们三个人 |一共捆了他们五个人 |一共选了他们三个人。陆先生是从领属性关系的角度来举出这些例子的。然而，这五个句子都有歧义。以"一共选了他们三个人"来说，固然可以在甲特定句域中表示"一共选了他们之中的三个人"的意思，是领属关系的结构，但还可以在乙特定句域中表示"一共选了老李、老王、老赵他们三个人"的意思，却应该是复指关系的结构。

构成复指结构的"名$_1$"，也可以是人称代词"我"带"等"，即"我等"。这是一种书面语用法，在近代白话小说中，或者在模仿近代白话写法的作品中，可以看到用例。如：

（40）天下诸侯首领，（一共）是我等四人，闻贤伯过恶多端，全无大臣体面，……（许仲琳《封神演义》）

(41) 你（一共）踢倒我等五人，盗去经书，这般大胆！（金庸《天龙八部》）

顺带指出：出现在“共……多少……”框架中的复指结构，其“名$_1$”既可指人，也可指物。这跟陆先生讨论“非给予义”双宾结构时所涉及的现象一致。比如，陆先生文章中有这样的例子：一共俘虏了敌人五个连丨一共拿了小王五个苹果丨一共请了清华十位专家丨一共杀了齐国十万人。——前两例名$_1$ 指人，后两例名$_1$ 指物。陆先生说的“名$_1$（指人与事）”，应该是“名$_1$（指人与事物）”的意思。

（三）数量框架的归纳和描写

需要归纳和描写出来的数量框架，仅仅罗列“共”类词，还不能全面覆盖所有同类现象。

大多数时候，“总共/一共”跟多于“一”的数量词呼应使用。说“我一共吃了他三个苹果”，很顺；说“我一共吃了他一个苹果”，恐怕不怎么行，即使能行，也需提供这样那样特定的语境。陆先生所举的例子没有一个用“一”，显然是选例时迁就了“总共/一共”。

当然，“总共/一共”不一定总是排斥“一（量）”。二者同现，主要有以下两种情况：第一，“一（量）”所包括的事物是多个体的，每个个体都是动词的受事。比如，“我一共吃了他一袋子苹果”或者“我一共吃了他一挂香蕉”。第二，“一（量）”所指的事物是可分割开的，分割后每一块都可以成为动词的受事。比如，“我和小李一共吃了他一个大西瓜”或者“我和小李一共吃了他一条大鲤鱼”。假若有这么个说法：“这些天，我病了，什么都不想吃。可是，今天上午，似乎出现了奇迹，我总共吃了他一个苹果。”这里的“我总共吃了他一个苹果”可以成立，是因为苹果被切成了小片，而且是有所间断地被吃掉的。

多个体或被分割为若干部分，这是“共”起来的基础。“一（量）”所指的事物如果不是多个体的和可分割开的，恐怕极难跟“总共/一共”

呼应使用。比方，可以说“这伙土匪一共杀了他三个儿子”，但不能说“这伙土匪一共杀了他一个儿子”。又如“斩断自己一条手臂”（金庸《神雕侠侣》），这里不能加上“总共/一共”。这就是说，“总共/一共”和“一（量）”有不能同现的时候。明确这一点很重要，因为，“这伙土匪杀了他三个儿子”和“这伙土匪杀了他一个儿子”肯定同构，而“总共/一共……多少……”的框架却不能全面适用于它们。

为了使所设定的归总性数量框架能全面覆盖同类事实，最好描写出两个框架：

[A]“总共/一共……多少……”；

[B]“只/就……多少……”。

前者如“一共吃了他三个苹果”，后者如“只吃了他一个苹果”。这样，既能适应“两个”以上的情况，又能适应“一个”之类的所有情况；既能适应“多”的情况，又能适应“少”的情况。为了表述的实际需要，A框架和B框架还可以结合使用，形成“总共只/就……多少……”的复合形式，既表“共”，又表“少”。如：“一共只吃了他两个苹果”。

跟“只/就”作用相当的，还有“才/仅仅/不过”。一旦增加“只/就……多少……”之类的框架，牵涉到的复指结构就会更多。范晓《介宾短语·复指短语·固定短语》举过这个例子：

（42）去串门，家里只留下小芹一个人。（赵树理《小二黑结婚》）

这里用了“只……一个……”，“小芹一个人”肯定是复指结构。同类现象：

（43）（说是同学会，其实也只有四个人，）只有苏若水一个女性。（肖达《春来江水绿如蓝》）

（44）正是天网恢恢，臭尿就只淋了东邪西毒二人。（金庸《射雕英雄传》）

“苏若水一个女性”和“东邪西毒二人”都肯定是复指结构。前者不具备“共”的条件，一般不会说“一共只有苏若水一个女性”；后者具备“共”的条件，可以说成“一共就只淋了东邪西毒二人”。跟后者同类的现象，比如前面举过的例（4）（5）。又如：

（45）山上（总共）只剩下匪徒司令部的匪首和他们的家属以及护兵马弁等三十几个人，在了望他们徒子徒孙的威力。（曲波《林海雪原》）

（46）天下武学高明之士，自王重阳一死，（总共）就只剩下他与你二人，……（金庸《射雕英雄传》）

四　结语

本文所要表述的主要意思，可以概括为以下两点。

（一）“一共……多少……”框架跟“双宾”没有必然联系，对于认定“双宾”，这一框架不足为据。

“一共……多少……”框架的容纳面，大于“给义双宾＋取义双名＋取义之外非给义双名”。即：其容纳面中，包含有复指结构，以及其他情况。本文指出这一框架可以容纳复指结构，例证充足，无可辩驳。有时还可见到“一共选了他们三个人”之类歧义现象，它们在特定句管控中有时是“取义双名”，有时是复指结构，这正好表明了这一框架可以容纳异质结构，不应等同混淆。至于“其他情况”，例如上面举过的“他一共被跺掉了右脚、右手和左手三个手指”。尽管其中出现了“一共……三个……”的框架，但宾语既不是双宾结构，也不是复指结构，而是并列结构。又如：这帮刽子手，一共杀害了李铭员老师、谭东学老师和我们一班十多个同学。｜我数了数，今天来的客人一共有周书记、孙副省长和章王李赵魏五位厅长。——上例，宾语也有三个并列项。前一例，动词用“杀害了”，宾语中的第三并列项是领属性结构；后一例，动词用“有”，宾语中的第三并列项是复指结构。

提出用“一共……多少……”框架来规约“双宾”，是想在给义

"双宾"和取义"双名"之间找到共同的语表形式，从而使取义"双名"得到作为"双宾"的有力证据。这一努力，十分可贵。但是，这意味着存在这么一条推理公式：凡是能进入"一共……多少……"框架的都是"双宾"，X能进入"一共……多少……"框架，因此X是"双宾"。这也就意味着通过检验语言事实会得到这么个结论：凡是能进入"一共……多少……"框架的都是"双宾"，一部分复指结构能进入"一共……多少……"框架，因此一部分复指结构是"双宾"。可见，结论不准确，论证不成功。

（二）取义"双宾"是不是真正的"双宾"，学界一直有不同看法。既然使用"一共……多少……"框架不是形成"双宾"的充要条件，那么，别说缺乏肯定内涵与外延的非给义"双宾"，即使是取义"双宾"，其双宾性质也需再作探讨。这样，不同看法的争论，又回归到了原来的起点上。笔者在自己的论著中，总是严格地把双宾语限制在"典型双宾"的范围之中。为了调和两种意见，笔者以为，取义"双宾"可以看作"准双宾"，但也只能看作"准双宾"。

一方面，可以看作"准双宾"。由给义双宾，通过相似点，引出取义"双宾"，这反映思维上的关联性，可以接受。但是，相似并不等于就是，因此需要用"准"字，认为是"准双宾"。

另一方面，只能看作"准双宾"。"准双宾"，毕竟不是"典型双宾"。"典型双宾"所具备的基本特点，或者说所具备的区别性特征，"准双宾"并不具有。

首先，典型双宾的"名1"和"名2"可以离析。即二者可以离析开来，分别同动词形成动宾关系，分别连着动词单说。比如"（一共）送了他三件礼品"，可以说成"送了他"和"（一共）送了三件礼品"。这很像连动式，连动项能够分别连着主语单说，比如"他上街买菜"，可以说成"他上街"和"他买菜"。"准双宾"不能这么办。

其次，典型双宾的"名1"和"名2"可以直接组合，不必出现数量词，但不能加上“的”字。比如：“（他）送了我一张邮票”，可以减去数量词，说成“（他）送了我邮票”，但不能加上“的”，说成“（他）送了我的一张邮票”。相反，准双宾必须出现数量词，而且可以加上“的”字。比如：“（他）偷了我一张邮票”（朱德熙先生用例），如果说成“（他）偷了我邮票”，便不再被认为是双宾，而被认为是定名结构；如果说成“（他）偷了我的一张邮票”，也不再被认为是双宾，而被认为是定名结构。

第三，由于典型双宾的“名 1”和“名 2”分别跟动词发生动宾关系，二者之间并不存在偏正、并列之类结构关联，并不接受偏正、并列之类结构组合的规约，因此，二者可以调换位置，调换位置以后仍然是双宾，只不过调换前是“指人宾语·指物宾语”，调换后成了“指物宾语·指人宾语”。这一点，在方言里得到了足够的证明。翻看黄伯荣主编《汉语方言语法类编》，可以见到许多事实：“指物宾语·指人宾语”的位序，见于河南、湖北、湖南、广东、江苏、甘肃、宁夏等省份的方言说法里。比如河南罗山话：给一本书他。（=给他一本书。）丨给一个馍我。（=给我一个馍。）特别值得注意的是，甘肃临夏话的双宾句，大都把双宾前置，而前置的两个受事的先后位置也是自由的。如：我你钱（哈）给了。（指人宾语·指物宾语）（=我给了你钱了。）丨你东西我还给！（指物宾语·指人宾语）（=你把东西还给我！=你还给我东西！）可知，把研究视野扩大到方言，会看到方言现象并不支持把“准双宾”和“典型双宾”等同对待。

采用“准双宾”的说法，其实是想提出，不必在归属问题上花太多的精力去进行争论。不管是看成“双宾”还是看成“定名”，都有各自的理据。观察问题有不同的角度，从甲角度看，会认为是 A，从乙角度看，会认为是 B。正如存现句句首的处所词，是主语还是状语，再争下去，已经没有太大的意义。关键是，要弄清楚语言事实的语法面貌。一方面，要知道准双宾跟典型双宾有瓜葛，但它不等同于典型双宾；另一方面，要知道准双宾跟定名结构割不断，但当这种结构出现在宾语位置上的时候，毕竟有其特殊性。

【附记】本文初稿写完后，曾通过电子邮件发给陆俭明先生，请陆先生过目。陆先生打来电话，跟笔者讨论了一些问题。本文的修改稿，是在听取了陆先生意见之后完成的。本文写作过程中，邵敬敏先生向笔者提了很好的建议。谨向陆先生和邵先生表示由衷的谢意。

主要参考文献

[1] 范晓. 介宾短语・复指短语・固定短语［M］. 北京：人民教育出版社，1990.

[2] 黎锦熙. 新著国语文法（校订本）［M］. 北京：商务印书馆，1955.

[3] 陆俭明. 再谈“吃了他三个苹果”一类结构的性质［J］. 中国语文，2002 (4)：317-325.

[4] 黄伯荣. 汉语方言语法类编［M］. 青岛：青岛出版社，1996.

[5] 吕叔湘. 中国文法要略（合订本）［M］. 北京：商务印书馆，1956.

[6] 吕叔湘. 语法学习［M］. 北京：中国青年出版社，1953.

[7] 孙玄常. 宾语和补语［M］. 上海：新知识出版社，1957.

[8] 邢福义. 汉语语法学［M］. 长春：东北师范大学出版社，1996.

[9] 邢福义. 汉语语法三百问［M］. 北京：商务印书馆，2002.

[10] 叶南薰. 复说和插说［M］. 上海：新知识出版社，1958.

[11] 张志公. 初级中学课本汉语：第四册［M］. 北京：人民教育出版社，1956.

[12] 张志公. 汉语知识［M］. 2 版. 北京：人民教育出版社，1979.

[13] 朱德熙. 语法讲义［M］. 北京：商务印书馆，1982.

（原载《语言研究》2006 年第 3 期）

承赐型“被”字句

本文讨论承赐型“被”字句。所谓“承赐”，即接受赐予。一般“被”字句为遭受型，基本表义倾向为拂意；本文讨论的承赐型“被”字句，为适应特定语用要求而使用，基本表义倾向为称心。

承赐型“被”字句是“被”字句中相对独立的一个类型，在形式上使用了特定的动词，构成了特定的格局。这类“被”字句自古有之，但到现当代才发展定型。

本文包括五个部分：1. 代表格式；2. B式核心动词的多样性；3. 格式的相关情况；4. 源流辨；5. 结束语。

1 代表格式

承赐型“被”字句有三个代表格式：①“S被（X）授予Y”；②“S被（X）评为Y”；③“S被（X）列入Y”。

1.1 A式：“S被（X）授予Y”

这一格式，核心动词用“授予”。例如：

（1）邹仁鋆……1989年被授予“全国先进工作者”称号。（《中国人民政治协商会议第八届全国委员会委员名录》［以下简称《委员名录》］210页，文化教育出版社1994年1月）

（2）昨晚，包括皇马六星罗纳尔多、齐达内、劳尔、卡洛斯、菲戈和贝克汉姆在内的30名皇马成员，被授予昆明市的“荣誉市民”。（《武汉晚报》2003年7月29日A22版）

（3）“功勋飞行员”广州军区空军副参谋长岳喜翠28日在京被授予人民解放军空军少将军衔，成为我军第一位女飞行员将军。（《楚天金报》2003年7月29日10版）

（4）范氏梅芳最近刚刚被授予了一项奖学金，可以前往英国攻读工商管理。（《武汉晚报》2003年8月14日）

不管是谁，不管被授予什么称号、头衔、证书、奖状、奖章、奖金，都是称心如意的。如果有必要，“被”字后边可以出现名词性施事成分X，说成“S被X授予Y”。例如：

（5）丁石孙……被日本创价大学和美国布拉斯加大学分别授予名誉博士学位。（《委员名录》48页）

（6）1982年（韩德培）被美国密苏里州堪萨市市长授予“荣誉市民”称号。（湖北省社会科学界联合会《湖北省社会科学界名人》第1卷）

（7）今年7月23日，他因在科学界的出色造诣和贡献，被布什总统授予美国公民最高奖章——“总统自由勋章”。（信莲《美国“氢弹之父”走完非凡一生》）

（8）因在1961年社会主义建设事业中有显著的贡献，（廖序东）被徐州市人民政府授予奖状。（张爱民《人淡如菊——记语言学家廖序东》）

同“授予”相当的，还有“赐予”。比如，“被授予×××勋章”，也可以说成“被赐予×××勋章”。不过，现代汉语语料中没有见到这一说法。这可能跟“赐予”一词文言色彩较重，现代人已不大使用有关。

1.2 B式：“S被（X）评为Y”

这一格式，核心动词用“V为”。最有代表性的是“评为”。“评为”

使用频率很高，比用“授予”更为常见。例如：

(9) 朱铭……1991年被评为山东省科技拔尖人才。(《委员名录》52页)

(10) 其父也得遂大志被评为一级教师。(方方《白雾》)

(11) 倔强的性格使我努力学习，终于被评为优秀少先队员。(《作文练习材料》，初中《语文》第四册)

(12) 听了老校长的话，我想，怪不得我们学校年年被评为卫生先进单位呢。(《阅读》，小学《语文》第六册)

如果有必要，“被”字后边同样可以出现名词性施事成分。例如：

(13) 张伯勤……1992年被北京市总工会评为“爱国立功标兵”。(《委员名录》494页)

(14) 1989年（廖序东）又被江苏省教委评为优秀研究生导师。(张爱民《人淡如菊——记语言学家廖序东》)

(15) 1981年（孙叔平）被国务院学位委员会评为中国哲学专业博士生导师。(国务院学位委员会办公室《中国社会科学家自述》)

(16) ……《步进驱动系统的最佳控制》，1987年被湖南省自动化学会评为一等优秀论文。(《委员名录》51页)

能够进入“V为”的动词较多，后面另用一小节来描述。

1.3 C式：“S被（X）列入Y”

这一格式，核心动词用“V入”。最有代表性的是“列入”。“列入”的使用频率也比较高。例如：

(17) 刘诗白……被列入美国传记研究所《国际名人录》。(《委员名录》53页)

(18) 张厚粲……1990年被列入英国剑桥传记中心“世界妇女名人录”。(《委员名录》58页)

“被”字和“列入”之间同样可以出现名词性施事成分。例如：

(19) 谢联辉……被英国传记中心列入《国际知识分子名人录》。

（《委员名录》372页）

（20）蒋守规……1992年被美国国际名人传记所列入《杰出领导名人录》。（《委员名录》403页）

同"列入"相当或相近的，还有"收入、录入、选入、写入"等。例如：

（21）近两年来，他的小传被收入《中国现代文学作者笔名录》等书目中。（湖北省社会科学界联合会《湖北省社会科学界名人》第1卷）

（22）（杨隽）1994年被国际学术机构录入《现代俄语学世界名人录》。（湖北省人事厅《湖北专家大辞典》）

（23）（苏文芳）1988年加入九三学社，1989年被选入支委任组织委员。（陈胜兰《携手奋进　共绘宏图》）

（24）（王善序）主要论著……已被写入部颁技术规范和有关设计计算手册中。（湖北省人事厅《湖北专家大辞典》）

2　B式核心动词的多样性

B式的核心动词，即"被V为"中的V，具有多样性。按表义的偏重点，大体可以分为以下四组。

2.1　"评选"组

主要使用"评为"和"选为"。"评为"重在评，"选为"重在"选"。

上文已经列举出"评为"的用例。"选为"也有相当高的使用频率，例如：

（25）1925年尾，恽代英和我及其他四人被选为左派国民党上海市党部的代表，赴广州出席国民党第二次全国代表大会。……

我又参加了第一次中华全国文学艺术工作者代表大会，被选为全国文联副主席，中国文学工作者协会（后改名为中国作家协会）主席。（茅盾《自传》）

（26）1954 年至“文化大革命”前，冰心曾被选为一至四届全国人民代表大会代表，……1978 年她被选为五届人大代表、五届政协常委。（《冰心传略》，初中《语文》第六册）

（27）弟弟写的作文如果被选为北海道的代表，就能参加全国的作文比赛。（栗良平《一碗阳春面》，高中《语文》第三册）

“评为”和“选为”组合，便成为“评选为”。例如：

（28）侯义斌……1993 年被美国传记研究所评选为“全世界 5000 著名人物”。（《委员名录》300 页）

跟“评选”相通或相近的，还有其他一些动词。

“定为、指定为”等，接近于“评为”。例如：

（29）于洋……1959 年被文化部定为全国廿二大明星之一。（《委员名录》223 页）

（30）李同生……1991 年被指定为全国首批继承名老中医药专家学术经验的指导老师。（《委员名录》430 页）

“推选为、推举为、选拔为、提名为”等，相当于或大体相当于“选为”。例如：

（31）（1989 年吕叔湘）在中国职业教育社第六届理事会第一次全体会议上，被推选为名誉理事之一。（《吕叔湘全集》第 19 卷 742 页，辽宁教育出版社 2002 年）

（32）白嘉轩被推举为学董，鹿子霖被推为学监。（陈忠实《白鹿原》）

（33）几个月以前，我被提名为独立党的纽约州州长候选人，与斯图阿特·伍德福先生和约翰·霍夫曼先生竞选。（《竞选州长》，初中《语文》第六册）

2.2 “表彰”组

“表彰”重在褒扬和赞誉。有时直接用“表彰为”：

(34) 开会时发言积极，也被表彰为“会议积极分子”。(李佩甫《羊的门》)

(35) 郝振堃……1991年被中共中央组织部表彰为“优秀领导干部”。(《委员名录》161页)

有时用“誉为”：

(36) 王菊珍……被国际同行誉为“钨大国的钨大姐”。(《委员名录》522页)

(37) 世界卫生组织宣布硒被誉为“抗癌之王”。(《武汉晚报》2003年8月13日A18版标题)

有时用“公认为”，有“赞誉为”的意思：

(38) 周培源……被世界公认为湍流模式理论的奠基人。(《委员名录》134页)

2.3 “聘任”组

“聘”重在聘请，“任”重在“任命”。

有时说成“聘为”或“聘请为”。例如：

(39) 1955年，(黎锦熙)被聘为中国科学院哲学社会科学第一届学部委员。(黎锦熙《黎锦熙选集》)

(40)(吕叔湘1991年)被国家语委聘为编辑系列高级职称评审委员会委员。(吕叔湘《吕叔湘全集》)

(41) 张永珍……1992年被国务院港澳办公室新华社香港分社聘请为香港事务顾问。(《委员名录》503页)

有时说成“任命为”。例如：

(42) 黄敬也在这次调整中意外地受到了启用，被任命为市委常委、市委副书记。(季宇《最后期限》)

(43) 果不其然，一星期后副县长被任命为正县长。（方方《白雾》）

(44) 后来又传闻朱先生凭一张嘴，一句话，就解除了从甘肃反扑过来的二十万清军，朱先生因此被张总督任命为第一高参。（陈忠实《白鹿原》）

“聘为”和“任为”组合，便成为“聘任为”。例如：

(45) 李天庆……1988 年被聘任为澳门东亚大学（后改为澳门大学）副校长。（《委员名录》516 页）

跟“聘任为”之类比较接近或有所接近的有“宣布为、批准为、接纳为”等。例如：

(46) 黑娃被宣布为筹备处主任。（陈忠实《白鹿原》）

(47) 鹿兆海即将出院的时候，学校的那位英文教员来看望他时正式通知他：“你被接纳为中共党员了。”（陈忠实《白鹿原》）

2.4 “称呼”组

一般说成“称为”。例如：

(48) 更光荣的是被称为纺毛突击手、纺纱突击手。（吴伯箫《记一辆纺车》）

“称为”不仅用于人，更多时候用于各种事物。例如：

(49) 中外驰名的最大类书《永乐大典》，被称为世界最大的百科全书进入《吉尼斯世界纪录大全》，是明永乐年间分韵编的。（戚志芬《自学的好帮手——工具书》）

(50) 书目历来受到人们的重视，被称为读书治学的门径和打开知识宝库的钥匙。（王绪芳《找书的金钥匙——书目》）

上两例用于书籍书目。又如：

(51) 碑子栽在白鹿村的祠堂院子里，从此白鹿村也被人称为仁义庄。（陈忠实《白鹿原》）

(52) 地中海沿岸被称为西方文明的摇篮。（竺可桢《向沙漠进军》，初中《语文》第三册）

(53) 钱塘江大潮，自古以来被称为“天下奇观”。(赵宗成、朱明元《喜看今日钱塘潮》)

上三例用于地点或某个地点的景观。

“称为”有时也说成“称作”。例如：

(54) “悬棺”是中国古代有些民族将棺材置于悬崖洞穴中的一种奇特安葬方式，被称作中国的千古之谜，世界文化史上的一大奇观。(陈汉元《从宜宾到重庆》)

“命名为、取名为”若用于“被”字句，也表示一种“称呼”关系。例如：

(55) 经上级有关部门批准，小镇现在真的被命名为“将军镇”了。(陈世旭《将军镇》)

(56) 蔡振兴……其所创办的华夏信息服务公司被中共巩义市委、市政府命名为“乡镇百家先进企业”。(《委员名录》202页)

“称为”和“誉为”相结合，便成为“称誉为”。例如：

(57) 人们纷纷谴责袭击者，对这位被联合国秘书长安南称誉为“杰出的属于全人类的公务员”表示哀悼。(《楚天都市报》2003年8月21日)

3 格式的相关情况

3.1 三式的联系与区别

ABC三式，以接受赐予为语义基本点，在表意上存在明显的联系。比较：

他被授予“当代杰出女性”称号。

他被评为“当代杰出女性”。

他被列入《当代杰出女性》。

"授予"和"列入"以"评"为先行条件。先有评议，"授予"称号才有基础；先有社会评价，"列入"传记才有依据。

三式的区别在于：A式"被授予"，是一种以下对上的承赐关系，庄重严肃；其宾语部分，出现"称号、职称、军衔"之类名词。B式"被评为"，基本上也是以下对上，但有时可能只是某个集体的一般性评比活动，不那么郑重；其宾语部分，不出现"称号、职称、军衔"之类名词。C式"被列入"，通常不是以下对上的关系，而是某人或某物由某个上级单位给予某种荣誉；其宾语部分，出现"传记、名人录"之类名词。

至于B式内部的各种情况，同样既有联系，也有区别。比较：

他被评为"工程头号指挥员"。

他被选为"工程头号指挥员"。

他被表彰为"工程头号指挥员"。

他被聘为"工程头号指挥员"。

他被任命为"工程头号指挥员"。

他被称为"工程头号指挥员"。

上六例除了核心动词，其他词语完全相同。比较可知：一方面，对于"他"和"工程头号指挥员"的联系来说，"评为""选为""表彰为""聘为""任命为""称为"存在相通之处。另一方面，由于核心动词不同，适应的范围自然也不一样。比方，"评为"和"称为"，"评为"用于作为社会行为的有意识评选活动，而"称为"则是人与人或人与物之间的命名行为。尽管甲被称为乙实际上也是一种"评"，不过，不属于由上而下的有组织的行政活动。又如，可以说"他被选为班长"，不能说"他被评为班长"，可以说"她被称为当代穆桂英"，不能说"她被聘为当代穆桂英"或"她被任命为当代穆桂英"。

3.2 三式的实际运用

在语言的实际运用中，承赐型"被"字句并不总是那么单纯、那么规整，有时会有所变异。主要有以下情况。

3.2.1 换词使用、联结使用或交替使用。例如：

(58) 他原本是县农企局的一个副局长，不知怎么被谭成伟看上了，提拔成了副县长。(季宇《最后期限》)

(59) 谢雨辰……1982年被推举列入《台湾电影电视名人录》。(《委员名录》259页)

(60) 昨日上午，中宣部、中华全国新闻工作者协会在人民大会堂举行“全国新闻界抗击非典宣传工作”表彰大会。……《湖北日报》编辑部被授予“全国新闻界抗击非典新闻宣传先进集体”荣誉称号；记者张洁被评为“全国新闻界抗击非典新闻宣传优秀记者”；由胡思勇、刘章西撰写的《抗疫时评》和《楚天都市报》记者张仕武、左砚文、宋效忠采写的《生命重于泰山》被评为“全国新闻界抗击非典优秀新闻作品”。(《楚天都市报》2003年7月24日2版，记者张左)

例(58)是B式的换词使用。把“提拔为”说成“提拔成”，口语化强些，特别是，接着上文的“看上了”，后边说“提拔成了”更顺畅。“提拔成了”能说，“提拔为了”是不能说的。

例(59)是B式和C式的联结使用。说成“被推举列入”，既有“推举(为)”，又有“列入”，这是加强语义表述准确性的需要。

例(60)是A式和B式的交替使用。说成“被授予……被评为……被评为……”，这既是语义表述的需要，也是修辞上变换词面的需要。如果全用B式，说成“被评为……被评为……被评为……”，显得较为平板。

3.2.2 说法变化而语意隐含

某个特定的说法，词面上不显示为某一格式，但隐含着某一格式的语意。这一状况，主要与B式“V为”相关。例如：

(61) 他刚被提拔，总是很兴奋，干什么都是一阵风。(王跃文《朝夕

之间》)

(62) 原检察厅厅长马玉龙临危授命，被派往华江出任市委代书记……(季宇《最后期限》)

(63) 我们就是要建立这样一套制度，使那些有专业知识的、年富力强的人，被选拔到能够发挥他们才干的工作岗位上来。(邓小平《高级干部要带头发扬党的优良传统》)

例(61)，隐含上文已经存在的一个叙述：他(关隐达)已经被提拔为县委书记。例(62)，等于说：被任命为市委代书记。例(63)，等于说：被选拔为在合适岗位上发挥才干的干部。再如：

(64) 那一年，镇上应届的学生没有一个被大学录取。(陈世旭《将军镇》)

(65) 这种罕见的豁达被当作慈心善举在村民中受到赞颂。(陈忠实《白鹿原》)

例(64)，等于说：被录取为某大学学生；例(65)，等于说：被赞颂为慈心善举。

以上各例，都隐含B式"V为"的意思。

3.2.3 进入小句，充当定语。

有时，"S被(X)Y"整个儿进入"是"字小句，充当宾语部分里"理由、原因、根据、通知"之类的定语。这里的S，代表被动对象。例如：

(66) 这正是军民能够打成一片的理由，也正是我们军队之所以被称为人民子弟兵的理由。(邓小平《太行区的经济建设》)

上例，"我们军队(之所以)被称为人民子弟兵"充当"理由"的定语。承赐型的三个格式，都能这么办。如：

这就是黎明先生被授予杰出科学家称号的正式通知。(A式)

这就是黎明先生被评为杰出科学家的正式通知。(B式)

这就是黎明先生被列入杰出科学家名录的正式通知。(C式)

有时，S成为"是"字小句中宾语部分的中心语，"被(X)Y"充当S的定语。例如：

（67）这次海市蜃楼发生在被称为人间仙境的蓬莱阁对面海域。（《作文训练》，初中《语文》第三册）

（68）在大青山脚下，只有一个古迹是永远不会废弃的，那就是被称为青冢的昭君墓。（翦伯赞《内蒙访古》）

这两例，“被称为人间仙境”和“被称为青冢”分别充当“蓬莱阁”和“昭君墓”的定语。作为中心语，“蓬莱阁”和“昭君墓”是由表示被动对象的主语转化而成的。即：蓬莱阁被称为人间仙境→被称为人间仙境的蓬莱阁 ｜ 昭君墓被称为青冢→被称为青冢的昭君墓。赐型的三个格式，都能这么办。如：

这就是被授予杰出科学家称号的黎明先生。（A式）

这就是被评为杰出科学家的黎明先生。（B式）

这就是被列入杰出科学家名录的黎明先生。（C式）

3.3 三个格式与称心如意

ABC三式同称心如意的联系，在程度上略有不同。大体说，可以表述为：

A式＞B式＞C式

3.3.1 关于A式

A式“被授予”，总是表示称心如意。

有时，在列举中显示了荣誉级别的高低对比，但并不存在称心与拂意的区别。比方：“那一年，我被授予全国劳动模范称号，我妻子也被授予全国卫生系统劳动模范称号。”我和妻子都高兴，都感到光荣。又如：

（69）张勇……1988年被授予少将军衔。1991年被授予中将军衔。（《委员名录》548页）

“少将”不如“中将”级别高，但被授予少将军衔和中将军衔都是愉快的。介绍某个人的情况，即使说他“被授予中校军衔”，说的也是愉快的事。

有时，在“被授予”前边加上“仅仅”表示不满意，但不能说明“被授予”跟称心不存在联系。比如：“仅仅被授予中校军衔，仅仅被授予中将军衔，仅仅被授予大将军衔”，如此等等，都只反映个人的私欲得不到满足，“仅仅”只是一种外加的强性认定。“被授予元帅军衔”，就不能说成“仅仅被授予元帅军衔”，因为再没有比元帅更高的军衔。

3.3.2 关于B式

B式“被评为”，一般都是表示称心如意。

之所以说“一般”，是因为特殊场合中，有时也可能表示拂意。比如，上个世纪60年代“大跃进”期间，高等学校的教师经常进行评比活动，人们交谈时可以这么说：

(70) 他被评为火箭。我被评为蜗牛！

被评为火箭者高兴，被评为蜗牛者自然懊丧。

B式里，核心动词不同，跟称心的联系也不一样。比如“誉为”和“称为”，“誉为”是“誉”，因此总是称心；“称为”只是“称”，尽管往往称心如意，有时却是中性的，甚至可能是拂意的。例如：

(71) 那还不能被称为“戈壁”，那在普通地图上，还不过是无名的小点，但是人类的肉眼已经不能望到它的边际，……（茅盾《风景谈》）

(72) 此外，许多鱼类由于结成大群游动时也会发出声音来，这被称为“动水力学声音”。（《鱼类的声音》，高中《语文》第五册）

上两例的“被称为戈壁”“被称为动水力学声音”，无所谓称心拂意。又如：

(73) 中国一向被称为一盘散沙，但是自从我们党成为执政党，成为全国团结的核心力量，四分五裂、各霸一方的局面就结束了。（邓小平《目前的形势和任务》）

（74）你们不了解我们心灵的变化，我们被称为抱大的一代，你们没有责任吗？（丁榕《理解，应该是双向的》）

（75）况且我们还要穿越南极大陆一块被称为“不可接近地区”的地域。（秦大河《科学探险的壮举》）

上三例显然偏向于拂意。

3.3.3　关于C式

C式“被列入”，大多数情况下可能表示称心，有时可能表示拂意。这要看“列入”的宾语之所指。如果宾语指不好的事物，自然是拂意的。比如：

（76）就在那一次发言之后，我被列入了右派分子的名单。

3.4　三个格式的否定说法

ABC三式都有否定说法。即是在“被”字前头，加上“不、没、未”之类词语。例如：

当年他被授予中将军衔 → 当年他未被授予中将军衔

今年他被评为三好学生 → 今年他没被评为三好学生

他因此被列入英模名录 → 他因此不被列入英模名录

凡是表示称心的承赐式，其否定说法一定表示拂意。再看下面的例子：

（77）我一定用实际行动积极争取及早加入共青团，请考验，请批准。如果我被批准了，我决心遵守团章，执行团的决议，遵守团的纪律，履行团员义务，参加团的工作，做名副其实的共青团员，处处起模范作用，为“四化”贡献力量；如果我一时未被批准，决不灰心，要接受考验，继续创造条件争取。（《申请书》，初中《语文》第三册）

上例讲是否被批准为共青团员。“被批准”，称心；“未被批准”，不如愿。

当然，如果承赐式说的是拂意的事，否定式便会表示称心。例如：

（78）那一次发言之后，我整天提心吊胆，亏得有一位人事干部帮我说话，才没被列入右派分子的名单。

4 源流辨

按通常的推断，“被”字句用于称心，可能是在现代汉语里发展起来的欧化说法。比如饶长溶（1990）指出：“有些‘被’字式表示为非不如意的用法，可能是受印欧语和翻译作品的影响，近些年来有越来越扩大的趋势，甚至有些人有时直将‘被’字式当作单纯表被动的格式来使用。”（《把字句　被字句》84 页）这一推断，有待于做进一步的观察和验证。

4.1 古代已有雏形

承赐型“被”字句，其实是从古代发展而来的。

4.1.1　古代典籍中已有“S 被（X）V 为 Y”的形式。例如：

（79）及琼被选为盩厔令，卿犹言相中不见，……（魏收《魏书·寇赞传》）

（80）国人迎泥孰于焉耆而立之，是为咄陆可汗。……既被推为可汗，遣使诣阙请降。（刘昫《旧唐书·列传第一百四十四下》）

（81）时敦被征为秘书监，以寇难路险，轻骑归洛阳，委弃公主。（房玄龄《晋书·列传第四十六》）

上三例都是以“V 为”充任核心动词的 B 式。如果有表述的需要，“被”字后边、核心动词前头也可以出现名词性施事成分 X。例如：

（82）行至庐江，太守胡孟康被丞相召为军谘祭酒。（房玄龄《晋书·列传第四十》）

（83）后与王珣俱被桓温辟为掾，并礼重之。（房玄龄《晋书·列传第四十九》）

由于古今语汇语义系统的更迭，古书中的“S被（X）选为/推为/征为/召为/辟为Y”在内容上跟现代汉语并不相同，但它们的语法结构和语义关系却是一致的。

近代汉语作品中，也可以看到同类的说法。例如：

（84）小人杀的好牲口，挑筋剐骨，开剥推剥，只此被人唤做操刀鬼曹正。（施耐庵《水浒传》）

“唤做”相当于“称为”。“被唤做操刀鬼曹正”，在情绪偏向上可以看作中性；但如果说成“被唤做及时雨宋江”，便偏向称心。

4.1.2 古代典籍中也有跟“S被（X）V为Y”语义相关的形式。例如：

（85）世宗时，中尉崔暹、黄门郎崔季舒俱被任用。（李百药《北齐书·列传第十》）

（86）世宗入辅京室，崔暹、崔季舒、崔昂等并被任使，张亮、张徽纂并高祖所待遇，然委任皆出元康之下。（李百药《北齐书·列传第十六》）

（87）时宇文述方被任遇，和倾心附之，又以发武陵公元胄罪，拜代州刺史。（刘昫《旧唐书·列传第九》）

上三例的核心动词“任用、任使、任遇”都包含“任”字。采用“被任用”之类说法，尽管不出现“为”字，但后边可以接上或者勉强接上“被任用为”之类说法。因此，还是属于B式。比方，例（85）可以说成“中尉崔暹、黄门郎崔季舒俱被任用，分别被任用为……”。后两例类推。

以上用例，都表示称心。正因如此，如果“被”字前边出现否定词，便会表示拂意。例如：

（88）大业末，李密略地荥、汴，亮杖策从之，未被任用。（刘昫《旧唐书·列传第十九》）

4.1.3 古代典籍中还可以见到其他许多“承赐”义“被”字句。

所谓“其他”，指的是不带“为”字或不能转化为带上“为”字的现象。从核心动词的构成看，大体有两种情况。

第一，核心动词为“X 遇”的。“遇”是“相待、接待”的意思。

a. 有时用“礼遇”。例如：

(89) 琡宿有能名，深被礼遇，军国之事，多所闻知。(李百药《北齐书·列传第十八》)

(90) 思廉以藩邸之旧，深被礼遇，政有得失，常遣密奏之，思廉亦直言无隐。(刘昫《旧唐书·列传第二十三》)

“被”字后边可以出现名词性施事成分 X：

(91) 性强正亮直，虽被温礼遇，至于辩论，每不阿屈，故荣任不至。(房玄龄《晋书·列传第六十二》)

b. 有时用“宠遇”。例如：

(92) 泽因被宠遇。(李百药《北齐书·帝纪第六》)

(93) 甚被宠遇，生毗陵悼王轨、惠帝、秦献王柬，平阳、新丰、阳平公主。(房玄龄《晋书·列传第一》)

c. 有时用“优遇、赏遇、恩遇、知遇”等。例如：

(94) 崇自表曰：“臣兄统以先父之恩，早被优遇，出入清显，历位尽勤。”(房玄龄《晋书·列传第三》)

(95) 后被赏遇，赐名敬宣，位至侍中开府。(颜之推《颜氏家训》)

(96) 知节既领其一，甚被恩遇。(刘昫《旧唐书·列传第十八》)

(97) 元既早被高祖知遇，兼其母兄在东，尝有思归之志，恒遣表疏，与高祖阴相往来。(李百药《北齐书·列传第十九》)

第二，核心动词不包含语素“遇”，但表示“宠爱、褒赏”等意义。这类表示称心的“被”字句，虽然不好划归“被 V 为”的形式，但从语义的联系上看，还是属于接受赐予的范畴。例如：

(98) 而浚早慧，后更被宠。(李百药《北齐书·列传第二》)

(99) 帝果悦，立为弘德夫人，进左昭仪，大被宠爱。(李百药《北齐

书·列传第一》)

(100) 隐之清操不渝，屡被褒饰，致事及于身没，常蒙优锡显赠，廉士以为荣。(房玄龄《晋书·列传第六十》)

(101) 会皇孙载诞，太子宴宾客，抱于坐中献《嫡皇孙颂》，深被嗟赏。(刘昫《旧唐书·列传第一百四十》)

(102) 及高贵乡公讲《尚书》，冲执经亲授，与侍中郑小同俱被赏赐。(房玄龄《晋书·列传第三》)

(103) 敦平后，周顗、戴若思等皆被显赠，惟协以出奔不在其例。(房玄龄《晋书·列传第三十七》)

(104) 关东之地，百物阜殷，从军之徒，尤被优养。(刘昫《旧唐书·列传第八十九》)

事实表明，在古代，就已有了“被”字句称心意象的发展基础，并且已经出现了承赐型“被”字句的雏形。

4.2 现代形成模式

诚然，不能说“被”字句的表示称心是到了现代，由于大量接触了印欧语才产生；然而，承赐型“被”字句的发展成型，却可以说是现代的事。所谓“成型”，指的是形成特定模式。其表象，便是以三个格式为基干，形成了一个具有较强系统性的被动称心表述的网络。其结果，不仅内涵上存在特定语义的规约，而且外延上得到了形式上的圈定（尽管这种圈定不可能有绝对的界限），使得“被”字句中出现了一个较为特殊的承赐型，有如一个小“独立王国”。如果说，一提到一般“被”字句，人们会更多地想到不幸苦恼，那么，一提到承赐型“被”字句，人们便会更多地想到称心如意。二者的文化取值有所不同。前者指一般性的天灾人祸，而后者则指社会活动中带有荣誉性的授受行为。

促成承赐型“被”字句在现代汉语语法系统中的发展成型，主要有三个方面的因素。

4.2.1 社会发展的因素

王力《汉语语法史》其实已经涉及承赐型“被”字句。王先生认为“被”字句是个表示不幸、不愉快的格式，但他也承认不是所有“被”字句都这样。他指出：“我们也曾根据《世说新语》全书做过一次统计，全书的被动式共二十七个，其中就有十九个是表示不幸或者不愉快的事情的。”（284 页）又指出：“再说，就大多数的‘例外’看来，似乎还是有规律可循的。它们所表示的绝大多数是关于在上的恩宠，如《世说新语》的‘被举’、‘被知遇’、‘被礼遇’等。”（285 页）应该指出：第一，在二十七个例子中，有八个例外，占将近三分之一，比例不小；第二，王先生所说的“规律”，是“它们所表示的绝大多数是关于在上的恩宠”，这已经涉及了“承赐”的内容；第三，王先生用了“似乎”一词，表明王先生未作明确认定。这是实事求是的。无论如何，“承赐”说法的形式在古代毕竟并未形成系统，王先生只是从语义上做了笼统的解说，这如实地反映了古代的状况。

现代汉语里承赐型“被”字句的使用，首先决定于社会发展的语用需要。现当代，特别是中华人民共和国成立以后，尤其是近三十年来，伴随着政治、经济、科教、文化、军事等方面的飞速发展，评优授奖活动日益增多，于是，承赐型“被”字句的使用愈发频繁。比方，20 世纪末期，常见“被授予跨世纪人才称号”“被评为跨世纪人才”和“被列入跨世纪人才培养计划”之类说法。这类带有强烈时代感的当今社会用语，不可能见于古代。据笔者的观察，凡是名人传记、名人介绍之类，只要是涉及近二三十年的事，一定会出现承赐型“被”字句，有的甚至出现相当多。

4.2.2 使用者的心理因素

现代汉语里承赐型“被”字句的使用，其次决定于使用者心理上的荣誉感。

“被”字本来跟不幸苦恼相联系。那么，承赐型的称心如意有没有可能是不幸苦恼的一种延伸，实际上依然从属于不幸苦恼？王力《汉语语法史》曾推测道："我们可以这样假设：在上古封建社会里，一般人以为在上者的恩宠是和灾祸一样不可抗拒的，所以要用被动式。这只是一个假设。"（285页）这里，王先生把恩宠同灾祸联系了起来，认为古人心理上把恩宠看成了灾祸。正如王先生所说，这只是假设。古人的心理状态，我们不敢贸然断定，然而，今人使用承赐型"被"字句的心理状态，绝对不是那样。

当今社会，一个人写自传，提到自己某年某月被授予国家级大奖，或者自己某年某月被评为科学院院士，或者自己的事迹某年某月被编选入名人大典，一定是怀着成就感写下的一行行文字，反映出经过艰苦奋斗和多年追求之后得到回报的喜悦。看两个实际用例：

（105）这下子可不得了，工作队宣布我是疯狂攻击毛泽东思想的急先锋，批了十几场，狼狈不堪。……1987年，得到北大哲学系主任黄枬森教授的推荐，被聘为北京大学兼职教授，合作培养我国第一位以毛泽东哲学思想为研究方向的博士生。（国务院学位委员会办公室《中国社会科学家自述》）

（106）八十年代，华东师大中国教育史博士学科点成为全国的重点，我被评为"主要学术带头人"和全国优秀教师。有《述怀》一首：人民育我我育人，日月不淹四十春。鬓染疏霜心未老，胸怀四则思无垠。深铭修己贵崇德，时颂善歌使继声。珍重师生多互勉，新程万里共长征。（国务院学位委员会办公室《中国社会科学家自述》）

《中国社会科学家自述》一书，国务院学位委员会办公室编，载有我国450多位社会科学家的自述。这些学者，都是1990年之前得到国务院学位委员会批准的博士生导师。前一例，见于刘嵘先生（1920年生，中山大学教授）的自述。经过了"批了十几场，狼狈不堪"的岁月，在67岁的时候"被聘为"北京大学兼职教授，对刘先生来说，绝对是感到庆幸和欣慰的事。后一例，是张瑞璠先生（1919 年生，华东师范大学教授）自述的最后一段。20 世纪 80 年代，张先生就被评为全国重点博士点的主要学术带头人和全国优秀教师，这使他深深体味到了他的人生价值。他特别写了《述怀》一首，足以证明这一点。

可见，现代的承赐型“被”字句所表示的称心如意，跟“灾祸”感绝对没有任何牵连。

4.2.3　语言自身的因素

现代汉语里承赐型“被”字句的使用，还决定于语言发展的内因。

从词汇的角度说，表示遭受的“被”字本然地跟不幸烦恼的事相联系。为什么其中会有一小部分用于称心，而且会形成以表示称心为基本倾向的承赐型呢？从语言自身的因素看，是因为语法的发展有自己独立的轨道。汉语语法重句法，句子的表意受到句法的管控。这里，需要特别注意“主语规约”的决定性作用。

所谓“主语规约”，是说：作为起词的主语，管控着后续语句的配置。表述者针对表述主脑进行叙写，形成顺势而下的语流。在这种情况下，表述者不再关心被字句表意上的如意不如意。比如：

他因为……而被……

在这个格式里，“他”是充当主语的起词，被确定为表述的主脑。后边，不管添上拂意的内容，还是添上称心的内容，都很自然：

他因为参与抢劫而被判处有期徒刑十年

他因为成果获奖而被评为科研希望之星

上面多次引用了《中国人民政治协商会议第八届全国委员会委员名录》的例子。作为“委员名录”，是分别以一个个委员作为表述主脑来介绍的。正因如此，承赐型“被”字句用得特别多。再看这个例子：

（107）阎达五　1929 年 1 月 14 日生于山西祁县。1949 年 3 月肄业于私立北平华北文法学院经济系。1954 年毕业于中国人民大学马克思列宁主义夜大学。……1990 年被吸收为日本国

际会计研究会荣誉会员。(国务院学位委员会办公室《中国社会科学家自述》)

上例是在阎达五教授自述前边编者所加的"按注"性简介。编者介绍阎达五教授，从出生时间写起，顺叙下来，最后用了一个"被"字句。这一句，如果不用"被"，说成"1990 年吸收为日本国际会计研究会荣誉会员"，意思不怎么完整；如果改用主动式，说成"1990 年日本国际会计研究会吸收（他）为荣誉会员"，又好像拐了一个弯子，不那么顺畅。

如此看来，承赐型"被"字句的使用，既有客观实际的使用需要，更有语言自身的内因。这就是说，"被"字一旦入句，一旦构成"被"字句，就会被语法化，就会在语法发展的轨道上演化，从而偏离或脱离词汇上"被"字的本然意义。

5 结束语

通过以上的分析可以知道：

第一，"被"字句中，有承赐型一小类，在情绪倾向上表示称心。

第二，承赐型"被"字句以"被授予""被 V 为""被 V 入"为基本形式标志。

第三，承赐型"被"字句与古代用法存在渊源关系，其发展既取决于社会、心理方面的需要，又受到"主语规约"句法机制的管束，跟现代翻译印欧语言没有必然的联系。

必须进一步指出的是：除了承赐型，在一般"被"字句中，表示称心的为数已经很少。然而，不是绝对没有。这说明，承赐型"被"字句和一般"被"字句尽管情绪倾向上形成对立，但二者之间并不存在绝对固定的界限。例如：

(108) 也不知他说了什么，华森·普德里被他逗得开怀大笑。(戴雁

军《非常案件》）

（109）孝文孝武念书写仿很用功，人也很灵聪，背书流利得一个栗子也不磕巴，照影格描写的大字满纸都被徐先生画上了红圈儿。（陈忠实《白鹿原》）

李临定（1986）指出："在现代汉语里表示褒义的'被'字句的确在扩大，像'他被评为劳动模范'、'他被大家选为生产队长'、'弟弟被批准入团了'这样的句子都是常见的。"这里说的是承赐型"被"字句。李先生又指出："表示心理状态或抽象意义的褒义动词，也进入'被'句。如：是由于同情而产生爱，也由于被同情而产生爱（冯德英）｜在他们那里，我第一次感觉到医生是被人需要的，被人爱的（曹禺）。"（《现代汉语句型》223—224页）这里说的便是一般"被"字句了。

那么，是不是承赐型"被"字句才跟古代用法相联系，一般表示称心的"被"字句则属于"欧化"用法呢？恐怕也不是这样。查近代白话作品里的"被"字句，可以看到这样的例子：

（110）这样现成的韵被你得了，只是不犯着替他们颂圣去。（曹雪芹《红楼梦》）

（111）这件兵器，乃锟钢抟炼的，被我将还丹点成，养就一身灵气，善能变化，水火不侵，又能套诸物；一名金钢琢，又名金钢套。（吴承恩《西游记》）

（112）却才被夜游神一阵神风，把我送将进来，他说我三年水灾该满，着我来拜谒师父。（吴承恩《西游记》）

这三例，不属于承赐型，但是它们或者说得了个好韵，或者说得了件好兵器，或者说得了次好机会，说的都是称心如意的事。

北京师范学院中文系汉语教研组编著的《五四以来汉语书面语言的变迁和发展》一书，没有提到"被"字句由拂意到称心的发展，这是正确的。

主要参考文献

[1] 饶长溶. 把字句　被字句 [M]. 北京：人民教育出版社，1990.

[2] 王力. 汉语发展史 [M]. 北京：商务印书馆，1989.

[3] 陈复华. 古代汉语词典 [M]. 北京：商务印书馆，1998.

[4] 李临定. 现代汉语句型 [M]. 北京：商务印书馆，1986.

[5] 邢福义. 说"句管控" [J]. 方言，2001 (2)：97-106.

[6] 北京师范学院中文系汉语教研组. 五四以来汉语书面语言的变迁和发展 [M]. 北京：商务印书馆，1959.

（原载《语言研究》2004 年第 1 期）

汉语复句格式对复句语义关系的反制约

0 前言

复句格式，指凭借特定关系词语构成的“有标复句”句式；语义关系，指由复句格式所标明的语义关系。比如“因为……所以……”和“虽然……但是……”是复句格式，因果、逆转是它们所标明的语义关系。

复句语义关系具有二重性：既反映客观实际，又反映主观视点。客观实际和主观视点有时重合，有时则不完全等同，而不管二者是否等同，在对复句格式的选用中，起主导作用的是主观视点。

应该看到，复句格式为复句语义关系所制约，包括受到主观视点的直接制约和客观实际的间接制约；但是，还应该看到，复句格式一旦形成，就会对复句语义关系进行反制约，格式所标明的语义关系中就直接反映了格式选用者的主观视点。

本文主要列举主观视点和客观实际不完全等同的种种现象，说明格式对关系的反制约作用和一些突出表现，评说复句格式和复句语义关系二者之间的联系。

1 虚和实

1.0 现代汉语的复句句式，有的是典型的虚拟句式，有的是典型的据实句式。虚拟或据实，主要看前分句。比如“即使 p，(但) 也 q”和“虽然 p，但 (也) q”，pq 之间都有逆转关系，但前者是虚似性逆转，后者是据实性逆转。又如“如果 p，就 q”和“既然 p，就 q”，pq 之间都有推论关系，但前者是虚拟性推论，后者是据实性推论。如果联系客观实际来观察句式上标明的虚和实，我们可以发现，有的时候跟句式上所标明的虚和实并不完全一致。

1.1 在虚拟句式中，p 主观上虚拟为真，客观上不一定非真。

例证一：“即使 p，也 q”句式在大多数情况下，“即使”后边的 p 确实是假设，即主观上虚拟为真，客观上实际非真。比如：“即使把他碎尸万段，也解不了我心里的愤恨。”实际上并未把他碎尸万段。然而，有的时候，p 却是实际上已经发生的事实。比如：

(1) 那几年即使天天挨饿，我也没叫过一声苦。

去掉“即使”，意思未变：“那几年天天挨饿，我也没叫过一声苦。”相当于：“那几年虽然天天挨饿，我也没叫过一声苦。”再看几例：

(2) 那时，他们很少交谈。即使交谈，也只是工作上的联系，干干巴巴，三言两语。(张洁《祖母绿》)

(3) 其实，牛福对儿子管教极为严格，即使在三年经济困难时期，市场上买不到煤油，牛福也不惜高价弄几升，不让儿子闲着。(程贤章、廖红球《彩色的大地》)

(4) 聊到兴头，福生解了棉袄，只穿了一件高领毛衣。……即使隔着毛衣，也可以看出，他的胸肌和臂肌都很发达。(南翔、丽霞《四个放飞的女人》)

(5) 她不是不知道，李姗现在绝不会构成对她的任何实际威胁，即

使如此，她也不能善罢甘休。（柯云路《一个系统工程学家的遭遇》）

这些例子里，“即使”后边的 p 都是事实。“即使”起着化实为虚的作用，反映了说话人以实当虚的主观视点。显然，这些例里的虚拟性让步转折关系，是由“即使……也……”的格式所赋予的，或者说，是由这一特定格式所规定的。笔者曾写《现代汉语的“即使”实言句》一文，比较全面地讨论过有关的现象①。

“纵然、就是”等跟“即使”相当，它们后边的 p 有时在实际上也是事实：

（6）沈必理道：“好吃不好吃，姑且不论，但是吃了下去人人都平安大吉，却是真的。”常挂珠道：“纵然平安大吉，也不见得这个和尚就是好人。”（金庸《卧龙记》第 53 回）

（7）这老爷子脾气很古怪，就是到了这步田地，也依旧自说自划，绝对不愿意别人违拗自己的意思。（苏叔阳《故土》）

例证二：“只要 p，就 q”句式

“只要”也是标示虚拟的关系词。它虚拟 p 作为实现某种结果的特定条件。一般地说，“只要”后边的 p 是假设，但有时却是事实。比较：

只要你说出是谁，我就不再追究！

请坐请坐，只要你来了，我就不着急了！

前一例“你说出是谁”是假设，后一例“你来了”是已然事实。

“只要”后边的 p 是假设还是事实，往往需要根据特定的语境来确定。比如，同是“只要他表示同意，事情就好办了”：

A　甲　他同意吗？

　　乙　他还没表态。

　　甲　唉，只要他表示同意，事情就好办了！

B　甲　他同意吗？

　　乙　他同意。

　　甲　好，只要他表示同意，事情就好办了！

A组里“他表示同意”是假设，B组里“他表示同意”是事实。可见，作为条件推断句，“只要他表示同意，事情就好办了”的共性是“只要……就……”格式所赋予的。特别是B组里的虚拟性条件推断关系，完全取决于“只要……就……”格式的规约。如果不用“只要”，或者把“只要”改为“既然”，关系中的虚拟性就会消失，就会改变成为别的关系。下边是几个实际用例：

（8）他想，这索尼年纪虽老，只要有他在，鳌拜便张狂不起来。（二月河《康熙大帝》第6回）

（9）（义父）目光倏地一转，盯在岳小玉的脸上道：“你害怕不害怕？”岳小玉立刻摇头不迭，道：“不害怕，不害怕！只要义父在咱们身边，就算千军万马杀将过来，咱们也是兵来将挡，水来土掩！”（金庸《卧龙记》第58回）

（10）他……是不懂姑娘的心，还是巧妙的拒绝？拒绝吧，一千次，一万次，只要你活着，只要你还没结婚，我就要用爱心拥抱你，用爱情的炮焰熔化你。（苏叔阳《故土》）

从语境可知，说话人明知p是事实。加上“只要”，是借用虚拟句式以实当虚，达到突出强调所说条件的目的[②]。

例证三：“如果p，就q”句式

这是最典型的虚拟句式。然而，即使是这种虚拟句式，句式上所标明的虚跟客观实际的虚也没有绝对的必然的联系。从以下三点可以得到证明。

第一，承实推断。

甲　他去吗？

乙　他不去。

甲　哎呀，如果他不去，事情就不好办了！

单看“如果他不去，事情就不好办了”，会以为是虚拟，这是因为关系的虚拟性已为“如果……就……”格式所规定。然而，从上例的语境可知，“他不去”却是事实，前边也可以用“既然”。

第二，假言对照。

在“如果……就……”句式中对照两种事实，以 p 证 q。句式规定 pq 之间的假设与结论的关系，事实上它们之间并不存在这种关系。“如果”后边常带“说”字，但也有不带的：

（11）如果说万青青像一棵茁壮的小树，她则像小树上一根细细的枝桠。（陆北威《年轻人》）

（12）对于一个知识分子来说，如果字如其人，那么书房也如其人。（德兰《求》）

第三，假言铺垫。

有的“如果 p，就 q”句式是借假设分句来诱发结果分句，以便落实说话人的某种结论。假设分句是铺垫的东西，起提醒对方的作用。

（13）如果我没有认错的话，您就是著名记者陆琴方同志。（张笑天《公开的内参》）

（14）书记假如不健忘，应当记得两年前他上电大引起的一场风波。（张抗抗《在丘陵和湖畔，有一个人……》）

例（13）等于说“我想我没认错，您就是……”，例（14）等于说“我想书记不会健忘，他应当记得……”。原句的假设与结论的关系，为“如果……就……”之类格式所决定。

1.2　在据实句式中，p 主观上实言为真，客观上不一定确真。

例证一：“既然 p，就 q”句式

“既然”具有对事实的规定性。有的 p，孤立地看，不一定是实，但一旦进入“既然……”的框架，便被容认为实。试观察以下两种现象：

第一，据测推断。

推断之所据，是带主观色彩的估测，跟客观事实不能划等号。比如：

A　甲　你去做做他的工作，好不好？

乙　我猜想，他对这类事情可能兴趣不大。

甲　好吧，既然他未必肯去，我们就别邀请他了。

B　甲　我看今天是不行了。

乙　要是明天有可能呢？

甲　既然明天有可能，我们就再等一天吧！

推断的根据仅仅来自主观的估测，实际上具有假设性。以 B 来说，乙用“要是”，甲也可以用“要是”。但甲选用“既然”，这是通过据实句式来表明在主观视点上已经以虚当实。再看一例：

(15) 保长肯定受了许长生的贿，……既然这样，他决不会肯卸面子。(陆涛声《庆生伢的财运》)

“这样”指“保长肯定受了许长生的贿”，这只是一种估测。不用“如果”，而用“既然”，这就化虚为实了。

第二，质疑性推断。

姑且容认某个说法、某种情况为事实，通过推论对其真实性表示怀疑甚至否定。例如：

(16) 我常常自问：既然爸爸是“坏蛋”，那么，什么样的人才是好人呢？

(17) 我惊愕地望着她：既然这几年她真的有了属于她的星座，她为什么不拒绝调来这个农场呢？

这两例的据实性也是句式所规定的。如果改用假设句式，据实性就会消失：

(18) 我常常自问：如果爸爸是“坏蛋”，那么，什么样的人才是好人呢？

(19) 我惊愕地望着她：如果这几年她真的有了属于她的星座，她为什么不拒绝调来这个农场呢？

例证二：“虽然 p，但 q”句式

这是典型的据实句式。它“先承认甲之为事实，接下去说乙事不因甲事而不成立”[3]。但是，实际上，p 有时带有或然性。一种带有或然性的情况，是表述为“虚”还是表述为“实”，特定句式的规约性起着关键的作用。比较：

A 甲 我的建议会怎么样？

乙 有可能遭到否决。

甲 即使有可能遭到否决，我还是要提出来。

B 甲 我的建议会怎么样？

乙 有可能遭到否决。

甲 虽然有可能遭到否决，我还是要提出来。

带或然性的“有可能遭到否决”，若进入“即使……”的格式框架，是被作为虚拟的情况来强调；但一进入“虽然……”的格式框架，便被规约为事实，表明说话人在视点上已把“有可能”本身当成事实，这样，“或然”便被转化成了“实然”。

2 顺和逆

2.0 现代汉语的复句句式，从前后分句之间的关系看，有的表示逆转关系，有的不表示逆转关系。本文管前一类叫逆转句式，管后一类叫顺列句式。比如“虽然 p，但 q”“即使 p，也 q”等是逆转句式，“既然 p，就 q”“既 p，又 q”等是顺列句式。如果联系客观实际的顺和逆来观察，也可以发现，有的时候跟句式上所标明的顺和逆并不完全一致。

2.1 在顺列句式中，pq 间主观上表述为顺，客观上未必全顺。

例证一：并列句式中隐含逆转

一面挥着手巾，一面高声呼喊。

一面笑脸相迎，一面暗暗诅咒。

“一面 p，一面 q”是典型的并列句式。前一例，句式上标示为并列关系，实际上也是典型的并列关系。后一例，句式上标示为并列关系，实际上却还隐含着逆转关系。后一例可改用逆转句式，可以加上“但、却”之类关系词。

差不多各类并列句式都有类似的情况。说话人采用并列句式，是由于表述时特别看重两种情况的并存，而不想强调出两种情况之间的逆转关系。例如：

“又 p，又 q”：

（20）又想买首饰，又声明没有钱，这是什么意思？（蒋子龙《子午流注》）

（21）崔贤对张希亮是七分提防，三分敬重。又靠这座山，又躲着山上的荆棘。（王中才《龙凤砚》）

“既 p，又 q”：

（22）我很矛盾，既想与她结婚，又怕与她结婚。（刘建农《妻很美》）

（23）哪个单位出个先进人物，既是那个单位的光荣，又是那个单位的包袱。（郑万隆《红灯黄灯绿灯》）

“既 p，也 q”：

（24）我既不想赞美这种近乎荒唐的姻缘，也不愿在此时此刻用激烈的言词破坏她的心境。（王恒信《少女三岔路》）

（25）美国既可以说好客，也可以说不好客，它既不欢迎人来，也不反对人来。（钟道新《超导》）

例证二：递进句式中隐含逆转

他不但能够把你捧上去，而且能够让你任要职。

他不但能够把你捧上去，而且能够把你拉下来。

“不但 p，而且 q”是典型的递进句式。前一例，句式上标示为递进关系，实际上也是典型的递进关系。后一例，句式上标示为递进关系，实际上却还隐含着逆转关系。后一例的 pq 关系，可换个表述方法：“他能够把你捧上去，但又能够把你拉下来。”这就成为逆转句。再看下面这个例子：

(26) 小白同志，你看我这个团中央书记处书记，不但做促进工作，还做你的“促退”工作。(从维熙《黄金岁月》)

前后分句实际上隐含着逆转关系：我的职责是做促进工作，现在却做你的“促退”工作。｜我做大家的促进工作，却做你的“促退”工作。说话人选用“不但……还……”的格式，是想幽默地强调出工作范围的扩大，而不想强调出 pq 之间的逆转关系。

例证三：假设推断句式中隐含逆转

如果你是牛郎，我就是织女！

如果你是老虎，我就是武松！

“如果 p，就 q”用来标示假设与推断之间的关系。一般地说，其 pq 关系实际上是相承的，而不是相逆的。但是，如果利用“如果……就……”格式来造成假言对照，对照的 pq 之间在实际上存在两种情况：有的是一般的并列关系，有的却具有逆转性。这两例，去掉“如果……就……”，“你是牛郎，我是织女”是一般的并列关系，“你是老虎，我是武松”却隐含逆转关系，可以说成“你是老虎，我却是武松！”再看这个例子：

(27) 如果说《新星》主要还是一部传统现实主义作品的话，那么《夜与昼》已经吸收了当代文学的最新成果，把“现实主义”现代化了。(徐明旭《论〈新星〉〈夜与昼〉的政治、文化价值》)

假设推断的关系是由“如果说……的话，那么……”这一句式所赋予的。pq 之间实际上隐含着逆转关系，可以采用逆转句式来表达：

(28)《新星》主要还是一部传统现实主义作品，《夜与昼》却已经吸收了当代文学最新成果，把“现实主义”现代化了。

2.2 在逆转句式中，p q 间主观上确认为逆，客观上未必全逆。

例证一：逆转句式中隐含并列

她比根林聪明，根林却比她成熟。

她比根林聪明，根林比她成熟。

前一例采用逆转句式，但如果抽掉逆转标志“却”，成为后一例，pq之间的关系便可以理解为并列。

并列项之间具有一定的相互对待的差异性。由于说话人表述时特别看重这种差异性，于是才采用逆转句式来加以强调。下边是几个实际用例：

（29）两个年轻女子站在一起，执着手，一个如出水芙蓉，一个却艳如桃花，引得路人不时侧目而视。（殷慧芬、楼耀福《亚韵》）

（30）我虽是君，他可是师，师道尊严，你道朕连这个都不知么？（二月河《康熙大帝》）

（31）醋坛里有一只本已干枯了的五色蛤蟆，虽然比拳头还细小，但却相貌丑恶，令人一看就想呕吐。（金庸《卧龙记》）

去掉这些例子中的逆转标志，剩下“一个如出水芙蓉，一个艳如桃花”，“我是君，他是师”，“比拳头还细小，相貌丑恶”，前后项既是并存的，又是相对待的。说话人采用逆转句式，强调其相对待的一面，是主观视点在起作用。

例证二：逆转句式中隐含递进

这孩子智力超人，但却谦虚谨慎。

这孩子不仅智力超人，而且谦虚谨慎。

前一例用逆转句式，但若去掉逆转标志“但却”，添上递进标志“不仅……而且……”，便成为后一例，即递进句式。

采用逆转句式，是表述者着眼于pq的对立性；采用递进句式，是表述者着眼于pq的并存性和级层性。这就是说，pq之间的关系，从客观实际看，并非同逆转句式存在着必然的联系，并非一定得用逆转句式来表述才行。再举几例：

（32）洪承畴……虽然立了极大功劳，却一向小心翼翼。（二月河《康熙大帝》）

（33）他摇了摇头，心中疑窦丛生，却又百思不得其解。（二月河《康熙大帝》）

（34）肥娘道："对于整件事情，你们所知道的究竟有多少？"方孟海摇摇头，道："所知不多，但却紊乱得很。"（金庸《卧龙记》第41回）

这几例都可以改用递进句式："立了极大功劳，而且一向小心翼翼"，"心中疑窦丛生，而且百思不得其解"，"所知不多，而且紊乱得很"。

例证三：逆转句式中隐含因果

要赚就要赚大的，但是不能随便露底。

要赚就要赚大的，因此不能随便露底。

前一例用逆转句式，后一例用因果句式。这表明，p与q在句式上可以反映为逆转关系，也可以反映为因果关系。这也表明，从客观实际看，p与q的关系是顺逆不定的。

究竟选用逆转句式还是选用因果句式，决定于说话人的心态和受心态所影响的视点。前一例用逆转句式，是因为说话人特别看重：必须注意保密。后一例用因果句式，是因为说话人特别看重：必须注意计划的周密，行动的稳妥。再观察下边这个例子：

（35）她希望逢着一个可以把一切献给自己的男人，但她却不能轻易把自己交付给他。（苏叔阳《故土》）

这个例子也可以说成：

（36）她希望逢着一个可以把一切献给自己的男人，因此她还不能轻易把自己交付给他。

例（35）和（36）句式不同，反映的心态和视点也不同。比较：

（37）她希望逢着一个可以把一切献给自己的男人，但是，她虽然认为他是这样的男人，却不能轻易地把自己交付给他。

（38）她希望逢着一个可以把一切献给自己的男人，但是，她还不能肯定他是不是这样的男人，因此，她还不能轻易地把自己交付给他。

把例（37）中加着重号的词语删除，就成为例（35）；把例（38）中加着重号的词语删除，就成为例（36）。可见，例（35）用逆转句式，是在表述者看来，“她”已经倾向于信任“他”；例（36）用因果句式，是在表述者看来，“她”还不信任“他”。

3 概观

上面从虚实、顺逆两个角度所作的描写，反映了复句格式所规约的关系跟客观存在的关系之间的微妙联系。如果对这种微妙联系作进一步的概括，还可以得到以下几点认识。

Ⅰ. 客观实际“是A非B”，句式上“化A为B”。

虚拟句式的化实为虚，据实句式的化虚为实，都可以作这样的概括。

Ⅱ. 客观实际“可A可B”，句式上“显A隐B”。

顺列句式的显顺隐逆，逆转句式的显逆隐顺，都可以作这样的概括。

这里，必须指出：句式上所显示的A和可能有的实际关系上所隐含的B，不一定全是一“顺”一“逆”。例如：

（39）大量的青年医务人员，既缺乏必要的业务知识，又常常没事可做，终日闲散，……（苏叔阳《故土》）

去掉“既……又……”，剩下“大量的青年医务人员，缺乏必要的业务知识，常常没事可做……”，可以理解为因果关系，可以添加“由于……因而……”。这就是说，“缺乏必要的业务知识”和“常常没事可做”，从客观实际看，可以认为是并存的两种情况，也可以认为具有因果关系。表述者采用“既……又……”，这是显并列，隐因果。“并列”和“因果”，都是非逆转的。

（40）周老掌门胸襟豁达，而且对门户之见看得很开脱，他极力主张原谅慕容青烟。（金庸《卧龙记》）

去掉“而且”，剩下“周老掌门胸襟豁达，对门户之见看得很开脱……”，可以理解为因果关系，可以添加“因此”。这就是说，“胸襟豁达”和“对门户之见看得很开脱”，从客观实际看，可以认为具有级层性，也可以认为具有因果关系。表述者采用“……而且……”，这是显递进，隐因果。“递进”和“因果”，也是非逆转的。

Ⅲ. 客观实际“可 A 可 B”，句式上“既 A 又 B”。

这是在讨论虚实、顺逆问题的基础上需要补说的一种情况。一般复句句式只标示一种关系，所反映的主观视点都是“单视点”。不管是句式上的“化 A 为 B”还是“显 A 隐 B”，都表明说话人在标示关系时有所抉择。但是，有的时候，句式上却可以 AB 并现，同时标示出两种关系。这时，复句的语义关系为复句句式的合用形式所规约，反映了说话人的“双视点”。请看下面的语言事实。

“并列＋逆转”：

（41）爸爸使用了否决权。既可以击溃嚣张的邪恶，但也时时扼杀了正义和真理。（王恒信《少女三岔路》）

（42）人们一边有高声的牢骚，低声的叹息，却也一边埋头向前。（苏叔阳《故土》）

“据实推断＋逆转”：

（43）既然不是活他自己的命，为什么却叫活命费？（金庸《卧龙记》）

（44）既（然）是朝廷命官，而且官衔又是这么大，何以却会置身于此？（金庸《卧龙记》）

“假设推断＋逆转”：

（45）假如这张脸上曾有过一些美的东西的话，今天却已经荡然无存了。（周梅森《小镇》）

（46）如果说是工作作风问题，可我又觉得不尽然。（张明明《青山遮

不住》)

"无条件推断＋逆转"：

(47) 不论他把我想成什么样，但我不能无休止地享受他赤诚的痛苦给我的甜蜜。(刘建农《妻很美》)

(48) 唉，父亲，你心里明白，无论历史的脚步走得多么迟缓艰难，可它终究还是前进着。(吴基民《爱的祭奠》)

"条件倚变＋逆转"：

(49) 火车越近南京，我却越感到情怯。(陈白尘《云梦断忆》)

(50) 这人也怪！人家越冷淡他，他却越亲热。(徐绍武《孀居》)

四 总评

复句格式和复句语义关系二者之间的联系，可以从制约和反制约两个不同的走向来评说。

就制约的走向说：复句格式反映复句语义关系，制约于复句语义关系。

在具有二重性的复句语义关系里，客观实际是基础，提供构成语义关系的素材，主观视点是指针，决定对语义关系的抉择。对于复句格式的形成来说，主观视点是第一位的起主导作用的东西，而客观实际则是第二位的被主观视点所牵引的东西。不这么理解，无法解释这样的事实：当说话人决定采取"即使 p，也 q"虚拟句式的时候，他已不管 p 在实际上是否真虚，纵然并非真虚，他也可以凭主观视点化实为虚；相反，当说话人决定采取"既然 p，就 q"据实句式的时候，他已不管 p 在实际上是否已成事实，哪怕只有可能性，他也可以凭主观视点化虚为实。可以认为，主观视点直接决定复句格式，客观实际通过主观视点影响复句格式，反过来说，复句格式直接反映主观视点，间接反映客观实际。

就反制约的走向说：复句格式标明复句语义关系，反制约于复句语义关系。

作为复句格式反映的对象，复句语义关系具有多可性。从客观实际看，甲乙两种事物之间可以只有一种关系，也可能存在多种关系；从主观视点看，对甲乙两事物间关系的观察，可以有时视点在虚，有时视点在实，有时视点在顺，有时视点在逆，有时视点在此，有时视点在彼。然而，不管怎样，复句格式一旦形成，它就明确地限定了它所标明的关系。换句话说，说话人采取哪一个视点，通过视点反映出事物间的哪一种关系，都被特定格式确定了下来，标明了出来。如果说，复句格式形成之前，关系可以是游移不定的，那么，复句格式形成之后，关系便是被框定了的。面对某一复句格式，人们只注意到作为格式框架的标志，并由标志判断框架所框内容的关系。比如看到一个“即使 p，也 q”的句子，人们只凭“即使……也……”断定为虚拟句，至于 p 与 q 之间实际上的虚实联系，除非是语法学家和特殊的爱好者，是不会深入查究的。

本文讨论复句格式对复句语义关系的反制约的问题，仅仅涉及主观视点和客观实际不完全等同的一部分现象。对这一问题从更多的角度进行探讨，还需要再下功夫。

注释

①邢福义：《现代汉语的“即使”实言句》，《第一届国际汉语教学讨论会论文选》，北京语言学院出版社 1986 年版。

②换个语境，上述各例中的 p 便是虚拟的。即句式上标示为虚，实际上也是虚。如例（8）说成：“如果索尼还在，就好了。只要……”

③吕叔湘：《中国文法要略》，商务印书馆 1956 年版。

④笔者对有关现象都作过专题性的阐述。参看拙著《复句与关系词语》，黑龙江人民出版社 1985 年版；《语法问题探讨集》，湖北教育出版社 1986 年版。

（原载《中国语文》1991 年第 1 期）

论定名结构充当分句

定名结构，是指“定语+名词”的偏正结构，即以名词为中心的偏正词组。

定名结构能够充当单句，早有定论。许多语法著作中所谈的“独词句”，就包括了定名结构充当的句子。比如郭中平《简略句、无主句、独词句》（新知识出版社 1957 年 12 月）一书中谈“独词句”时举了好些这样的例子：“好香的干菜。”（鲁迅《风波》）“这样的婆婆!”（鲁迅《祝福》）

定名结构能不能充当分句呢?《语文学习》1960 年 2 月号《独词句能否充当分句》一文说：“独词句一旦同别的句子发生了关联，它就失去了句子的性质；一句话，独词句不能充当分句。”这就是说，“独词句”，包括由定名结构充当的“独词句”，是不可能成为分句的。后来，有同志提出了不同的意见。如《中国语文》1961 年 5 月号《独词句能充当分句》一文举出这样的例子：

蓝天，远树，黄金色的麦浪。

这个复句里的三个分句都是“独词句”，它们都是定名结构。但是，这毕竟只能说明，“独词句”和“独词句”，或者说定名结构和定名结构，可以组成复句，分句间是平列关系。

那么，一个复句里，定名结构同主谓结构、动宾结构等是否可以同时都充当分句呢？具有句子性质的定名结构，是不是一旦同由主谓、动宾等结构充当的句子发生了关联，一定“就失去了句子的性质”呢？由定名结构充当的分句，同别的分句之间，是否只能是平列关系呢？本文试图通过分析五类语言现象，探讨有关的一些问题。

一

先看例子：

(1) 一阵汽笛，一队航船又沿着虎口滩的航标灯驶过来了。(文五睇《航标红灯》，《南疆木棉红》24页)

(2) 一阵铃声，上课了。(新华社通讯员《毛主席送我上讲台》，《人民日报》1971年5月24日)

(3) 一声春雷，毛主席、共产党领导着西藏百万农奴，砸碎了套在脖子上的铁锁链。(罗良等《雪山下的“纳波罗布”》，《解放军文艺》1973年第4期78页)

(4) 一场寒流，天色变了。(熊林林《拜师》，《南疆木棉红》173页)

(5) 半月春风，草绿了，桃花打苞了。(谢璞《二月兰》32页)

(6) (半月前，老连长调走了；) 一道命令，他的担子就交给了我。(王耀成《向导》，《红石山中》95页)

这里的定名结构，都是“数量名”。观察这些例子可以知道：

第一，这里的“数量名”结构，作用相当于主谓结构。试比较：

(7) 两声清脆的响鞭，在群山中回荡，大车跑得更快了。(于洪奎《飞雪扬鞭》，《红石山中》126页)

(8) 两声响鞭，只见两辆大车一溜烟似的向山路飞奔而去。(同上，131页)

这两例出自一个作者的笔下，见于同一部作品之中。例(7)两个分句都是主谓结构。前一分句，主语部分是“两声清脆的响鞭”，谓语部分是“在群山中回荡”。例(8)只说“两声响鞭”，读起来并不觉得缺少了什么，并不感到需要添加什么。这说明，它具有句的性质，起着分句的作用。

能不能把这样的“数量名”结构解释为后边分句的一个成分，比方解释为状语呢？很难。上面所举的例子，都很难作这样的解释。不仅如此，我们还会碰到更难作这种解释的例子：

（9）一阵大风吹过，天空中闪过一个树枝形的电光，一声响雷，大雨就落下来了。（六四一厂工人写作组《女技术员》，《油田尖兵》110页）

这个例子里有四个分句。前三个分句，可以改成都用主谓结构或动宾结构，也可以改成都用定名结构：

（10）一阵大风吹过，天空中闪过一个树枝形的电光，又响起一声炸雷，大雨就落下来了。

（11）一阵大风，一个闪电，一声响雷，大雨就落下来了。

不管是例（9）还是例（11），前三个分句都是分别写“风”“电”“雷”，它们起着同样的表述作用。例（9）中的“一声响雷”，既然跟“一阵大风吹过”“天空中闪过一个树枝形的电光”一样具有表述一个方面的意思的作用，那么，就不能否认它也是分句。

在例（11）里，三个“数量名”结构都充当了分句。这种句法，并非笔者所杜撰。略举几例：

（12）一阵春风，一阵花雨，孩子的泪珠随着花雨落入水中……。（王扶《桃花船》，《北京文艺》1978年第4期22页）

（13）一道闪电一个响雷，陶老师奔到河边。（同上，28页）

第二，这些例子中，由“数量名”结构充当的分句，是叙述性的。它叙述现实中出现的某种（或几种）变化，跟后边的由主谓或动宾结构充当的分句之间，是连贯关系。

有时，这种连贯关系是单纯的紧相承接的关系；有时，还包含有事物之间前因后果的联系。如例（1），“一阵汽笛”和“一队航船……驶过来了”，是单纯的先后承接；又如例（5），“半月春风”和“草绿了，桃花打苞了”之间，既是先后承接，也是前因后果。再如：

（14）三天暴雨，大河涨水了。

这样的连贯，既有先后关系，也有因果联系。

第三，这些例子里的“数量名”，从其构成成分看，“数量”部分常用“一阵”“两声”“三天”“半月”之类表示动量的数量结构；“名”的部分，有时用包含一定的动作性的名词。如“一场寒流”“两声响鞭”，“一场”“两声”是表动量的数量结构，“寒流”“响鞭”是包含动作性的名词。有的，虽然不是前后两部分都符合这样的条件，但至少有一部分是符合的。如“半月春风”，“春风”虽然不包含动作性，但“半月”表动量；又如“一道命令”，“一道”虽然不表示动量，但“命令”本身包含着一定的动态。

看来，这里的“数量名”之所以具有叙述性，表现出一种动态，跟它本身的构成成分有关。

第四，这些例子里的“数量名”，如果有必要，可以插入形容描摹的成分。比如“一阵铃声”，可以扩展为“一阵丁丁当当的铃声”；“半月春风”，可以扩展为“半月和煦的春风”。再看几例：

（15）一阵剧烈的马蹄声，骑兵大队疾风似的驰出了乱坟滩。（克扬、戈基《连心锁》5页）

（16）一阵得得的马蹄声，团长许哲峰和政委兼县委书记方炜带着团部的骑兵警卫班赶上来了。（同上，170页）

例（15）插入形容词，表示音量；例（16）插入象声词，描摹音响。如果需要同时用形容词和象声词，为了避免“肚子”过大，象声词可用于前头。例如：

（17）笃笃笃，一阵轻轻的敲门声，黄胜利急忙把材料拣起来。（逮斐《舞台上下》，《人民文学》1978年第6期55页）

二

先看例子：

（18）这么大的雨，吴师傅恐怕来不了啦。（张光本《矿山的主人》，《解放军文艺》1973年第7期17页）

（19）这么黑的天，是你们看错了。（丁令武《风扫残云》121页，河南人民出版社1977年5月）

（20）我老头子住在山中间，这么严密的阵势，我还怕塌了天！（曲波《山呼海啸》178页）

（21）那么多敌人，如果你们打了败仗，陕北战争的胜利就要推迟了！（阎长林《胸中自有雄兵百万》）

这里的定名结构，都是“指代形（的）名”。观察这些例子，可以知道：

第一，这里的“指代形（的）名”的偏正结构，全都可以变换为“名指代形”的主谓结构。它们作用相同，都具有句的性质。比方，例（18）可以变换为例（22），例（21）可以变换为例（23）：

（22）雨这么大，吴师傅恐怕来不了啦。

（23）敌人那么多，如果你们打了败仗，陕北战争的胜利就要推迟了！

变换后，意思完全相同，读起来同样感到自然畅达。再比较下面两个例子：

（24）这么黑的天，又这么大的雨，到哪儿抓去呀？（克扬、戈基《连心锁》128页）

（25）天这么黑，雨这么大，行动不便呐！（同上，128页）

这两例见于同一本书，同一页，出自同一人物之口。“这么黑的天”和“天这么黑”，“这么大的雨”和“雨这么大”，句法有变化，表述功能则相同，它们应该都是分句。

如果要否认这里的“指代形（的）名”结构是分句，这是很困难的，碰到下面这两种现象，更无法否认。

一类是“指代形（的）名”结构先跟动宾结构平列使用，然后再跟它们后边的分句发生关联。例如：

（26）这么黑的天，又下着雨，也不带个电筒。（《星儿闪闪》82 页）

（27）那么远的距离，又顶着风，一千多人三个小时就赶到了古镇。（《连心锁》274 页）

“这么黑的天”和“下着雨”，“那么远的距离”和“顶着风”，都是平列关系。关联副词“又”清楚地表明了这种关系。“下着雨”“顶着风”明显地是分句，跟它们平列的“这么黑的天”“那么远的距离”不是分句又是什么呢？

另一类是“指代形（的）名”结构带上“了”字。例如：

（28）这么长时间了，难道半路出了故障？（李万启《榛子河的战斗》，《解放军文艺》1973 年第 4 期 39 页）

用了“了”这个句末语气词，就明显地标示了“这么长时间”的句的性质。

第二，这些例子中，由“指代形（的）名”结构充当的分句，是用来指明事实根据的。它指明某种事实，作为议论的根据，跟后边的由主谓或动宾结构充当的分句之间，是因果关系或转折关系。

有时是因果关系。如例（18），“这么大的雨”是因，“吴师傅恐怕来不了啦”是果。表示结果的分句，可以用各种不同的语气表达出来。例如：

（29）那么大的安培，还给不给“底度”电费？（罗文斌、杨益言《红岩》41 页）

“还给不给‘底度’电费？”实际上是一种诘问，包含有“必须给‘底度’电费”的意思。前后分句之间因果关系是明显的。

（30）方伯伯，这么大的雪，您怎么出来了？（严瑾等《严峻时刻的音乐会》，《长江文艺》1978 年第 8 期 28 页）

"您怎么出来了?"是带有惊讶语气的问句。之所以惊讶，原因就在"这么大的雪"。可见还是因果关系。

有时是转折关系。如例（26），"这么黑的天"和"也不带个电筒"，有转折关系。又如例（27），"那么远的距离"和"三个小时就赶到了古镇"，有转折关系。再如：

（31）那样大的雨，你一定要走，我留你也留不住。（《巴金短篇小说集》第2集124页）

"那样大的雨"和后边的分句之间有转折关系。又如：

（32）这么远的路，他从来不坐车。（不简单!）

（33）这么近的路，他也要坐车去。（真差劲!）

例（32）是赞扬，表示不容易这样而这样；例（33）是批评，表示不应该这样而这样。

从例（26）、例（27）我们还可以看到，"指代形（的）名"结构的分句也可以同动宾结构的分句并列。但是，后边还须有跟它们构成因果关系或转折关系的分句，否则是站不住的。

第三，这些例子里的"指代形（的）名"结构，从构成成分看，都由三部分组成。

三

先看例子：

（34）青青竹色，淙淙水声，在您的记忆里，九节街是一首诗。（林斤澜《竹》，《人民文学》1978年第7期63页）

（35）一座扬水站，一座水电站，他在黄河岸送走了无数个战斗的日日夜夜。（许淇《啊！黄河》，《天津文艺》1977年第7期27页）

这里的定名结构，大体上可以概括为："形名，形名"或"数量名，数量名"。

观察这些例子，可以知道：

第一，连用两个定名结构，它们都充当了分句。这类例子里，定名结构的分句性质是无法怀疑的。首先，它们可以离开主谓句或动宾句而自成复句。如："青青竹色，淙淙水声。""一座扬水站，一座水电站。"这样的用法不少，例如："轻轻的风，淡淡的香。"（林斤澜《竹》，《人民文学》1978 年第 7 期 79 页）它们具有"句"的性质。其次，它们跟主谓句或动宾句结合以后，表述作用未变，在结构上，也不可能分析为后边分句里的主语或者别的什么成分。

这类例子里的定名结构充当的分句，不限于两个。根据实际需要，可以用更多或只用一个。例如：

（36）五彩缤纷的田野，栉次鳞比的厂房、炼塔、球罐，蜿蜒西去的长堤，金波鳞鳞的大海……，整个杭州湾都沐浴在金色的阳光下。（范建生《在沸腾的金山卫厂区》，《上海文艺》1978 年第 1 期 54 页）

（37）高高的梯田，山上有了绿意。（梁信《从奴隶到将军》113 页）

第二，这类例子里，由定名结构充当的分句，是用来列举客观存在的事物的。每个定名结构都指点和描写了某种客观事物的存在。它们都是存在句，并且一般同时具有描写性质。

这种由定名结构充当的分句，同后边的由主谓或动宾结构充当的分句之间，是平列关系或分合关系。

平列关系的，由主谓或动宾结构充当的分句是表意的重点；由定名结构充当的分句，主要起烘托、帮衬之类的作用，借以突出由主谓或动宾结构充当的分句所表达的内容。以上各例都是这样。可见这种平列关系和一般的"平列"也不完全相同。再看一例：

（38）黑沉沉的夜，黑沉沉的山、山……周围不断传来野兽的吼叫。（同上，9 页）

这里的“黑沉沉的夜”和“黑沉沉的山、山”，显然是用来涂抹背景，起着烘托的作用。

分合关系的，前边的由定名结构充当的分句一样一样地列举具体事物，后边的由主谓或动宾结构充当的分句总起来作概括性的描述。例如：

(39) 蔚蓝的晴空，火红的彩霞，雪白的大地，苍绿的山林，炊烟袅袅的小燕村，山坡上蠕动的牛羊群，江山秀丽多姿。(曲波《山呼海啸》556 页)

先用六个定名结构分说“晴空”“彩霞”“大地”“山林”“小燕村”“牛羊群”，后用一个主谓结构加以归总：“江山秀丽多姿”。

第三，这类例子里的定名结构，就其构成成分说，主要有两种情况。

一种情况是每个定名结构都是各种修饰成分加名词。另一种情况是每个定名结构都是“数量名”。以上两种情况结合起来，就可以形成“数量形（的）名”的结构。例如：

(40) 一根笔直的旗杆，庄严的五星红旗正徐徐升向高空。(少璞等《茶梅行》，《电影文学》1965 年第 1～2 期 54 页)

第四，这类例子里，连用的定名结构之间，一般都有比较明显的停顿，书面上用逗号隔开。有时，两个定名结构之间不用表示停顿的逗号，出现了一种紧缩的形式。例如：

(41) 蓝天白云，歌声嘹亮。(黄婴《紫曲河畔》，《解放军文艺》1973 年第 1 期 16 页)

(42) 正是桃花艳阳天。青山绿水，禾苗嫩又鲜。(陈立德《吉鸿昌》，《长江文艺》1978 年第 6 期 61 页)

“蓝天白云”“青山绿水”，都是两个定名结构，合成一个“四字格”。

四

先看例子：

（43）我接过茶，喝了一口，多么香甜的罗汉茶啊！（田山雨《口盅的故事》，《南疆木棉红》183页）

（44）大娘不由得心头一热，鼻子一酸：多好的子弟兵啊！（恪牛《柿子红了》，《红石山中》86页）

（45）那江心有几只小船在浮动，一忽儿小船被推在浪尖上，一忽儿小船又埋在浪头下，好大的风浪啊！（李心田《闪闪的红星》137页）

这里的定名结构，都是"程度形（的）名"。观察这些例子，可以知道：

第一，这里的"程度形（的）名"偏正结构，全都可以变换为"名程度形"的主谓结构。它们作用相同，都可以独立成句，也都可以在复句中充当分句。如例（45）的"好大的风浪啊"，可以变换为"风浪好大啊"，整个复句关系不变，意思不变。若单独用，它们便是单句；用在别的分句后边，它们便成为分句。

第二，这类例子里，"程度形（的）名"结构是咏叹性的分句。它表示对事物的咏叹，特别突出地强调了人们对事物属性的感觉。它与前边的由主谓或动宾结构充当的分句之间，是申说关系。具体些说，又有两种情况。

一种情况是：前边的分句具体叙写足以引起惊叹的事实，后边用"程度形（的）名"结构作概括性的咏叹。如例（45），前边具体叙写小船的浮动，后边用"好大的风浪啊"加以咏叹。

另一种情况是：前边的分句叙述人物的具体行动，后边用"程度形（的）名"结构表示人物对所见、所闻、所接触的事物的心理上的咏叹。如例（43），“我接过茶喝了一口”写“我”的具体行动，没有写跟“香甜”的罗汉茶有关的任何事实，后边发出“多么香甜的罗汉茶啊”的咏叹。例（44）也属这一类型。有趣的是，如果前边分句里用“抬头一看”“伸手一摸”“鼻子一闻”“侧耳一听”之类表示视觉、触觉、嗅觉、听觉等活动的词语，最容易形成这一类型的句式。例如：

（46）我伸手一摸，呵，好热的水！

（47）牛八一听，多熟悉的声音呀！（《湘江文艺》1973年第3期44页）

第三，为了加强这种“程度形（的）名”结构的咏叹性，可以在它的前头加个叹词，或者加个有惊叹作用的“好家伙”“乖乖”。如例（46）用了叹词。又如：

（48）爬到了吊桥下，往上一看，好家伙！好大的吊桥！（克扬、戈基《连心锁》296页）

第四，这类例子里的“程度形（的）名”结构，从构成成分看，“程度”部分用表示程度并且带有感叹语气的“多么”“多”或“好”；“形”的部分用单音或双音形容词，一般带“的”；“名”的部分一般也用单音或双音节的名词。整个“程度形（的）名”后边，还经常带个语气词“啊”，表示感叹语气。

这种“程度形（的）名”结构里，可以插入“数量”，形成“程度形（的）数量名”的结构。例如：

（49）看这地方合格不？房子宽敞，前后左右都有空地做实验田，多好的一个地方啊！（陈大斌《“向阳楼”记》，《天津文艺》1977年第7期27页）

不过，“程度”“形（的）”“名”是三个基本的组成部分，“数量”则是可有可无的。

五

先看例子：

（50）广播乐曲的劳动号子声、汽车马达声交织在一起，一派热气腾腾的劳动气氛。（沈阳部队创作组《雷锋》，《解放军文艺》1977年第5期36页）

（51）红日东升，金霞灿烂，绿茵茵的草原上，百花吐艳，蜜蜂嗡嗡，好一幅动人的图景。（颜明东《金霞灿烂》，《登高望远》82页）

（52）朝霞满山，泉流潺潺，好一个山区之晨！（《星儿闪闪》31页）

这里的定名结构，大体上可以概括为：“（好）数量形（的）名”。观察这些例子，可以知道：

第一，这里的“（好）数量形（的）名”结构充当了复句的后一分句。一个“（好）数量形（的）名”结构，表示一个判断，在结构上不可能分析为前边分句里的任何一个成分。

这种表示判断的“（好）数量形（的）名”结构，重在强调事物所显示的特色或事物所具有的特点。比方，例（50）“一派热气腾腾的劳动气氛”，重在强调所说的气氛具有“劳动”的特点，显示“热气腾腾”的特色；例（51）“好一幅动人的图景”，重在强调所说的图景，显示“动人”的特色；例（52）“好一个山区之晨”，重在强调所说的晨景，显示“山区”的特色。

用这种定名结构对事物进行断定，显得干脆利落，突出重点。

第二，这类例子里，“（好）数量形（的）名”结构是归总性分句。对前边的分句说，它有“一言以蔽之”的作用。它和前边的分句之间，也是一种申说关系，跟分合关系十分接近。它前边的分句愈多，它的归总作用就愈明显。例如：

（53）在通往矿山办公室的路上，以秧歌为前导，随着十几辆满载器材的手推车，后边有的一个人抱着，有的两个人抬着，接着又是秧歌队，又是人群，络绎不绝，队伍很长，红旗招展，锣鼓喧天，一片欢腾景象。（李云德《沸腾的群山》第1部150页）

“一片欢腾景象”六个字，把前边分句里的那么多内容概括起来了。

第三，就构成成分说，这类例子里的定名结构有三个基本部分，即“数量”“形（的）”“名”。它们前头的“好”，有时也不是可有可无的成分。下面分别谈谈。

“数量”部分和“名”部分是相配合的。“数量”部分，常见的是“一派、一片、一幅”；“名”部分，常见的是“景象、气象、景色、画图”之类。其他数量结构和名词有时也用，如例（52）的“一个”和“晨”，但比较少见。另外，不管用什么量词，数词都限于“一”。

“形（的）”部分，情况比较复杂。所谓“形”，实际上是各种修饰语的代称。

“数量形（的）名”前头的“好”字，有时用不用都站得住，有时则必须用。这取决于所用的量词及相应的名词。若量词是“派、片”，名词是“景象、景色”之类，用不用“好”都行。如例（50）、（53），没用“好”，但可以加上。若量词是“幅、个、支”等，名词表示比较具体的事物，“好”就必须用。如例（51）、（52）里的“好”不能去掉。

第四，“数量形（的）名”前头加了“好”，后边有时还带上一个表示感叹的语气词。这种加“好”的分句，既有归总作用，又有明显的咏叹意味。例如：

（54）积肥的社员们还没有收工，漫山遍野，呵嗬喧天，此起彼伏，好一派跃进山区的景象哪！（古华等《山鹰展翅》185页）

（55）从清早打到晌午歪，八路军几次冲锋，把日本鬼子打了个稀里哗啦，咳呀！好一场大战呀！（梁斌《翻身记事》76页）

“好”是赞叹之词，所以对不值得赞叹的事物就不能加“好”。例如：

（56）有的主张谈，有的主张打，一片乱哄哄的喊叫声。（张行《武陵山下》322页）

“一片乱哄哄的喊叫声”不能说成“好一片乱哄哄的喊叫声啊”。

结语

总起来说：

（一）定名结构和主谓结构、动宾结构可以一起组成复句，分别充当分句。由定名结构充当的分句，在同主谓句、动宾句等“发生了关联”时，仍然不会失去“句子的性质”。

（二）定名结构和主谓结构、动宾结构一起组成复句，它们之间可以发生平列、分合、申说、连贯、因果、转折等多种关系。

（三）能够充当分句的定名结构，有特定的形式。本文讨论了以下五种：

A　数量名。——“表动量的数量结构＋名词”。

B　指代形（的）名。——“这么、那么＋形容词＋名词”。

C　形名，形名。

——“形容性词语等＋名词，形容性词语等＋名词”。

数量名，数量名。

——“表物量的数量结构＋名词，表物量的数量结构＋名词”。

D　程度形（的）名。——“多么、多、好＋形容词＋名词”。

E　（好）数量形（的）名。——“（好）＋一派、一片等＋形容性词语等＋名词”。

（四）各种形式的定名分句，在复句里有一定的位置。A式、B式、C式，基本位置在别的分句前边；D式、E式，用在别的分句后边。

（五）各种形式的定名分句，在复句里各有作用。A式，用来叙述现实中出现的某种变化情况；B式，用来指明事实，提出议论的根据；

C式，用来列举客观存在的事物；D式，用来咏叹事物的属性；E式，用来归总景物之全貌。

最后，还有三点要说明的。

第一，不同形式的定名结构，可以在一个复句里配合使用，分别充当分句。例如：

（57）在有“天堂”之称的江南，一片片富饶的水乡，一片片美丽的田园，一片片吐艳的桃林，好一派风和日暖、春光明媚的景色。（碧野《山高水长》，《上海文艺》1978年第8期60页）

“在有‘天堂’之称的江南”是介词结构，用于句首作状语。“一片片富饶的水乡，一片片美丽的田园，一片片吐艳的桃林”是C式，“好一派风和日暖、春光明媚的景色”是E式，前分举，后归总。

第二，以上所说的五种形式的定名结构，固然可以成为分句，但也不一定就是分句。如果它们跟别的词语发生了成分组合的关系，当然只能是句子的一个成分。例如：

（58）一阵熟悉的脚步声，从门外传来，正在饭桌旁摆放凳子的桂香嫂，抬头见玉芳推门进来，急忙迎上去亲热地挽住她的手，拉到桌边来。（林井然《巍巍的青峦山》129页）

（59）整齐的队伍，鲜艳的红旗，红绿的标语……这一切都使他非常满意。（同上，258页）

例（58），“一阵熟悉的脚步声”和“从门外传来”是主谓关系，分别作一个分句里的主语部分和谓语部分。例（59），“整齐的队伍，鲜艳的红旗，红绿的标语”跟“这一切”组成同位结构，作“都使他非常满意”的主语。这两例中，都不存在定名结构充当分句的现象。如果改为：

（60）一阵熟悉的脚步声，玉芳推门进来了。

（61）整齐的队伍，鲜艳的红旗，红绿的标语，欢呼声响彻云霄。

这里便出现定名结构充当的分句了。

第三，本文论及的五类现象，并未包括定名结构充当分句的全部情况。在对话的场合，还会有其他的现象。例如：

(62) 一斤绍酒。——菜？十个油豆腐，辣酱要多！（鲁迅《在酒楼上》）

在甲问乙答这种场合出现的定名结构充当的分句，情况复杂而多变，这里就不讨论了。

（原载《中国语文》1979年第1期）

试论"A，否则B"句式

0　前言

0.1　"A，否则B"句式，指用"否则"之类关联的句式。本文讨论下列几种：

幸亏A，否则B。

可惜A，否则B。

因为A，否则B。

想来A，否则B。

除非A，否则B。

要么A，否则B。

还是A吧，否则B。

不能A，否则B。

不能不A，否则B。

这些都是典型的句式。凡是相同、相近或相关的句式，在分析这些典型句式时顺带说明。

0.2　本文讨论的句式一般是复句。为了说明问题，个别地方用了句群的例子。

0.3　本文所说的"否则"之类，包括"否则、不然、要不然、要不、若不”等关系词语。只在必要的时候，才指出其中某个词语的特殊之处。

0.4 关于“否则”之类表示的关系，《现代汉语八百词》偏重于从后项来说明问题。如谈到“否则”时说：“后句指出从前句推论的结果，或提供另一种选择”（183 页）；谈到“不然”时说：“引进表示结果或结论的小句”，“引进与上文交替的情况”（82 页）。本文偏重于从对前项的观察出发来讨论问题，并进而揭示前项与后项之间的种种联系，说明整个句式同其他句式的变换关系。

1 幸亏 A，否则 B。

1.0 这一句式，表示原因和逆原因的结果。重在说明由于某种原因才得以避免某种不如意的或不正常的结果。

1.1 前项 A 解释原因，指出已然的事实，可以用肯定句式，也可以用否定句式；“幸亏”对事实加以强调，表示值得庆幸的语气。例如：

(1) 幸亏河水是污浊的，不然，映出她的脸一定很难看。（姜滇《清水湾，淡水湾》，《十月》1982 年第 3 期 80 页）

(2) 幸亏她没有把最后这点想法告诉小吉尔，要不然这个调皮货一定会悲愤欲绝，说不定会带着巴日卡不辞而别呢！（冯苓植《驼峰上的爱》，《收获》1982 年第 2 期 74 页）

“幸亏”也可以说成“幸好、亏得、多亏、好在”等。

1.2 后项 B 表示反事实的结果，逆原因的结果，不如意的结果；“否则”之类揭示 B 同 A 之间的因果逆转关系，实际上是借 B 来反证 A，说明 A 具有决定性的影响。试分析：

(3) 幸好“四人帮”打倒了，幸好冯局长是个明白人，否则，他起码也是一个“肖伯仲的黑后台、大红伞”……（杨夔仪《无名小卒》，《当代》1983 年第 2 期 57 页）

首先，“否则”引出的结果是反事实的，已然事实在这一结果的反面。其次，顺着A项原因产生的本应是已然事实，词面上B项却逆着说出了一个相反的结果。再次，A项指值得庆幸的事情，B项是逆着这一原因说出来的不值得庆幸的结果，所以，在词面上，B项又是不如意的结果。这一句式中的“否则”，作用在于表示因果逆转。它强调说明正是由于某种原因才得以避免某种不如意的结果，也就是，之所以能避免某种不如意的结果，得归功于某种原因。所以，不如意的结果是用来反证突出原因，说明原因对已然事实具有决定性影响的。试比较：

（4）幸亏他及时地抓住了床沿，才没掉到地板上。（叶辛《追回的青春》，《十月》1982年第4期69页）

（5）幸亏他及时抓住了床沿，不然就掉到地板上了。

前一例用“幸亏……才……”，表示因果相承；后一例用“幸亏……不然……”，表示因果逆转。这两例意思基本相同，但后一例多了反证性。

1.3　“幸亏A，否则B”句式可以变换为“要不是A，就B”的句式。比如：“幸亏河水是污浊的，不然，映出她的脸一定很难看。”→“要不是河水是污浊的，映出她的脸一定很难看。”

运用中常见“要不是A，就B”的复句，好些可以变换为“幸亏A，否则B”。例如：

（6）要不是预先听你讲了，我会以为他是个劳改犯。（莫应丰《心囚》，《百花洲》1982年第6期69页）

这一例也可以说成：“幸亏预先听你讲了，要不，我会以为他是个劳改犯。”

2　可惜A，否则B。

2.0　也表示原因和逆原因的结果。重在说明由于某种原因才导致没有出现某种符合心意的结果。

2.1　前项 A 也解释原因，指出已然的事实，可以用肯定句式，也可以用否定句式；“可惜”对事实加以强调，表示值得惋惜的语气。例如：

（7）可惜他们不懂得绘画，否则要给免费画一副素描肖像赠送。（张武《瓜王轶事》，《小说月报》1982 年第 2 期 41 页。原文用“副”）

“可惜”说成“只可惜”，强调意味更重：

（8）只可惜天上没有神灵，若不，我得哀求神灵保佑你……（谢璞《寻找》，《芙蓉》1982 年第 3 期 168 页）

2.2　后项 B 也表示反事实、逆原因的结果，也用来反证 A 具有决定性的影响，但词面上所指的是符合心意的事情。试分析：

（9）可惜我手上无权，我自己的帽子也还没有摘掉，要不然，我一定要做了这件好事。（莫应丰《心囚》，《百花洲》1982 年第 6 期 48 页）

这种句式先用“可惜”引出原因，再用“否则”之类表示逆转，为的是表明由于某种原因而影响某种心意的实现，从反面来说明 A 项具有决定性的作用。

“幸亏 A，否则 B”是庆幸有所得，“可惜 A，否则 B”是惋惜有所失。二者的 B 项，词面所指和实际情况是否如意，恰好相反。比较：

（10）幸亏他没当教练，不然我肯定不能参加甲级队。

（11）可惜他没当教练，不然我肯定能够参加甲级队。

所谓如意与不如意，反映说话人的立场、态度和感情，有时跟 A 项或 B 项的主语没有必然的关系。比较：

（12）幸亏小张力气小，不然吴华跑不了。

（13）可惜小张力气小，不然吴华跑不了。

2.3　“可惜 A，否则 B”的句式也可以变换为“要不是 A，就 B”的句式。比如：“可惜我手上无权，我自己的帽子也还没有摘掉，要不然，我一定要做了这件好事。”→“要不是我手上无权，我自己的帽子也还没有摘掉，我一定要做了这件好事。”

“要不是A，就B”句式，凡是隐含感到惋惜、感到遗憾之类意思的，就可以变换为“可惜A，否则B”的句式。例如：

（14）……若不是眼下有急事，他真想坐下来休息一下。（字心《雾中鼓声》，《昆仑》1983年第1期100页）

上例可以变换为：“可惜眼下有急事，否则他真想坐下来休息一下。”

3　因为A，否则B。

3.0　也表示原因和逆原因的结果。跟前两种句式相比，偏重于客观地述说事实。

3.1　前项A用“因为、由于”之类连词，从形式上直接显示已成为事实的原因。例如：

（15）她和沙马耳虎因为化了装，不然，进城难出城也难。（字心《雾中鼓声》，《昆仑》1983年第1期122页）

（16）“加拿大只答允贷一千五百万美元与我们；而美国人原来露出口风愿贷五千万元与我们，只是由于孔祥熙在其中作怪，否则……”他摇了摇头，显示深有感触的样子。（鄢国培《巴山月》，《长江》1983年第1期213页）

“因为、由于”之类有时不出现，例如：

（17）都是海棠那死丫头插一杠子，要不俺妹子和长锁是多好的一对呀！（赵新世《鸡为媒》，《长江》1983年第2期205页）

上例等于说：“都是因为海棠那死丫头插一杠子，要不……”

3.2　后项B也表示反事实、逆原因的结果，对A项原因也有反证作用；整个句式跟“幸亏A，否则B”和“可惜A，否则B”都可相通。如例（15），可以把“因为”换成“幸亏”；例（16），可以把“由于”换成“可惜”。

如果说“幸亏A，否则B”和“可惜A，否则B”是分别表示庆幸有所得和惋惜有所失，那么，“因为A，否则B”则是中性的，在得失之间并不特别显露主观的情绪，只是客观地反映甲事与乙事之间因果逆转的关系。例如：

(18) 只因（几个年轻人）还不了解昨晚发生在松毛林子中的事，不然他会挨一顿好打……（字心《冷子司棋》，《清明》1983年第1期41页）

这里并不明确表示对所说的事是“庆幸”还是“惋惜”。可以认为是“幸亏……不然……”，也可以认为是“可惜……不然……”，这要取决于说话人是不是站在“他”的对立面。

3.3 “因为A，否则B”也可以变换为“要不是A，就B”。值得注意的是，“幸亏A，否则B”和“可惜A，否则B”在变换为“要不是A，就B”以后，“幸亏”“可惜”不再保留，而“因为A，否则B”在变换为“要不是A，就B”以后却可以保留“因为”之类。如：“她和沙马耳虎因为化了装，不然，进城难出城也难。”→“她和沙马耳虎要不是因为化了装，进城难出城也难。”又如：“由于孔祥熙在其中作怪，否则……”→“要不是由于孔祥熙在其中作怪，就……”

运用中也有“要不是因为A，就B”的说法。它们可以直接变换为“因为A，否则B”。例如：

(19) ……要不是因为出了这场斗殴事件，人们也许早把他忘个一干二净了。（伊始《斗殴》，《百花洲》1983年第1期61页）

上例也可以说成：“因为出了这场斗殴事件，否则人们也许早把他忘个一干二净了。”

4 想来A，否则B。

4.0 也表示原因和逆原因的结果。但不是用来反证已然的原因，而是用来反证推测的原因。如果把前三种句式叫做释因式，这一句式就可以叫做推因式。

4.1 前项 A 表示原因，指尚未证实的事情；句首用“想来、看来、X 猜想、X 怀疑”之类按注性词语，表明 A 是推测。例如：

（20）看来，姑娘的外貌给了憨嫂非常非常深刻的印象，要不她怎么会唠叨个没完。（黄乾孟《她进“老虎口”》，《百花洲》1983 年第 3 期 169 页）

（21）她猜想一定发生了什么意外，否则黄成宾不会不来。（鄢国培《巴山月》，《长江》1983 年第 1 期，202 页）

（22）……我怀疑自己莫非也披了件“温柔”的外衣，要不然，为什么不告诉他，自己每天直着嗓门唱歌……（叶永刚等《别有蹊径》，《小说月报》1982 年第 3 期 88 页）

按注性词语有时不出现。这时，A 项往往包含“肯定、一定、说不定、兴许”之类词语，或者 A 项本身是一个表示猜疑的问句。例如：

（23）……他们肯定把那天的事讲给同学们听了，不然为什么同学们喊她玩时没以前热情呢？（沈虹光《妮娜和她的朋友们》，《人民文学》1982 年第 12 期 93 页）

（24）……兴许哪句话叫人抓住辫子，不然决不会处分他。（理由《九死一生》，《十月》1983 年第 2 期 13 页）

（25）难道那个卞秃头把他们的私下交易都说出来了？要不然，姓周的怎么会如此强硬呢？（林正让、康延平《故乡月》，《长江》1983 年第 1 期 127 页）

4.2 后项 B 表示逆原因、反事实的结果，词面上可以指如意的事，也可以指不如意的事。这一点跟“因为 A，否则 B”相同，而跟“幸亏 A，否则 B”“可惜 A，否则 B”不同。比较：

（26）想来风向有变化，不然，张胖子会重用他的。

（27）想来风向有变化，不然，张胖子不会重用他的。

这两例 A 项词面相同。对“他”说来，前一例 B 项词面所指是如意的（事实不如意，他未被重用），后一例词面所指是不如意的（事实如意，他受到重用）。

4.3 “想来A，否则B”句式实际上是根据某种事实来推断某种原因，它可以变换为一般的推断句式“既然非B，就一定是A”。比如：“一定发生了什么意外，否则黄成宾不会不来。”→“既然黄成宾没来，就一定是发生了什么意外。”

用“既然……就……”的句子，如果是据果推因的，就可以变换为“想来A，否则B”的句子。例如：

（28）但是他又想，既然党组织叫他联系，（就）一定没有问题。（罗广斌等《挺进报》，初中《语文》第一册64页）

这一句也可以说成：“想来一定没有问题，不然，党组织不会叫他联系。”

“想来A，否则B”句式也可以变换为“要不是A，就B”的句式。如：“一定发生了什么意外，否则黄成宾不会不来。”→“要不是发生了什么意外，黄成宾就不会不来。”不过，变换以后如果没有“我想”之类词语，或者没有特定的上下文，有时可能使人把“猜想”当成事实。看这个例子：

（29）她一定还不晓得她的心上人走失，否则不会那么愉快。（刘同兴《威风乡人》，《当代》1983年第1期76页）

变换为“她要不是还不晓得她的心上人走失，就不会那么愉快”，如果加“我想”，或者有特定的上下文，仍然可以表明“还不晓得”是推测；如果孤零零地说出来，就像是事实。

5 除非A，否则B。

5.0 表示条件和逆条件的结果。是一种条件式。

5.1 前项通过“除非”提出条件，并强调其绝对必要，不可缺少。

条件有两种：一是需求性的，二是析因性的。都指未然的或尚未证实的事。

提出需求性条件的，前项有“非这样不可”的意思，“除非 A，否则 B”可以变换为“非 A 不可，否则 B”。例如：

（30）于书记还说，除非你到克山病区去，否则不会放你。（张抗抗《在丘陵和湖畔，有一个人……》，《十月》1982 年第 1 期 87 页）

这一例可以说成“你非到克山病区去不可，否则不会放你”。运用中也常见“非 A 不可，否则 B”的句式，如：

（31）你非给我指出人来不可，要不跟你没完！（蒋子龙《锅碗瓢盆交响曲》，《小说月报》1983 年第 3 期 16 页）

这一例也可以改说成：“除非你给我指出人来，要不跟你没完！”

提出析因性条件的，前项有“除了由于某种原因”的意思，“除非 A，否则 B”可以说成“除非因为 A，否则 B”。例如：

（32）报告会上除非被逼得没有办法，否则，还是隐讳一点为好吧。（曾德厚、木杉《有意无意之间》，《当代》1983 年第 1 期 10 页）

这一例等于说“除非因为被逼得没有办法，否则，还是隐讳一点为好”。

5.2　后项 B 表示逆条件的结果，即违反条件要求所导致的某种情况，也是未然的或尚待证实的事。

前项 A 如果指需求性条件，那么，后项 B 是从反面说明条件的决定性作用，同时强调出满足所说条件的绝对必要。常用否定句式或跟否定句式相当的反问句式，有时也用“只能……”“一定（准）……”之类的肯定句式。例如：

除非你离开这儿，否则他不会放过你。

除非你离开这儿，否则他怎么会放过你？

除非你离开这儿，否则你只能整天躲着！

除非你离开这儿，否则你一定要挨打！

前项A如果指析因性条件，那么，后项B虽然也从反面说明条件的决定性作用，但真正用意不是强调必须满足A项条件，而是强调B项结果不受其他任何条件的影响。常用否定句式或跟否定句式相当的反问句式，也用“一定（准）……”的肯定句式，但不能用“只能……”的肯定句式。例如：

除非没赶上班车，不然他不会迟到。

除非没赶上班车，不然他怎么会迟到？

除非没赶上班车，不然他两点钟准到。

5.3 “除非A”和“否则B”之间可以插入“才B”。“（才）B”是顺条件的，可写为“＋B”，“（否则）B”是逆条件的，可写成“－B”，那么，“除非A，否则B”句式都可以扩展为“除非A，才＋B，否则－B”。比如：“除非你到克山病区去，否则不会放你。”→“除非你到克山病区去，才会放你，否则不会放你。”

5.4 “除非A，否则B”里的“否则”有时不用，但可以添加上去。不用“否则”时，后项一般采取否定形式。例如：

（33）……除非我召集你们，或者有人认为十分必要，你们不要这样成群打伙地来找我。（陈冲《厂长今年二十六》，《当代》1982年第6期16页）

6 要么A，否则B。

6.0 表示情况的选择或情况的交替。是一种选言式。

6.1 可以变换为“要么A，要么B”，但表意重点有所不同。例如：

（34）要么是十六结婚，不然就——拉倒（王钢《野花瓣儿》，《小说月报》1982年第2期51页）

这一例表示从A和B中选择其一，也可以说成：“要么十六结婚，要么拉倒！”不过，“要么A，要么B”是并举两个选择项，而“要么

A，否则B”则是通过具有逆转作用的“否则”之类表明B项具有补说性质，基本意思在A项。

从隐含的关系看，有的A和B之间存在条件和结果的对立，有的A和B只是并立的两种情况。由于形式上用了“要么……否则……”，都转化成了选择关系，都可以改说成“要么……要么……”。比较：

（35）要么照我的意思办，否则，我饶不了你！

（36）要么照我的意思办，不然，就照你三哥的意思办！

例（35）是隐含条件结果对立关系的选言式，例（36）是隐含一般并立关系选言式。

6.2 “要么A，否则B”可以扩展成“要么A1，要么A2，否则B”。这时，A项本身包含两个用“要么……要么……”表示出来的选择项，B项的补说性质更加明显。比如，例（34）可以扩展成：“要么本月十六结婚，要么下月十六结婚，不然就——拉倒！”这是隐含条件结果对立关系的选言式的扩展。又如：

（37）（既然不少人在叫喊，其中就定有原因：）要么就是李春山讲的统购任务过大了；要么就是昨天柳永凤说的，有娃娃鱼在暗里兴妖作怪。再不然，就是粮食本来是够吃的，但一部分人不会计划，胡乱浪费了，现在出现了窟窿。（克非《春潮急》129页）

这是隐含一般并立关系的选言式的扩展。

“要么A1，要么A2，否则B”也可以说成“或者A1，或者A2，否则B”或“不是A1，就是A2，否则B”。例如：

（38）或者把他的节目全部都挪到十一点之前；或者给他增加工资，使他每天能吃像样的晚餐。否则，我就要到别的饭馆去给他找一个早一点收工的工作。（德兰《求》，《收获》1982年第1期84页）

（39）（这些日子来，他常常夜里出去。）不是借口开会，就是借口去同志家坐坐，要不就干脆什么也不说，吃罢晚饭就匆匆走

了。（郭从远《年轻的心》，《当代》1982年第3期181页）

例（38）是隐含条件结果对立关系的选言式的扩展，例（39）是隐含一般并立关系的选言式的扩展。

6.3 隐含一般并立关系的选言式，A项前边可以不用“要么”，只在AB之间用“否则”之类；AB之间的“否则”之类都可以说成“再不然”或“再不”。例如：

（40）你说呀，爸爸！……要不，你就点点头吧，爸爸！（蒋金彦《梦》，《人民文学》1982年第12期87页）

（41）准是鬼点灯，要不，就是你的眼花了。（申文钟《山翠菊香》，《长江》1983年第2期236页）

上例不用“要么”，AB之间仍然具有明显的选择关系。“要不”可以说成“再不然”或“再不”。又如：

（42）有空，到街上遛遛，散散心，再不，花上两毛钱，看上场电影。（薛勇《红灯和绿灯》，《长城》1982年第1期5页）

（43）我看那个情景，不是个老倌子，就是个病人子，再不，就是跛子、瘫子。（彭铁森《“凤凰孵蛋”的传说》，《清明》1983年第1期103页）

例（42）A项不带“要么”，AB之间用“再不”；例（43）A项用“不是……就是……”，AB之间用“再不”。

7 还是A吧，否则B。

7.0 表示祈求和逆祈求的结果。是一种祈使式。

7.1 前项A提出某种祈求，用“还是……吧”或者能直接添加“还是……吧”的祈使句。有的“还是”和“吧”同时出现。例如：

（44）你还是来吧，要不我想你。（浩然《老人和树》，《当代》1982年第6期111页）

有的只在前面出现“还是”，或者只在后面出现“吧”，或者“还是”和“吧”都不出现。例如：

（45）你还是早点杀了它，要不客人一来就忙不赢了。（苏群《两个黄鹂鸣翠柳》，《长江》1982年第4期85页）

（46）快卖了吧，要不人家可走啦！（郑效农《花鸟鱼市》，《当代》1982年第3期217页）

（47）请别这样激动，否则我就证实了他是对的。（马佳《林声》，《收获》1982年第6期113页）

例（45）用“还是……”，可以补上“吧”；例（46）用“……吧”，可以补上“还是”；例（47）“还是”和“吧”都不用，但可以自然地补加：“请还是别这样激动吧”。

前项所用的祈使句，可以是肯定的，也可以是否定的。有时，连用肯定、否定两种祈使句式。例如：

（48）……要走马上就走，别耽搁，要不，我会忍不住让他给我留起来的。（郑效农《花鸟鱼市》，《当代》1982年第3期227页）

这一句的前项，等于“要走还是马上走吧＋要走还是别耽搁吧”。

7.2　后项B表示逆结果，指违反祈求将导致的后果；同时，又表明另一种选择，是不选择A项祈求将面临的另一种不利的选择。例如：

（49）春生，你把种鸡舍那个洞补补吧！要不，鸡都丢光喽。（赵新世《鸡为媒》，《长江》1983年第2期183页）

“鸡都丢光”是不听从“把种鸡舍那个洞补补”的劝告的不利结果；如果不选择“把种鸡舍那个洞补补”的做法，就要面临“鸡都丢光”的不利选择。

后项B有时用疑问句，但实际上也表明了不利的结果、不利的选择。例如：

（50）走吧，阿雪，要不，我们怎么办？（范小青《屋檐下》，《小说月报》1982年第3期92页）

7.3　“还是A吧，否则B”可以变换为“要么A，要么B，B不好，所以还是A为好”。比如：“你把种鸡舍那个洞补补吧！要不，鸡都丢光。”→“要么你把种鸡舍那个洞补补，要么鸡都丢光；鸡都丢光不好，所以，还是把种鸡舍那个洞补补为好。”

“要么 A，否则 B”是单纯的选言判断，“还是 A 吧，否则 B ”则包含着一个选言推理。比较：

（51）要么杀了它，不然，就卖掉它！

（52）还是杀了它吧，不然，大家都不得安宁！

例（51）是隐含一般并立关系的选言式，只能说成：“要么杀了它，要么卖掉它！”例（52）是祈使式，可以说成：“要么杀了它，要么大家都不得安宁；大家都不得安宁不好，所以，还是杀了它为好！”

8 不能 A，否则 B。/ 不能不 A，否则 B。

8.0 这两种句式都表示需求和逆需求的结果。构造上最突出的特点是前项带有能愿动词，可以叫做能愿式。

8.1 “不能 A，否则 B”，前项带有“不能”，从否定的角度分析事物的必要性，指明某种需求。例如：

（53）不能在错误面前退却，不然这种无组织无纪律的行为，会像病菌那样继续蔓延传染的。（陆俊超《啊，船长》，《昆仑》1983 年第 1 期 64 页）

“不能”有时说成意思基本相同的“不应”“不可”之类。例如：

（54）这种女人绝不应是对现代伦理有清醒知觉，对现代文明有热烈向往的那种女性，否则的话，格格不入的追求，就会使情感发生危机，使先天的悲剧愈演愈惨。（海波《彩色的鸟，在哪里飞徊?》，《小说月报》1982 年第 7 期 35 页）

8.2 “不能不 A，否则 B”，前项带有“不能不”，从双重否定表肯定的角度分析事物的必要性，指明某种需求。例如：

（55）细妹她娘，我不能不走，要不，我对不住你，也对不住春牛！

（李俊彬、刘永骥《米水弯弯》，《长江》1983年第1期162页）

（56）作为一个人，又不能不看，不能不想。否则，她的头脑里就会一片空白，她的神经就无法忍受，她会疯的！（关鸿《三十九册邮集》，《花城》1983年第2期152页）

如果用直接肯定的说法，“不能不”可以说成意思相当的“得、要、需要、应该”等。“得（要、需要、应该）……否则……”相当于“不能不……否则……”。例如：

（57）就像种子一样，到了一定时候就得更新换代，不然就退化了，老化了。（郑万隆《红灯黄灯绿灯》，《当代》1982年第3期68页）

（58）这话该说了，否则会让莹莹太难堪。（马未都《生命》，《长江》1983年第2期21页）

8.3 “不能（不）A，否则B”，后项表示逆需求的结果，同时也揭示跟需求不相容的另一方面的选择，可以变换为“要么不能（不）A，要么B；B不好，所以，不能（不）A”。比如：“我不能不走，要不，我对不住你，也对不住春牛！”→“要么我不能不走，要么我对不住你和春牛；对不住你和春牛不好，所以，我不能不走。”

“不能（不）A，否则B”同“还是A吧，否则B”有相似之处，但也有不同。主要表现在：第一，“不能（不）A，否则B”的前项大都是陈述句，“还是A吧，否则B”的前项一定是祈使句。第二，“不能（不）A，否则B”的前项有时也用祈使句，但分析主客观需要的说理意味比较重，并且不能直接变换为“还是不能（不）A为好”。比较：

（59）割草可不能碰了坏天气呀，不然要泡汤的。（楚良《新演诸葛》，《作品与争鸣》1982年第7期22页）

（60）割草还是注意一下天气吧，不然要泡汤的。

例（59）若说成“割草还是不能碰了坏天气为好”，不顺当；例（60）说成“割草还是注意一下天气为好”，很自然。

“得A，否则B”，前项如果用祈使句，跟“还是A吧，否则B”特别接近，但不能在保持原句性质的前提下直接添加“还是……吧”。

例如：

（61）这年头，脑瓜得活点，要不，得处处碰壁呢！（薛勇《红灯和绿灯》，《长城》1982年第1期11页）

保留能愿动词“得”，如果说成“脑瓜还是得活点吧”，就会带上疑问语气，改变了祈使句的性质。

9 总结

9.1 上面讨论了几种句式。它们在语义关系上有区别，在可以变换的句式上也有不同。列成一表，以便对照：

	典型句式	主要变换式
释因式	幸亏A，否则B。 可惜A，否则B。 因为A，否则B。	要不是A，就B。 （之所以非B，就因为是A。）
推因式	想来A，否则B。	要不是A，就B。 （既然非B，就肯定是A。）
条件式	除非A，否则B。	除非A，才+B，否则-B。 （非A不可，否则B。除了因为A，否则B。）
选言式	要么A，否则B。	要么A，要么B。
祈使式	还是A吧，否则B。	要么A，要么B；B不好，所以还是A为好。
能愿式	不能A，否则B。 不能不A，否则B。	要么不能（不）A，要么B； B不好，所以，不能（不）A。

9.2 “A，否则B”句式，A和B之间的语义关系多种多样，但异中有同，这就是：从A项到B项都是逆转的。一般是逆转以后引出逆结果，选言式则是逆转以后引出不相容的另一种情况。

9.3 在“A，否则B”里，表意重心一般在A。释因式和推因式，重在表明A项原因具有决定性影响；条件式，提出需求性条件的，重在强调条件的必不可少；选言式，基本的选择项是A；祈使式和能愿式，重在表明必须听从A项使令劝告或满足A项需求。只有条件式中提出析因性条件的一类，强调B项结果的出现不受其他条件的影响，重心在B。

9.4 “否则”之类关系词语是A与B前后逆转的纽带。“否则”之类一般不能不用，只有在条件式中有时才可以隐去。

9.5 同是表示逆转，“否则”之类和“但是”之类并不相同。“否则”之类，本身含有先假设否定前面所说的事，然后转到肯定后面所说的事的意思，表示的是一种假言否定性的逆转；“但是”之类，本身不包含那么复杂的意思，说转就转，表示的是一种直截了当的硬性的逆转。“否则”之类和“但是”之类是两路不同的逆转词。

（原载《中国语文》1983年第6期）

“但”类词和“无论 p，都 q”句式

“无论 p，都 q”句式，指通常叫作无条件句的复句句式。作为句式的标志，前分句用“无论、不论、不管”等；后分句常用“都、也、全、总”等，有时也可以不用。

这一句式包含程度不同或情况不同的转折性，并不总是排斥“但”类词。本文试图对这个问题作些探讨。

1

1.0　“无论 p，都 q”句式，可以分为三个小类：其一，多面列举式；其二，多面总括式；其三，单面总括式。

1.1　多面列举式，前分句用列举的形式表示两个或几个方面的情况，可以加上“还是、或者”之类选择性词语。所谓列举的形式，包括：“a＋b＋c”并举式，“a＋不 a”然否式，“a＋z”对立式。各举一例：

（1）不论整顿领导班子，整顿作风，整顿政治机关，没有一股子劲头不行。（邓小平《在全军政治工作会议上的讲话》）
a　b　c

（2）不管你信不信，他做到了！（叶文玲《小溪九道弯》）
a不a

(3) 认识的，不管事急事缓，都要坐下喝口水才去。（丁震东、屠海滨《青石街头的小屋》）
a z

1.2 多面总括式，前分句用总括的形式表示两个或几个方面的情况。所谓总括的形式，指表示任指的疑问代词“谁、什么、哪里”等等。例如：

(4) 不管是谁搞错的，我们都得向院里写个检查。（宋家玲《危险的脑疝》）

(5) 大婶，你无论说什么，我都不会生你的气。（顾笑言《洪峰通过峡谷》）

多面列举式所提的是两个或几个确定的条件，而多面总括式所提的则是“一个无限变异的条件”①。但从说法的可变性上说，二式是相通的。如例（4），若采取下面的说法，便成为多面列举式：

(6) 不管是老张搞错的，还是小李搞错的，我们都得向院里写个检查。
a b

1.3 单面总括式，前分句用总括的形式表示一个方面的情况本身存在的种种度量差异。前分句里包含“怎么（怎样、如何）＋中心语”“多么（多）＋中心语”“多少＋中心语”的结构。中心语表示某种情况或划定某种情况的范围，“怎么、多么、多少”之类总括这种情况本身可能有的种种度量。例如：

(7) 不管姐姐怎么数落、怨恨，小伙子只是低着头，不敢还腔。（常庚西《深山新喜》）

(8)（这是她在学校时养成的习惯，）无论晚上睡得多迟，早晨总是六点钟起床。（黄蓓佳《秋色宜人》）

(9) ……这项工作，无论有多少困难，我们都敢于承担。（杨志杰《选拔》）

单面总括式所提的也是一个无限变异的条件，前分句也用疑问代词表示任指，跟多面总括式有相似之处。但是，单面总括式里的疑问代词总是充当修饰成分，而不充当主语、宾语或述语。一般是作状语，只有“多少”用作定语。这是一。第二，单面总括式里可以用“多么”，这个词已经不表示疑问，可以看作程度副词。第三，单面总括式很难像多面总括式那样，把 p 的意思分解开来，改说成多面列举式。

2

2.0　单面总括式包含全面性的转折关系，只要有必要，一般可以加上“但”类词。

2.1　这类“无论 p，都 q”句式，p 的度量不管如何变异，跟 q 之间都存在转折关系。“无论（怎么）p，都 q”之类可以改说成“虽然 p，但是 q”或者“即使 p，也 q”。如（7）可以改说成“虽然姐姐那样数落、怨恨，但小伙子只是低着头，不敢还腔”。（8）可以改说成“即使晚上睡得再迟，早晨也总是六点钟起床”。再看这几个例子：

（10）……不管春哥说的话多么难听，他（培南）还是笑咪咪的。（叶辛《发生在霍家的事》）

（11）他虽然笨，也晓得共产党历来主张集体化。（高晓声《陈奂生包产》）

（12）即使她有多高超的音乐素养，也决不会给观众留下太多美感的东西（李国文《花园街五号》）

例（10）用“不管”引出 p，重在强调无条件。如果重在对事实的容忍，可以说成：“虽然春哥说的话十分难听，他还是笑咪咪的。”如果重在对条件的纵予，可以说成：“即使春哥说的话十分难听，他也是笑咪咪的。”例（11）用“虽然”引出 p，重在对事实的容认。如果需要强调无条件，可以说成：“不管他怎么笨，也晓得共产党历来主张集体化。”例（12）用“即使”引出 p，重在对条件的纵予。如果需要强调无条件，可以说成："不管她有多高超的音乐素养，也决不会给观众留下太多美感的东西。"

2.2 这类包含全面性转折关系的"无论p，都q"句式，跟"即使p，也q"句式一样，具有加上"但"类词的逻辑基础。例（7）等于说"不管姐姐怎么数落、怨恨，小伙子（却）只是……"，例（8）等于说"无论晚上睡得多迟，早晨（却）总是……"，例（9）等于说"无论有多少困难，（但）我们都……"，例（10）等于说"不管春哥说的话多么难听，他（却）还是……"。再比较：

（13）不管他此时心情如何沉重、压抑、失望、悲哀，但他不能不去看看那块人工雕成的石柱……（晓剑、严亭亭《世界》）

（14）不管她如何地勤俭、刻苦、自励，日子总是过得十分艰难。（姜滇《清水湾，淡水湾》）

两例相似，前分句都是"不管＋如何＋联合结构"。例（13）用"但"，可以去掉；例（14）没用"但"，可以添上。

2.3 这类无条件句式里加上"但"类词，一般是为了强调pq间的逆转，有时还有为pq划界的作用。

先看这两个例子：

（15）"阳历年"——那算什么年？不管你给它起多好听的名儿叫什么"元旦"，可中国人从来不把它当"年"看待。（蒋子龙《拜年》）

（16）他们不管怎么争吵，却是十分健康、十分协调地团结在一起商讨。（曲波《山呼海啸》上册）

这两个例子的前后分句比较简短，加上"但"类词，既强调了无条件，又强调了条件与结果之间的转折性。

再看下面两个例子：

（17）无论我怎么发问，怎么催促她指出我可能存在的错误，可是她还是闭口不谈。（李功达《对一个失踪者的调查》）

(18) 笑话我吧，珊姐！……不管我在社会上看到过多少阴郁的、可憎的事情，但只要想到你，心地便纯真了。（鲍昌《槐荫庭院》）

例（17）的前分句并列两个“怎么”，互有解证。用“但”类词，既强调了前后分句之间的转折关系，又清楚地标明了并列的两项都属于前面的分句。例（18）的后分句是条件句。用“但”类词，既强调了转折关系，又清楚地把前面的分句和后面的条件句划分成两个部分。

3

3.0 跟单面总括式相对立，多面列举式和多面总括式都是“多面”的，它们的pq之间的“顺”“逆”关系比较复杂，加上“但”类词的可能性需要作具体的分析。

3.1 有时，这两式的pq之间具有局部性的转折关系。所谓局部性，是说：p表示情况甲和情况乙，q跟甲乙不会都有转折关系。如果跟甲有转折关系，跟乙就没有；反之，如果跟乙有转折关系，跟甲就没有。看这两组例子：

[A组]

(19) 不管天冷不冷，他总穿着大棉袄。
a不a
（＝别说天冷，即使天不冷，他也穿着大棉袄。）

(20) 不管天冷不冷，他从来不穿棉袄。
a不a
（＝别说天不冷，即使天冷，他也不穿棉袄。）

(21) 不管天热天冷，他总穿着大棉袄。
a z
（＝别说天冷，即使天热，他也穿着大棉袄。）

(22) 不管天热天冷，他从来不穿棉袄。
a z

（＝别说天热，即使天冷，他也不穿棉袄。）

（23）不管在冬天，还是在春天和秋天，还是在夏天，他总穿着大棉袄。
a　　　b　　　c

（＝别说在冬天，也别说在春天和秋天，即使在夏天，他也穿着大棉袄。）

（24）不管在冬天，还是在春天和秋天，还是在夏天，他从来不穿棉袄。
a　　　b　　　c

（＝别说在夏天，也别说在春天和秋天，即使在冬天，他也不穿棉袄。）

［B组］

（25）不管在哪个季节，他总穿着大棉袄。

（＝不管在冬天，还是在春天和秋天，还是在夏天，他总穿着大棉袄。

＝别说在冬天，也别说在春天和秋天，即使在夏天，他也穿着大棉袄。）

（26）不管在哪个季节，他从来不穿棉袄。

（＝不管在冬天，还是在春天和秋天，还是在夏天，他从来不穿棉袄。

＝别说在夏天，也别说在春天和秋天，即使在冬天，他也不穿棉袄。）

A组六例都是多面列举式，它们都只有局部性的转折关系，都可以说成“别说……即使……也……”[2]，其中“即使……”部分同q有转折关系。B组两例都是多面总括式，它们可以变换为多面列举式，p与q之间也只有局部性的转折关系。

因为只有局部性转折，pq之间一般不能直接加上“但”类词。但也有特殊的情况。在面对面地斥责对方的时候，如果需要特别强调q对p的各个方面都一概否定或一概肯定，借以突出表明全盘否定或全盘肯定的态度，可以特意加“但”。这时说话人动了感情，口气很冲。例如：

(27) 不管你是不是指我，但不许你这样说！(绍六《镶金边的云彩》)

(28) 廉兴！甭管团支部是不是个有用的衙门，但它毕竟是个衙门！你怎么敢把它当成你家仓库！(毛志成《大门道的主人》)

3.2 有时，这两式的pq之间可能完全没有转折关系，也可能具有全面性的转折关系，p所说的种种情况是“一边倒”的。比较：

(29) (小张和小李都很不错。) 无论选小张(a)还是选小李(b)，他都同意。

(30) (小张和小李都很不错。可是，) 无论选小张(a)还是选小李(b)，他都不同意。

(31) (这几位同志都不错。) 无论选哪一位，他都同意。

(32) (这几位同志都不错。可是，) 无论选哪一位，他都不同意。

前两例是多面列举式，后两例是多面总括式。(29)(31) 完全没有转折关系，p的“一边倒”跟q顺承；(30)(32) 有转折关系，p的“一边倒”跟q逆承。

如果说，单面总括式里的全面转折关系是隐含的，那么，多面列举式和多面总括式里的全面转折关系则更加隐蔽。要判定这两式里的p的“一边倒”跟q之间是顺承还是逆承，往往得靠上下文或说话环境去揣摩。间或可以从句子本身看出来，但那是因为人们对句子本身所说的情况已有既定的看法。例如：

(33) 无论留校当助教(a)还是分到报社当编辑(b)，他都没意见。

(34) 无论留校当助教(a)还是分到报社当编辑(b)，他都有意见。

(33) pq之间关系顺承，(34) pq之间关系逆承。能知道这一点，是因为人们一般认为，留校当助教和分到报社当编辑都是比较好的结果。

然而，无论如何，多面列举式和多面总括式毕竟有时有全面转折关系，跟单面总括式意思相通，也可以说成“即使 p，也 q”。如（34）含有“无论给他分配多么好的工作，他都有意见”的意思，可以说成“即使留校当助教或分到报社当编辑，他也有意见”。在这样的情况下，为了达到强调的目的，同样可以加上“但”类词：“无论留校当助教还是分到报社当编辑，他却都有意见。（真不像话！）”

有时候，前面的分句连说两个“无论……”，一个是多面总括，一个是单面总括，它们互有解证。在这样的情况下，p 与 q 之间用“但”类词，就像在单纯的单面总括式里用“但”类词一样，自然是可以的。例如：

（35）贾大哥呀，无论你说了我什么，无论因为你的话，我遭了多少难堪的境遇，但我一点不怨恨你。（杨沫《风雨十年家国事》）

“说了我什么”等于“说了我什么不好的话”，向跟 q 逆承的方面“一边倒”。在“说了什么”和“我遭了多少难堪的境遇”并用之后加个“但”字，既强调了前后分句的逆转，又划出了前后分句的界限。

4

4.0　还有几点意思需要略加申说。

4.1　无条件句，更准确地说，应该叫作无条件让步句。前分句提出各种可供选择的条件，又用“无论”之类表示无例外地对它们全部排除，这表明说话人只是姑且承认有这么些条件，只是故意对这么些条件有所让步。有让步就有转折。p 与 q 之间，如上所说，有的有全面性转折，有的有局部性转折。有时 p 与 q 之间虽然完全没有转折关系，但从整个复句所包含的意思看，仍然存在着一定的转折性。如例（29）“无论选小张还是选小李，他都同意”，这里的转折性表现在“选小张他同意，但选小李他也同意”。这就是说，尽管“情况甲＋情况乙”跟 q 之间没有转折关系，但“情况甲＋q”同“情况乙＋q”之间却存在对立，不能相容。这样的转折性，是由存在于两件事情之间的差异性造成的。总而言之，如果既从 pq 之间的关系来观察，又从整个复句所包含的意思来观察，可以看到，凡是“无条件句”都具有程度不同或情况不同的转折性。

4.2 “不管……但/却……”的说法有时可能成为病句。然而，这不是由于在“无论 p，都 q”句式里加上了“但”类词的结果，而是由于前分句在构造上不合乎要求。有的同志认为“不管”之类不能跟“但”连用[③]，这是一种错觉。吕叔湘、朱德熙《语法修辞讲话》在谈“不管”和“尽管”时曾经举出这么两个例子：

*（36）不管艾奇逊喜欢重弹戈培尔博士的老调，在华盛顿的参议院绅士们却在招供。

*（37）五四时代的白话文是一个革命的运动，不管其中有部分的人是软弱妥协，但它却是要革文言文的命。

吕、朱二位先生指出：“（一四）［按即例（36）］如果是‘怎样喜欢’，（一五）［按即例（37）］如果是‘有多少人’，前面就可以用‘不管’，否则只能用‘尽管’。”[④]二位先生并没有说前面用了“不管”，后面就一定不能再用“但/却”。因为，改为“怎样喜欢……”“有多少人……”之后，就成为单面总括式，后分句里的“但/却”之类是可以不动的。

4.3 有的无条件让步句，前分句只是说“无论如何”“不管怎样”“不管怎么说”，不用主语，意思空泛。尽管有所让步，但 p 与 q 之间绝对不能加上“但”类词。例如：

（38）（如果再受刑，那就还要咬牙忍住。……）无论如何，我们不能向敌人屈服……（杨沫《坚强的战士》）

（39）（人做事要凭良心……你忍心让大家饿得红天黑日头？）不管怎样，你起码要放两个月限期……（熊尚志《斑竹园》）

（40）不管怎么说，打，总是要打的吧？（徐孝鱼《山风》）

“无论如何”是习用语[5]。“不管怎样”是口语里的类似说法[6]。“不管怎么说”等于“无论如何”“不管怎样”，也是习用语；虽然采取“怎么+中心语”的形式，但其中的“说”并非实指动作行为，仅仅以“不管怎么说”作为前分句的无条件让步句，跟一般的单面总括式有明显的区别。

如果“不管怎么说”的前面出现施事主语，“说”实指动作行为，那当然属于一般的单面总括式：

（41）不管人们怎么说，她都没有明显的反应。（徐孝鱼《山风》）

上例是一般的单面总括式，“说”指“议论”，主语是“人们”。可以加上“但”类词：“不管人们怎么说，她却都没有明显的反应。”

4.4　本文讨论的是复句。“无论……都……”有时是单句，不存在加不加“但”类词的问题。

注释

①吕叔湘：《中国文法要略》，商务印书馆1956年版，第450页。

②吕叔湘：《中国文法要略》，商务印书馆1956年版，第448页。

③中国语文杂志社：《语文短评选辑》，中华书局1959年版，第105页。

④吕叔湘、朱德熙：《语法修辞讲话》，开明书店1952年版，第162页。

⑤吕叔湘：《现代汉语八百词》，商务印书馆1980年版，第490页。

⑥北京大学中文系1955、1957级语言班：《现代汉语虚词例释》，商务印书馆1982年版，第435页。

（原载《中国语文》1984年第4期）

“越 X，越 Y”句式

0.1　本文讨论下列问题：“越 X，越 Y”句式表示的关系；“越”和“越”后边的词语；转折词和“越 X，越 Y”句式。

0.2　本文讨论的“越 X，越 Y”句式，一般是前后项之间有明显停顿，书面上用了逗号的。但为了说明问题，有时也用紧缩句的例子。

1

1.0　“越 X，越 Y”句式是以“越……越……”作为形式标志的条件倚变句式。前项是倚变的条件或依据，后项是倚变的结果①。

1.1　在大多数情况下，“越 X”是“越 Y”的充足条件。只要满足“越 X”这个条件，就会出现“越 Y”的结果。说“越 X，（就）越 Y”，大体相当于“只要越 X，就越 Y”②。从逻辑上说，这是一种充足条件假言判断。例如：

（1）时间越长，成功的可能性越大。

（＝只要时间越长，成功的可能性就越大。）

（2）时间越短，成功的可能性越小。

（＝只要时间越短，成功的可能性就越小。）

如果“越 X，（就）越 Y”说成“越 X，才越 Y”，这种假言判断所说的条件既是充足的，又是必要的。等于说：“只要越 X，就越 Y；（而且）只有越X，才越Y。”[3]例如：

（3）……心想，走廊里的病人为什么不再多些？越多才越有说服力。（铁凝《远城不陌生》，《小说家》1984年第1期82页）

（4）不，不，越等下去，丁叔的鳜鱼才越有滋味呢！（李国文《花园街五号》，《十月》1983年第4期36页）

1.2　有时，“越X”是“越Y”的已然原因，推断依据。“越X”和“越Y”都是直言判断，指的都是事实。例如：

（5）“相思树女子客家”的生意越兴旺，就越招地方上的人们议论。（古华《相思树女子客家》，《长江》1984年第1期23页）

（6）谁叫他们上面要瞎报产量，“放卫星”？他们上报越多，我们也就瞒产越多——不能把大人小孩子一个个活活地饿死啊！（德兰《求》第二部，《收获》1983年第6期206页）

直言“越X，越Y”，对上下文有很大的依赖性。如果脱离上下文，可能会被理解为假言。如孤立地说“他们上报越多，我们也就瞒产越多”，也可能是“只要……就……”的意思。

直言“越X，越Y”，有的指正在持续的事实，如例（5）；有的指已经过去的事实，如例（6）。如果指正在持续的事实，“越X，越Y”相当于“越来越X，因此，越来越Y”。如例（5）等于说：“生意越来越兴旺，因此，越来越招地方上的人们议论。”又如：

（7）但毕竟“四人帮”都已经倒台三四年了，群众意见越来越大，政治影响也越来越差……（古华《相思树女子客家》，《长江》1984年第1期8页）

（=群众意见越大，政治影响也越差。）

（8）……家庭越来越不和，他的脾气越来越不好。（贾平凹《腊月·正月》，《十月》1984年第4期第6页）

（=家庭越不和，他的脾气越不好了。）

1.3　假言“越X，越Y”和直言“越X，越Y”如果同形，那么，“越X，越Y+越X，越Y”=假言直言三段论”：

（只要）越 X，（就）越 Y。（大前提）

（因为）越 X，（小前提）

（所以）越 Y。（结论）

这是一种相当特别的推理语言形式。假言“越 X，越 Y”是大前提，同形的直言“越 X，越 Y”是小前提和结论。后者是前者的演绎。如：“（只要）群众的意见越大，政治影响就越差。”→“（事实上）群众的意见越大，（所以）政治影响也就越差。”说话中，如果单说后者，它肯定有一个“假言”大前提；反过来，如果单说前者，它肯定是以许多具体的“直言”为根据，并能随时推出新的“直言”。

1.4　不管是假言还是直言，在“越 X，越 Y”句式中，“越 X”表示的是一个无限变异的条件或依据，“越 Y”表示的是相应产生的一个无限变异的结果。二者之间的倚变关系，是成比例的[④]。

这种成比例的倚变关系，可以是共增共减，正比倚变，也可以是一增一减，反比倚变。比较：

时间越长，成功的可能性越大。

时间越长，成功的可能性越小。

时间越短，成功的可能性越小。

时间越短，成功的可能性越大。

又如：

（9）鸟不但没赶跑，反倒蚕越大，鸟越多。（贾平凹《鸡窝洼的人家》，《十月》1984 年第 2 期 133 页）

（10）俗话说：情越多，礼越小。（祖慰《进入螺旋比翼鸟》，《收获》1984 年第 3 期 184 页）

例（9）是正比倚变：越大——越多；例（10）是反比倚变：越多——越小。

可见，前项度量的增加，并不决定后项度量的增加，反之，前项度量的减少，并不决定后项度量的减少。“越 X，越 Y”句式所揭示的，是事物之间在实际关系上复杂的函数关系[5]。

当然语言不是数学，每句话不会都是数量的演算。正比倚变和反比倚变，有时是并不明显的，有时则须要在对照的情况下才可以显示出来。例如：

(11) 你现在调回来了，这是第一步，以后的路只会越走越宽，不会越走越窄……（周翼南《夏雨》，《红岩》1984年第1期103页）

孤立地看“越走越窄”，很难断定是不是反比倚变。上例由于把“越走越宽”和“越走越窄”对比着说，才显出了前者是正比倚变，后者是反比倚变。

1.5　不管是假言还是直言，“越Y”总是伴随“越X”而产生的倚变结果，它同时又可以成为“越Z”的倚变条件。即：“越X，越Y；越Y，越Z。”如：

(12) 三姐妹满的欲望是难以满足的，年纪越大，受的闲气便越多；受的气越多，便越羡慕别个的命好……（吴雪恼《姐妹仨》，《长江》1984年第1期90页）

(13) 愈是酗酒，愈是误村事、家事，愈是误事，愈使二贝、白银不满。（贾平凹《腊月·正月》，《十月》1984年第4期6页）

这种连环的条件倚变句式，可以把两个“越Y”重合起来，说成“越X，越Y，（也）（就）越Z”。如：

(14)（阿猫这孩子，从一学会说话起就口吃。）越高兴，越着急，也越结巴。（边震遐《秋鸿》，《收获》1983年第3期152页）

(15) ……向红的事拖的时间越长，舆论对赵大川和向红越有利，麦金万等人就越焦急。（顾笑言《洪峰通过峡谷》，《花城》1983年第3期76页）

(16) 他越跟陶慧贞接触，就越觉得她是一块无价之宝，也就越怕这无价之宝失落他人之手。（黄继树《女贞》，《清明》1983年第3期27页）

在“越X，越Y，越Z”的连环句式里，第三项前边可以自然地添加“因而”，借以强调作为结果的“越Y”又成了推出另一结果的依据（条件）。如例（14）可以说成“越高兴，就越着急，因而也就越结巴”。

1.6 连环的倚变句式，有时是一种“反环”，即：“越X，越Y；越Y，越X。”这时，“越Y”是“越X”的倚变结果，又反转来成为“越X”的倚变条件或倚变依据。如：

（17）越有越吝，越吝越有；我又不向你借，何必恐慌。（贾平凹《腊月·正月》，《十月》1984年第4期17页）

（18）心里越烦，越做不好；越做不好，心里越烦。

“反环”式的“越Y”不能重合。如不能说“心里越烦，越做不好，心里越烦”或“心里越烦，就越做不好，也就心里越烦”。

“反环”式的“越Y，越X”如果单独地说出来，就成为“越X，越Y”。换句话说，有的“越X，越Y”实际上相当于“反环”式里的“越Y，越X”。比较：

（19）越伤心越哭，越哭越伤心。

（20）詹姆哭了，越哭越伤心。（沙叶新《宋庆龄》，《十月》1984年第4期174页）

2

2.0 “越”既是语法成分，也是语义成分：“越”后边的词语性质不同，功能也有所不同。

2.1 “越”是副词[6]。“越”有时说成“越是”，“越是”可以配对使用，也可以跟“越”呼应使用。例如：

（21）……战争越是接近结束，越是残酷。（郑电波《悬崖》，《花城》1984年第2期76页）

（22）经验已经证明了，你越是老实，就越有人来欺负你。（顾笑言《洪峰通过峡谷》，《花城》1983年第3期45页）

用“越”或“越是”，一般比较自由。但是，在“越是”和“越”呼应使用时，一般“越是”用于前项，“越”用于后项，这是一。第二，如果后边的词是单音节的，要用“越”，不用“越是”。如：“时间越长，问题越大。”第三，如果后边的词语是主谓结构、次动词结构，一般用“越是”，不大用“越”⑦。如：

（23）越是家境败下去，越要翻上来……（贾平凹《鸡窝洼的人家》，《十月》1984 年第 2 期 116 页）

（24）越是在情况紧急的时候，越（是）需要冷静。（《现代汉语八百词》用例）

“越（是）”有时说成“越发、越加”，但必须出现于后项，即“越（是）……越发/越加……”。例如：

（25）可是日子越是红火，他心里就越发觉得不安。（龚笃清《蟠龙镇》，《芙蓉》1983 年第 5 期 76 页）

（26）越对他亲切，他就越加痛苦。（岳恒寿《明月何时有》，《长江》1983 年第 4 期 207 页）

“越（是）”也可以说成“愈（是）”。例如：

（27）愈往高处攀，山风愈大。（冯育楠《我们为无名人立碑》，《小说家》1984 年第 1 期 32 页）

（28）……他愈是害怕禾禾，愈是待禾禾友好。（贾平凹《鸡窝洼的人家》，《十月》1984 年第 2 期 138 页）

2.2　在句法上，副词“越（是）”一般前后呼应，成对出现，是作为形式标志的语法成分。有时，也可以只用一个“越”。这有以下三种情况。

第一，“越……更……”。前项用“越”，后项用“更”，“更”可以改为“越”。如：

（29）……会议沉默的时间越长，有勇气打破僵局的发言者就更少。（李国文《花园街五号》，《十月》1983 年第 4 期 83 页）

第二，“越……偏……”。前项用“越”，后项用“偏（偏偏）”，“偏

(偏偏)”前边可以添上“越”。如：

(30) 可是，我这个姑娘就有这么个鬼毛病：越禁止我做的事，我就偏要做，……(德兰《求》第二部，《收获》1983年第6期217页)

第三，“……越……”。这是比较罕见的用法。前后项用同一个形容词。如：

(31) (河两岸的人都懂得，这时是沾不得大树冠的光儿的，) 树大，招雷的可能性也越大。(朱春雨《翅膀》，《十月》1984年第4期218页)

2.3 在内容上，副词“越(是)”和后边的词语一起表示具有倚变关系的条件(依据)和结果。从这一方面看，“越(是)”又是语义成分。这一点，以下的检验可以证明。

第一，没有“越(是)……越(是)……”，条件倚变的形式和内容都会消失。如：时间长，成功的可能性大。|时间短，成功的可能性小。|时间长，成功的可能性小。|时间短，成功的可能性大。

第二，没有“越(是)……越(是)……”，X和Y甚至可能根本不存在条件和结果的关系。例如：

(32) ……一点风丝也没有。越走，越闷得慌。(奚青《天涯孤旅》，《长城》1984年第1期112页)

(33) 其实她们越说，我就越不听她们那一套……(德兰《求》第二部，《收获》1983年第6期218页)

例(32)，“走”不是“闷得慌”的条件(“*只要走，就闷得慌。”)；“越走”才是“越闷得慌”的条件(“只要越走，就越闷得慌。”)。例(33)类推。

2.4 从“越”后边的词语看，有四种情况：a.“越(是)+V”——V代表动词、动词结构或次动词结构；b.“越(是)+A”——A代表形容词或形容词结构；c.“越+V/A的N”；d.“越+是N”。

“越（是）＋V”一般充当谓语，主语有时出现，有时不出现，两个“越（是）＋V”的主语有时相同，有时不相同。例如：

（34）我越往下读，越深切地感到马克思的书是浓缩了的人类智慧……（张贤亮《绿化树》，《十月》1984年第2期56页）

（35）他越这样说，我越感到非帮他复习不可。（王火《夜的悲歌》，《十月》1982年第4期127页）

“越（是）＋V”如果是“越是＋次动词结构”，只用于前项。其中的次动词结构是状语，前后项之间加上“越是……越（是）……”，是强调状语和谓语中心语之间的条件倚变关系。例如：

（36）如果具有自觉性，人越是在艰苦的环境，释放出来的能力也越大。（张贤亮《绿化树》，《十月》1983年第2期61页）

“越（是）＋A”有时充当谓语，情况跟“越（是）＋V”相同。如：“越高兴，越着急。”“蚕越大，鸟越多。”有时充当补语，这是“越（是）＋V”所没有的用法。如：

（37）我弹得越响，他吼得越凶。（李国文《花园街五号》，《十月》1983年第4期96页）

（38）陶世光越是想说服他，他就争辩得越上劲。（陈冲《无言的群山》，《长城》1984年第1期30页）

“越＋V/A的N”是“（N）越V/A”的变化形式，只用于前项。例如：

（39）越有胆略的干部，越受群众欢迎。

（40）生产第一线缺人。越艰苦的岗位越空虚，……（傅志明《展开的翅膀》，《长城》1984年第1期72页）

同类的例子是：越能干的人，负担越重。｜越漂亮的房子，越没人敢住。｜越冗长的文章，读者越不爱读。

这类现象，“越”引出的词语是“V/A的N”，但“越”的限制对象实际上只是其中的V/A。“越V/A的N”可以变换成“N越V/A”。如：越有胆略的干部，越受群众欢迎。→干部越有胆略，越受群众欢迎。

这类现象，若去掉其中的“越……越……”，前后项之间就会发生主谓关系。这说明，后项既以前项作为倚变的条件或依据，又以前项的名词结构（“V/A的N”）作为意念上的主语。如：越有胆略的干部，越受群众欢迎。→有胆略的干部，受群众欢迎。

“越＋是N”是“越＋V”的特殊形式。因为，其中的“是”是判断动词，“是N”可以看作动宾结构。这种形式只用于前项。例如：

（41）那个时候，越是马屁精，越受到重用。

（42）在这种情况下，越是亲戚，越想避嫌。

同类的例子是：越是群众，越要关心。｜越是领导，越为难。｜越是楼房，越不安全。

这类现象，“是”非用不可。“越是”不同于“越是V/A”里的“越是”，不能整个儿看作副词。

这类现象，若去掉其中的“越是……越……”，前后项之间也会发生主谓关系。从这一点看，后项同样既以前项作为倚变的条件或依据，又以前项的名词作为意念上的主语。如：越是马屁精，越受到重用。→马屁精受到重用。

3

3.0　“越X，越Y”句式，有时可以加上转折词。能不能加上转折词，跟倚变的“常态”和“异态”有关。

3.1　条件与结果之间的倚变关系，有“常态倚变”和“异态倚变”两种情况。

从某一条件出发，倚变的结果符合正常情况的，是常态倚变。结果和条件顺承，没有转折性。例如：

（43）越是爱她，越是希望她得到幸福！（肖为《不能改正的错误》，《花

城》1983年第3期99页)

(44) 人们越是预感到还要持续高温，就越向往江岸的清凉和林荫路里的静谧。(李国文《花园街五号》,《十月》1983年第4期39页)

(45) 我呢，越是了解刘世雄的为人，越是憎恶刘家的这个小少爷。(韩石山《魇子》,《花城》1984年第2期35页)

从某一条件出发，倚变的结果不符合正常情况的，是异态倚变。结果和条件相悖，有转折性。例如：

(46) 可不知怎么的，报上越是这样宣传，我心中那些莫名其妙的烦恼就越深重。(雁宁《回答》,《红岩》1983年第2期109页)

(47) 他抽烟抽成了气管炎，时常咳得脸红脖子胀，好像一口气倒不上来就会憋死。可越咳越要抽，他竟然学成一种特殊的本事，能靠大口的烟把咳压下去。(吴可雨《野马》,《十月》1983年第5期198页)

3.2　凡是异态倚变，只要有强调的必要，都可以加上转折词“却”说成：

越X，却越Y。

不加“却”，异态是隐含的；加了“却”，异态就显现了。如例(46)若说成“报上越是这样宣传，我心中那些莫名其妙的烦恼却越深重”，例(47)若说成“越咳却越要抽”，这就可以充分强调出情况的异常，反映了说话人的特异的感觉。

加“却”的格式，前边往往出现“真奇怪”之类词语。这是对特异情况所作的咏叹。例如：

(48) 真奇怪，时间愈长，你在想象中却离我越近。(关鸿《寄远方》,《长江》1984年第2期102页)

(49) 他这人也怪！人家越冷淡他，他却越亲热。(徐绍武《孀居》,《芙蓉》1983年第4期182页)

(50) 人的感情实在是个复杂的函数，我愈是躲避袁野，心里却愈是更多地想到他。(奚青《天涯孤旅》,《长城》1984年第1期109

页）

加“却”的格式，前边也常常用“但是、可是”之类连词，说成“但越X，却越Y”。“却”表示Y同X有转折，“但”类连词表示这一句同上一句有转折，二者互相配合，强调情况之特异。例如：

（51）……真恨不得一步跨进南京城。但火车越近南京，我却越感到情怯。（陈白尘《云梦断忆》，《收获》1983年第3期142页）

（52）雯雯使劲儿点点头，心想以后再不敢忘记了。可越想着不忘，忘性却越大。（王安忆《69届初中生》，《收获》1984年第3期211页）

有时，“但”类连词离得比较远，但作用是一样的。例如：

（53）我不敢回顾过去二十多天里我的行为举止，然而像是有意惩罚我似的，有一张银幕在我眼帘内部显示出我的种种劣迹，我眼睛闭得越紧，银幕上的影子却越清晰，……（张贤亮《绿化树》，《十月》1984年第2期52页）

在加“却”的格式里，一般不再用“就”。尚未发现“却”“就”并见的例子。比较：

（54）……他越是想避嫌疑，这个嫌疑就越会洗不清。（黄继树等《第一个总统》，《小说家》1984年第1期215页）

（55）……他越是想避嫌疑，这个嫌疑却越会洗不清。

3.3 强调异态倚变，有时加“反而”或“偏偏”。但为了作进一步的强调，还是可以再加“却”。例如：

（56）……和齐克接触了半年多时间，时间越长，对他反而越感到陌生了。（杨杰《我们这一茬》，《清明》1983年第3期62页）

（57）他越是这样，我偏偏主动接近他，一如既往。（奚青《天涯孤旅》，《长城》1984年第1期110页）

例（56）是“越X，反而越Y”，“反而”强调结果走向反面，可以再加“却”：“时间越长，对他却反而越感到陌生了。”例（57）是“越X，偏偏Y”，“偏偏”强调结果有意忤逆，也可以再加“却”：“他越是这样，我却偏偏主动接近他……”（例 30 也可以说成“越禁止我做的事，我却偏要做”。）

值得注意的是：第一，后项用了“反而”，还得用“越”；后项用了“偏偏”，“越”可以不用。第二，“却”可以加在“反而”前边，也可以直接替换“反而”（“时间越长，对他却越感到陌生了。”）；“却”可以加在“偏偏”前边，但不能直接替换“偏偏”（*“他越是这样，我却主动接近他……”）。

3.4 常态和异态，有时并不取决于条件和结果的联系本身，而是取决于说话人对条件和结果的联系的看法或感觉。看这两个例子：

(58) 读书越多，脸皮愈薄。（周昌义《美女山风情》，《芙蓉》1983 年第 6 期 67 页）

(59) 他越是说不知道，人们就越从守口如瓶的机密劲里判断出会议的重要性。（李国文《花园街五号》，《十月》1983 年第 4 期 75 页）

例 (58)，一般人可能认为是常态。但不排斥有人认为读了书就应该不怕出头露面、当众侃侃而谈，因此“脸皮厚”才是常态，“脸皮薄”反而是异态。例 (59)，有的人可能认为是常态，因为在他们看来，人家说不知道准是隐藏着机密；有的人可能认为是异态，因为在他们看来，人家说不知道就一定是不知道，不必神经过敏。

可知，有的“越 X，越 Y”复句，条件和结果的联系本身不能反映人们的一致的看法或感觉。因此，到底是常态还是异态，是不确定的，有两可性的。说话人如果认为结果不正常，可以加上“却（反而）”。如：

(60) 读书越多，脸皮却越薄！（你这是怎么搞的？）

(61) 他越是说不知道，人们却越从守口如瓶的机密劲里判断出会议的重要性。（真是神经过敏！）

这类例子，用“却”时一定是异态倚变的关系；不用“却”时，隐含的却不能肯定就是异态倚变的关系。

3.5　倚变的常态和异态，指的是X与Y之间的顺逆关系；倚变的正比和反比，指的是X与Y之间度量增减的比例关系。二者没有必然的联系。

正比倚变可以是常态倚变，也可以是异态倚变。例如：

（62）贡献越大，得到的荣誉也越大。

（63）贡献越大，受到的攻击（却）也越大。

这两例都是正比倚变。例（62）是常态倚变，不能加“却”；例（63）是异态倚变，可以加“却”。反比倚变可以是异态倚变，也可以是常态倚变。例如：

（64）有的人，做的事情越少，受到的照顾（却）越多！

（65）一个干部，做的事情越少，群众的意见自然会越多！

这两例都是反比倚变。例（64）是异态倚变，可以加“却”；例（65）是常态倚变，不能加“却”。

4　小结

4.0　“越X，越Y”句式表示条件倚变关系。度量增减，Y依X变。

4.1　“越X，越Y”通常是假言的，有时是直言的。同形的“假言”和“直言”相加，可以形成一个假言直言三段论，产生一种特别的推理语言形式。

4.2　“越X，越Y”句式可以多项连环。可以按“越X，越Y；越Y，越Z”或“越X，越Y，（也）（就）越Z”的格式顺环，也可以按“越X，越Y；越Y，越X”的格式反环。

4.3　“越”是副词。一般成对使用。在某种情况下，“越”也可以单独出现于前项或后项。

4.4　“越”后边的词语性质不同，功能和用法也有所不同。“越是”有时是副词，有时是“越＋判断动词”。

4.5 “越 X，越 Y”有时表示常态倚变，有时表示异态倚变，表示异态倚变时，可以加上转折词“却”。

4.6 正比倚变和反比倚变都可以是常态倚变或异态倚变。能不能加“却”，跟常态和异态有关，跟正比和反比无关。

4.7 区别常态和异态，有时凭个人的主观感觉。同一现象，如果甲认为是常态，自然不会加“却”；如果乙认为是异态，而且需要强调，就会加“却”。

注释

①“越 X，越 Y”句式表示“倚变”，是吕叔湘先生提出来的。参看吕叔湘：《中国文法要略》，商务印书馆 1982 年版 367～369 页。

②张志公主编《汉语知识》说“时间越长久，效果越显著”有“如果时间越长久，效果就越显著”的意思，也有“无论时间多长久，效果都显著”的意思。（见张志公：《汉语知识》，人民教育出版社 1979 年版 226 页）

③关于充要条件假言判断的语言形式，参看邢福义：《逻辑知识及其应用》湖北人民出版社 1979 年版 87 页。

④⑤比例关系、函数关系，都是吕叔湘先生说过的。参看吕叔湘：《中国文法要略》，商务印书馆 1982 年版 367 页。

⑥吕叔湘：《现代汉语八百词》，商务印书馆 1980 年版 567 页。

⑦主谓结构和次动词结构前边有时也用“越”。如：“天晴就好？武汉的七八月间，越天晴，人越难受。”“同志们，越在这种时候越要冷静啊！”

（原载《中国语文》1985 年第 3 期）

反递句式

0　前言

反递句式，明确点说，是反转性递进句式，指前后分句之间既有递进关系又有反转关系的一种复句句式。反递句式的代表形式是：

不但不 p，反而 q。

本文以这一代表形式作为讨论的基点，先谈反递关系，再谈反递句式四要素，然后谈显反式和隐反式，最后对反递句式的特点作个简单的归结。

1　反递关系

1.1　p 和 q 之间的关系

反递关系首先体现于 p q 之间。在“不但不……反而……”的语法框架中，把 p q 抽取出来，从关系上观察，可以知道：对 p 说来，q 是反中有递。

先说反。p q 是对立概念，从 p 到 q 关系相逆，具有反转性。充当 pq 的词语有时是明显的反义词语，有时只是凭借“不但不……反而……”的形式表示出来的临时对立现象。比较：

他不但不哭，反而笑了。

他不但不笑，反而哭了。

他不但不哭，反而演得更加认真了。

他不但不笑，反而演得更加认真了。

再说递。p q 不是矛盾概念，p 被否定并不就成为 q，从 p 到 q 包含一个推移过程，具有层递性。推移过程是：

p→非 p 非 q→q

“非 p 非 q”是存在于 p q 之间的中间状态，是由 p 到 q 的“递距”。

明确了递距的存在，我们就可以进一步明确以下三个问题：

第一，“不但不 p，反而 q”中的 p q 可以“求中”。即既排除 p，也排除 q，指明存在中间状态。“求中”的公式是：a）既不（没）p，也不（没）q。b）虽然不（没）p，但也不（没）q。如：

他既没哭，也没笑。

他虽然没哭，但也没笑。

他既没笑，也没哭。

他虽然没笑，但也没哭。

第二，不能求中的 p q 不应进入“不但不……反而……”的句式。比较：

我不想死，我想活！

我不但不想死，反而想活！（?）

我不想活，我想死！

我不但不想活，反而想死！（?）

“想死”和“想活”之间不存在中间状态，用“不但不……反而……”来强调毫无意义。如果一定要采用“不但不……反而……”的形式，就应想法拉开 p q 之间的距离。比如：

我不但不想死，反而想活得比谁都好！

我不但不想活，反而想死得越早越好！

第三，递距有小有大。修饰成分、连带成分等的运用都可以扩大递距。值得特别指出的是：q里往往用修饰成分“更加”，这既可以使q的程度加深，进一步拉开同p之间的距离，又可以从形式上显示出q处于较高的递进级层之上。如：

(1) 每当她来找孙如一，林素十回有九回在那里，他不但不尽快回避，让恋人们去温存亲热，反而谈兴更浓……（肖为《征婚》，《花城》1985年第1期145页）

(2) 可是今天，陈炯明的心事也许是太沉重了，他一听侍妾提醒他该吃饭了，不但不像过去那样欣然颔首，反而更加烦躁起来……（黄继树等《第一个总统》，《小说家》1984年第4期236页）

1.2 不p和q之间的关系

如果说p q之间的关系是反中有递，那么，不p和q之间的关系就可以说是递中含反。

首先，不p和q没有对立，从不p到q具有顺性递进关系。这一点，只要把不p改为意义相等的肯定说法，就可以明显地看到。例如：

(3) 老师反复交代一定要把标语贴正，可是，你看他贴的，不但不正，反而歪得特别厉害！

“不正”的等义肯定说法是“歪”。“歪”和“歪得特别厉害”之间在程度上显然进了一层。当然，跟不p等义的肯定说法不一定都能找到现成的形式——某个常用的词语。如“不笑”，等义肯定说法是什么，回答不出来。不过，从理论上说，任何一个不p都应该有一个跟它意义相等的肯定说法，而不p的肯定说法同q之间毫无疑问具有递进关系。

其次，也应看到，不p和q之间的递进关系里头，包含着明显的反转关系。一旦把不p改为等义的肯定说法，反转关系就会随着p的消失而消失。如例(3)，若把“不正”改为“歪”，“正”就消失，前后分句之间的反转关系也消失。反转关系消失的证据，是不p和q之间本来可以用“反而”，把不p改为等义肯定说法以后却不能再用

“反而”，一定要把“反而”改为“而且”。如：

＊（4）……你看他贴的，不但歪，反而歪得特别厉害！

（5）……你看他贴的，不但歪，而且歪得特别厉害！

可见，即使从不 p 和 q 之间的关系来观察，也可以看到“不但不 p，反而 q”这种句式所包含的反递关系。

2 反递句式四要素

2.1 预递词“不但”之类

构成反递句式的第一个要素是预递词“不但”之类。“不但”是预递词的代表；除了“不但”，还有“不仅、不光、不单、非但”等。例如：

（6）人们不但不接受他的挑战，反而远远地避开。（赵本夫《村鬼》，《十月》1985 年第 1 期 143 页）

（7）……粮菜价钱不光不降，反而升高……（吴伸《三岔镇风波》，《十月》1985 年第 1 期 77 页）

（8）死崔不像往常，不单不怕他，反而比他还横……（冯骥才《神鞭》，《小说家》1984 年第 3 期 18 页）

（9）玻璃花非但不动心，反而把话凿死……（冯骥才《神鞭》，《小说家》1984 年第 3 期 8 页）

预递词“不但”之类和承递词“而且”之类，是递进句的形式标志。预递词和承递词不管是出现一对还是出现一个，都可以保证递进句式的成立。要是句子里预递词和承递词都不出现，那么，即使甲乙两事在意义上可能存在递进关系，也不能认为是递进句。如：

他不仅能作曲，而且能演唱。（递进句）

他不仅能作曲，也能演唱。（递进句）

他能作曲，而且能演唱。（递进句）

他能作曲，也能演唱。（并列句）

反递句式从属于递进句式。反递句式的递进关系是由预递词显示和标明的。如果缺少了预递词“不但”之类，剩下了“不 p，反而 q”的形式，递进关系就缺乏标记，因而就不能构成递进句式。那么，“反而”能不能看成承递词？不能。

2.2 反转词“反而”之类

构成反递句式的第二个要素是反转词“反而”之类。我们把“反而”当作反转词的代表，不过，反转词实际上可以分为三类，“反而”跟后两类在意义和语气上有区别。

第一类：反词。包括“反而”以及“反、倒、反倒、倒反、相反、反过来”等。略举几例：

（10）不但不进，反往外掏！（贾平凹《腊月·正月》，《十月》1984 年第 4 期 3 页）

（11）……那妹子非但不像个站在街门口搔首弄姿的风流女子，倒像是被哪家主人踢出屋的可怜的猫儿。（海波《铁床》，《小说家》1984 年第 3 期 181 页）

（12）……自从办起大社，他不但不烧香，反倒要拆庙。（刘绍棠《野丫头谷玉桃》，《小说家》1984 年第 4 期 112 页）

（13）这样捱到第二天，不仅不见好转，相反病得更沉重了。（孙健忠《醉乡》，《小说界·长篇小说专辑》1984 年第 1 期 46 页）

第二类：转词。能在这一句式中出现的转词是“却”。例如：

（14）回场后的哲学家非但没受到大家尊敬，却成了笑柄……（叶文玲《太阳的骄子》，《小说界·长篇小说专辑》1984 年第 1 期 214 页）

（15）谁知道，三梆子非但不闹，却花钱买下这桌酒饭，反过来谢谢他。（冯骥才《神鞭》，《小说家》1984 年第 3 期 7 页）

第三类：悖语词。包括用来加强意外语气的副词“偏偏、竟然、居然”等。例如：

（16）他瞅玻璃花这架式，非但没有赶紧缩回去，偏偏腆着脸笑嘻嘻地说……（冯骥才《神鞭》，《小说家》1984 年第 3 期 9 页）

(17) ……巡防士兵大声呼唤要他们靠岸，他们不但不听，竟然朝岸上开枪……（黄继树等《第一个总统》，《小说家》1983 年第 3 期 218 页）

(18) 可你老伴非但没有镇压这帮忤逆，居然用唱过歌的大嗓门说："……趁热喝！……"（李国文《临街的窗》，《小说家》1985 年第 1 期 16 页）

这里，应该明确三个问题：

第一，在反递句式中，反转词的作用是显示和标明反转关系。

第二，三类反转词往往可以互换使用。反词重在表明情况相反，转词重在强调情况异变，悖语词重在加强悖逆语气。反词和转词常常结合使用，标示既有"反"又有"转"。例如：

(19) 朝鲜战场的战火……不但不使她感到恐惧，相反却有着使她马上投身战斗的巨大吸引力。（沈仁康《在小桥边》，《小说家》1984 年第 1 期 89 页）

(20) 好在他并没有逃走的迹象……不但没有逃走，相反，却直奔边防站而来。（刘克《康巴阿公》，《十月》1983 年第 4 期 132 页）

"相反"用在"却"前。如果用"反而"，便出现在"却"后：

(21) 朝鲜战场的战火……不但不使她感到恐惧，却反而有着使她马上投身战斗的巨大吸引力。

第三，"反而"不是承递词。如果认为"反而"是承递词，就得承认意思相同的"反、倒、相反"等都是，还得承认可以互换、可以同现的"却、偏偏"等也是。事实上，"反而"跟递进关系没有必然的联系，而跟反转关系的联系却是必然的、绝对的。例如：

(22) 在台上不一定什么都看得清，在台下反而看得清。（柯云路《新星》，《当代》1984 年增刊第 3 期 180 页）

(23) 在台下看得清，在台上反而不一定什么都看得清。

这两例，至少是后一例，很难说有什么递进关系。又如：

(24) ……一个市委书记的千金小姐，怎么会看中一个下贱的罪犯，

却反而看不上省委书记的儿子？（黄继树《女贞》，《清明》1983年第3期29页）

这一例也说不上有什么递进关系。特别是，“却”和“反而”同现，只能认为它们都是表示反转关系的。

在“不但不p，反而q”句式里，p q之间确实存在一定的递进性，但这种递进性只是构成这种反递句式的语义基础，在形式上并非依靠“反而”来显示和标明。在这一点上，“不但不p，反而q”和“不但p，也q”一样，都只用预递词，不用承递词。有的语法书，把不出现预递词的“不p，反而q”也当作递进句[1]，这是错觉。下面两例都应该认为是反转句：

（25）他不因何伏兴的尖刻和发泄般的话语而生气，反而充满了对陈春梅夫妇的同情。（彭天翼《梅花坪》，《芙蓉》1984年第2期12页）（比较：“他不因……，却（反而）充满了……”）

（26）（老乔保）并不说责备他的话，反而自责自疚……（孙健忠《醉乡》，《小说界·长篇小说专辑》1984年第1期156页）（比较：“并不说责备他的话，却（反而）自责自疚……”）

2.3　否定词“不、没”之类

构成反递句式的第三个要素是否定词“不、没”之类。我们把“不”作为否定词的代表，是因为“不”字最常用，不过用“没、没有、未”等的也不罕见。例如：

（27）（小蔷）不但没下车，反而紧蹬几下，刮风似地飞过去了。（张斌《绿色王国》，《小说家》1985年第1期169页）

（28）他非但未能压倒这人，反而被这人来嘲笑。（成一《云中河》，《当代》1985年第2期157页）

在“不但不p，反而q”结构中，“不、没”之类是状语，p是受“不、没”之类修饰的谓词性肯定形式。“不、没”之类的地位和作用相当微妙。一方面，预递词“不但”标示不p与q之间的递进关系，从这方面看，“不、没”之类和p结合成了一个否定形式的语义单位。另一方面，“不、没”之类又和“反而”相照应，标示 p 和 q 之间的反转关系。从这方面看，“不、没”之类提引出 p，“反而”导引出 q，造成“不（没）……反而……”的反转格式。如图：

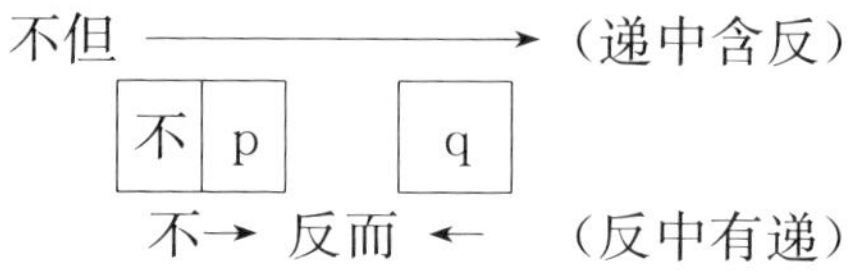

“不、没”之类有时多次使用，分别提引出不同的 p，成为：

不但不 p_1 不 p_2 不 p_3，反而 q。

不但没 p_1 没 p_2 没 p_3，反而 q。

例如：

（29）她不但不哭，不吵，不砸东西，反而变得温顺起来了。

（30）她不但没哭，没吵，没砸东西，反而变得温顺起来了。

“不、没”之类前边有时出现别的语言成分，成为：

不但……不 p，反而 q。

不但……没 p，反而 q。

例如：

（31）水位不但一点没降，反而老在上升。

（32）（香香）不但洗脚水不帮他倒，反叫他帮着去洗碗喂猪潲。

（龚笃清《夜投苦竹寨》，《收获》1985 年第 2 期 208 页）

有时，包含“不、没”的单位不能直接分析为“状语＋谓词性肯定形式”。或者，“不”只是补语中的修饰成分；或者，“没（有）”是动词，等于“无”，充当谓语。这种包含“不、没”的单位已经不是典型代表形式中的不 p，只能记为 p。p 可以看作不 p 的变化形式。即：

不但 p，反而 q。

（＝不但不 p，反而 q。）

例如：

（33）他苦苦思索着，“留有异物”这念头不但压不下去，反而越来越强烈。(凯南《西风·流云·枯叶》,《中篇小说选刊》1984 年第 5 期 21 页)(=不但不能压下去……)

(34) 那张嘴，猝不及防，不但开不出玩笑，竟然冻住了。(江鱼《大山，绿色的大山》,《中篇小说选刊》1984 年第 5 期 207 页)(=不但不能再开玩笑……)

(35) ……他不但没有了听众，倒常常成了大家讥讽的对象……(叶文玲《太阳的骄子》,《小说界·长篇小说专辑》1984 年第 1 期 214 页)(= 不但不再吸引观众……；不但不再拥有听众……)

2.4 对立概念 p 和 q

构成反递句式的第四个要素是表示对立概念的词语 p 和 q。

除了不 p 变化为 p 这种情况，p q 一般都采取肯定形式。两个肯定形式嵌进“不但不……反而……”的框架里，这是反递句的典型模式。

有时，p 可以是否定形式，但受到严格的限制。如：

(36) 这么敏感的问题，他不但没有避开不谈，反而一有机会就大讲特讲。

(37) 这种坏人，他不但没开除不用，反而让他当了伙食班班长。

(38) 碰了钉子，他不但没躺倒不干，反而信心越来越足。

观察这些例子，可以知道：第一，p 用了否定形式，q 绝对不能再用否定形式。第二，p 所用的否定形式是“V 不 V”，不 V 实际上是 V 的重复辞，从属于 V。去掉不 V，剩下肯定形式的 V 站得住；但去掉 V，剩下否定形式的不 V 站不住。(如：这么敏感的问题，他不但没有避开，反而……｜*这么敏感的问题，他不但没有不谈，反而……)第三，用了“V 不 V”，p 前的否定词用“没 (有)”，不用“不”。

有时，q 也可以是否定形式，但有明显的特点。如：

(39) 现在，不但没挣到新衣裳，反而连回家的车票钱也不够了。

(40) 结果呢，不但不能当上什么“司令”，反而连自己的老婆也不肯听从“命令”了。

这类例子表明：第一，q 用了否定形式，p 要求用肯定形式，而不能用“V 不 V”的否定形式。第二，q 里的否定形式由“连—也”引出。“连—也”把情况推向极端，从而强调出 q 与 p 在说话人心理上感觉上的极度对立。第三，没用“连—也”的，可以添加“连—也”，或改造成为“连—也……”。如：

（41）大家东奔西走全是为了她。可是，她不但不感激，反而不以为然。（→……反而连大家为她东奔西走也不以为然。）

（42）吃了药，不但不见好转，反而下不了床了。（→……反而连床也下不了了。）

凡是“不但不 p”后边用“连—也”引出了否定形式的，如果需要强调心理上感觉上的极度对立，不用“反而”时可以添上“反而”，用了“而且”时可以改为“反而”。例如：

（43）结果喜凤妈不仅没拍屁股骂街，连大门都没开，实在没一丝儿风雨。（郑义《老井》，《当代》1986 年第 2 期 56 页）

（44）时间一天一天过去了，他不但未按期回贵阳，而且连一封信也没有写给我。（廖静文《往事依依》，《收获》1982 年第 4 期 69 页）

例（43）“连大门……”前头可以加上“反而”，例（44）“而且”可以改为“反而”。

3 显反式和隐反式

3.1 显反式和隐反式的区别

从形式上看，显反式是用“反而”之类词语显示了反转关系的反递句式，隐反式是隐含反转关系但缺乏反转标志的反递句式。比较：

（45）前些时，把吴越列为“揭、批、查”的对象，他不但没有说清楚，最近却反而更加趾高气扬了。

（46）前些时，把吴越列为“揭、批、查”的对象，他不但没有说清楚，最近更加趾高气扬了……（王昌定《招魂》，《小说家》

1983年第3期98页）

例（45）是显反式，例（46）是隐反式。

严格地说，显反式才成其为“式”，因为它具有明显的形式标志。隐反式本身没有不同于一般递进句式的形式标志，不过，可以添加“反而”或者把“而且”改为“反而”，毕竟在变换上不同于一般的递进句式，所以可以算作一种“隐式”。

3.2 隐反式的类型

根据是否使用承递连词，隐反式可以分为两类：

（一）使用承递连词的

常见的是使用承递连词“而且”。例如：

（47）洗药瓶、倒痰盂、奔忙不停做“她”下手的杨兴中，不但不坏，而且好像是受了某种冤枉的好人。（叶文玲《太阳的骄子》，《小说界·长篇小说专辑》1984年第1期189页）

（48）从此，两个孩子不仅没有再得到一个父亲，而且又失去了自己的母亲，并且，永远地失去了。（乔雪竹《弟弟，妹妹，哥哥啊!》，《花城》1985年第1期90页）

有时使用承递连词“甚至”，但也可以改用“而且”：

（49）……光凭过去的本子和经验，在今天建设时期，不但未必能成为英雄，甚至还有可能成为罪人。（边震遐《峡谷回声》，《小说界·长篇小说专辑》1984年第1期344页）

凡是用“不但不……而且……”的隐式反递句，“而且”都可以改为“反而”。如果不能把“而且”改为“反而”，就说明并不隐含反转关系，因此同反递句式无关。例如：

（50）不但没有热情，而且显不出真诚。（海波《铁床》，《小说家》1984年第3期189页）

所谓“而且”可以改为“反而”，并不是说它们可以同位替换。“而且”是连词，“反而”是副词，如果出现主语，“而且”用在主语前边，若改为“反而”，“反而”就得放在主语后边[②]。例如：

(51) 这么做，不仅防风林不会长，而且橡胶树很可能都要死去。

(52) 这么做，不仅防风林不会长，橡胶树反而很可能都要死去。

所谓“而且”可以改为“反而”，并不等于它们的作用完全等同。“不但……而且……”表递进，“不……反而……”表反转，它们互相交织套合，构成了反递句式。从理论上说，由于“而且”和“反而”各有用途，它们并不互相排斥：用“而且”时意味着后边有个可以补出“反而”的空位，用“反而”时意味着前边有个可以补出“而且”的空位。即：

不但不 p，而且 Øq。

不但不 p，Ø 反而 q。

然而，在实际运用中，很难见到“而且”和“反而”同现的例子[3]。可能是为了语言的简练，用“而且”时“反而”隐去，用“反而”时“而且”隐去，它们是交替出现的。

“可以改为”的说法，是就可以交替出现这一意义而言的。比较：

(53) 他不仅不后悔起用郎平，而且（反而）下大力锤炼她。（鲁光《敬你一杯酒》，《人民文学》1982 年第 1 期 6 页）

(54) 林吟不但没吓唬住，（而且）脸上的表情反而更认真、更执拗了。（凯风《西风・流云・枯叶》，《中篇小说选刊》1984 年第 5 期 27 页）

（二）不用承递连词的

主要有三种情况：(a) q 项用“还……”；(b) q 项用“连—也……”；(c) q 项什么关系词语都不用。各举一例：

(55) 她不仅不生气，脸上还挂着一种小姑娘似的顽皮。（韦光《新上任的考勤员》，《人民文学》1982 年第 4 期 98 页）

(56) 不但他没有“上去”，连已经升上去的陈淳安也“落”下来了。（叶文玲《太阳的骄子》，《小说界・长篇小说专辑》1984 年第 1 期 185 页）

(57) 这样，不仅不能成为建设“红色根据地”的力量，很可能成

为贫下中农身上的负担。（刘鹏越《安魂曲》，《春风》1982年第1期177页）

这类反递句，可以添加承递连词，使之成为使用承递连词的反递句：她不仅不生气，而且脸上还……｜不但他没有“上去”，而且连……｜不仅不能成为建设“红色根据地”的力量，而且很可能……

这类反递句，由于未用“而且”，因此可以直接添加“反而”，使之成为显反式反递句：她不仅不生气，脸上反而还……｜不但他没有“上去”，反而连……｜不仅不能成为建设“红色根据地”的力量，反而很可能……

既然这类反递句里既可以补上“而且”，又可以补上“反而”，而“而且”和“反而”又不能同位互换，那么，就意味着留有两个可以分别填上承递连词反转词的空位，即：

不但不p，ØØq。

若补上“而且”，意味着后边还有个可以补出“反而”的空位；反之，若补上“反而”，意味着前边还有个可以补出“而且”的空位。如：

（58）……不仅不见钱，反而还得了“营养”。（黄尧《荒火》，《十月》1985年第2期47页）

上例的“还”前已用了“反而”，这意味着前边还留有一个可以补上“而且”的空位。

3.3　显反式和隐反式的使用

一个反递句，在同上句意义逆承的时候，多用显反式。上句和本句之间用“但”类连词，或者可以添加“但”类连词。例如：

（59）艾蒿在我和柴禾走后，孤掌难鸣……然而，他不但不肯揭发我的罪行，反倒为我鸣冤叫屈，留党察看仍不改口。（刘绍棠《野丫头谷玉桃》，《小说家》1984年第4期123页）

（60）矮子贵二又叹一口气，莫奈何，说出了大狗送香草电子手表的事。（但是）香草非但不怕丑，反以此为荣耀，故意拿话来

激他。（孙健忠《醉乡》，《小说界·长篇小说专辑》1984年第1期150页）

有时，上句和下句之间也用“不料、谁料、没想到”之类，既表转折，又强调意外：

（61）这一天，按照工程指挥部党委的决定，本来是全面停工休息。不料，围堰工区有一个民工中队在年终评比的红榜发布时，不但没能乘上火箭和飞机，偏偏骑上了小毛驴——当了下游……（边震遐《峡谷回声》，《小说界·长篇小说专辑》1984年第1期328页）

（62）……没想玩过十天，蝎子不但未死，其中一个母的，竟在背部裂开，爬出六只小蝎。（贾平凹《天狗》，《十月》1985年第2期47页）

一个反递句，在同上句意义顺承的时候，多用隐反式。常见的情况有两种：

第一，同上句连环相接。不p重复上句意思，又通过“不但……（而且）……”引出进一层的意思。例如：

（63）只有一个人不笑。不但不笑，而且流露出不满的神色……（李国文《花园街五号》，《十月》1983年第4期18页）

（64）……他稳坐摊前不去劝解。不仅不劝解，还捂着嘴偷偷地笑。（吴伸《三岔镇风波》，《十月》1985年第1期93页）

第二，同上句因果相承。上句为因，本句为果，可以添上“因此”之类。例如：

（65）她要在各方面造成顾堃的坚定情绪。（因此）不仅不能让任何悲观的阴影侵袭他，而且要在他周围造成一个乐观的环境影响！（柯云路《一个系统工程学家的遭遇》，《花城》1985年第1期49页）

（66）……化工厂生产的溴素，因违反操作规程出废品赔了本，（因此）非但不能给奖，还扣了分……（叶文玲《太阳的骄子》，《小

说界·长篇小说专辑》1984年第1期214页）

不过，上下文意义的顺逆固然对显反式和隐反式的使用有一定的影响，但并不是决定性的。说到底，如果说话人要强调p q之间的反转关系，即使同上文意义顺承，也会用显反式；反之，如果说话人要强调不p和q之间的递进关系，即使同上文意义逆承，也会用隐反式。例如：

（67）果然，马守山这一步棋走对了，孙之翔成了市革委会副主任。（因此）马守山不仅没有被打倒，反而成了解放干部，进了三结合的班子。（纯民《报上没有消息》，《小说家》1985年第1期81页）

（68）应保诚虽然对这一点恼火得要命，但他现在非但一点也不能发火，而且还应处处表现轻松愉快才是。（叶文玲《太阳的骄子》，《小说界·长篇小说专辑》1984年第1期230页）

4 特点小结

反递句式是一种有用而能产的特殊的递进句式。跟一般递进句式相比较，反递句式的特点可以归结为以下几点：

4.1 从外部形式看，以“不但不p，反而q”作为代表格式。尽管“不但”还有“不仅、不光”等说法，“不”还有“没、未”等说法，“反而”还有“反、倒”等说法，并且可以替换为“却、偏、竟”等说法，但是，说法不管怎么变化，都可以演化归统到“不但不p，反而q”这一形式上来；尽管“不但不p，反而q”只是有反转标记的显反式，有时还有不用反转标记的隐反式，但是，不管是什么样的隐反式，也都可以演化归统到“不但不p，反而q”这一形式上来。

4.2 从内部关系看，混合了递进关系和反转关系。p与q之间，有明显的反转关系，但又存在“递距”，是反中有递；不p与q之间，有明显的递进关系，但又包含反转义素，是递中含反。这种内部关系的二元性，构成了反递句式的特殊的逻辑基础，从而制约着反递句式可以采取的种种形式。

4.3 从外部形式和内部关系的联系看，套合了各有用途的两个框架：连词框架“不但……（而且）……”和副词框架“不……反而……”。“不但……（而且）……”重在显示和标明不 p 与 q 之间的递进关系，“不……反而……”重在显示和标明 p 与 q 之间的反转关系。“而且”和“反而”一般不同现，但在理论上可以认为存在“不但不 p，而且反而 q”的格式，这一格式在实际语言运用中可以表现为“不但不 p，反而 q”的显反式，也可以表现为“不但不 p，而且 q”的隐反式，还可以表现为其他各种形式。

最后，应该指出，反递句前后分句的主语一般是相同的，而且多在前一分句出现。也有前后分句主语不同的，但很少。如果把主语记为 S，让它也在格式中展示出来，就成为：

S 不但不 p，反而 q。

S_1 不但不 p，S_2 反而 q。

不但 S_1 不 p，S_2 反而 q。

后两个格式代表前后分句主语不同的两种反递句：

一种是 S_1 和 S_2 之间具有从属关系。如例（55）的“她”和“脸上”，例（62）的“蝎子”和“其中一个母的”。又如：

（69）他不但没有当上书记，他的科长职务反而被撸掉了。

另一种是 S_1 和 S_2 代表处于对立两端却有着同样结果的人或事物。如例（52）的“防风林”和“橡胶树”。又如：

（70）不但台下的不能挤上去，台上的反而全部被赶了下来。

（71）不但落水的没有救起来，救人的反而也跟着送了命。

注释

①张志公：初级中学课本《汉语》第五册，人民教育出版社 1957 年版 51 页。

②“相反”出现的位置，跟“而且”相同，跟“反而”不同。“相反”是形容词。用在分句与分句之间的“相反”有点像连词，但实际上还是形容词，顶多只能算形容词的弱化用法。可参看邢福义：《词类辨难》，甘肃人民出版社 1981 年版 22 页、121 页。

③不是完全没有。例如：家丑不可外扬，而且说出去反而让人家笑他是傻瓜。（郑万隆《红灯黄灯绿灯》，《当代》1982 年第 3 期 63 页）

主要参考文献

［1］吕叔湘．现代汉语八百词［M］．北京：商务印书馆，1980．

［2］马真．说“反而”［J］．中国语文，1983（3）：172-175．

（原载《中国语文》1986 年第 1 期）

选择问的句群形式

0　前言

0.1　本文对问句句群的确定

凡是问句句群，第一问都能独自成立，即在删除后边的问话之后能够独立成为一个问句。换言之，如果第一问是能够自立的一个问句，那么，只要后边续上一问或二问、三问……便构成句群：X?（一个问句）→X? Y? →X? Y? Z?（问句句群）

“X（?）”和“Y?”连用，如果“X”不是一个问句（没有作为一个问句的语表形式），或者“X?”不能脱离后边的问句“Y?”独自成为一个问句，那么，连用的“X（?）”和“Y?”一般是复句，它们不构成句群。

0.2　本文对选择问句群的确定

凡是选择问句群，问句间一定存在选择关系。选择关系的典型形式标记是“或者｜还是”。关系标记有时显现；不显现时，可以补加。即：X?（或者｜还是）Y?

构成选择问句群的各个问句，都是选肢问句。几个问句连用，如果排斥“或者｜还是”的进入，它们不构成选择问句群；几个问句连用，如果只有其中一部分接纳“或者｜还是”的进入，那么，只有那一部分构成选择问句群。

0.3 本文对选择问句群形式的确定

选择问句的句群形式，一方面表现在采用什么样的关系标记，另一方面表现在前后问句各采用什么样的语气类型。语气类型的形式标记是“吗”和“呢”。语气标记有时显现；不显现时，可以补加。

根据语气类型的排列组合状况，结合选肢问句之间所用的关系标记，本文把选择问句群形式简括为四类：“—吗—吗”问；“—吗—呢”问；“—呢—呢”问；“—呢—吗”问。前两类是常用的选择问句群，后两类是不常用的构造比较特殊的选择问句群。

1 “—吗—吗”问

1.0 代表形式：“X吗？或者Y吗？”

举例：需要打针吗？或者，需要吃点药吗？｜他完成任务了吗？或者，他家里出了急事吗？｜这幅画是你画的吗？或者，是别人送给你的吗？

1.1 语气标记上，“—吗—吗”问以选肢问句能带“吗”为特征。看两个实际用例：

(1)（你现在说的六维空间……）你能用什么方式描述吗？或者，你能用数学方式表示吗？（柯云路《大气功师》）

上例，每个选肢问句都带“吗”。

(2)（他听着她半是泪语的饮泣低诉，该说什么呢?）把别人的不幸引为自己的自豪吗？居高临下的怜悯以示自己的博大吗？或者不着边际的劝慰一番，显出自己的豁达和大度（吗）？（章世添《关于一个爱情故事的报告》）

(3)（她为什么老是叫松?）难道她与松相识吗？或是与松有什么情缘（吗）？（姜贻斌《窑祭》）

这两例，前选肢问句带“吗”，后一个选肢问句不带。

“吗”有时写作“么”：

(4) 是风太师叔么？是不戒大师么？是田伯光么？是绿竹翁么？（可是似乎都不像。）（金庸《笑傲江湖》）

更多的情况是不出现“吗”，可以认为，各选肢问句句末都留有可以加上“吗”字的空位。例如：

(5)（等人是最心烦的，怎么还不来呢？）工厂里走不开？自行车的气门芯被人拔了？路上出了麻烦？（章世添《关于一个爱情故事的报告》）

(6)（是什么问题？）贪污？受贿？违法？偷税？走私？（不知道，一点消息都没有。）（张欣《不要问我从哪里来》）

前一例可以说成：……吗？……吗？……吗？后一例可以说成：……吗？……吗？……吗？……吗？……吗？

1.2 关系标记上，“—吗—吗”问以选肢问句之间能用“或者”为特征。看两个实际用例：

(7)（那个大窟窿怎么办？）把它填掉？或者重新灌水，造一座人工湖？（姜滇《摄生草》）

(8)（在西湖的飞虹桥上，袁大乃那疑惑的眼睛里，说出了什么？）说她遇到了熟人？说她厌恶划船？说她看见船的晃动，引起心理上的作用，以致晕眩起来？或者说她遇到了过去七个中某个恋人？（唉，男人的心思呀！）（郭庆生《不落的星辰》）

上两例都用了“或者”。而且，各问句末尾可以加“吗”。

“或者”有时不出现。可以认为，问句间留有可以加上“或者”的空位。比如：

(9)（第一天，没见到哥哥的影子。第二天又没见到。）出差了吗？病了吗？（……第三天傍晚，他依然装作散步的样子，在广东路口徘徊。）（杨旭《流星》）

（10）（她不知道自己这是怎么了，为什么会为这粗鲁的汉子所吸引，为什么会愿意看见这魁梧的蓝胡子。）是因为他具有男性的魅力，像个保护女性的骑士？是因为他怪异的言谈？是因为他复杂、苦难的生活？（这一切自己还简直一点都不了解呀！）（苏叔阳《婚礼集》）

前一例可以说成：病了吗，或者，出差了吗？后一例可以说成：是因为……（吗）？是因为……（吗）？或者，是因为……（吗）？

除了"或者"，"—吗—吗"问的选肢问句之间有时还可以用"否则、要不、再不"之类词语[①]。如：

（11）难道要把这个可爱又可怜的小男孩儿送到孤儿院去？再不，送到哪个需要孩子的家庭里？（苏叔阳《婚礼集》）

（12）难道她疯了？要么就是发了财？再不然就是做太太？（他看了看她的脸，小心翼翼地问："刘，刘小姐，出了什么事呀？"）（孙砺《都市的骚动》）

副词"又"通常不表示选择关系，但有时却用在具有选择关系的两个选肢问句之间，可以改为"或者"。如：

（13）难道听到的讯息竟然不确？又难道辽人故意安排这诱敌之计，教我们上当？（金庸《天龙八部》）

（14）莫非是田伯光？又莫非是不戒和尚？（金庸《笑傲江湖》）

2　"—吗—呢"问

2.0　代表形式："X吗？还是Y呢？"

举例：需要打针吗？还是只需要吃点药呢？｜他完成任务了吗？还是他家里出了急事呢？｜这幅画是你画的吗？还是别人送给你的呢？

2.1　语气标记上，"—吗—呢"问以前后选肢问句能够分别带上"吗""呢"为特征。看两个实际用例：

（15）他的亲人都逃出来了吗？还是死在集中营了（呢）？（程乃珊《银行家》）

（16）是到现在也不肯原谅他么？还是柔情万缕，至今不能斩断（呢）？（李建《梦幻世界的罪恶》）

事实上，“吗”“呢”很少同现。如上例，都只在前选肢问句出现“吗”或“么”。但是，“还是”对后选肢“呢”问句起强制作用。只要后选肢问句前头用了“还是”，句末就只能加上“呢”，不能加上“吗”。

有时“吗”和“呢”都不出现，但可以分别补加。例如：

（17）你疯了（吗）？还是真的老糊涂了（呢）？（苏叔阳《故土》）

（18）（就是通邮，你将在信中写些什么呢？）忏悔，请他宽宥（吗）？还是同意他的看法，使三人的痛苦变成两人的幸福、一人的痛苦（呢）？（沈石溪《战争和女人》）

2.2 关系标记上，“—吗—呢”问以前后选肢之间用“还是”为特征。“还是”必须用，不然不能构成“—吗—呢”问。

从语表上看，如果“吗”和“呢”都不出现，那么“—吗—呢”问的形式就只是：“X？还是Y？”如：

（19）自己的感觉对？还是陆世峰的判断对？（黎峰《“四·二四”疑案》）

这一例等于说：自己的感觉对吗？还是陆世峰的判断对（呢）？

“X？还是Y？”的前选肢问句似乎也可以加“呢”。如果这么理解，就成为“—呢—呢”问。然后，全面地看，“X？还是Y？”偏向于“—吗—呢”。

首先，“X？还是Y？”前选肢问句任何时候都可以加“吗”，却不是任何时候都可以加“呢”。比方前选肢问句用了“难道”，句末就不能加“呢”。如：

（20）（你……怎么跑到一家弥散着铜臭味儿的公司做起事来了？）难道是为了证实你能挣钱，与动物有区别？还是为了攒下足

够的钱将来去买精神文明？（王秋海《梦里寻她千百度》）

上例只能说成“难道……吗？还是……呢？”不能说成“难道……呢？还是……呢？”

其次，不管是否出现“难道”，“X？还是Y？”任何时候都可让前选肢问句自立成为一个单句，并且加上“吗”。这表明，“X？”和“X吗？”类同。如：

（21）是她的研究有了新的进展？还是碰见了难以处理的问题，就此借故脱身而去？（康焕龙《裸露的世界》）

可以只问：“是……有了新的进展？”等于问：“是……有了新的进展吗？”

第三，从表意上看，“X？还是Y？”的前选肢问句往往是主问，后选肢问句往往是从问，从问对主问起追补作用，语用价值相当于“X？还是Y？”。如：

（22）（唉！为什么呢？）为钱？还是就想当一次总经理玩玩？（孙砺《都市的骚动》）

“为钱”是说话人首先关心的问题。转念间，作了否定的回答，才通过“还是”追补另外一个问题。追补的问题可以不说出来，只用个“还是……”：

（23）（艳薇，你今天怎么了？）昨夜出了什么事？还是……（高尔品《风流误》）

必须指出，书面上有时见到：“（是）X呢？还是Y（呢）？”这不是句群选择问，而是复句选择问。这时，“X呢？”只是一个分句，语气上有待于同后边分句结合成为复句，它本身不能自立成为一个单句。比如：

（24）那您说，是小队分红好呢？还是单干好？（史铁生《插队的故事》）

单说“是小队分红好呢？”站不住。

3 “—呢—呢”“—呢—吗”问

3.0 代表形式：“X呢？或者Y呢？”“X呢？或者Y吗？”

举例：要不要打针呢？或者，要不要吃药呢？｜吃川菜还是吃湘菜呢？或者，是不是换换口味？‖要不要打针呢？或者，先吃点药可以吗？｜吃川菜还是吃湘菜呢？或者，川菜湘菜都来点吗？

3.1 “—呢—呢”问是在句内选择问的基础上构成的句群选择问。如：

(25)（然而又一想，贸然提出这要求会让宾馆方面作何感想呢?）会不会以为自己太矫情（呢)？或者，会不会以为自己在责难宾馆（呢)?（苏叔阳《婚礼集》）

上例的前后选肢问句都是句内正反选择问。

句内选择问句有两类：一是列项选择问，用“是……还是……”表示；二是正反选择问，用“V不V”的形式表示。“—呢—呢”句群选择问的构成，有两种情况：

A. 前选肢是列项选择问，后选肢是正反选择问。如：

想念数学系还是想念物理系？或者，能不能考虑一下计算机系？

他太太喜欢听戏还是喜欢抹牌？或者，有没有什么特殊的爱好？

B. 前后选肢问句都是正反选择问。如：

你能不能找他谈谈？或者，能不能马上给他打个电话？她喜欢不喜欢小孩？或者，喜欢不喜欢小猫小狗什么的？

B种情况有个省略说法：如果前后选肢中的“V不V”词面相同，后选肢中的“V不V”可以省去。例如：

(26) 真的，到底有没有上帝？或者老天爷？（苏叔阳《婚礼集》）

（27）眼前的棕是不是也像桂一样，先前曾被恶女人掐坏了呢？或者干脆就是个天生的不行呢？（姜贻斌《窑祭》）

前一例等于说：到底有没有上帝？或者有没有老天爷？后一例等于说：是不是也像桂一样……呢？或者是不是干脆就（是）天生的不行呢？

“—呢—呢”问里一般都出现关系标记“或者”。有时也可用“否则”一类词语。特别是在商量祈求性质的选择问句群里，用“否则、不然”之类十分自然。如：你能不能找他谈谈？不然的话，能不能马上给他打个电话？

“—呢—呢”问的前后选肢都可以带上“呢”，但“呢”一般不见于语表。不过，如果承接上文连用几个省去了“V不V”的具有选择关系的名词问句，那么，每个名词问句都带“呢”，问句间不用“或者”。例如：

（28）（喜欢当工程师吗？不。）作家呢？画家呢？音乐家呢？（不。不。不。）（柯云路《衰与荣》）

上例等于说：喜欢不喜欢当作家呢？或者，喜欢不喜欢当画家呢？或者，喜欢不喜欢当音乐家呢？

在一种情况下，“—呢—呢”问的两个选肢本身都不是句内选择问，这就是：连用两个“如果……呢”，比如：

（29）好，退一步，如果那个洋人要了她，和她结婚了呢？或再嫁个海外华人、港商、台湾老头呢？（柯岩《仅次于上帝的人》）

上例等于说：如果那个洋人要了她……呢？或者，如果再嫁个……台湾老头呢？

3.2 “—呢—吗”问也是在句内选择问的基础上构成的句群选择问。它的前选肢问句，是句内列项选择问或句内正反选择问。各举一例：

（30）（为什么……那样激动不安呢？）是他讨厌那些潇洒的小鸟还

是厌恶古典的音乐（呢）？或者，这二者都与他生活中某件痛苦的往事相关（吗）？（苏叔阳《婚礼集》）

（31）他会不会连夜赶回又走掉（呢）？或许他压根儿就没有去大陆（吗）？（王秋海《梦里寻她千百度》）

前选肢是列项选择问时，后选肢问句有两个类型：A. 另列型。在前选肢所列两项之外再列出追补的第三项。如：是他干的还是他弟弟干的？或者，是他哥哥？B. 总合型。对前选肢所列两项作加合性断定，得出追补的第三项，如例（31）。又如：去上海还是去广州？或者，上海广州都去？

前选肢是正反选择问时，后选肢问句有两个类型：A. 回避型。避开前选肢所提的正反两种可能，追补第三种可能。如：接不接受他的建议？或者，干脆不表态？B. 偏向型。后选肢偏向于同前选肢中的肯定方面构成选择关系，而同前选肢中的否定方面则只有假设推断的关系。如例（31）。又如：他是不是有病才没来？或者，他根本就没原谅我？（a. 他是有病才没来？或者，他根本就没原谅我？b. 如果他不是有病才没来，那么就是他根本没原谅我。）

实际语言运用中，“—呢—吗”问在语表上一般不出现“呢”和“吗”。不过，由于前选肢是“是……还是……”列项问、“V 不 V”正反问，只能用“呢”，后选肢是是非问，只能用“吗”。比如：喝茶还是喝咖啡？或者，两样都来一点？→喝茶还是喝咖啡呢？或者，两样都来一点吗？

在关系标记上，“—呢”和“—吗”之间通常用“或者”，不过有时也可以用“否则、不然”之一类。比如：签不签字呢？或者，听听大家的意见再说吗？→签不签字呢？要不然，听听大家的意见再说吗？

4 综合评述

4.0 句群不是严格的语法单位，句群问题在很大程度上属于篇章语法问题[2]。但是，研究句群，对于更好地认识语法事实大有好处。

对选择问的研究，一般只限于句内选择问。事实上，句群选择问尽管跟句内选择问相通，可以直接或间接问句内选择问转化，但它又有好些值得注意的地方。

4.1 句群选择问，形式上具有多样性。

跟句内选择问比较而言，句群选择问的形式是多种多样的。单句选择问，一般都是"V不V"正反选择问，"—呢"问；复句选择问，总是"是……还是……"列项选择问，"—呢—呢"问。而句群选择问，则包括"—吗—吗""—吗—呢""—呢—呢""—呢—吗"四种形式。它们都是句内选择问的扩张形式。在四种形式中"—吗—吗"问、"—吗—呢"问、"—呢—吗"问是句内选择问所没有的；而且，"—呢—呢"问、"—呢—吗"问，还是建立在句内选择问的基础上的套合性选择问。

形式上的灵活多样，使句群选择问比句内选择问具有更大的能量和功力。

4.2 作为篇章语法现象，句群选择问中、"—吗—吗"问的选肢之间具有离散性，即各选肢问句可以不紧相连接，中间插入别的句子。这主要有三种情况。

其一，在自问自答的语流中，各选肢问句的后边分别插入答句。例如：

(32)（为什么会这么热闹？）是弟弟永虎结婚办喜事？不可能！他才二十岁，"天安门事件"时因骂江青被关进了监狱，去年初出狱后一直没找到工作。妹妹结婚做回门酒？更不可能，半年前她还说过要报考音乐学院，也没有男朋友。

（石国仕《战俘》）

其二，在连续发问的语流中，选肢问句后边插入非选肢问句。非选肢问句是对选取肢问句的补问，起解释或否定的作用。如：

(33)（仇人都死光了，我的仇都报了。我却到哪里去?）回大辽吗?去干什么?去雁门关外去隐居么?去干什么?带了峰儿浪迹天涯、四海飘流么?为了什么?（金庸《天龙八部》）

其三，在直述引述相结合的语流中，直述性话语插在引述性选肢问句之间。例如：

(34)"……又不带晓芙出去逛逛，走走?"她凝望着他："或者——又要我帮忙陪着晓芙，你好去看汤恩慈?"（严沁《谁伴风行》）

"—吗—吗"问可以离析，使这类选择问句群各选肢可以在篇章中形成网络，既能充分表达意思，又能加强话语的波浪。

4.3 常用的句群选择问，包括"—吗—吗""—吗—呢"问，在构成上常见多个NP问句连用的现象。

属于"—吗—吗"问的，如：

(35)（这个通风报信的家伙是谁呢?）矿警孙四?监工刘八?送饭的高老头?井口大勾老驼背?（都像，都不像。）（周梅森《军歌》）

(36)（哪种类型的精神神经症?）焦虑型?分离型?恐怖型?强迫型?抑郁型?性格型?疲劳型?疑病型?转换型?（九种类型，她算哪种?）（柯云路《衰与荣》）

有的时候，"—吗—吗"问的NP选肢也可以离析，分别出现答句。如：

(37)（那么找谁呢?）鲁迅先生?自己不是文学家。斯大林?不知道冥冥之中有没有国界……（苏叔阳《婚礼集》）

属于"—吗—呢"问的，如：

(38)（究竟是什么拖住了他?）无字碑?大雁塔?还是秦代兵马俑?

（杨贵云《陕南的天，中国的天》）

（39）（说，对方是什么人?）流氓学生？小倒？还是胡同串子？（柯岩《仅次于上帝的人》）

多项 NP“—吗—呢”问中，“还是”后边的 NP 可以不出现，书面上用省略号表示还可列项。如：

（40）（需要我帮什么忙?）房子？家具？家用电器？还是……（孙砺《都市的骚动》）

多个 NP 问句的连用，可以使选肢问句的构造更加简便和灵活。

4.4 句群选择问，在表意的着重点上跟句内选择问有所不同。

句群选择问重个体，是一人一问或一物一问，强调对人或事物一个个地分别查询检查；句内选择问重总体，是数人一问或数物一问，强调从总体中选择个体。比如：

（41）（到底出去想求什么?）改变命运？挣一笔钱？还是想出去嫁一个人?（戚小彬《外面的世界》）

这是“—吗—呢”句群选择问。每个选肢都带上疑问语气，是对每个选择项都一一作了揣摩。若改用句内选择问，说成“是想改变命运，挣一笔钱，还是想出去嫁一个人?”这就显得对每件事情的决定性意义没有那样一一加以强调。

由于句群选择问形式多样，组织灵活，富于变化，表达上又有特定的语用价值，这类问句在实际语言运用中相当活跃是十分自然的。

注释

①“否则”之类有时可以表示选择关系。参看邢福义：《试论“A，否则 B”句式》，《中国语文》1983 年第 6 期 419 页。

②邢福义主编《现代汉语》（高等教育出版社 1991 年版）把“句群”归入“篇章语法”。

（原载《汉语学习》1993 年第 6 期）

以单线递进句为论柄点评事实发掘与研究深化

前言

现代汉语的许多递进复句，只要有语用需求，前后项可以倒换位置，即可以双线交互递进。比如："他不仅是个诗人，而且是个校长。"⇔"他不仅是个校长，而且是个诗人。"但是，有些递进复句，前后项只能由此及彼，不能倒置，这便是本文所说的单线递进句。拙作《汉语复句研究》提到过这类现象。比如："（他站起来背着手，挺着胸脯站在我跟前，不住地用舌头舔着嘴唇，仿佛向我证明：）他不仅是个人，而且是个很大的人。"此例见于杜鹏程《夜走灵官峡》，其中的"是个人"和"是个很大的人"不能倒换，不能说成"他不仅是个很大的人，而且是个人"[①]。

沈家煊《复句三域"行、知、言"》[②]针对拙作的说法，说了下面一段话：

> 另一个例子是"不但……而且"构成的复句，这类复句的前后项之间有范围上的递进关系，按事理后项应该比前项的范围大，如下面的a句。（邢福义 2001：225）
>
> a. 他……仿佛向我证明：他不仅是个人，而且是个很大的人。

（初中《语文》第二册）

b. *他不仅是个很大的人，而且是个人。

然而这样的限制只适用于行域，进入言域则不受此限，例如 b′ 是与 b 同类的例子：

b′ 毛泽东不仅是个伟人，而且是个人。

这句话的意思是：你说“毛泽东不仅是个伟人”，这样说还不够，我还要说（因而提醒你）“他是个人”，言下之意是，你不能看到他的特殊性而忽略了他的一般性。

沈文的主要理论背景是美国女学者斯威彻尔（Eve Sweetser）的论说。其附注 1，说三域概念对应的就是 Sweetser（1990）所说的“实体”、“认识”和“言语行为”。Sweetser 的 *From Etymology to Pragmatics: Metaphorical and Cultural Aspects of Semantic Structure*，的确是在三域上进行考察的。（她的书中还有这样的提法：外部域〈社会的〉和内部域〈情感的、心理的〉[③]。）但通过上网查看，见到张辉、卢卫中《语义域理论与概念系统的建构》一文，其中写道：“Sweetser（1990）发展了 Lakoff 和 Johnson 的语义域理论。”“ Sweetser（1990）提出了四个基本的语义域：物质的、社会的、心理的和言语行为的。”“她的分析的一个重要方面是语义域具有结构性。”“意义是不同域之间映现和整合的产物。”网上转载该文，大都显示为《外语论坛》2002 年第 3 期，而查看张辉教授所在单位的介绍，该文见于《外语论坛》2002 年第 4 期。由于《外语论坛》不上期刊网，学校也没有订阅纸质的期刊，暂时无法查实[④]。

域的多少，四域还是三域，如何命名，如何表述，理论家会通过探讨寻求到较为理想的答案。本文要做的是：摆出事实，以此为论柄；接着，对前后项能否倒换位置的问题进行思辨；然后，归结到对论旨的点评，说说在某种理论倾向下，一定不能小视事实之能量。文中例子，前分句可以用“不但”，也可以用“不仅、不只、非但”等，后分句可以用“而且”，也可以只用“还、也”。

一　单线递进句的三种组构方式

单线递进句，反映甲乙事物之间具有绝对涵盖的关系。其组构方式，可以概括为三种。

（一）概念收缩式

这一组构方式，其特点为：由面突出点，前项 A 里的起始概念，包含后项 B 里的递用概念。这时，前分句的概念范围大于后分句。比如“他不仅是个人，而且是个很大的人”，起始概念为“人”，递用概念为“很大的人”，前者包含后者。相同的例子：

（1）不但是人，而且还是个好人。（古龙《陆小凤》）

上例不能倒过来说：不但是个好人，而且还是个人。

概念收缩式情况多样，而且是沈文提到的一类。为了能够较为充分地说明情况，下一部分再作较为详细的描述。

（二）概念张大式

这一组构方式，其特点为：由点张开面，前项 A 里的起始概念，为后项 B 里的递用概念所包含。这时，前分句的概念范围小于后分句。例如：

（2）陈明不仅是全班第一，也是全年级第一。（郁秀《花季雨季》）

上例前项的“全班第一”是起始概念，后项的“全年级第一”是递用概念。前分句“全班第一”的概念范围，小于后分句“全年级第一”的概念范围。全班第一的人，不一定全年级也第一，但全年级第一的人，肯定也是全班第一。因此，这个例子不能倒过来说：陈明不仅是全年级第一，也是全班第一。

事物往往具有大与小、好与坏、高与矮等两个方面的属性。概念张大式，不管是往哪一方面张开，都不会改变这种大涵盖小的规约。例如：

（3）他不但是我们班个子最高的学生，而且也是我们学校个子最高的学生。

→*他不但是我们学校个子最高的学生，而且也是我们班个子最高的学生。

（4）他不但是我们班个子最矮的学生，而且也是我们学校个子最矮的学生。

→*他不但是我们学校个子最矮的学生，而且也是我们班个子最矮的学生。

（三）概念推移式

这一组构方式，其特点为：由甲概念推移到乙概念，概念的词面形式没有重合，但在客观事理的关系上，作为前项 A 里的起始概念，实际上为后项 B 里的递用概念所管控。这时，前分句的概念受制于后分句。例如：

（5）枇杷不但开了花，而且已经结了果。（欧阳山《苦斗》）

枇杷总是先开花后结果。既然枇杷都结果了，自然已经开过了花。这样的客观事理关系，不容许倒过来说：枇杷不但已经结了果，而且开了花。

客观事理的管控与受管控的关系，多种多样，因事而异。但是，反映的都是一种不可颠倒的逻辑顺序。看例子：

（6）（林道静：）“你怎么知道我写诗？”（江华：）“不但知道，而且还看过。”（杨沫《青春之歌》）

（7）我不但能持枪射击，而且枪法极精。（王小波《黄金时代》）

例（6），起始概念是“知道”，递用概念是“看过”。既然看过一个人所写的诗，自然知道这个人写过诗。例（7），起始概念是“能持枪射击”，递用概念是“枪法极精”。既然有极精的枪法，自然有持枪射击的能力。因此，这两例不能倒过来说成：不但看过你写的诗，而且还知道你写过诗。丨我不但枪法极精，而且能持枪射击。

许多时候，概念推移式不仅可以用于表述已然之事，也可以用于表述未然之事。例如：

（8）再这样下去，不但乡长干不成，脑袋也要搬家了。（知侠《铁道游击队》）

这一例，起始概念是“乡长干不成”，递用概念是“脑袋要搬家”。只有活着，才谈得上当不当官；要是脑袋都搬家了，哪能当得成乡长！因此，不能倒过来说成：不但脑袋要搬家，而且乡长也干不成。

概念推移式的使用，往往有特定的背景或心理前提。比较：

（9）好幸运！一篮子水果不但卖到七八块，而且有时还卖到十五六块！

（10）真倒霉！一篮子水果不但卖到十五六块，而且有时还卖到七八块！

这两例，似乎前后项可以倒换位置。但是，前一例表述的是庆幸心理，而后一例表述的是失望情绪，因此不能分别说成：好幸运！一篮子水果不但卖到十五六块，而且有时还卖到七八块！丨真倒霉！一篮子水果不但卖到七八块，而且有时还卖到十五六块！

二　概念收缩式的三种模态

大体说，概念收缩式有以下三种模态。所谓“模态”，指结构模型的状态。

（一）“是”字结构同形反复模态

具体表现为：前后分句主语相同，“是”字结构在述谓部分同形反复，但后项“是”字后边的名词用加字的办法缩小其所指范围，借以形成前项绝对包含后项的递进关系。如上面举过的两个例子，前后项都反复使用“是人”，但后项里“人”的前边添加了缩小概念外延的修饰字词。所谓主语相同，不一定主语全都显现，可以简省隐含。

这一模态，前后项复用的不限于“人”这一名词。例如：

(11)（只见这人头顶无发，惟有香疤，是个和尚，满脸皱纹，双眉焦黄，）不但是和尚，而且是个极老的老和尚。（金庸《天龙八部》）

(12)（任大爷久久地在女天子武则天的画像前伫立，……这不是皇上吗?）不但是皇上，还是个母皇上。（白桦《古老的航道》）

例（11）复用“和尚”，第二个“和尚”添加了修饰字词“极老的”和“老”；例（12）复用“皇上”，第二个“皇上”添加了修饰字词“母”。“母皇上”即“女性皇上、雌性皇上”。这两例，不能分别说成：不但是个极老的老和尚，而且是个和尚。丨不但是个母皇上，而且还是个皇上。

前后复用的名词，还可以是不指人的具体事物或抽象事物。例如：

(13) 不但是刀，还是柄宝刀。（古龙《绝代双骄》）

(14) 速度，不但是种刺激，而且是种很愉快的刺激。（古龙《陆小凤》）

例（13）复用“刀”，是不指人的具体事物；第二个“刀”添加了修饰字词“宝”。例（14）复用“刺激”，在特定句管控中表示不指人的抽象事物；第二个“刺激”添加了修饰字词“很愉快的”。这两例，不能分别说成：不但是柄宝刀，而且是柄刀。丨速度，不但是种很愉快的刺激，而且是种刺激。

这一模态，后项名词的修饰字词有时会复杂一点。这是由于表述的需要。例如：

(15) 他长大了不但是个大坏蛋，而且是世上最大的坏蛋！（古龙

《绝代双骄》）

（16）她非但是位美人，而且是大家公认的武林第一美人，（江湖中的风流侠少为她神魂颠倒的，也不知有多少。）（古龙《风云第一刀》）

这两例，从“大坏蛋”到“世上最大的坏蛋”，从“美人”到“大家公认的武林第一美人”，修饰语的复杂程度略有增加，然而包含与被包含的关系不变。因此，不能分别说成：他长大了不但是（个）世上最大的坏蛋，而且是个大坏蛋！｜她非但是大家公认的武林第一美人，而且是位美人。

需要指出的是：这一模态中，前后复用的名词在形式上有时略有变化，但实际上还是等于同一名词前后复用。主要情况有二。

其一，从词面形式看，前后项“是”字后边的名词词面不同，但语义互等，因而可以改写为相同的词面。例如：

（17）这孙三不但是女子，而且还是个年轻姑娘。（金庸《天龙八部》）

→* 这孙三不但是个年轻姑娘，而且还是个女子。

上例前项用“女子”，后项用“姑娘”。“姑娘”是个多义词，但在上例的语境中，意为“未婚女子”。上例等于说：这孙三不但是女子，而且还是个年轻的未婚女子。关于“姑娘”的义项，可参看《现代汉语词典》的解释⑤。

其二，从语法单位看，前后项“是”字后边的名词位置上用了大于词的单位“的”字结构。例如：

（18）不真实的东西，不但可以是优美的，而且常常是最优美的。（礼平《晚霞消失的时候》）→* 不真实的东西，不但常常是最优美的，而且可以是优美的。

上例“优美的”和“最优美的”是“的”字结构；所指事物之间，具有绝对的包含与被包含的关系。性质上，一个“的”字结构相当于一个名词。

(二) 动宾结构同形反复模态

具体表现为：前后分句主语相同，动宾结构在述谓部分同形反复，但后项的动宾结构用加字的办法缩小其所指范围，借以形成前项绝对包含后项的递进关系。这里所说的动宾结构，是指述说性的，不包括表示判定的“是”字结构。从后项动宾结构的加字位置看，主要情况有二。

1. 在动宾结构的宾语部分加字。例如：

(19) 不但有酒，而且有好酒。(金庸《笑傲江湖》) →* 不但有好酒，而且有酒。

上例前后分句复用“有酒”，后项加字成为“有好酒”。同型说法，多种场合均可类推。比如：小妹不但上了大学，而且上了重点大学。→* 小妹不但上了重点大学，而且上了大学。| 根生不但成了大小伙子，而且成了特别懂事的大小伙子。→* 根生不但成了特别懂事的大小伙子，而且成了大小伙子。| 我们头儿不但买了小轿车，而且买了宝马小轿车。→* 我们头儿不但买了宝马小轿车，而且买了小轿车。| 这次事故，不但死了人，而且死了很多人。→* 这次事故，不但死了很多人，而且死了人。

2. 在动宾结构的动词前边加字。例如：

(20) 我不但要将这身子交给你，还要永远（交）给你。(古龙《武林外史》) →* 我不但要永远将这身子交给你，而且还要将这身子交给你。

上例前后分句复用“交给你”，后项加字成为“永远交给你”。同型说法，多种场合均可类推。比如：我们不但采用了新技术，而且全面采用了新技术。→* 我们不但全面采用了新技术，而且采用了新技术。| 这个店子不但收购旧书，而且高价格地收购旧书。→* 这个店子不但高价格地收购旧书，而且收购旧书。| 她不但唱过这首歌，而且在春节联欢晚会上唱过这首歌。→* 她不但在春节联欢晚会上唱过这首歌，而且

唱过这首歌。丨这老兄不但吃肥肉，而且经常大碗大碗地吃肥肉。→* 这老兄不但经常大碗大碗地吃肥肉，而且吃肥肉。

这一模态，由于接受句法境域的管控，可以略有变化。主要情况有三。

其一，承前简省用作宾语的词语。例如：

（21）不但给减刑，而且还一下子减了那么多！（张平《十面埋伏》）＝不但给减刑，而且还一下子给减了那么多的刑！→* 不但一下子给减了那么多的刑，而且给减刑！

其二，后分句所用字词跟前分句基本呼应，但结构上作了调整。例如：

（22）不但有问题，而且问题还不少呢。（郁秀《花季雨季》）＝不但有问题，而且有不少问题。→* 不但有不少问题，而且有问题。

下面的例子，情况基本相同：不但有分别，而且分别还很大。（古龙《风云第一刀》）＝不但有分别，而且还有很大的分别。丨不但有规矩，而且比衙门里的规矩还大。（古龙《陆小凤》）＝不但有规矩，而且有比衙门里还大的规矩。丨足见两座兄弟城市不但有缘，而且缘分还不浅呢！（《人民日报》2005 年 3 月 15 日）＝不但有缘分，而且还有不浅的缘分呢！

其三，前项用动宾结构，后项用动补结构，后项所用动词跟前项同形。后项尽管只用动补结构，但实际上包含有前项动宾结构所表示的意思。例如：

（23）他不但爱你，还爱得很深呢！（于晴《红苹果之恋》）＝他不但爱你，而且爱你爱得很深！→* 他不但爱你爱得很深，而且爱你！

下面的例子，情况基本相同：（他）不但会绣花，而且绣得很不错。（古龙《陆小凤》）＝（他）不但会绣花，而且〈绣花〉绣得很不错。丨

（他）不但在等你，而且已经等得很不耐烦了。（古龙《陆小凤》）＝（他）不但在等你，而且〈等你〉已经等得很不耐烦了。｜（你）不但养活了自己和家人，还养得不错。（王朔《美人赠我蒙汗药》）＝（你）不但养活了自己和家人，而且〈养活你和家人〉都养得不错。

有的时候，由于受到语境的规约，前分句动宾结构的宾语隐去了，但可以补出。例如：

（24）（作了两个月的买卖，粗粗的一搂账，）不但是赔，而且赔得很多。（老舍《骆驼祥子》）＝不但是赔钱，而且〈赔钱〉赔得很多。→* 不但赔钱赔得很多，而且赔钱。

（25）（何利文的话，令白莲想起了天培，天培也是一个爱母亲的人，）他不单只爱，而且爱得很深。（岑凯伦《合家欢》）＝他不单只爱母亲，而且〈爱母亲〉爱得很深。→* 他不单爱母亲爱得很深，而且爱母亲。

（三）谓词同形反复模态

具体表现为：前后分句主语相同，谓词在述谓部分同形反复，后项的谓词用加字的办法缩小其范围，从而形成前项绝对包含后项的递进关系。所谓“谓词”，包括动词和形容词。这一模态中的动词，指不能或一般不能带宾语的动词。

1. 动词同形反复，后项动词加字。情况有二。

其一，在复用的动词后边加字，形成动补结构。例如：

（26）不但跑，而且还跑得飞快？（莫言《檀香刑》）→* 不但跑得飞快，而且跑？

上例前后分句都用动词“跑”。复用的“跑”后边通过结构助词“得”带上了补语“飞快”，加深了内涵，缩小了外延。

同类例子，古龙的长篇小说《陆小凤》中出现不少。例如：他脸色非但变了，而且变得很惨。（古龙《系列之三决战前后》）｜他不但动了，而且动得很快。（古龙《系列之五幽灵山庄》）｜（牛肉汤这回真的哭了，）不但哭，还哭得很大声。（古龙《系列之七剑神一笑》）｜不但生气，而且气得要命。（古龙《系列之七剑神一笑》）

其二，在复用的动词前边加字，形成状动结构。例如：

（27）这些人不但死了，而且显然是同时死的。（古龙《绝代双骄》）

→* 这些人不但是同时死的，而且死了。

上例前后分句都用动词“死”。复用的“死”前头添加了状语“同时”，加深其内涵，缩小其外延。下面是个同型例子：

（28）不但该死，而且现在就已经该死了。（古龙《陆小凤》）→* 不但现在就已经该死，而且该死。

此例前后分句都用“该死”，后分句的“该死”前头添加了递加的状语“现在—就—已经”。严格讲，“该死”不是一个动词，而是“助动词＋动词”的结构，但其整体是动词性的。

凡是“V 了，V〈补〉”的说法，或者“V 了，〈状〉V”的说法，一般都可以自然地套上“不但……而且……”，形成单线递进句。例如：我已经看过了，看得很仔细。（古龙《陆小凤》）＝我不但已经看过了，而且看得很仔细。→* 我不但看得很仔细，而且已经看过了。｜陆小凤笑了，大笑。（古龙《陆小凤》）＝陆小凤不仅笑了，而且大笑。→* 陆小凤不仅大笑，而且笑了。

2. 形容词同形反复，后项形容词加字。情况有二。

其一，在复用的形容词后边加字，形成形补结构。例如：

（29）姑奶奶你不知道，这不但奇怪，而且奇怪透了。（古龙《绝代双骄》）→* 这不但奇怪透了，而且奇怪。

（30）（在英国人看，只有英国人想的对，只有英国人能明白他们自己的思想；英国人的心事要是被人猜透，）不但奇怪，简直奇怪的厉害！（老舍《二马》）→* 不但奇怪的厉害，而且奇怪。

同类例子：不但深，而且深不见底。｜不但高，而且高得难以形

容。|不但广阔，而且广阔得似乎无边无际。|那脸色不但威严，而且威严得让人不敢对视。

其二，在复用的形容词前边加字，形成状形结构。例如：

（31）你不但错了，而且大错特错。（古龙《陆小凤》）→* 你不但大错特错，而且错了。

（32）（罗四姐：）“照你说，瑞香你是中意的。”“不但中意……”古应春笑笑没有再说下去。（罗四姐：）“意思是不但中意，而且交关中意？”（高阳《红顶商人胡雪岩》）→* 不但交关中意，而且中意？

例（31）前后复用形容词“错”，等于说：不但错误，而且特别特别错误。例（32）前后复用形容词“中意”，等于说：不但中意，而且非常中意。“交关”是方言词，表示“很、非常”的意思，《现代汉语词典》有解释[⑥]。

同类例子：不但痛，而且火辣辣地痛。|不但难受，而且像塞进了一块屎砖一般难受。|这场面不但热闹，而且从未有过地热闹。|这老东西不但吝啬，而且比周扒皮还要吝啬。

特定语流中，非递进复句里有时形容词前后反复使用，后一个形容词带上了补语或状语。这时，往往可以套上“不但……而且……”，形成单线递进句。例如：他真老实，老实得让我感动。（王朔《玩儿的就是心跳》）＝他不但老实，而且老实得让我感动。→* 他不但老实得让我感动，而且老实。|金九龄道：“我想她长得也不会太漂亮，漂亮的女人，是绝不情愿扮成个老太婆的！”陆小凤叹了口气，道：“别人都说你平时料事如神，这次却是料事如猪。”金九龄道：“我猜错了？”陆小凤道：“错得厉害！”（古龙《陆小凤》）＝陆小凤道：“不但错了，而且错得厉害！”→* 陆小凤道：“不但错得厉害，而且错了！”

应该指出：作为谓词，形容词和动词有时很难划清界限；使用中，有时有所交错。看这两个例子：

（33）现在看来，你不但认了真，而且，认真得一塌又糊涂……（金庸《笑傲江湖》）

（34）不但相干，而且大大的相干，非常相干之至。（金庸《笑傲江湖》）

前一例，前后项复用“认真”。一般地说，“认真”更多用作形容词，但在这个例子里，前项说成了“认了真”，转化成了动词语。后一例，前后项复用“相干”。一般地说，“相干”属于动词，但在这个例子里，后项说成了“非常相干之至”，具有了一定的形容词性。然而，尽管在如何判定其词性上各人会有不同意见，却都不影响对单线递进句的认识，即前后项不能换位。

三　问题思辨

（一）问题

回到本文开头所引沈文那段话。

首先，应该指出，那段话中作了这么个判断：“这类复句的前后项之间有范围上的递进关系，按事理后项应该比前项的范围大，如下面的a句。”（按：即“他不仅是个人，而且是个很大的人”。）这可不是拙作《汉语复句研究》的原话。这一判断，把概念关系说反了。《汉语复句研究》是这么解释的：“后者深入一层揭示了属性。”[⑦] 逻辑常识告诉我们，一个概念，内涵加深了，其外延必定缩小，怎么会是后项比前项的范围大呢？后项比前项范围大的现象是有的，比如三种组构方式中的概念张大式，但不是a句现象。至于概念推移式，则不是单纯的范围大小的关系。总之，那是明显的误断，后边不再讨论。

进一步，应该指出，在论证方法上，那段话把“他不仅是个很大的人，而且是个人”换成了“毛泽东不仅是个伟人，而且是个人”，然后讲“毛泽东不仅是个伟人，而且是个人”能说，却避而不讲“他不仅是个很大的人，而且是个人”是否能说。读这段论说，人们会在行文的导引下认为诸如此类的现象都能双线交互换位。这样，就起码引发了两个问题：第一，“他不仅是个人，而且是个伟人∨他不仅是个伟人，而且是个人”和“他不仅是个人，而且是个很大的人∨他不仅是个很大的人，而且是个人”，是全然等同的形式吗？第二，仅仅根据“他不仅是个伟人，而且是个人”，能够证明表面近似的递进复句都可以把后项倒过来说吗？这两个问题，需要思辨。

（二）思辨

1. 是否等同

这可以从两个侧面来观察。

其一，句式的变换。

如果把“他不仅是个人，而且是个很大的人”之类记为 A 说法，把“他不仅是个人，而且是个伟人”之类记为 B 说法，那么，用句式变换的办法来测试，可以知道二者并不具有同一性。

基本检测式：不但 p，而且 q。→不但 q，而且也 p。→虽然 q，但也 p。

A 说法测试：他不但是个人，而且是个大人。（+）→他不但是个大人，而且也是个人。（−）→他虽然是个大人，但也是个人。（−）

B 说法测试：他不但是个人，而且是个伟人（/领袖）。（+）→他不但是个伟人（/领袖），而且也〈还〉是个〈普通的〉人。（+）→他虽然是个伟人（/领袖），但也〈还〉是个〈普通的〉人。（+）

测试表明，B 说法与 A 说法不是一回事，不应混为一谈。

其二，所指“面事物”和“点事物”的概念关系。

“人”同“大人”，“人”同“伟人”，尽管都有“面”和“点”的关系，但逻辑关系并不等同。对于面事物来说，点事物有两类：一类为一般性事物，一类为特异性事物。有的人，是一般的人，即普通人，属于“芸芸众生”，比如“大人、中年人、老实人”等；有的人，是不一般的人，在某个方面具有特出之处，比如“伟人、领袖、省长、军长、董事长、总经理、院士、作家”等。二者之间没有明确界限，但两极的情况是清楚的：“伟人、领袖”这一极，具有“非凡、异乎寻常、不同凡响”之类的内涵，“大人、中年人”这一极，则不具有值得特别强调的特殊内涵。一个递进复句，如果以“人”为递点，那么，作为普通人的“大人、老实人”之类和作为非凡人的“伟人、领袖”之类都可以成为进点。这是顺势递进，从面里突出某个点，属于常规用法。但是，如果把顺势递进改变为逆势递进，即以“大人、老实人”之类和“伟人、领袖”之类为递点，而以“人”为进点，那么，便会成为非常规用法，便会出现以下两点不可忽视的事实。

其一，句式的选用目的有所变化。由面到点的顺势递进，是将点“推出去”，落脚于“点”，目的在于突出“点”所引出的话题。比如：我们不能把他当木偶。他不但是个人，而且是个活生生的人！丨我们不能把他当木偶。他不但是个人，而且是个当过军长的人！——在这里，“活生生的人”和“当过军长的人”取得一致性，都强调这一点必须引起关注。然而，由点到面的逆势递进，是将点“回归来”，落脚于面，目的在于强调点与面具有重合关系，即点即使具有特殊的属性，但仍然具有面的一般属性。比如：“不要把他当成不吃人间烟火的神仙。他不仅是个将军，而且也是一个人!”这么说，是要强调他尽管具有非普通人的属性，但不应忽视他作为普通人的一般属性。这一语用目的，决定了 A 式不能这么逆势递进。因为，点如果不具有“非凡性”，那么，采用“回归”到面说法，便毫无意义，比如“他不但是个活人，而且也是个人”，这样的说法会使人感到滑稽可笑。

其二，所指“点事物”和“面事物”在概念关系上发生交叉。正是概念的交叉关系，决定了 B 式前后项的可以换位。观察可知，B 式中倒过来说的逆势递进式，用来强调点概念与面概念有所重合，同时也突显了点概念的“非凡”属性，说明了点概念的某些属性已经不为面概念所包含。这就是说，在这种情况下，前项的点概念与后项的面概念，已经被作为交叉概念来表述，二者之间已经不是典型的纯粹的种属概念了。上引沈文那段话也说：“言下之意是，你不能看到他的特殊性而忽略了他的一般性。”这正好说明：“伟人”之类非常人概念，具有平常人所不具有的特殊属性。姚双云（2006）指出：“因为存在特殊性，所以，二者之间具有差异性。有差异，就有转折逻辑基础，就有转折表达方式。”[⑧]这是正确的。拙作《汉语复句研究》曾经分别描述过“递进句式中隐含逆转”和“逆转句式中隐含递进”的情况，并且指出：“采用逆转句式，是表述者着眼于 pq 的对立性；采用递进句式，是表述者着眼于 pq 的并存性和级层性。”[⑨]这说明，只要得到特定逻辑基础的支持，复句句式有时可以互相转化。

2. 能否证明

《复句三域》说那段话，是为了证明：“这样的限制只适用于行域，进入言域则不受此限。”

首先，这一结论根本经受不起事实的检验。有的递进复句根本不能倒过来说。“不但有酒，而且有好酒”，能说成“不但有好酒，而且有酒”吗？“他不仅在银行存了钱，而且存了很多钱”，能说成“他不仅在银行存了很多钱，而且存了钱”吗？这样的单线递进句，有规律、成系统地存在，并非个别现象，绝对不能一言蔽之曰“只适用于行域，进入言域则不受此限”。再看这两个例子：

（35）原来遇到的不但是老朋友，而且是最最亲密的老朋友。（金庸《鹿鼎记》）

（36）我不仅要管，而且要一管到底！（《人民日报》2001 年 2 月 14 日）

上两例都是概念收缩式。要是把前后项倒过来，便成为：“原来遇到的不但是最最亲密的老朋友，而且是老朋友。”丨“我不仅要一管到底，而且要管！”无论碰到谁，问问他这么说行不行，得到的回答肯定都是摇头。为什么？因为这两个例子中前后项之间并不存在双线交互递进的逻辑基础。

其次，如上所说，一旦倒过来说，概念关系便发生微妙变化。《十月》1990 年第 5 期，有篇《足球与人生感悟》的散文，其中有这么一句：

（37）恐怕必须承认，斯基拉奇不但是球星，而且是最让人难忘、最有魅力的球星。（雷达《足球与人生感悟》）

多数人会认为不能倒过来这么说：“斯基拉奇不但是最让人难忘、最有魅力的球星，而且是球星。”当然，也不排斥有人会坚持一种“异感性”，认为可以说：“斯基拉奇不但是最让人难忘、最有魅力的球星，而且（也）是（跟所有球星一样，存在这样那样缺点的）球星。”然而，这么说通是通了，却已经改变了原意。

对于某个具体的递进句，能不能将其前后项倒过来说，有时因人而异，决定于个人的主观认识。大多数人认为不可以的，个别人或少数人却由于自己的“异感”而认为可以。但是，在这种情况下，凡是倒过来说的，原意一定会发生变异，概念之间的关系一定由“非交叉”转移成为“交叉”，即相互间不再是绝对涵盖的关系。这种情况，不仅概念缩小式，概念张大式也有。比如：

（38）你不但骗了我，也骗了所有人。（古龙《武林外史》）

（39）不只我不信，任是谁都不信！（赵树理《三里湾》）

上两例可以说成：你不但骗了所有人，也骗了我。丨不但谁都不信，而且我也不信！然而，一倒过来，概念之间的关系就变了：原来是单纯的部分与整体的关系，倒转后变成了较为特殊的并立对待的关系：表示“部分”的概念，被从表示“整体”的概念中剥离了出来，突显出了某种个性特点：“我”是你最不应该欺骗的人；“我”本是最容易相信这件事的人。

总而言之：从事实根据看，单线递进句的使用是无法否认的客观存在，不管使用什么样的理论，都无法证明“进入言域则不受此限”。从论证方法看，沈文那段话把“貌似”却“并非等同”的说法混为一谈，在论证问题的过程中核心概念有所“偷换”，违反了遵守同一律的原则。这样，所得的结论自然是缺乏可信性的。

四　论旨点评

事实的发掘，对于研究的深化具有关键性意义，这是本文的论旨。本文讨论单线递进句，主要目的不限于了解单线递进句，更重要的是想凸显和强调这一论旨。

百余年来，没有外来理论的引进，便没有中国语言学的今天。对外来理论，我们永远尊重和欢迎；对为外来理论的引进付出了大量心血的学者们，我们永远心怀感激和敬意。

但是，对于汉语语法研究来说，国外理论的“引进”和“汉化”，也许应该是一个很长历程中先后衔接的两大阶段。“引进”，是先行阶段，重点在于把国外理论应用于汉语研究，举出若干汉语例子来略作演绎。而“汉化”，即中国化，是后续阶段，重点在于让国外理论在汉语事实中定根生发，使国外理论融入汉语研究的整体需求，从而建立起适合于汉语研究的理论和方法。

要达到“汉化”的目的，必须深入发掘汉语事实。会说汉语的人，不一定都会研究汉语；研究汉语的人，不一定都能作出准确的结论。不管是谁，个人脑海中存放的语言信息总是有所局限的，不可能方方面面都能想到，林林总总全能顾及。如果不尽可能详细地了解客观语言事实，便有可能仓促断定，以偏概全。

注释

①邢福义:《汉语复句研究》,商务印书馆2001年版,第225～226页。

②沈家煊:《复句三域"行、知、言"》,《中国语文》2003年第3期,第202～203页。

③西方语言学丛书:《从语源学到语用学:语义结构的隐喻和文化内涵》,北京大学出版社、剑桥大学出版社2002年版。

④张辉、卢卫中:《语义域理论与概念系统的建构》,《外语论坛》2002年第4期。

⑤中国社会科学院语言研究所词典编辑室编:《现代汉语词典》第5版,商务印书馆2005年版,第486页。

⑥中国社会科学院语言研究所词典编辑室编:《现代汉语词典》第5版,商务印书馆2005年版,第680页。

⑦邢福义:《汉语复句研究》,商务印书馆2001年版,第225页。

⑧姚双云:《递进层级句式的关联与易位》,《语言教学与研究》2006年第3期,第19～27页。

⑨邢福义:《汉语复句研究》,商务印书馆2001年版,第508页、510页。

(原载《汉语学报》2010年第1期)